Thorn / Otto / Geese

Handbuch für die Besteuerung von Fondsvermögen

Handbuch für die Besteuerung von Fondsvermögen

2., wesentlich erweiterte Auflage

Herausgegeben von

ADIG Allgemeine Deutsche Investment-Gesellschaft mbH

durch

Arnd Thorn
Geschäftsführer
ADIG Allgemeine Deutsche Investment-Gesellschaft mbH

und

Thomas Geese
Bereichsleiter Steuern
ADIG Allgemeine Deutsche Investment-Gesellschaft mbH

BDO Deutsche Warentreuhand Aktiengesellschaft
Wirtschaftsprüfungsgesellschaft

durch

Dr. Lieselotte Otto (Rechtsanwältin/Steuerberaterin)
Partner
BDO Deutsche Warentreuhand Aktiengesellschaft
Wirtschaftsprüfungsgesellschaft

bearbeitet von

Thomas Geese
Bereichsleiter Steuern
ADIG Allgemeine Deutsche Investment-Gesellschaft mbH

Ralf Lindauer
Steuerberater
BDO Deutsche Warentreuhand Aktiengesellschaft
Wirtschaftsprüfungsgesellschaft

Luchterhand

Die Deutsche Bibliothek – CIP-Einheitsaufnahme

Handbuch für die Besteuerung von Fondsvermögen / hrsg. von
ADIG, Allgemeine Deutsche Investment-Gesellschaft mbH
durch Arnd Thorn und Thomas Geese;
BDO, Deutsche Warentreuhand Aktiengesellschaft,
Wirtschaftsprüfungsgesellschaft durch Lieselotte Otto
– 2. Aufl. – Neuwied; Kriftel: Luchterhand, 2002

ISBN 3-472-04677-5

Satz: PL Software, Frankfurt am Main
Druck: Betz-Druck, Darmstadt
Verarbeitung: Buchbinderei Schaumann, Darmstadt
Printed in Germany, November 2001

Gedruckt auf säurefreiem, alterungsbeständigem und chlorfreiem Papier

Vorwort der Herausgeber
zur 2. Auflage

Seit der Erstauflage des »Handbuch für die Besteuerung von Fondsvermögen« im Jahre 1996 erfuhren die steuerlichen Rahmenbedingungen z.B. mit dem 3. Finanzmarktförderungsgesetz, dem Steuerentlastungsgesetz 1999/ 2000/2002, dem Steuerbereinigungsgesetz 1999 und mit dem Steuersenkungsgesetz 2000 weitreichende Änderungen. Dies war für uns als Herausgeber Anlass und Verpflichtung, das Handbuch einer umfassenden Überarbeitung zu unterziehen.

Das »Handbuch für die Besteuerung von Fondsvermögen« in seiner nunmehr vorliegenden Fassung entstand wiederum als Gemeinschaftswerk von Mandant (ADIG) und Berater (BDO). Das Ergebnis dieses neuerlichen, fruchtbaren Prozesses liegt jetzt als zweite Auflage des Handbuchs vor. Die bewährte Konzeption des Erstwerkes haben wir dabei soweit als möglich übernommen. Obwohl wir auch dieses Mal bemüht waren, die knappe und gestraffte Form des Werkes beizubehalten, gewann das Buch an Umfang. Daran läßt sich die zunehmende Komplexität auch in diesem Fachbereich deutlich ablesen.

Auf Grund der von uns angestrebten Praxisnähe soll das Werk gerade deshalb für diejenigen eine effektive Hilfe sein, die täglich Frontarbeit zu leisten haben. Gedacht ist dabei an Mitarbeiter aus der Fondsbranche und aus Vertriebsorganisationen, an Mitarbeiter von Banken und Versicherungen, aber auch an Vermögensverwalter oder an Angehörige prüfender oder beratender Berufe.

Der persönliche Dank der Herausgeber gilt in besonderer Weise den Autoren und Mitwirkenden aus beiden Häusern. Nicht vergessen möchten wir an dieser Stelle aber auch all jene, die mit ihrer konstruktiven Begleitung des Vorhabens das Zustandekommen des vorliegenden Werkes maßgeblich gefördert haben.

München/Haar, im Juli 2001

Arnd Thorn   Dr. Lieselotte Otto   Thomas Geese

Geleitwort
zur 1. Auflage

von Martin Kohlhausen, Sprecher des Vorstandes der
Commerzbank AG

Im Werben um die Gunst des Anlegers haben sich Investmentfonds in den letzten Jahren weit nach vorne geschoben. Einige Stationen dieser Erfolgsgeschichte: Während sich das gesamte Geldvermögen der privaten Haushalte in Deutschland seit 1980 mehr als verdreifachte, hat sich das Gesamtvolumen der Investmentfonds mehr als verzehnfacht. Die Zahl der Besitzer von Investmentfonds wuchs allein in den letzten zehn Jahren auf das Doppelte. Damit sind Investmentzertifikate, wie die Deutsche Bundesbank feststellte, zur Wertpapieranlage mit dem größten Wachstumspotential geworden.

Die Dynamik dieser Wachstumsbranche spiegelt sich auch auf der Angebotsseite wider. Das Angebot an Publikumsfonds deutscher Provenienz hat in diesem Jahr erstmals die 1.000er-Marke überschritten; das darin verwaltete Wertpapiervermögen belief sich Mitte 1995 auf rund 415 Milliarden DM. Nach Schätzungen von Experten wird es sich bis zum Jahr 2000 auf rund 800 Milliarden DM nahezu verdoppeln.

Der – heute unbestreitbare – Erfolg der Investmentidee war schon immer eng verknüpft mit der Frage der Besteuerung. Lange bevor Investmentfonds in Deutschland richtig ins Laufen kamen, stolperten sie bei ihren ersten Schritten über Steuerhürden. Die erste jemals in Deutschland gegründete Investmentgesellschaft, der »Deutsche Kapitalverein« von 1923, scheiterte letztlich daran. Die damals vom Fiskus verordnete rigide Besteuerung der Fondserträge – sowohl auf der Seite des Anlegers als auch bei der Investmentgesellschaft – benachteiligte die Fondsanlage gegenüber dem Direktanleger und verhinderte den frühzeitigen Durchbruch einer überzeugenden Idee.

Dieser »Geburtsfehler« wurde beim zweiten Anlauf, der Gründung der »Allgemeinen Deutschen Investmentgesellschaft«, kurz ADIG, im Jahre 1949 konsequenterweise vermieden. Heute ist der Fondsanleger nach dem Transparenzprinzip einem Direktanleger grundsätzlich gleichgestellt. Die Besteuerung der Kapitalerträge erfolgt ausschließlich auf der Fondsausgangsseite, also beim Anteilseigner. Fonds sind als sogenanntes Zweckvermögen dagegen von der Körperschaft-, Gewerbe- und Vermögensteuer freigestellt.

So einfach und überzeugend diese Grundsätze geregelt sind, so komplexe Fragestellungen ergeben sich aus den wenigen Abweichungen vom Transparenzprinzip, insbesondere in Verbindung mit der Vielzahl von Finanzinstrumenten und Finanzinnovationen, in denen Fonds mittlerweile weltweit investieren können. Initiativen des Gesetzgebers in einem sich verändernden internationalen Umfeld haben zudem eine Fülle von Regelungen mit sich gebracht, die mittelbar und unmittelbar Konsequenzen für Investmentfonds beinhalten.

Selbst für ausgewiesene Fachleute – und um so mehr für interessierte Laien – ist daher das die Investmentfonds betreffende Regelungsdickicht schwer zu durchschauen. Es ist aus diesem Grund ein gleichermaßen hoch zu schätzendes wie lohnendes Unternehmen, Licht in diese spezifische Besteuerungsmaterie zu bringen.

Die ADIG und die BDO, Institutionen, die zu Recht als Nestoren in ihrem jeweiligen Fachgebiet gelten, haben mit dem vorliegenden Handbuch einmal mehr erfolgreich Pionierarbeit geleistet. Es bietet durch seine Praxisorientierung nicht nur einen ausführlichen Überblick über die gesamte Thematik, sondern macht auch komplexe Sachverhalte transparent.

Als Nachschlagewerk, Orientierungshilfe, Ratgeber und Wegweiser ist das »Handbuch für die Besteuerung von Investmentfonds« somit nicht nur für Fachleute, sondern auch für den interessierten Privatanleger eine wertvolle Hilfestellung.

Frankfurt am Main, im Oktober 1996

Geleitwort
zur 1. Auflage

von Hans-Heinrich Otte, Vorsitzender des Aufsichtsrats der
BDO Deutsche Warentreuhand Aktiengesellschaft

Dieses Buch gibt einen Einblick in die vielfältigen praktischen Problemstellungen, die sich auf dem Gebiet des Steuerrechts in und um Konzeption und Verwaltung von Investmentfonds ergeben. Was zunächst als internes Arbeitshilfsmittel konzipiert war, wurde rasch zu einem breitgefächerten steuerlichen Nachschlagewerk für nationale und grenzüberschreitende Steuerfragen, also zu einem Kompendium, wie es bisher wohl noch nicht zu finden war.

Steuerliche Lösungen können nur dort fruchtbringend erarbeitet werden, wo aus dem täglichen Umgang mit der Materie eine hohe Sensibilisierung für die damit verbundenen Probleme entsteht. Mit Fug und Recht kann man wohl sagen, daß hiermit ein Werk von Praktikern für Praktiker geschaffen wurde, seien es Banken, Versicherungen oder andere Fondsanleger, Fondsverwalter oder Angehörige der prüfenden und beratenden Berufe.

Das Handbuch ist in fünf Kapitel unterteilt, beginnend mit einer grundlegenden Darstellung der ertragsteuerlichen Fragen aus der Sicht des Fondsvermögens. Dieses erste Kapitel befaßt sich ausführlich mit dem steuerlichen Transparenzprinzip, dessen Verständnis für die steuerliche Beurteilung von Vorgängen innerhalb des Fondssondervermögens selbst unerläßlich ist. Diesem Transparenzprinzip liegt der Gedanke eines »Durchschleusens« der Fondserträge durch das Fondsvermögen als gesetzgeberische Regelungsvorstellung zugrunde; es beabsichtigt, den mittelbaren Kapitalanleger – also den Inhaber von Investmentanteilen – steuerlich ebenso wie einen Direktanleger zu stellen. Dort allerdings, wo der Gesetzgeber selbst Ausnahmen von diesem Transparenzgrundsatz statuiert, ergeben sich steuerlich interessante Gestaltungsmöglichkeiten, auf die im Handbuch anhand vieler Beispiele ausführlich eingegangen wird. Untergliedert nach Fondseingangs- und Fondsausgangsseite enthält das Handbuch grundlegende Ausführungen zu einzelnen Steuerarten, ferner ausführliche Darlegungen zu Fragen der Einbeziehung von Erträgen in die Zwischengewinnermittlung und der sogenannten Ertragsausgleichsbeträge.

Der zweite Teil des Handbuchs befaßt sich mit Problemstellungen aus der Sicht des Anteilscheininhabers und nimmt detailliert zu ertragsteuerlichen Fragen Stellung.

Kernstück des Handbuchs dürfte allerdings Teil 3 darstellen. Diesem Kapitel steht eine Übersicht über die Art der Anlageformen im Fondsvermögen voran. Daran schließt sich ein ausführlicher Stichwortkatalog an; dieser ist gleichsam ein Lexikon der geläufigsten, derzeit praxisbedeutsamen Anlageformen und ihrer jeweiligen steuerlichen Behandlung.

Der lexikalische Teil kann trotz seiner 244 Stichwörter gewiß noch keinen Anspruch auf Vollständigkeit erheben. Dieses war aber ebensowenig Ziel des Handbuchs wie eine wissenschaftliche Abhandlung. Wichtig war, alle derzeit für den Fondsalltag maßgeblichen Anlageformen auf ihre steuerlichen Auswirkungen hin zu untersuchen, was in beeindruckender Weise gelungen zu sein scheint.

Ein Handbuch, wie es hier vorliegt, wäre unvollständig, wenn nicht verfahrensrechtliche Fragen, Muster und Formularsammlungen sowie ein ausführlicher Dokumentationsteil zu finden wären (Teile 4 und 5).

Ich wünsche den Herausgebern, daß dieses Kompendium, das fachlich ein gerütteltes Maß an Pionierarbeit enthält, seinen Lesern nicht nur Aufschluß über steuerliche Gestaltungen geben mag, sondern auch dazu beiträgt, eine fachliche Diskussion in Gang zu bringen, da dieses Buch ohne Zweifel auch eine Menge Zündstoff für belebende und fruchtbringende Auseinandersetzungen enthält.

Hamburg, im Oktober 1996

Inhaltsverzeichnis

Abkürzungsverzeichnis

a.a.O.	am angegebenen Ort
a.E.	am Ende
Abs.	Absatz
AG	Aktiengesetz
AO	Abgabenordnung vom 16. März 1976
Art.	Artikel
AS-Fonds	Altersvorsorge-Sondervermögen
AStG	Gesetz über die Besteuerung bei Auslandsbeziehungen (Außensteuergesetz) vom 8. September 1972
AuslInvestmG	Gesetz über den Vertrieb ausländischer Investmentanteile und über die Besteuerung der Erträge ausausländischen Investmentanteilen vom 28 Juli 1969
BB	Der Betriebs - Berater (Zeitschrift)
BFA	Bankenfachausschuss
BFH	Bundesfinanzhof
BGH	Bundesgerichtshof
BMF	Bundesminister der Finanzen
BStBl I	Bundessteuerblatt Teil I
BStBl II	Bundessteuerblatt Teil II
BULIS	Bundes – Liquiditätsschätze
BVI	Bundesverband Deutscher Investment – Gesellschaften e. V.
bzw.	beziehungsweise
CLOU	Currency Linked Outperformance Units
d.h.	das heißt
DAX	Deutscher Aktienindex
DB	Der Betrieb (Zeitschrift)
DBA	Doppelbesteuerungsabkommen
DEM, DM	Deutsche Mark
DStR	Deutsches Steuerrecht (Zeitschrift)
DSWR	Datenverarbeitung in Steuer, Wirtschaft und Recht (Zeitschrift)
ECU	European Currency Unit
EFG	Entscheidungen der Finanzgerichte
EG	Europäische Gemeinschaft
EK	Eigenkapital

ERA	Exchange Rate Agreements
EStG	Einkommensteuergesetz i.d.F. der Bekanntmachung vom 16. April 1997
etc.	et cetera
evtl.	eventuell
EU	Europäische Union
EUR, €	Euro
EURIBOR	European Interbank Offered Rate
FG	Finanzgericht
FinMin	Finanzminister
FR	Finanz - Rundschau (Zeitschrift)
FRA	Forward Rate Agreement
FRN	Floating Rate Note
FXA	Forward Exchange Agreement
gem.	gemäß
Gest. StB	Gestaltende Steuerberatung (Zeitschrift)
ggf.	gegebenenfalls
Giro	Guaranty Investment Return Options
Groi	Guaranty Return on Investment
HGB	Handelsgesetzbuch vom 10. Mai 1897
Hs.	Halbsatz
i.d.F.	in der Fassung
i.d.R.	in der Regel
i.H.v.	in Höhe von
innerstaatl.	innerstaatlich
i.S.	im Sinne
i.S.d.	im Sinne des
i.S.v.	im Sinne von
i.V.m.	in Verbindung mit
IDW	Institut der Wirtschaftsprüfer in Deutschland e.V.
IGLU	Index Groth Linked Units
IML	Institut Monetaire Luxembourgeois
INF	Die Information über Steuer und Wirtschaft (Zeitschrift)
insb.	insbesondere
IStR	Internationales Steuerrecht (Zeitschrift)
IWB	Internationale Wirtschaftsbriefe
KAG	Kapitalanlagegesellschaft
KAGG a. F.	Gesetz über Kapitalanlagegesellschaften i.d.F. der Bekanntmachung vom 9. September 1998 ohne Berück-

	sichtigung der durch das Steuersenkungsgesetz vom 23.10.2000 eingefügten Änderungen
KAGG n. F.	Gesetz über Kapitalanlagegesellschaften i.d.F. der Bekanntmachung vom 9. September 1998 unter Berücksichtigung der durch das Steuersenkungsgesetz vom 23.10.2000 eingefügten Änderungen
KapErhStG	Gesetz über steuerrechtliche Maßnahmen bei Erhöhung des Nennkapitals aus Gesellschaftsmitteln i.d.F. der Bekanntmachung vom 10. Oktober 1967
KESt	Kapitalertragsteuer
KöSt	Körperschaftsteuer
KSt	Körperschaftsteuer
KStG	Körperschaftsteuergesetz i.d.F. der Bekanntmachung vom 22. April 1999
Kz	Kennzahl
Libor	London Interbank Offered Rate
lit.	Buchstabe
lt.	laut
Nr.	Nummer
NV-Bescheinigung	Nichtveranlagungs-Bescheinigung
NWB	Neue Wirtschaftsbriefe (Zeitschrift)
o.ä.	oder ähnliche
OECD	Organisation for Economic Cooperation and Development
OFD	Oberfinanzdirektion
o.g.	oben genannt
OGAW	Organismen für gemeinschaftliche Anlagen in Wertpapieren
p.a.	per anno
PEP	Protected Equity Participation
PIP	Protected Index Participation
REX	Deutscher Rentenindex
RIW	Recht der Internationalen Wirtschaft (Zeitschrift)
S.	Satz/Seite
Saros	Safe-Return-Options
SEC	Security Exchange Commission
sog.	sogenannte
SolZG	Solidaritätszuschlagsgesetz vom 23. Juni 1993
SteuerStud	Steuer und Studium (Zeitschrift)

StMBG	Missbrauchsbekämpfungsgesetz- und Steuerbereinigungsgesetz
StSenkG	Steuersenkungsgesetz
StuW	Steuer und Wirtschaft (Zeitschrift)
Tz	Textziffer
u.	unten
usw.	und so weiter
v.H.	vom Hundert
vgl.	vergleiche
WM	Zeitschrift für Wirtschaft und Bankrecht – Wertpapiermitteilungen
WPg	Die Wirtschaftsprüfung (Zeitschrift)
WPKN	Wertpapierkennnummer
ZASt	Zinsabschlagsteuer
z.B.	zum Beispiel
ZwiG	Zwischengewinn

Einleitung

Der Investmentgedanke erfreute sich in den vergangenen 10 Jahren eines enormen Zuspruchs. Das Interesse der Anleger an dieser Form des Vermögensaufbaus ist ungebrochen. Die wirtschaftliche Bedeutung als Kapitalsammelstellen lässt sich sowohl an der gestiegenen Zahl der vertriebenen Publikumsfonds als auch am Volumen des verwalteten Fondsvermögens ablesen.

Nach einer Erhebung des BVI stieg die Anzahl der inländischen Publikumsfonds von 301 im Jahr 1990 auf 1.006 im Jahr 2000. Das von den Publikumsfonds Ende 2000 verwaltete Fondsvermögen hat sich mit rund 423.630 Mio. € gegenüber 71.126 Mio. € im Jahre 1990 fast versechsfacht.

Entwicklung des Fondsvermögens von Publikumsfonds deutscher Kapitalanlagegesellschaften und ausländischer Fonds deutscher Provenienz:

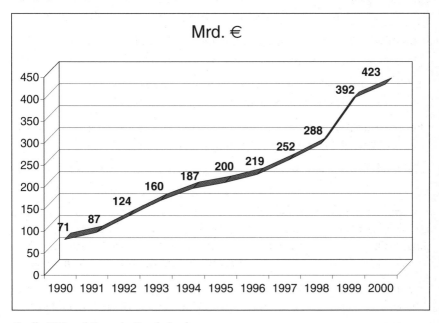

Quelle: BVI und Deutsche Bundesbank

Das Investmentsparen zählt zu einer der bequemsten und modernsten Anlageformen in Deutschland. Mit dem Gedanken des Investmentsparens können breite Bevölkerungskreise einen einfachen und preiswerten Zugang zu attraktiven Märkten des Geld- und Kapitalmarktes erlangen.

Mit der wirtschaftlichen Bedeutung der Investmentfonds einher ging auch ein gestiegenes Interesse an den steuerlichen Konsequenzen aus einem Fondsinvestment. Schwerpunkt des nachfolgenden Werkes ist die steuerliche Behandlung des Investmentfonds und möglicher Anlageformen, daneben gehen wir in einem Abschnitt auch auf die ertragsteuerlichen Aspekte aus Sicht der Anteilscheininhaber ein.

Gegenstand unserer Betrachtung ist ausschließlich die Behandlung ertragsteuerlicher Aspekte von Geldmarkt- und Wertpapierfonds in der Ausprägung von Publikumfonds. Auf die Behandlung von Beteiligungsfonds, Immobilienfonds oder Investmentaktiengesellschaften soll an dieser Stelle nicht eingegangen werden.

1 Ertragsteuerliche Aspekte aus Sicht des Fondsvermögens

A. Investmentrechtliche Grundlagen

I. Rechtliche Grundlagen

Der gesetzliche Rahmen für Investmentfonds wird durch das Gesetz über Kapitalanlagegesellschaften (KAGG) vorgegeben. Das KAGG regelt die Organisation des Investmentgeschäfts und deren Aufsicht, es gibt vor, welche Investmentfonds in welchem Umfang in welche Vermögensgegenstände investieren dürfen, damit das Wesensmerkmal des Investmentfonds, die Risikomischung, gewährleistet ist, es enthält im Hinblick auf den Anlegerschutz und den Verbraucherschutz umfassende Publizitätsvorschriften und – nicht zuletzt – ist auch die Besteuerung der Investmentfonds und deren Erträge geregelt.

§ 1 Abs. 1 KAGG enthält zentrale Aussagen hierzu:

»Kapitalanlagegesellschaften sind Kreditinstitute, deren Geschäftsbereich darauf gerichtet ist,

❑ bei ihnen eingelegtes Geld im eigenen Namen für gemeinschaftliche Rechnung der Einleger (Anteilinhaber)

❑ nach dem Grundsatz der Risikomischung

❑ in den nach diesem Gesetz zugelassenen Vermögensgegenständen

❑ gesondert vom eigenen Vermögen

❑ in Form von Geldmarkt-, Wertpapier- .... Sondervermögen anzulegen und

❑ über die hieraus sich ergebenden Rechte der Anteilinhaber Urkunden (Anteilscheine) auszustellen.«

Unter Kapitalanlagegesellschaften sind demnach in Deutschland ansässige Kreditinstitute zu verstehen, die von den Anlegern eingelegte Gelder im eigenen Namen, aber für gemeinschaftliche Rechnung der Anleger (Anteilinhaber) anlegen und verwalten. Kapitalanlagegesellschaften dürfen nur in der Rechtsform der Aktiengesellschaft (AG) oder der Gesellschaft mit beschränkter Haftung (GmbH) betrieben werden (§ 1 Abs. 3 KAGG). Diese Gesellschaften müssen ihren satzungsmäßigen Sitz und die Hauptverwaltung in Deutschland haben.

Inländische Kapitalanlagegesellschaften haben als Kreditinstitute neben dem KAGG die Vorschriften des Kreditwesengesetzes zu beachten und unterliegen der Aufsicht durch die Bankaufsichtsbehörde (§ 2 Abs. 1 KAGG).

Eingelegte Gelder der Anleger werden in eigenem Namen und gesondert vom eigenen Vermögen der KAG angelegt (Sondervermögen). Der Anleger erhält seiner Einlage entsprechende Anteilscheine an dem Sondervermögen. Diese Anteilscheine stellen Urkunden dar, die Ansprüche der Anteilscheininhaber gegenüber dem Sondervermögen verbriefen (sog. Wertpapiere sui generis). Der Anteilschein hat keinen Nennwert, sondern lautet auf Stücke. Der Wert des einzelnen Anteils errechnet sich aus der Division des Werts des Sondervermögens durch die Zahl der umlaufenden (verkauften) Anteile.

Die Partizipation der Investmentanleger am Sondervermögen nach dem *sog. Vertragstyp* kann in Deutschland durch die sog. Treuhandlösung oder die sog. Miteigentumslösung erreicht werden (§ 6 Abs. 1 KAGG). Das Vertragsverhältnis besteht in beiden Fällen zwischen der Kapitalanlagegesellschaft und dem Anleger, wobei der Anleger in keinem Fall eine gesellschaftsrechtliche Position erlangt.

Bei der *Miteigentumslösung* ist das Sondervermögen als Bruchteilsgemeinschaft konzipiert, an dem der Anleger ein Miteigentum nach Bruchteilen hält. Der Anteilscheininhaber erhält – bezogen auf seinen Bruchteil – sowohl des rechtliche als auch das wirtschaftliche Eigentum am Sondervermögen.

Bei der *Treuhandlösung* wird das Sondervermögen zwar in eigenem Namen, aber auf fremde Rechnung geführt. Die KAG, die zwar juristischer, aber nicht wirtschaftlicher Eigentümer der eingelegten Gelder wird, verwaltet das Sondervermögen treuhänderisch für die Anleger. Das Sondervermögen ist dabei getrennt vom Gesellschaftsvermögen der Kapitalanlagegesellschaft zu führen.

Seit dem Inkrafttreten des Dritten Finanzmarktförderungsgesetzes zum 01.04.1998 können Investmentfonds auch als Investmentaktiengesellschaft *(sog. Gesellschaftstyp)* geführt werden (§§ 51 ff. KAGG). Eine rechtliche Trennung zwischen dem Gesellschaftsvermögen und dem Sondervermögen erfolgt nicht; die Investmentaktiengesellschaft wird juristischer und wirtschaftlicher Eigentümer der eingelegten Gelder. In Deutschland ist hierfür ausschließlich die Rechtsform der Aktiengesellschaft möglich (§ 51 Abs. 2 KAGG). Die Investoren haben gesellschaftsrechtlich und steuerlich die Stellung von Aktionären. Die Investmentaktiengesellschaften selbst werden steuerlich nicht den Sondervermögen gleichgestellt, sondern unterliegen als selbständige Rechtssubjekte den allgemeinen steuerlichen Vorschriften.

Investmentfonds lassen sich – neben anderen Kriterien – im wesentlichen einteilen nach:

❏ ihrer Anzahl der Anleger in Publikumsfonds oder in Spezialfonds

❏ ihrer Laufzeit in (zeitlich befristete) Laufzeitfonds oder Fonds ohne Laufzeiteinschränkungen

❏ ihrer Anlageausrichtung in Aktienfonds, Rentenfonds oder gemischte Fonds

❏ ihrem Anlagezweck in Wertpapierfonds, Geldmarktfonds, Beteiligungsfonds, Immobilienfonds, Altersvorsorgefonds oder Dachfonds.

Als Publikumsfonds werden solche Fonds bezeichnet, die einem unbegrenzten Anlegerkreis angeboten werden. Spezialfonds unterscheiden sich hiervon dadurch, dass deren Anteilscheine von nicht mehr als zehn Anteilinhabern, die nicht natürliche Personen sind, gehalten werden (§ 1 Abs. 2 KAGG). Hauptsächlich werden Spezialfonds von institutionellen Anlegern, wie beispielsweise Versicherungen, Pensionskassen oder Kreditinstituten aufgelegt.

II. Steuerrechtliche Grundlagen

1. Steuerrechtliche Einordnung der Sondervermögen

Inländische Wertpapier-Sondervermögen und Geldmarkt-Sondervermögen gelten nach § 38 Abs. 1 S. 1 KAGG als Zweckvermögen im Sinne des § 1 Abs. 1 Nr. 5 KStG und damit als selbständige Steuersubjekte im Sinne des Körperschaftsteuer- und Gewerbesteuerrechts. Allerdings sind diese Zweckvermögen ausdrücklich sachlich von der Körperschaftsteuer und Gewerbesteuer befreit (§ 38 Abs. 1 S. 2 KAGG), so dass eine materielle Besteuerung der erzielten Erträge auf Fondsebene nicht stattfindet.

Die gesetzliche Fiktion eines eigenständigen Steuersubjektes hat daher vor allem verfahrensrechtliche Bedeutung. Zum einen wird die Notwendigkeit einer gesonderten Feststellung der Einkünfte nach § 180 AO vermieden. Zum anderen obliegen der Kapitalanlagegesellschaft für die Sondervermögen im Besteuerungsverfahren die Erfüllung bestimmte Pflichten (z.B. Steuererklärungspflichten bei der Anmeldung von Kapitalertragsteuer und Solidaritätszuschlag bzw. Körperschaftsteuer, vgl. unten Teil 1, E., Aufzeichnungspflichten (§ 140 AO), Mitwirkungspflichten (§ 90 AO)) bzw. sie kann in ihrem Namen bestimmte Rechte geltend machen (z.B. Anträge auf Erstattung bzw. Vergütung in- und ausländischer Quellensteuern bzw. Steuerguthaben, vgl. unten Teil 1, B.).

Die steuerlichen Vorschriften hierzu finden sich im KAGG (§§ 37 a ff. KAGG). Diese stellen Spezialvorschriften dar (leges speciales), die den allgemeinen steuerlichen Bestimmungen vorgehen. Auf die Vorschriften des allgemeinen Steuerrechts wird dabei nur dann zurückgegriffen, wenn das KAGG hierauf verweist oder bestimmte, dort angesiedelte Begriffe verwendet.

Auf Grund der Fiktion als selbständiges Steuersubjekt hat – unbeschadet der Steuerbefreiung – zunächst auf Ebene des Fondsvermögens eine Ermittlung des steuerlichen Einkommens und des Vermögens stattzufinden. Mangels spezieller Gewinnermittlungsvorschriften kommen die allgemeinen Besteuerungsprinzipien zum Tragen. Die Vorschriften des § 24 a KAGG zur Rechnungslegung und Abschlussprüfung sind vor dem Hintergrund des Anlegerschutzes entstanden und enthalten keine Aussagen zur Art und Weise der steuerlichen Einkommensermittlung. Dies bedeutet, dass auf Ebene der Fonds zur Ermittlung des Einkommens ein Überschuss der zugeflossenen Einnahmen über den diesen zuordenbaren, abgeflossenen Werbungskosten (§ 8 Abs. 1 KStG i.V.m. §§ 20, 11 EStG) ermittelt werden muss.

Der auf Ebene des Fonds ermittelte Überschuss der Einnahmen über die Ausgaben wird entweder an die Anteilinhaber ausgeschüttet oder verbleibt zur Stärkung der Substanz im Fondsvermögen. Die Besteuerung des Überschusses des Fonds beim Anteilinhaber richtet sich nach dem **Grundsatz der Transparenz.**

2. Steuerrechtliches Transparenzprinzip bei Sondervermögen

Nach dem Sinn und Zweck des Grundsatzes der Transparenz sollte allein durch die Zwischenschaltung eines Investmentfonds keine zusätzliche steuerliche Belastung im Vergleich zum Direktanleger entstehen und die Erträge aus den Investmentfonds bei den Anteilinhabern (von Ausnahmen abgesehen) so zu versteuern sein, als seien sie ihnen unmittelbar zugeflossen. Dadurch wird eine Doppelbesteuerung beim Sondervermögen und beim Anteilscheininhaber vermieden.

Zur Verwirklichung dieses Grundsatzes hat der Gesetzgeber sowohl auf der Fondseingangsseite als auch auf der Fondsausgangsseite Maßnahmen vorgesehen.

Auf der Fondseingangsseite wird sichergestellt, dass inländische Kapitalerträge brutto, d.h. ohne jeglichen Steuerabzug an Körperschaftsteuer, Kapitalertragsteuer oder Solidaritätszuschlag zufließen (vgl. im einzelnen hierzu Teil 1 B). Im Gegenzug hat die KAG auf der Fondsausgangsseite bestimmte Besteuerungspflichten zu übernehmen (vgl. im einzelnen hierzu Teil 1, F.). Hierdurch soll gewährleistet werden, dass die Erträge aus Anlagen in Investmentfonds und in Direktanlagen steuerlich gleich behandelt werden.

Die Funktionsweise des Transparenzprinzips wird aus nachstehendem Berechnungsbeispiel für einen ausschüttenden Aktienfonds ersichtlich:

1) Ebene der ausschüttenden Aktiengesellschaft

| | Dividenden | | |
	Altes Recht €	Neues Recht €	Gesamt €
körperschaftsteuerpflichtige Bruttodividenden Inland	1.000.000	1.000.000	2.000.000
abzüglich Körperschaftsteuer	-300.000	-250.000	-550.000
Bardividende	700.000	750.000	1.450.000
abzüglich Kapitalertragsteuer	-175.000	-150.000	-325.000
abzüglich Solidaritätszuschlag	-9.625	-8.250	-17.875
Nettodividende	515.375	591.750	1.107.125

2) Ebene des Fondsvermögens

| | Dividenden | | |
	Altes Recht €	Neues Recht €	Gesamt €
Zufluss Nettodividende	515.375	591.750	1.107.125
zuzüglich Kapitalertragsteuer	175.000	150.000	325.000
zuzüglich Solidaritätszuschlag	9.625	8.250	17.875
	700.000	750.000	1.450.000
zuzüglich Körperschaftsteuer	300.000	0	300.000
Zufluss Fondsvermögen	1.000.000	750.000	1.750.000

3) Ebene des Anteilinhabers

| | Dividenden | | |
	Altes Recht €	Neues Recht €	Gesamt €
körperschaftsteuerpflichtige Teile	1.000.000	750.000	1.750.000
abzüglich Kosten des Fonds	-20.000	-15.000	-35.000
Ausschüttung des Fonds (=Einnahmen aus Kapitalvermögen)	980.000	735.000	1.715.000
abzüglich Körperschaftsteuer	-294.000	0	-294.000
Bardividende	686.000	735.000	1.421.000
abzüglich Kapitalertragsteuer	-171.500	-147.000	-318.500
abzüglich Solidaritätszuschlag	-9.433	-8.085	-17.518
Nettodividende (=Auszahlungsbetrag Anteilinhaber)	505.067	579.915	1.084.982

Allerdings hat der Bundesfinanzhof bereits mehrfach festgestellt, dass der Umfang der Transparenz des Investmentfonds durch die vom Gesetzgeber getroffenen Regelungen im Einzelnen bestimmt und auf diese gesetzlichen Bestimmungen beschränkt ist. Eine über den Wortlaut und die Gesetzesintention hinausgehende entsprechende Anwendung des Transparenzgedankens, quasi der Gedanke eines steuerlichen Durchgriffs durch den Investmentfonds im Sinne einer völligen Transparenz, wird nicht verfolgt.

Der Transparenzgrundsatz gilt daher nicht ausnahmslos, sondern nur soweit, als es vom Gesetzgeber ausdrücklich im KAGG geregelt ist. Als wesentliche *Ausnahmen* von diesem Grundsatz können angeführt werden:

➤ **Veräußerungsgewinne und -verluste**
Solange Gewinne der Fondsvermögen aus der Veräußerung von Wertpapieren und Bezugsrechten auf Anteile an Kapitalgesellschaften auf Fondsebene thesauriert werden, erhöhen sie den Wert der Anteile und bleiben steuerfrei.

Ausgeschüttete Gewinne sind unabhängig von dem Zeitraum zwischen ihrer Anschaffung und Veräußerung ausdrücklich im vollen Umfang steuerlich freigestellt, soweit sie auf im Privatvermögen gehaltene Anteilscheine entfallen (§ 40 Abs. 1 S. 1 KAGG); sie unterliegen daher auch nicht dem Kapitalertragsteuerabzug. Ein privater Direktanleger hätte hingegen entsprechende Gewinne zu versteuern, soweit diese aus der Veräußerung von Wertpapieren innerhalb eines Zeitraumes von einem Jahr nach dem Anschaffungsgeschäft realisiert werden – sog. Spekulationsgewinne – (§ 23 Abs. 1 S. 1 Nr. 2 EStG). Zur Klarstellung ist allerdings darauf hinzuweisen, dass auch der mittelbare Kapitalanleger einen Spekulationsgewinn zu versteuern hat, wenn er seine Investmentfondsanteile innerhalb von einem Jahr seit Anschaffung mit Gewinn veräußert, allerdings verringert um einen eventuell im Veräußerungspreis enthaltenen sog. Zwischengewinn (zum Begriff vgl. nachfolgend Teil 1, D.).

Für Anleger, die die Anteilscheine im Betriebsvermögen halten, gelten seit Inkrafttreten des Steuersenkungsgesetzes besondere Regeln (vgl. Teil 2, B. und Teil 3, A. II. 2.).

➤ **Zeitpunkt des Zuflusses der Fondserträge**
Ausgeschüttete Fondserträge werden häufig beim Privatanleger ein Veranlagungsjahr später als bei Direktanlage versteuert.

Beispiel:

	Fonds 1	Fonds 2	Fonds 3	privater Direkt- anleger
Vereinnahmung Wertpapierzinsen	Juli 2001	Juli 2001	Juni 2001	Juli 2001
Geschäftsjahr	01.01.– 31.12.	01.07.– 30.06.	01.07.– 30.06.	–
Ausschüttungszeitpunkt gem. Vertragsbedingungen	01.03.2002	01.08.2002	01.08.2001	–
Besteuerung im Veranla- gungszeitraum durch den Anteilsscheininhaber	2002	2002	2001	2001

Fällt der Ausschüttungszeitpunkt des Fonds in ein anderes Kalenderjahr als die Vereinnahmung der Erträge, so tritt aufgrund des steuerlichen Zuflussprinzips (§ 11 Abs. 1 S. 1 EStG) bei Anteilsscheininhabern, die Anteile im Privatvermögen halten eine Verschiebung des Besteuerungszeitpunktes ein.

Bei thesaurierten Fondserträgen (insbesondere bei Thesaurierungsfonds) gilt eine gesetzliche Zuflussfiktion (§ 39 Abs. 1 S. 2 KAGG). Nur wenn das Geschäftsjahr des Investmentfonds vom Kalenderjahr abweicht, können unter Umständen die vom Investmentfonds vereinnahmten Erträge zu einem späteren Zeitpunkt als beim privaten Direktanleger als zugeflossen gelten.

Beispiel:

	Fonds 1	Fonds 2	Privater Direkt-anleger
Vereinnahmung Wertpapierzinsen	Juli 2001	Juli 2001	Juli 2001
Geschäftsjahr	01.01.–31.12.	01.04.–31.03.	–
Besteuerung im Veranlagungszeitraum durch den Anteilsscheininhaber	2001	2002	2001

➤ **Ausländische Quellensteuer**
Der Höchstbetrag ausländischer Quellensteuer, der bei einem Steuerinländer (bei Anteilen im Privat- und im Betriebsvermögen) im Fall der Vereinnahmung ausländischer Erträge durch den Fonds auf seine auf die Investmenterträge entfallende inländische Einkommensteuer (bzw. gegebenenfalls Körperschaftsteuer) anrechenbar ist, wird auf Ebene des Fonds für das gesamte Engagement in Wertpapieren verschiedener Länder zusammengefasst berechnet (§ 40 Abs. 4 S. 3 KAGG). Hierdurch können sich gegenüber dem privaten Direktanleger in ausländischen Wertpapieren, der quellensteuerbelastete Wertpapiererträge aus mehreren ausländischen Staaten bezieht, gegebenenfalls Vorteile ergeben.

Beispiel:

	Per Country Limitation				Zusammengefasste Berechnung nach § 40 (4) S. 3 KAGG
	Land 1 €	Land 2 €	Land 3 €	Land 4 €	€
ausl. Einkünfte	60.000	80.000	20.000	10.000	170.000
je Anteil	*0,12*	*0,16*	*0,04*	*0,02*	*0,34*
ausl. Quellensteuer	7.000	12.000	2.000	2.000	23.000
je Anteil	*0,01*	*0,02*	*0*	*0*	*0,05*

Der Anleger in Fondsanteilen kann gegenüber einem Direktanleger einen höheren Betrag an anrechenbarer Quellensteuer geltend machen.

Beim Direktanleger ist der Anrechnungshöchstbetrag länderbezogen zu berechnen (§ 68a EStDV). So kann es zur unbefriedigenden Situation kommen kann, dass Quellensteuern eines Staates wegen Überschreitung des Anrechnungshöchstbetrages (§ 34c Abs. 1 EStG) nicht angerechnet werden können, während gleichzeitig ein sich rechnerisch für ein anderes Quellenland ergebendes Anrechnungspotential nicht voll ausgenutzt werden kann (Unterschreitung des Anrechnungshöchstbetrages).

➤ **Gewinne aus der Veräußerung von Investmentanteilscheinen im Privatvermögen**
Eine Ausnahme der Gleichbehandlung von Direktanlegern und Fondsanlegern findet sich auch in der durch das Steuersenkungsgesetz eingeführten Vorschrift des § 40 a Abs. 2 KAGG.

Beispiel:

	Direktanlage Aktie €	Fondsanlage Aktie €
Anschaffungspreis	30.000	30.000
Veräußerungspreis	40.000	40.000
Veräußerungsgewinn	10.000	10.000
zu versteuern	5.000	10.000
Einkommensteuer (Steuersatz 40 %)	2.000	4.000
Vorteil Direktanlage	2.000	

Gewinne aus der Veräußerung einer Fondsanlage in Aktien und einer Direktanlage in Aktien werden steuerlich unterschiedlich behandelt. Während für Gewinne aus der Direktanlage das mit dem Steuersenkungsgesetz eingeführte Halbeinkünfteverfahren zur Anwendung kommt, bleibt es bei der Veräußerung von Fondsanlagen ausdrücklich ausgeschlossen (§ 40 a Abs. 2 KAGG).

➤ **Einkünfte aus Kapitalvermögen**
§ 39 Abs. 1 KAGG qualifiziert die Kapitalerträge aus der Beteiligung an Investmentfonds im Privatvermögen zu Einkünften aus Kapitalvermögen im Sinne des § 20 Abs. 1 Nr. 1 EStG. Somit gehören u. a. die steuerpflichtigen Gewinne aus Termingeschäften, die das Sondervermögen im Geschäftsjahr erzielt hat, beim Anteilscheininhaber zu den Einkünften aus Kapitalvermö-

gen. Dies impliziert, dass diese Gewinnbestandteile – anders als beim Direktanleger – vom Sparer-Freibetrag des § 20 Abs. 4 EStG erfasst werden. Gewinne aus privaten Veräußerungsgeschäften würden dagegen bei Übersteigen der Freigrenze von € 512 in voller Höhe der Besteuerung unterliegen.

B. Steuerliche Fragen zur Fondseingangsseite

Auf der Grundlage des Transparenzgedankens hat der Gesetzgeber sicher-gestellt, dass inländische Kapitalerträge auf der Fondseingangsseite brutto, d.h. ohne Steuerabzug zufließen. Dies geschieht auf verschiedenen Wegen:

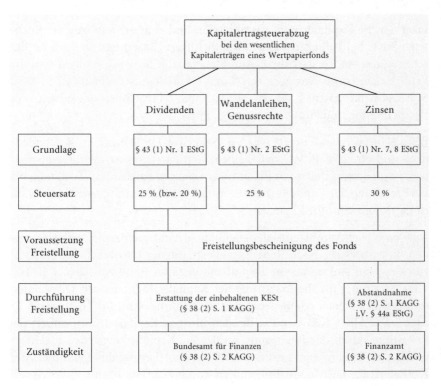

I. Kapitalertragsteuer und Solidaritätszuschlag

Von Kapitalerträgen, die den Sondervermögen zufließen, wird grundsätz-lich Kapitalertragsteuer zuzüglich Solidaritätszuschlag einbehalten.

Bei der Freistellung eines Fondsvermögens vom Steuerabzug ist zu unter-scheiden zwischen der Abstandnahme vom Steuerabzug auf Zinserträge (§ 38 Abs. 2 KAGG n.F. i. V. m. § 44 a Abs. 4 EStG) und der Erstattung ein-behaltener Kapitalertragsteuer (§ 38 Abs. 2 S. 1 KAGG).

Voraussetzung sowohl für die Abstandnahme als auch für das Erstattungsverfahren ist eine gültige Freistellungsbescheinigung des für das Fondsvermögen zuständigen Finanzamtes (Finanzamt des Sitzes des Sondervermögens), die nachweist, dass die Erträge einem steuerbefreiten Sondervermögen zufließen.

Die Kapitalanlagegesellschaften beantragen in aller Regel unmittelbar zur Neuauflage eines Fonds eine solche Nichtveranlagungsbescheinigung.

Liegt der die Kapitalerträge auszahlenden und zum Steuerabzug verpflichteten Stelle bei Fälligkeit der abzugspflichtigen Zinserträge eine solche Bescheinigung vor, so darf diese vom Steuerabzug Abstand nehmen und die Erträge dem Fondsvermögen ungekürzt (brutto) gutschreiben (§ 38 Abs. 2 S. 1 KAGG n.F. i.V.m. § 44a Abs. 4 S. 3 EStG). Hinsichtlich des Inhaltes der Bescheinigung und zum Verfahren vgl. unten Teil 4, A. I.

Beim Kapitalertragsteuerabzug i.S.d. § 43 Abs. 1 S. 1 Nr. 1 (z. B. Dividenden) und Nr. 2 (z. B. Wandelanleihen, Genussrechte) ist für die einbehaltene Kapitalertragsteuer ein Erstattungsverfahren einzuleiten. Zuständig für die Erstattung der Kapitalertragsteuer und des Solidaritätszuschlags hierauf ist das Bundesamt für Finanzen.

Falls eine Nichtveranlagungsbescheinigung nicht rechtzeitig vorliegt, werden die zunächst einbehaltene Kapitalertragsteuer (zuzüglich Solidaritätszuschlag) auf Antrag an die Depotbank erstattet (§ 38 Abs. 2 S. 1 KAGG n.F.). Zuständig für die Erstattung der Kapitalertragsteuer auf Dividenden und Wandelanleihen/Genussscheinen ist das Bundesamt für Finanzen (§ 38 Abs. 2 S. 2 Hs. 1 KAGG n.F.). Bei den übrigen Kapitalerträgen erfolgt die Erstattung durch das Finanzamt, an das die Kapitalertragsteuer abgeführt worden ist. In der Regel ist dies das für die Besteuerung des Schuldners der Kapitalerträge nach dem Einkommen zuständige Finanzamt (§ 38 Abs. 2 S. 2 KAGG n. F.). Hinsichtlich des Inhaltes der Bescheinigung und zum Verfahren vgl. unten Teil 4, A. I.

II. Vergütung des inländischen Körperschaftsteuerguthabens

Werden vom Sondervermögen Dividendenerträge vereinnahmt, die noch ein inländisches Körperschaftsteuer-Guthaben vermitteln, so wird dieses auf Antrag vom Bundesamt für Finanzen an die Depotbank des Sondervermögens vergütet (§ 38 Abs. 2 S. 1 KAGG a.F.). Das vergütete Körperschaftsteuer-Guthaben wird anschließend dem Sondervermögen gutgeschrieben. Das Vergütungsverfahren setzt ebenso wie die Nichtveranlagungsbescheinigung für Zwecke der Kapitalertragsteuer voraus, dass das Fondsfinanzamt die Steuerfreiheit des Sondervermögens bestätigt (§ 38 Abs. 2 S. 3 KAGG a. F.).

Mit Inkrafttreten des Steuersenkungsgesetzes ist das körperschaftsteuerliche Anrechnungsverfahren weggefallen. Hiermit verbunden ist auch der Wegfall der Vergütungsmöglichkeit für die Körperschaftsteuer. Die Regelung des § 38 Abs. 2 KAGG a. F. wurde aufgrund dessen ersatzlos gestrichen.

Für einen Übergangszeitraum, der bis zum Jahre 2003 reichen kann, werden Fondsvermögen neben Dividenden nach neuem Recht auch noch inländische Dividenden nach altem Recht (d.h. einschließlich eines Körperschaftsteueranrechnungsguthabens) vereinnahmen können. Dies führt dazu, dass die Fondsvermögen für eine getrennte Erfassung der unterschiedlichen Komponenten Sorge tragen müssen, da sie für einen Teil der Dividenden das Vergütungsverfahren für Körperschaftsteuer praktizieren müssen, für den verbleibenden Teil jedoch nicht. Zu den Übergangsregelungen im einzelnen und zur erstmaligen Anwendung neuen Rechts vgl. Teil 3, A. I. 1.»Dividenden«.

III. Ausländische Quellensteuern und ausländische Steuerguthaben

Resultieren Erträge eines Sondervermögens aus einem ausländischen Staat, werden sie dem Fondsvermögen häufig nach Abzug ausländischer Quellensteuern gutgeschrieben. Die Ertragsgutschrift erfolgt in diesen Fällen netto (d.h. abzüglich einbehaltener ausländischer Quellensteuer). Da jedoch die erzielten Bruttoerträge der inländischen Besteuerung unterliegen, werden die einbehaltenen ausländischen Quellensteuern zur Ermittlung des zu versteuernden Einkommens je Fondsanteil in den steuerlichen Hinweisen der Fondsvermögen der Ausschüttung hinzugerechnet (§ 40 Abs. 4 S. 1 a.E. KAGG).

Der Quellensteuerabzug betrifft i. d. R. Dividendenerträge, seltener dagegen Zinserträge. Einige Quellenstaaten wenden zur Durchführung des Steuerabzugs zunächst einen über dem Niveau eines eventuell vorhandenen Abkommens zur Vermeidung der Doppelbesteuerung (DBA) liegenden Steuersatz an (beispielhaft Deutschland, Frankreich, Österreich, Schweiz, Niederlande, Schweden oder Spanien). Der das DBA-Niveau übersteigende Teil des vorgenommenen Quellensteuerabzugs wird dann auf Antrag an den Berechtigten erstattet. Eine Erstattung dieser Beträge an Sondervermögen ist nicht die Regel (so aber z. B. aus Frankreich, Spanien, Schweiz). Die Erstattung an Sondervermögen scheitert häufig daran, dass diese Staaten die Sondervermögen nicht als wirtschaftlich Berechtigte der Einkünfte ansehen und ihnen deshalb mangels ausdrücklicher Nennung eine DBA-Abkommensberechtigung absprechen (so z.b. Österreich, Niederlande oder Italien). In diesen Fällen ist dieser Quellensteueranteil, da keinem Ermäßigungsanspruch mehr unterliegend, für den Anteilinhaber anrechenbar.

Sowohl die Erstattungsverfahren als auch die an die jeweiligen Finanzbehörden zu erbringenden Nachweise sind von Land zu Land und in Abhängigkeit von der Art der Erträge (Zinsen, Dividenden) verschieden. Die trotz eines DBA verbleibende Belastung der Erträge mit ausländischer Quellensteuer kann anschließend beim unbeschränkt steuerpflichtigen Anteilscheininhaber im Rahmen des Veranlagungsverfahrens auf die sich bei diesem – bezogen auf die ausländischen Einkünfte – ergebende deutsche Steuer angerechnet werden (§ 40 Abs. 4 KAGG). Eine Übersicht über die nach den deutschen Doppelbesteuerungsabkommen erstattungsfähigen bzw. anrechenbaren Quellensteuerbeträge enthält Teil 3, C. II .

Wurde mit dem betreffenden Quellenstaat kein Doppelbesteuerungsabkommen vereinbart, das die Quellensteuerbelastung reduziert, so ist nach § 40 Abs. 4 KAGG die keinem Ermäßigungsanspruch unterliegende ausländische Quellensteuer anrechenbar.

IV. Fiktive ausländische Quellensteuern

Aus wirtschafts- oder sozialpolitischen Gründen, insbesondere zur Förderung der wirtschaftlichen Entwicklung von Entwicklungs- bzw. Schwellenländer enthalten Doppelbesteuerungsabkommen mit einzelnen Ländern die Möglichkeit der Anrechnung einer fiktiven Quellensteuer bei Bezug von Zinsen, Dividenden und/oder Lizenzgebühren, obwohl eine Quellensteuer tatsächlich nicht oder nicht in voller Höhe einbehalten wurde (fiktive Quellensteuer). Dennoch kann der in Deutschland steuerpflichtige Anleger in seiner Steuererklärung diese fiktive Quellensteuer ansetzen lassen. Die steuerliche Erfassung dieser fiktiven Steuerbeträge erfolgt im Anrechnungsverfahren (§ 34 c Abs. 6 S. 1 EStG). Dabei werden diese fiktiven Steuerbeträge auf die persönliche Steuerschuld angerechnet. Die Anwendung des Abzugsverfahrens ist ausdrücklich ausgeschlossen (§ 34 c Abs. 6 S. 2 EStG).

Die Anrechnung der fiktiven Quellensteuer auf Einkünfte eines Sondervermögens richtet sich nach § 40 Abs. 4 KAGG. Zwar wird hierin nicht ausdrücklich die Anrechnung ausländischer fiktiver Steuern erwähnt. Jedoch gilt § 34 c Abs. 6 EStG (fiktive Quellensteuer) für Sondervermögen sinngemäß (§ 40 Abs. 4 S. 4 KAGG).

Die Anrechnung fiktiver Steuern unterscheidet sich in den jeweiligen Doppelbesteuerungsabkommen teilweise erheblich. Grundsätzlich lassen sich zwei Methoden unterscheiden:

❑ tax sparing credit: Diese Form der fiktiven Anrechnung bezieht sich auf spezielle Steuervergünstigungen des Quellenstaates. Der Wohnsitzstaat rechnet die Steuern an, die sich ohne Gewährung der Steuervergünstigungen ergeben hätten.

❑ matching credit: Der Wohnsitzstaat rechnet allgemein eine höhere Steuer an, als sie im Quellenstaat erhoben wird.

Die Wirkungsweise der Anrechnung lässt sich an folgendem Beispiel erläutern. Bei der Darstellung wurde aus Vereinfachungsgründen kein Sonderausgabenabzug vorgenommen und die ausländische Steuer so gewählt, dass sie unter dem Höchstbetrag des § 34 c Abs. 1 EStG liegt.

Beispiel:

	zu versteuernde Einnahmen ohne Kapital-vermögen €	ausländische Zinsen *ohne / mit* Anrechnung fiktiver Steuer €		Gesamt €
Einnahmen	50.000	7.500	7.500	65.000
Werbungskosten-pauschbetrag		-26	-25	-51
Sparerfreibetrag (Einzelveranlagung)		-775	-775	-1.550
Sonderausgaben	0			0
zu versteuerndes Einkommen	50.000	6.699	6.700	63.399
Einkommensteuer lt. Grundtabelle 2001 (nicht amtlich in €)	14.446	1.936	1.936	18.318
tatsächlich einbehaltene Quellensteuer: 10 %	0	-750	-750	-1.500
fiktive Quellensteuer: 15 %	0	0	-1.125	-1.125
zu entrichtende deutsche Einkommensteuer	14.446	1.186	61	15.693

Das Beispiel verdeutlicht, dass die fiktive Quellensteuer ertragsteuerlich der tatsächlich gezahlten Quellensteuer gleichgestellt wird. Der Fördercharakter für die bilateralen wirtschaftspolitischen Beziehungen wird anhand dieser steuerlichen Vorschrift deutlich. Teil 3 enthält eine Übersicht über die Vertragstaaten, die mit der Bundesrepublik Deutschland ein Doppelbesteuerungsabkommen geschlossen haben, das die Anrechnung der fiktiven Steuer vorsieht.

C. Steuerliche Gleichbehandlung der Ertragsausgleichsbeträge

Nach den für die Fondsvermögen geltenden Vertragsbedingungen wird – eingeschränkt auf den Bereich der ordentlichen (Netto-)Erträge – das sog. Ertragsausgleichsverfahren angewandt. Wesentliches **Ziel dieses Verfahrens** ist es, auch bei gegebenenfalls umfangreichen Anteilsumsätzen während eines laufenden Geschäftsjahres zu jedem Zeitpunkt einen für jeden Anteilseigner rechnerisch identischen Anteil an den vom Fonds erwirtschafteten ordentlichen Erträgen bestimmen zu können. Hierdurch wird ermöglicht, dass jeder Anteilscheininhaber am Geschäftsjahresende in gleichem Umfang an einer Ausschüttung bzw. an einer Wiederanlage (Thesaurierungsfonds) teilnimmt und zwar ohne Rücksicht darauf, wann er die Fondsanteile erworben hat. Steuerlich wird allerdings – für den Bereich der zwischengewinnpflichtigen Erträge, nicht etwa für Dividendenerträge – über die Berücksichtigung der Zwischengewinne im sog. Stückzinstopf (vgl. unten Teil 1, D. und Teil 2, D.) eine besitzzeitanteilige Besteuerung sichergestellt. Das Ertragsausgleichsverfahren stellt daher nicht nur eine praktikable Ertragsermittlung und vor allem Ertragsverteilung, sondern auch die Erstellung aussagefähiger wirtschaftlicher Ergebnisanalysen sicher. Den wirtschaftlichen Interessen der Kapitalanleger trägt es über folgende **Funktionsweise** Rechnung:

❑ Nicht zu Beginn eines Geschäftsjahres, sondern »später« eintretende Anteilscheininhaber »kaufen« sich – wirtschaftlich betrachtet – über einen in den Ausgabepreis eingerechneten Ertragsausgleichsbetrag in die bis zum Zeitpunkt ihres Beitritts mit dem Kapital der bereits beigetretenen Anteilscheininhaber erwirtschafteten Erträge des Fondsvermögens ein. Dies stellt für bereits früher eingetretene Anteilscheininhaber sicher, dass ihr Anteil an den Fondserträgen nicht durch hinzugetretene Anteilsinhaber geschmälert wird.

❑ Ausscheidenden Anteilseignern wird andererseits über einen rechnerisch in den Rücknahmepreis einfließenden Ertragsausgleichsbetrag der Anteil an den mit ihrem Kapital bis zu diesem Zeitpunkt erwirtschafteten ordentlichen Fondserträgen gutgeschrieben.

Ertragsausgleichsbeträge, die kraft zivilrechtlicher Vereinbarungen in den Vertragsbedingungen bei der Rücknahme von Anteilscheinen aus dem

Fondsvermögen ausgezahlt (negativer Ertragsausgleich) bzw. bei der Ausgabe von Anteilscheinen von diesem in das Fondsvermögen eingezahlt werden (positiver Ertragsausgleich), werden bei einem Anteilsumsatz täglich durch eine Verhältnisrechnung auf die kumulierten Bruttoerträge und die Spesen (jeweils einschließlich eines aufgelaufenen Ertragsausgleiches) verteilt (»Aufteilung des Ertragsausgleiches«), was eine gleichmäßige Teilnahme aller Anteilsinhaber an allen ordentlichen Ertragskomponenten zur Folge hat.

Es besteht zwar keine gesetzliche Verpflichtung, einen Ertragsausgleich zu berechnen, die Vertragsbedingungen eines Sondervermögens haben nach § 15 Abs. 3 i KAGG jedoch eine Aussage zu machen, ob das Ertragsausgleichverfahren überhaupt Anwendung findet.

Der auf den Ertragsausgleich entfallende Teil der Ausschüttung (oder der Thesaurierung) teilt das selbe Schicksal wie die Erträge, denen sie zuzurechnen sind. Ausgleichsbeträge, die auf im Fonds steuerfreie Erträge entfallen, sind auch für den Anteilsinhaber steuerfrei (§ 40 Abs. 5 KAGG).

Die nach diesem Verfahren berechneten Ertragsausgleichsbeträge sind steuerlich wie diejenigen ordentlichen Ertragsteile zu behandeln, denen sie rechnerisch zugeordnet wurden. Dies ergibt sich aus der Rechtsprechung des Bundesfinanzhofes und aus Verfügungen der Finanzverwaltung (vgl. Dokumentation in Teil 5) . Die steuerliche Relevanz der Ertragsausgleichsbeträge ergibt sich in wesentlichen Punkten aus dem KAGG selbst (»der hierauf entfallende Teil des Ausgabepreises für ausgegebene Anteilscheine«), wenngleich eine abschließende Regelung nicht besteht.

Steuerlich wirkt sich das Ertragsausgleichsverfahren vor allem bei der Bestimmung der Bemessungsgrundlage für die Kapitalertragsteuer und damit auch auf den Solidaritätszuschlag sowie auf die Zwischengewinnermittlung (vgl. nachfolgend Teil 1, D.) aus. Die steuerliche Behandlung des Ertragsausgleichsverfahrens soll anhand des folgenden *Beispiels* verdeutlicht werden:

Ein ausschüttender gemischter Fonds, der 1.000 Anteile begeben hat, erzielte im abgelaufenen Geschäftsjahr folgende ordentlichen Erträge, die zur Ausschüttung verwendet werden sollen (auf die Berechnung des Solidaritätszuschlags wird aus Vereinfachungsgründen verzichtet, Veräußerungsgewinne sollen keine steuerpflichtigen Termingeschäfte enthalten):

	€	€
Gewinn aus der Veräußerung von Aktien und Bezugsrechten		*2.000*
inländische Zinsen		*1.000*
Inländische Dividenden nach erstatteter KESt nach neuem Recht	*200*	
Inländische Dividenden nach erstatteter KESt nach altem Recht	*560*	
Vergütete Steuerguthabenbeträge hierauf	*240*	*1.000*
Ertragsausgleichsbeträge		
in Ausgabepreisen enthalten	*1.200*	
in Rücknahmepreisen enthalten	*200*	*1.000*
Erträge insgesamt		*5.000*

Nach Aufteilung und Zuordnung der Ertragsausgleichsbeträge verteilt sich der Ertragsausgleichssaldo von € 1.000 auf die Ertragskomponenten wie folgt:

	€	€	€ *pro Anteil*
Veräußerungsgewinne	*2.000*		
anteiliger Ertragsausgleich	*500*	*2.500*	*2,50*
Inländische Zinsen	*1.000*		
anteiliger Ertragsausgleich	*250*	*1.250*	*1,25*
Inländische Dividenden nach neuem Recht	*200*		
anteiliger Ertragsausgleich	*50*	*250*	*0,25*
Inländische Dividenden nach altem Recht	*800*		
anteiliger Ertragsausgleich	*200*	*1.000*	*1,00*
Erträge insgesamt		*5.000*	*5,00*

Auf den Gesamtbetrag aus inländischen Dividenden nach altem Recht (Anrechnungsverfahren) und anteiligen Ertragsausgleichsbeträgen von € 1.000 sind zu entrichten:

30% Ausgleichssteuer	*300*	*0,30*
25% Kapitalertragsteuer	*175*	*0,17*

Auf den Gesamtbetrag aus inländischen Dividenden nach neuem Recht (Halbeinkünfteverfahren) und anteiligen Ertragsausgleichsbeträgen von € 250 sind zu entrichten:

20% Kapitalertragsteuer	*50*	*0,05*
Zur Ausschüttung stehen zur Verfügung (Gesamtausschüttung)	*4.475*	*4,48*

Von der Zahlstelle ist auf den Gesamtbetrag aus inländischen Zinsen und anteiligen Ertragsausgleichsbeträgen von € 1.250 30% Zinsabschlagsteuer € 375 (€ 0,37 pro Anteil) zu entrichten.

21

❏ *Steuerpflicht bei Zugehörigkeit der Anteilscheine zum Privatvermögen:*

	€
Von der Ausschüttung von	*4,48*
sind steuerfrei	*-2,50*
verbleibender Betrag	*1,98*
zuzüglich KSt-Guthaben	*0,30*
zuzüglich KESt, ZASt	*0,22*
Steuerpflichtig sind	*2,50*
– davon sind aufgrund des Halbeinkünfteverfahrens nur zur Hälfte zu besteuern	*0,25*

Die KSt-Guthaben sowie die KESt und die ZASt von insgesamt € 0,52 werden auf die individuelle Einkommensteuer angerechnet.

Zahlt ein Anteilserwerber mit dem Ausgabepreis auch einen Ertragsausgleichsbetrag, ist dieser steuerlich regelmäßig nicht als Werbungskostenbestandteil abzugsfähig. Anders ist dies nur, wenn ein Ertragsausgleichbetrag in dem Zwischengewinn beim Erwerb der Fondsanteile bekannt gemacht war.

Beispiel:

Erwirbt der private Direktanleger kurz vor dem Ausschüttungstermin eine Aktie mit (»cum«) Dividendenschein, wirkt sich der wegen des »Erwerbs der Dividende« erhöhte Kurs der Aktie steuerlich nicht als laufende Ausgabe (Werbungskosten) aus. Vielmehr handelt es sich um eine Erhöhung der Anschaffungskosten. Dieser Teilbetrag wirkt sich später allenfalls durch eine Verminderung eines eventuell realisierten steuerpflichtigen Spekulationsgewinnes aus. Auch der von einem Anleger in Aktienfondsanteilen kurz vor Geschäftsjahresende über einen erhöhten Anteilscheinpreis geleistete Ertragsausgleichsbetrag wirkt sich nicht unmittelbar steuerlich aus. Dies resultiert daraus, dass Dividendenerträge nicht in die gesetzliche Zwischengewinnbesteuerung (§ 39 Abs. 2 KAGG) einbezogen sind.

Anders ist dies bei einem Inhaber von Anteilscheinen eines Rentenfonds: Die erwirtschafteten Zinserträge unterliegen regelmäßig der Zwischengewinnbesteuerung. Dabei fließen geleistete Ertragsausgleichsbeträge des Erwerbers im Jahr der Zahlung nach § 38 b Abs. 1 S. 2 KAGG in den sogenannten Stückzinstopf (§ 43a Abs. 3 EStG). Im Fall der Depotverwahrung wird dabei die Bemessungsgrundlage für den Kapitalertragsteuerabzug gemindert. Dies tritt z. B. im Zusammenhang mit einer steuerpflichtigen Ausschüttung der Geschäftsjahreserträge des Rentenfonds ein. Dadurch wird vom Anteilscheininhaber per Saldo nur der besitzzeitanteilige Kapitalertrag versteuert. Bei einer Gegenüberstellung von Anteilscheininhaber und Direktanleger in festverzinsliche Wertpapieren, wird ersichtlich, dass die Gleichstellung gewahrt ist. Auch beim Erwerb von festverzinslichen Wertpapieren werden die gezahlten Stückzinsen getrennt in Rechnung gestellt (§ 20 Abs. 2 Nr. 3 EStG). Dabei wirken sich die gezahlten Stückzinsen im Jahr der Zahlung steuermindernd als negative Einnahmen bei den Einkünften aus Kapitalvermögen aus.

D. Zwischengewinnermittlung

Von einem inländischen Investmentvermögen während des Geschäftsjahres erwirtschaftete Zinserträge (angewachsene oder vereinnahmte Stückzinsen) unterlagen bis zur Einführung durch das Missbrauchsbekämpfungs- und Steuerbereinigungsgesetz (StMBG) vom 21. Dezember 1993 beim privaten Anteilscheininhaber nicht der Besteuerung. Eine Besteuerung dieser Erträge erfolgte erst

❏ bei ausschüttenden Sondervermögen im Zeitpunkt des Zuflusses der Erträge beim Anteilscheininhaber

❏ bei thesaurierenden Sondervermögen mit Ablauf des Geschäftsjahres, in dem die Erträge vereinnahmt worden sind (Zuflussfiktion).

Bis zu diesem Zeitpunkt erfolgte eine steuerliche Erfassung bei Anteilen im Privatvermögen lediglich bei Vorliegen eines steuerpflichtigen Spekulationsgeschäftes i.S.d. § 23 EStG. Den sich hieraus ergebenden Möglichkeiten eines Gestaltungsmissbrauchs mit der Zielsetzung der Erzielung steuerfreier Einnahmen begegnete der Gesetzgeber durch die Einführung der Zwischengewinnbesteuerung. Bei Anteilen im Betriebsvermögen war der sich in einem höheren Anteilspreis niederschlagende Zwischengewinn allerdings bisher schon steuerpflichtig, denn bei Rückgabe der Anteilscheine wurde die eingetretene Wertsteigerung im Betriebsvermögen gewinnerhöhend realisiert.

Zentrale Vorschrift zur Bestimmung des Zwischengewinns im KAGG ist dessen § 39 Abs. 2 n.F. (früher: § 39 Abs. 1 a KAGG). Zwischengewinn ist danach das Entgelt für die dem Anteilscheininhaber noch nicht zugeflossenen oder als zugeflossen geltenden

❏ Einnahmen des Sondervermögens im Sinne des § 20 Abs. 1 Nr. 7 und Abs. 2 mit Ausnahme Nr. 2 a EStG, für die angewachsenen Ansprüche des Sondervermögens auf derartige Einnahmen sowie für Gewinne aus Termingeschäften im Sinne des § 23 Abs. 1 Nr. 4 EStG (Nr. 1). Hierunter fallen insbesondere Einnahmen aus

  • inländischen und ausländischen Bankguthaben und aus Einlagenzertifikaten von Kreditinstituten

  • der Einlösung oder Veräußerung von Zinskupons herkömmlicher festverzinslicher Kapitalforderungen

- Geldmarktpapieren

- Zero-Bonds und unverzinslichen Schatzanweisungen öffentlicher Emittenten

- Schuldscheindarlehen

- Finanzinnovationen wie Kombizins-, Gleitzins- oder Step-up-Anleihen sowie von Floatern und Reverse-Floatern

- der Veräußerung oder Einlösung von Zinskupons von Wandelanleihen

- der Einlösung fälliger Genussrechte ohne Liquidationsbeteiligung.

Darüber hinaus werden nach § 39 Abs. 2 S. 2 Nr. 2 bis 5 KAGG n.F. folgende Sachverhalte erfasst:

❏ (Veröffentlichte) Zwischengewinne von inländischen Sondervermögen, an denen ein Sondervermögen beteiligt ist (Nr. 2)

❏ Einnahmen aus Anteilscheinen an anderen inländischen Sondervermögen, soweit darin Erträge i.S.d. § 38b Abs. 1 Nr. 1 bis 4 KAGG enthalten sind; dabei handelt es sich im wesentlichen um Zinsen aus Anleihen, Forderungen und Guthaben, um Erträge aus Wandelanleihen, Gewinnobligationen und rentenähnlichen Genussrechten, um ausländische Erträge aus Anleihen, Forderungen und Guthaben, ausländische Stückzinsen sowie Gewinne aus Termingeschäften

❏ Einnahmen aus ausländischen Sondervermögen (Nr. 4)

❏ Eingenommene Zwischengewinne aus der Rückgabe oder Veräußerung von Anteilscheinen oder der Abtretung der Ansprüche aus dem Anteil von inländischen und ausländischen Sondervermögen (Nr. 5)

Die Positionen Nr. 2 bis Nr. 5 des § 39 Abs. 2 KAGG sind eingeführt worden mit der Umsetzung des Dritten Finanzmarktförderungsgesetzes, das es inländischen Kapitalanlagegesellschaften ermöglichte, inländische Dachfonds aufzulegen. Wir verweisen in diesem Zusammenhang auch auf die Ausführungen unter Teil 1, G. 1.

Unter den Begriff des Zwischengewinnes werden demnach nicht nur tatsächlich dem Sondervermögen zugeflossene Erträge, sondern auch **angewachsene Zinsansprüche** (Stückzinsen) subsumiert, die rechnerisch bereits im Anteilwert enthalten sind. Hinsichtlich der Bewertung dieser Ansprüche verweist § 39 Abs. 2 KAGG auf das Einkommensteuerrecht (§ 20 Abs. 2

EStG). Es gelangt daher beispielsweise bei der Ermittlung des Zwischengewinns bei Zero-Bonds oder bei abgezinsten Wertpapieren zunächst die Emissionsrendite oder die Marktrendite zur Anwendung.

Sonstige Einnahmen des Fonds (z.B. Dividenden, Erträge aus der Vermietung und Verpachtung von Grundstücken und grundstücksgleichen Rechten, Veräußerungsgewinne) werden nicht in die Bestimmung des Zwischengewinns einbezogen.

Exkurs: Stückzinsen

Stückzinsen fallen ausschließlich im Rahmen des Erwerbs von festverzinslichen Schuldverschreibungen an. Unter Stückzinsen versteht man Zinsen, die auf den Zeitraum zwischen dem letzten Zinszahlungstermin und dem Verkaufstag entfallen. Die Emissionsbedingungen von verzinslichen Anleihen sehen in der Regel während der Laufzeit halbjährlich nachträgliche (nachschüssige) Zinszahlungstermine vor. Stückzinsen werden in der Regel vom Käufer einer Anleihe an den Verkäufer gezahlt, da der Erwerber am nächsten Zinstermin die gesamte Kuponzahlung erhält, obwohl die Zinsen für den Zeitraum zwischen letztem Zinstermin und Verkaufstag dem Verkäufer der Anleihe noch zustehen. Die Sückzinsen lassen sich mit der folgenden Formel ermitteln:

$$\textit{Stückzinsen} = \frac{\textit{Nennwert} \times \textit{Kuponzins in \%} \times \textit{Zinstage}}{100 \times 360 \ \textit{Tage}}$$

Der Käufer zahlt neben dem Kurswert der Anleihe (clean price) zusätzlich die errechneten Stückzinsen, insgesamt den sogenannten full price an den Verkäufer.

Stückzinsen aus der Veräußerung von Schuldverschreibungen fallen genau wie Erträge aus der Veräußerung von ab-/aufgezinsten Wertpapieren unter die Zwischengewinnregelungen.

Sowohl bei Fonds, die dem KAGG, wie auch bei Fonds, die dem AuslInvestmG unterliegen, kann es dazu kommen, dass die in einem Sondervermögen gebuchten bzw. herangerechneten Kosten die bis zu diesem Zeitpunkt gebuchten oder herangerechneten Erträge übersteigen. Solche Situationen können insbesondere auftreten bei der Neuauflage von Fonds oder bei Aktienfonds. Von sog. negativen Zwischengewinnen sprechen wir dann, wenn die gebuchten bzw. abgegrenzten Zinsen/Stückzinsen eines Fonds niedriger sind als die anteiligen, auf diese Einnahmen entfallenden Kosten. Bei Aktienfonds wird eine solche Sachlage nur dann entstehen, wenn zulässigerweise Teile des Fondsvermögens in verzinslichen Wertpapieren gehalten werden.

Negative Einnahmen und damit ggf. negative Zwischengewinne können aber auch durch die Bewertung von Erträgen aus Finanzinnovationen mit der Marktrendite herrühren. Erträge aus Finanzinnovationen (z.B. Reverse Floater) können nach der Emissions- (was regelmäßig der Fall sein wird) oder nach der Marktrendite bewertet werden. Sinkt der Kurs eines Wertpapiers im Vergleich zum Erwerbspreis, führt dies bei einer Bewertung nach der Marktrendite u.U. zu einem negativen Ergebnis. In diesem Fall liegen negative Einnahmen vor, die mit sonstigen Zinserträgen zu saldieren sind. Dies kann zusammen mit den Kosten eines Fonds zu einem negativen Zwischengewinn führen.

Der Zwischengewinn ist von der Kapitalanlagegesellschaft börsentäglich zu ermitteln und gem. § 41 Abs. 4 KAGG mit dem Rücknahmepreis zu veröffentlichen. Dies geschieht unabhängig davon, ob Zwischengewinne positive oder negative Werte annehmen. In der Branche ist auch zu beobachten, dass die während eines Fondsgeschäftsjahres entstandenen negativen Zwischengewinne eines Fonds zusätzlich in den Rechenschaftsberichten dieser Fonds angegeben werden. Die Versteuerung des Zwischengewinns erfolgt im Veranlagungsverfahren beim Anteilscheininhaber.

E. Aktiengewinnermittlung

Seit Inkrafttreten des Steuersenkungsgesetzes hat die Kapitalanlagegesellschaft einen sogenannten Aktiengewinn zu ermitteln und börsentäglich bekannt zu machen (§ 41 Abs. 5 KAGG i. V. m. § 40 a Abs. 1 KAGG). Der Aktiengewinn soll sicherstellen, dass Gewinne aus der Veräußerung von Anteilscheinen, die im Betriebsvermögen gehalten werden, analog § 8b Abs. 2 KStG (Steuerfreiheit) bzw. § 3 Nr. 40 S. 1 Nr. 1 EStG (Halbeinkünfteverfahren) in dem Umfang steuerlich begünstigt werden, wie diese auf der Fondsebene im weitesten Sinne aus Erträgen und Wertveränderungen von Aktien (oder aktienähnlichen Genussrechten) resultieren (vgl. hierzu Teil 2, E.).

Der Aktiengewinn ist ausschließlich für Anteilscheininhaber relevant, die ihre Fondsanteile im Betriebsvermögen halten. Privatanleger können vom ausgewiesenen Aktiengewinn nicht profitieren, da die Regelungen zum Aktiengewinn für Privatanleger vom Gesetzgeber ausdrücklich ausgeschlossen worden sind (§ 40 a Abs. 2 KAGG).

In den Aktiengewinn werden eingerechnet

❑ noch nicht zugeflossene oder als zugeflossen geltende Dividenden

❑ realisierte Gewinne und Verluste aus der Veräußerung von Aktien

❑ Kursgewinne und Kursverluste von Aktien

sowie bei Dachfonds

❑ Aktiengewinne von inländischen Zielfonds.

Auf Grund dieses Ermittlungsmodus kann ein Aktiengewinn sowohl positive als auch negative Werte annehmen.

Auf Grund der Konzeption des Steuersenkungsgesetzes sind nur inländische Investmentfonds verpflichtet, einen Aktiengewinn zu ermitteln und zu veröffentlichen. Ausländische Investmentfonds fallen nicht unter die Regelungen zum Aktiengewinn. Dies hat zur Folge, dass auch nur inländische (nicht aber ausländische) Investmentfonds den betrieblichen Anlegern bei der Veräußerung von Investmentanteilen steuerbegünstigte Bestandteile vermitteln können. Es ist aber zu erwarten, dass der Gesetzgeber diese Ungleichbehandlung zwischen inländischen und ausländischen registrierten Investmentsondervermögen (sogenannte weiße Fonds) beseitigen wird.

Der Aktiengewinn ist in § 40 a Abs. 1 KAGG geregelt. Der zeitliche Anwendungsbereich des Aktiengewinns richtet sich nach § 43 Abs. 14 S. 2 KAGG i. V. m. § 52 Abs. 36 Satz 2 EStG i. V. m. § 34 Abs. 10 a KStG. Dies bedeutet u. E., dass der Investmentfonds mit der Ermittlung des Aktiengewinns beginnen muss, wenn der Fonds erstmals Ertragsbestandteile erhält, die grundsätzlich unter das Halbeinkünfteverfahren fallen. Diese Auffassung wird auch von dem Bundesverband der Investmentgesellschaften geteilt. Da bereits in 2001 vereinnahmte ausländische Dividenden dem Halbeinkünfteverfahren unterliegen, ist der frühestmögliche Zeitpunkt der erstmaligen Ermittlung des Aktiengewinns der 01.01.2001.

Bei der Ermittlung des Aktiengewinns sind u. E. folgende Komponenten zu berücksichtigen:

❑ In 2001 vereinnahmte Dividenden aus ausländischen Aktien sowie Erträge aus ausländischen aktienähnlichen Genussscheinen

❑ Vereinnahmte Dividenden aus inländischen Aktien, sofern diese nach dem neuen Körperschaftsteuerrecht dem Sondervermögen zugeflossen sind. Dies wird frühestens ab dem 01.01.2002 geschehen.

❑ Gewinne (oder Verluste) aus der Veräußerung von Aktien bzw. aktienähnlichen Genussscheinen, sofern die Veräußerung zu einem Zeitpunkt stattgefunden hat, an dem für den Emittenten das neue Körperschaftsteuerrecht Anwendung gefunden hat. Für ausländische Aktien ist dies der 01.01.2001, für inländische Aktien dagegen frühestens der 01.01.2002.

❑ Kursgewinne bzw. Kursverluste von Aktien und aktienähnlicher Genussscheine fallen in der gesamten Höhe in den Aktiengewinn, sobald für den Emittenten das neue Körperschaftsteuerrecht anwendbar ist. Für ausländische Aktien ist dies der 01.01.2001, für inländische Aktien dagegen frühestens der 01.01.2002. Dies bedeutet, dass auch Kursgewinne in den Aktiengewinn fallen, die noch auf die Zeit entfallen als das neue Körperschaftsteuerrecht noch nicht galt.

Beispiel:

Der Investmentfonds erwirbt bei Auflegung am 01.06.2000 eine ausländische Aktie zu € 1.000,00. Der Kurs dieser Aktie beträgt am 01.01.2001 € 1.200,00. Der Kursgewinn von € 200,00 fällt in voller Höhe in den Aktiengewinn.

Der Aktiengewinn ist gemäß § 41 Abs. 5 KAGG börsentäglich als Prozentzahl zum Rücknahmepreis zu ermitteln und mit dem Rücknahmepreis der

Anteilscheine zu veröffentlichen. Bei Publikumsfonds mit besonderem Anlegerkreis ist ein Aktiengewinn bei jedem Kauf oder Verkauf, mindestens jedoch zweimal im Monat zu ermitteln. Zu beachten ist, dass für Spezialfonds keine Veröffentlichungspflicht besteht. Der Aktiengewinn ist als Prozentzahl auszuweisen. Daneben wird das gesamte Investmentfondsvermögen festgestellt. Der Aktiengewinn ergibt sich aus der folgenden Relation:

$$\frac{\text{Aktiengewinn (in €)} \times 100}{\text{Nettofondsvermögen}} = \text{Aktiengewinn in \%}$$

F. Steuerliche Fragen zur Fondsausgangsseite

Dem Sondervermögen obliegen bei der Ausschüttung bzw. Thesaurierung steuerliche Pflichten. Aufgrund der Umsetzung des Transparenzprinzips findet die steuerliche Erfassung der erwirtschafteten Erträge des Sondervermögens auf der Ebene des Anteilscheininhabers statt. Die Fondsausgangsseite ist diesbezüglich von großer Bedeutung für die Sicherstellung der Besteuerung.

I. Einbehaltung und Abführung der Kapitalertragsteuer und des Solidaritätszuschlages

Werden Zinseinnahmen oder Dividenden eines Sondervermögens zur Ausschüttung oder Thesaurierung verwendet, so ist hierbei grundsätzlich der Kapitalertragsteuerabzug nebst dem Solidaritätszuschlag vorzunehmen (§ 38 b KAGG; vgl. Teil 3, A. I.).

Beim Kapitalertragsteuerabzug entspricht es der Intention des Gesetzes, dass sämtliche Ertragsbestandteile des Sondervermögens auf der Fondsausgangsseite mit Kapitalertragsteuer zu belasten sind, die als Einnahmen aus Kapitalvermögen auch bei einem Direktanleger ihrer Art und dem Grunde nach einem Quellensteuerabzug unterliegen würde.

Dem Kapitalertragsteuerabzug unterliegen

❑ Zinseinnahmen im weitesten Sinne (§ 38 b Abs. 1 KAGG; Zinsabschlag)

❑ Dividenden von inländischen Aktiengesellschaften (§ 38 b Abs. 5 KAGG)

1. Einbehaltung und Abführung der Kapitalertragsteuer auf Zinsen (Zinsabschlag)

Seit den Neuregelungen durch das Zinsabschlaggesetz vom 09.11.1992 unterliegen Ausschüttungen und thesaurierte Erträge von Investmentanteilen, soweit sie Zinserträge enthalten, einer Kapitalertragsteuer (Zinsabschlag). Der Kapitalertragsteuerabzug ist nebst Solidaritätszuschlag vorzunehmen. Der Zinsabschlag ist unabhängig davon vorzunehmen, ob die Fondsanteile im Privatvermögen oder im Betriebsvermögen gehalten werden. Die gesetzliche Grundlage für den Steuerabzug auf der Fondsausgangsseite ist in § 38 b Abs. 1 bis 4 KAGG abschließend geregelt. Zu den zinsabschlagsteuerpflichtigen Erträgen eines Fonds zählen nach § 38 b Abs. 1 KAGG z. B.:

❏ Sämtliche Erträge aus verzinslichen Wertpapieren und Finanzinnovationen, unabhängig vom Sitz des Emittenten (inländische und ausländische Zinserträge)

❏ Erträge aus Wandelanleihen, aus (rentenähnlichen) Genussrechten und aus Gewinnobligationen

❏ Gewinne aus Termingeschäften im Sinne des § 23 Abs. 1 Satz 1 Nr. 4, Abs. 2 EStG (siehe Teil 3)

Auch durch unterjährige Anteilscheinrückgabe realisierte Zwischengewinne unterliegen dem Kapitalertragsteuerabzug (§ 38 b Abs. 4 KAGG).

§ 38 b KAGG stellt darauf ab, dass nur diejenigen Ertragsbestandteile des Fonds auf der Fondsausgangsseite mit Kapitalertragsteuer zu belasten sind, die dort abschließend aufgeführt sind. Danach sind insbesondere folgende Ertragsbestandteile nicht dem Zinsabschlag zu unterwerfen:

❏ Dividenden aus inländischen und ausländischen Aktien (zu Dividenden aus inländischen Aktien siehe aber Teil 1, F I. 2.)

❏ Zinsen aus Genussrechten, mit denen das Recht am Gewinn und Liquidationserlös verbunden ist (aktienähnliche Genussrechte)

❏ Zinszahlungen ausländischer Kreditinstitute oder ausländischer Niederlassungen inländischer Kreditinstitute aus einfachen Forderungen

❏ Zinszahlungen von Unternehmen, die keine Kreditinstitute sind, aus einfachen Forderungen

❏ Erträge aus Commercial Papers (Inhaberschuldverschreibungen mit Geldmarktcharakter, d. h. Laufzeit bis zwei Jahren), sofern es sich um Schuldscheindarlehen handelt, die von Unternehmen ausgegeben sind, die nicht inländische Kreditinstitute sind

❏ Erträge aus Schatzwechseln des Bundes, der Bundesländer sowie aus vergleichbaren Papieren anderer OECD-Staaten

❏ Sonstige Erträge eines Fonds (wie z. B. Erträge aus Wertpapierleihe – außer Kompensationszahlungen –, als Stillhalter vereinnahmte Optionsprämien, Erträge aus Optionsrechten (soweit nicht Gewinne aus Termingeschäften vorliegen)

Entsprechendes gilt für Einnahmesurrogate und Ertragsausgleichsbeträge, die auf diesen Ertragsteilen beruhen.

Was die Art und Weise des Steuerabzugs anbelangt, bestehen Unterschiede zum einen zwischen Fondsanlagen und Direktanlagen und zum anderen zwischen ausschüttenden und thesaurierenden Fonds.

Während etwa beim Direktanleger in Abhängigkeit von der Art der Kapitalerträge unterschiedliche Steuerabzugsbeträge anzuwenden sind, hat ein Sondervermögen die Vorschriften zum Zinsabschlag sinngemäß anzuwenden, die für zinsabschlagsteuerpflichtige Ertragsbestandteile einheitlich nur einen Steuersatz von 30% bei Depotverwahrung der Fondsanteile bzw. 35% im Nicht-Depotfall (Tafelgeschäfte) vorsehen.

In den Fällen des Steuerabzugs bei ausschüttenden Fonds hat die inländische Zahlstelle den Abzug entsprechend vorzunehmen. Dabei handelt es sich regelmäßig um die Depotbank des Sondervermögens bzw. um die Kapitalanlagegesellschaft im Rahmen der von ihr selbst verwalteten Investment-Depots. Diese stellen für die Kapitalanlagegesellschaft erlaubte Hilfsgeschäfte dar. Die Zahlstelle darf in den Fällen des § 44 a EStG (Freistellungsauftrag, Nichtveranlagungsbescheinigung) sowie bei nachgewiesenem Gebietsfremdenstatus vom Steuerabzug Abstand nehmen. Liegt hingegen die Verwahrstelle der Anteilscheine im Ausland, so entfällt für diese Anteilscheine der Steuerabzug.

Bei vollständig thesaurierten Geschäftsjahreserträgen sind die Kapitalertragsteuer und der Solidaritätszuschlag von der Kapitalanlagegesellschaft selbst für Rechnung des jeweiligen Fondsvermögens einzubehalten und abzuführen (§ 38 b Abs. 3 KAGG). Grundsätzlich sieht § 44 a EStG u.a. in den Fällen des Freistellungsauftrags oder der Nichtveranlagungsbescheinigung eine Abstandnahme vom Steuerabzug vor. Im Fall der Thesaurierung ist diese Verwaltungsvereinfachung gemäß § 38 b Abs. 3 KAGG explizit nicht anzuwenden. Dies bedeutet, dass die Kapitalertragsteuer und der Solidaritätszuschlag abzuführen sind, sofern zinsabschlagsteuerpflichtige Erträge thesauriert werden. Hinsichtlich der Möglichkeit der Steuererstattung bei Vorliegen der Voraussetzungen des § 44 EStG siehe Teil 4, A.

Bei teilthesaurierenden Fonds wird der auf die thesaurierten zinsabschlagsteuerpflichtigen Erträge des Sondervermögens zu erhebende Steuerbetrag von der Ausschüttung erhoben (§ 38 b Abs. 2 Satz 2 KAGG).

2. Einbehaltung und Abführung der Kapitalertragsteuer auf Dividenden

Seit dem 01.04.1999 wird bei ausschüttenden und thesaurierenden Investmentfonds auf den inländischen Dividendenanteil Kapitalertragsteuer nebst Solidaritätszuschlag erhoben.

Mit Einführung des Steuersenkungsgesetzes ist für den zutreffenden Kapitalertragsteuerabzug zu unterscheiden: Vereinnahmte Ausschüttungen von deutschen Aktiengesellschaften, die noch nach altem Körperschaftsteuerrecht, d.h. unter Anwendung des Anrechnungsverfahrens erfolgten, unterliegen auf der Fondsausgangsseite einem Kapitalertragsteuerabzug von 25 % (zuzüglich Solidaritätszuschlag), während auf Ausschüttungen der inländischen Aktiengesellschaften nach neuem Körperschaftsteuerrecht, d.h. ohne Vermittlung eines Körperschaftsteueranrechnungsguthabens, auf der Fondsausgangsseite ein reduzierter Kapitalertragsteuersatz von 20 % (zuzüglich Solidaritätszuschlag) Anwendung findet (§ 38 b Abs. 5 KAGG n.F.). Dabei ist zu beachten, dass als Bemessungsgrundlage die gesamte Dividende, die der Fonds an die Anleger ausschütten bzw. thesaurieren kann, zugrunde zu legen ist.

Die Investmentfonds werden inländische Dividenden nach neuem Recht frühestens nach dem 1.1.2002 erhalten; Ausnahmetatbestände wie Vorabausschüttungen sind in der Investmentpraxis nicht zu beobachten. Je nach Lage des Geschäftsjahres der ausschüttenden Aktiengesellschaften kann sich die erstmalige Ausschüttung nach neuem Recht auch noch bis zum Jahr 2003 hinziehen. Für einen Übergangszeitraum, der bis zum Jahr 2003 reichen kann, können daher Fonds neben Dividenden aus inländischen Aktiengesellschaften, die dem Halbeinkünfteverfahren unterliegen, auch noch Dividenden aus inländischen Aktiengesellschaften mit Anrechnungsguthaben beziehen. Dies erfordert von den Kapitalanlagegesellschaften, dass sie für Zwecke einer zutreffenden Kapitalertragsteuerberechnung eine umfassende Ertragspaltung vornehmen muss.

Die Kapitalanlagegesellschaft hat die Kapitalertragsteuer auf Dividenden nach neuem und nach altem Recht für Rechnung des jeweiligen Fondsvermögens einzubehalten und binnen eines Monats nach Geschäftsjahresende des Fonds an die Finanzbehörden abzuführen (§ 39 Abs. 2 i.V.m. § 38 b Abs. 3 KAGG a.F., § 38 b Abs. 5, Abs. 3 S. 4, 5 KAGG n.F.). Die Möglichkeit einer Abstandnahme vom Kapitalertragsteuerabzug analog § 44 a EStG besteht nicht. Hinsichtlich der Möglichkeiten zur Erstattung der einbehaltenen Steuerabzugsbeträge verweisen wir auf Teil 4, A.

II. Herstellung der körperschaftsteuerlichen Ausschüttungsbelastung (Ausgleichsteuer)

Die steuerliche Behandlung der Dividendenzahlungen von inländischen Kapitalgesellschaften ist mit Verabschiedung des Steuersenkungsgesetzes neu geregelt worden. Durch das Steuersenkungsgesetz wird für die Besteuerung von Dividendenerträgen ein Systemwechsel vom Anrechnungsverfahren zum Halbeinkünfteverfahren vollzogen. Das körperschaftsteuerliche Anrechnungsverfahren entfällt in Zukunft. Die Gewinne der inländischen Kapitalgesellschaften unterliegen dann einer Definitivbelastung in Höhe von 25 % Körperschaftsteuer.

Für einen Übergangszeitraum, der bis zum Jahr 2003 reichen kann, können aber Fonds neben Dividenden aus inländischen Aktiengesellschaften, die dem Halbeinkünfteverfahren unterliegen, auch noch Dividenden aus inländischen Aktiengesellschaften mit Anrechnungsguthaben beziehen. Es ist daher in Zukunft insbesondere im Hinblick auf eine zutreffende Berechnung der Ausgleichssteuer genau zu unterscheiden, ob ein Fonds Dividenden nach altem Recht vereinnahmt (hierfür ist die Ausgleichsbesteuerung vorzunehmen) oder bereits nach neuem Recht (für diese entfällt die Herstellung der Ausschüttungsbelastung). Für weitere Erläuterungen und Beispiele zum Übergangszeitraum siehe auch Teil 3, A. I. 1.

Die erstmalige Anwendung des neuen Rechts (Wegfall der Vorschriften zur Ausgleichsbesteuerung) ergibt sich nach § 43 Abs. 14 KAGG durch sinngemäße Anwendung des § 52 Abs. 36 Satz 2 EStG i. V. m. § 34 Abs. 10 a KStG. Sinngemäß bedeutet in diesem Zusammenhang, dass der Investmentfonds die Dividenden nach genau den Regeln an den Fondsanleger weiterreichen muss, nach denen er diese Dividenden vereinnahmt hat. Es gilt folgendes Prinzip:

❏ Vereinnahmt der Investmentfonds Dividenden mit einem körperschaftsteuerlichen Anrechnungsguthaben (also nach altem Recht), so hat er für diese auf der Fondsausgangsseite altes Recht anzuwenden (also Ausgleichsteuer, § 38a Abs. 1 KAGG a.F.).

❏ Vereinnahmt ein Investmentfonds dagegen Dividenden ohne Anrechnungsguthaben (also neues Recht), findet auf der Fondausgangsseite für diese Bestandteile auch neues Recht Anwendung.

Dabei wird für die Anwendung des neuen Körperschaftsteuerrechts grundsätzlich auf das Wirtschaftsjahr der ausschüttenden Kapitalgesellschaft abgestellt. Hat die ausschüttende Kapitalgesellschaft ein Wirtschaftsjahr, das dem Kalenderjahr entspricht, so fließen die inländischen Dividenden dem Sondervermögen nach neuen Recht ab dem 01.01.2002 zu.

Weicht hingegen das Wirtschaftsjahr der ausschüttenden Kapitalgesellschaft vom Kalenderjahr ab, so verschiebt sich der Zuflusszeitpunkt der inländischen Dividenden nach neuem Recht zum Fonds entsprechend.

Beispiel:

Wirtschaftsjahr dauert vom 1.11.2001 bis 31.10.2002. Ausschüttungen nach neuem Recht sind erst nach dem 31.10.2002 möglich.

Sind in den ordentlichen Fondserträgen am Geschäftsjahresende bzw. in der hieraus zu berechnenden Ausschüttung auf Anteilscheine originäre Erträge oder Ertragsbestandteile enthalten, welche zur Anrechnung oder Vergütung von inländischer Körperschaftsteuer berechtigen (= sog. Dividendenteil inkl. KSt – zu den Ausnahmen vgl. unter Teil 3, A. I. 1. und unter Teil 3, B. Stichwort Dividenden (Inland)), so ist am Geschäftsjahresende (Thesaurierungsfonds) bzw. bei Vornahme der Ausschüttung (Ausschüttungsfonds) die Körperschaftsteuer-Ausschüttungsbelastung in Höhe von 30 % herzustellen (§ 38 a Abs. 1 S. 1 KAGG a.f., sog. Ausgleichssteuer).

Nach den Regeln des körperschaftsteuerlichen Anrechnungsverfahrens, ist die anteilig auf den Anteilscheininhaber entfallende Körperschaftsteuer bei diesem Teil der steuerpflichtigen Einnahmen (§ 20 Abs. 1 Nr. 3 EStG a. F.) und kann bei einem Steuerinländer auf seine individuelle Steuerschuld im Veranlagungsverfahren angerechnet werden (§ 36 Abs. 2 Nr. 3 EStG a. F.). Bei Steuerausländern führte die Herstellung der Körperschaftsteuerausschüttungsbelastung regelmäßig zu einer definitiven Steuerbelastung der zugrundliegenden Fondserträge.

Zum **Kapitalertragsteuerabzug** auf Dividendenerträge siehe Teil 1, F. I. 2.

Bei unterjähriger Rückgabe der Investmentanteile fällt hingegen nach der gesetzlichen Regelung keine Ausgleichsteuer an. Im Rücknahmepreis enthaltene **sog. Dividendenzwischengewinne** können daher ohne Belastung mit Körperschaftsteuer»mitgenommen« werden, was wegen des Definitiveffektes (vgl. oben und Teil 2, B. I.) vor allem für Steuerausländer von Interesse ist. Dieser Effekt verliert aber mit Wegfall des alten Körperschaftsteuerrechts an Relevanz.

Für verfahrensrechtliche Fragen im Rahmen des erforderlichen Steueranmeldungsverfahrens (vgl. Teil 4, B. II.).

Das folgende Beispiel stellt die unterschiedliche rechtliche Behandlung der inländischen Dividendenerträge auf der Ebene des Investmentfonds dar.

Beispiel:

Auf die Darstellung des Solidaritätszuschlages wurde aus Vereinfachungsgründen ebenso verzichtet wie auf die Darstellung anteiliger Kosten auf Fondsebene.

	Anrechnungs-verfahren €	Halbeinkünfte verfahren €
Gewinnausschüttung einer inländischen Kapitalgesellschaft an das Sondervermögen	*1.000*	*1.000*
abzgl. Körperschaftsteuer	*./. 300*	*250*
abzgl. Kapitalertragsteuer	*./. 175*	*150*
Zufluß beim Sondervermögen	*525*	*600*
zzgl. Körperschaftsteuer	*300*	
zzgl. Kapitalertragsteuer	*175*	*150*
Dividende, die der Fonds an die Anleger ausschütten bzw. thesaurieren kann	*1.000*	*750*
abzgl. Körperschaftsteuer	*./. 300*	
Dividende, die der Fonds an die Anleger ausschüttet bzw. thesauriert	*700*	*750*
abzgl. Kapitalertragsteuer 25 %	*./. 175*	
abzgl. Kapitalertragsteuer 20 %		*./. 150*
zzgl. anrechenbare Kapitalertragsteuer	*175*	*150*
zzgl. anrechenbares Körperschaftsteuerguthaben	*300*	
Summe	*1.000*	*750*
Steuerpflichtiger Kapitalertrag auf der Anteilscheininhaberebene (Privatanleger bzw. Einzelunternehmer / Personengesellschaft)	*1.000*	*375*
Steuerpflichtiger Kapitalertrag auf der Anteilscheininhaberebene (Kapitalgesellschaft)	*1.000*	*0*

Anhand dieses Beispiels wird die unterschiedliche Behandlung der Dividendenerträge auf der Ebene der Anteilscheininhaber verdeutlicht. Nach dem alten körperschaftsteuerlichen Anrechnungsverfahren wurde die anzurechnende Körperschaftsteuer bei vereinnahmten inländischen Dividendenerträgen an die Depotbank vergütet und die Kapitalertragsteuer inklusive des Solidaritätszuschlags an die Depotbank erstattet. Bei Weiterausschüttung der vom Sondervermögen vereinnahmten Dividendenerträge an die Anteilscheininhaber wurde die

Körperschaftsteuer-Ausschüttungsbelastung hergestellt (Ausgleichsteuer). Des Weiteren wurde neben der 25 %-igen Kapitalertragsteuer der Solidaritätszuschlag von 5,5 % auf die Kapitalertragsteuer von der Kapitalanlagegesellschaft einbehalten und an das Finanzamt abgeführt.

Aufgrund des Halbeinkünfteverfahrens sind die an den Fonds ausgeschütteten inländischen Dividenden bereits mit einer Definitivsteuer in Höhe von 25 % Körperschaftsteuer belastet. Im Gegensatz zum Anrechnungsverfahren kann die Definitivsteuer vom Sondervermögen nicht angerechnet oder an den Fonds vergütet werden. Werden die nach dem Halbeinkünfteverfahren vereinnahmten Dividendenerträge von dem Sondervermögen an die Anteilscheininhaber ausgeschüttet, so sind diese Erträge vom Privatanleger – zum Ausgleich der fehlenden Körperschaftsteueranrechnung – nur noch zur Hälfte zu versteuern. Die andere Hälfte ist aufgrund der Regelung des Halbeinkünfteverfahrens steuerfrei (§ 3 Nr. 40 EStG). Werden die Anteilscheine von Einzelunternehmern bzw. von Personengesellschaften im Betriebsvermögen gehalten, gelten die gleichen Regelungen. Erzielt hingegen eine inländische Kapitalgesellschaft durch Ausschüttung bzw. Zurechnung Dividendenerträge aus einem inländischen Sondervermögen, so sind diese Erträge bei der Kapitalgesellschaft steuerfreie Einnahmen (§ 40 Abs. 2 KAGG n. F. i. V. m. § 8 b Abs. 1 KStG n. F.).

Die vom Fonds weiter ausgeschütteten Dividendenerträge oder die vom Fonds thesaurierte Dividende unterliegen einer Kapitalertragsteuer in Höhe von 20 % nebst dem Solidaritätszuschlag in Höhe von 5,5 % bezogen auf die Kapitalertragsteuer.

III. Steuerliche Berücksichtigung von Kosten des Fondsvermögens

Von den Erträgen des Fondsvermögens sind die im einzelnen in den Allgemeinen Vertragsbedingungen der Fonds nach Art und Umfang bestimmten Kosten des Fondsvermögens abzuziehen (§§ 15 Abs. 3 lit. e, § 19 Abs. 1 S. 2 KAGG). Der Kostenbegriff des KAGG (vgl. z. B. § 39 Abs. 1 S. 1 KAGG »...zur Kostendeckung...verwendeten Einnahmen...«) wird steuerlich aus den bereits oben in Teil 1, A. genannten Gründen in Anlehnung an den im Einkommensteuerrecht verwendeten Werbungskostenbegriff bei den Einkünften aus Kapitalvermögen definiert (vgl. auch Teil 5, A.). Sowohl aus der Rechtsprechung des Bundesfinanzhofes als auch aus Ausführungen der Finanzverwaltung (vgl. Teil 5, A.) ergibt sich die steuerliche Notwendigkeit, durch eine Verhältnisrechnung die angefallenen Kosten auf die einzelnen Ertragspositionen zu verteilen, wenn eine direkte wirtschaftliche Zuordnung zu bestimmten Ertragskomponenten nicht möglich ist. Dadurch wird sichergestellt, dass sich Spesenelemente nur dann steuerlich auswirken, wenn diese wirtschaftlich mit steuerpflichtigen Erträgen zusammenhängen. Eine von der Finanzverwaltung anerkannte schematische Zusammenstellung aufzuteilender Generalkosten und direkt zuzuordnender Kosten ist in Teil 5, A. enthalten.

Die Aufteilung der Einkommenskomponenten auf der Fondseingangsseite nach Dividenden neues und Dividenden altes Recht erfordert auch eine entsprechende Aufteilung und Zuordnung der entstehenden Kosten.

Beispiel:

	Einnahmen (nach Ertragsausgleich)		Kosten		Ausschüttungsfähiger Ertrag	
	€	€ je Anteil	€	€ je Anteil	€	€ je Anteil
Dividende neues Recht	300.000	0,30	60.000	0,06	240.000	0,24
Dividende altes Recht	600.000	0,60	120.000	0,12	480.000	0,48
Zinsen	100.000	0,10	20.000	0,02	80.000	0,08
Summe	1.000.000	1,00	200.000	0,20	800.000	0,80

Dem Fonds sollen inländische Dividendenerträge mit Anrechnungsguthaben in Höhe von T€ 600, ohne Anrechnungsguthaben in Höhe von T€ 300 sowie Zinsen in Höhe von T€ 100 zufließen. Kosten sind in Höhe von T€ 200 entstanden.

Da der Anteil der Dividendenerträge nach neuem Recht 30 % der Gesamterträge ausmacht, sind auch 30 % der entstandenen Kosten diesen Erträgen zuzuordnen. Entsprechend wird mit den weiteren Ertragskomponenten verfahren. Hierdurch wird sichergestellt, dass sich die entstandenen Kosten auch nur anteilig zur Hälfte auswirken, soweit nämlich Dividenden neues Recht, für die das Halbeinkünfteverfahren Anwendung findet, ausgeschüttet werden, und im übrigen die zugeordneten Kosten aber voll zur Geltung kommen, soweit Dividenden altes Recht und Zinsen betroffen sind.

Von der Ausschüttung in Höhe von € 0,80 je Anteil unterliegen € 0,24 je Anteil dem Halbeinkünfteverfahren, der Teilbetrag von € 0,56 je Anteil ist voll steuerpflichtig.

Eine weitergehende Interpretation der Halbausgabenbeschränkung des § 3 c EStG ist für Investmentfonds u.E. weder aus dem Einkommensteuergesetz noch dem KAGG ableitbar. § 3c EStG ist insofern als Spezialvorschrift zur Gewinn- oder Einkommensermittlung zu verstehen, die für den Investmentfonds selbst als von der Körperschaftsteuer und Gewerbesteuer befreites Zweckvermögen nach § 1 Abs. 1 Nr. 5 KStG nicht einschlägig ist.

IV. Steuerliche Behandlung negativer Erträge

Negative Erträge entstehen in einem Sondervermögen, wenn die entstandenen Kosten höher sind als die erzielten ordentlichen (laufenden) Erträge. Diese Situation kann insbesondere bei Investitionen eines Fonds in Wachstumsmärkte oder bei Investitionen eines Dachfonds in Zielfonds, die eine solche Anlagepolitik verfolgen, auftreten. Bei Grundstücks-Sondervermögen kann dies insbesondere durch die Inanspruchnahme erhöhter Absetzungen für Substanzverringerungen denkbar sein.

Zur steuerlichen Behandlung der negativen Erträge eines Fonds ist von dem Grundsatz auszugehen, dass diese als negative Einkünfte aus Kapitalvermögen anzusehen sind (§ 20 Abs. 1 EStG). Diese negativen Erträge werden auf der Ebene des Anteilscheininhabers mit Ende des Geschäftsjahres des Investmentfonds erfasst. Dies ergibt sich aus der entsprechenden Anwendung der Zuflussfiktion bei thesaurierenden Fonds. Dies gilt für thesaurierende Fonds und für ausschüttende Fonds gleichermaßen, letztere deshalb, weil negative Erträge faktisch nicht »ausgeschüttet« werden können, sondern thesauriert werden müssen.

Bei ausschüttenden Fonds werden mitunter trotz eines Überhangs der Kosten über die laufenden (ordentlichen) Erträge Ausschüttungen durch Verwendung von realisierten Veräußerungsgewinnen dargestellt. In Ausnahmefällen kann trotz negativer laufender Erträge für den Anleger ein steuerpflichtiges Einkommen anzugeben sein. Dies kann in der Steuerpflicht von außerordentlichen Erträgen (siehe Teil 3, A. II.) begründet sein.

Beispiel:

	€	€ je Anteil
negative Erträge	-10.000	-0,01
zuzüglich		
Gewinne aus Termingeschäfte	20.000	0,02
zu versteuerndes Einkommen	10.000	0,01

Termingeschäfte werden auf Fondsebene zu Absicherungszwecken abgeschlossen. Sie dienen der Substanzsicherung und werden daher i.d.R. nicht ausgeschüttet. Mit dem Steuerentlastungsgesetz 1999/2000/2001 hat der Gesetzgeber aber die Steuerpflicht dieser früher steuerlich irrelevanten Komponenten eingeführt. Dies führt im Ergebnis dazu, dass – obwohl eine Vermögensmehrung nicht stattgefunden hat – im Ergebnis Substanz des Fonds besteuert wird.

G. Steuerliche Behandlung ausgewählter Fondsarten

Im folgenden wird ausschließlich auf Dachfonds, Altersvorsorge-Sondervermögen und Spezialfonds eingegangen. Insbesondere werden nicht die Besonderheiten von Grundstücks- und Beteiligungs-Sondervermögen dargestellt.

I. Dachfonds

1. Allgemeines

Seit dem Dritten Finanzmarktförderungsgesetz, das mit Wirkung vom 01.04.1998 in Kraft getreten ist, dürfen Kapitalanlagegesellschaften auch Investmentfondsanteil-Sondervermögen (Dachfonds) auflegen und verwalten.

Unter Dachfonds versteht man Investmentfonds, die ausschließlich in Anteilen an anderen Sondervermögen investieren. Die Investitionsmöglichkeit ist nicht nur auf Wertpapierfonds beschränkt, sondern auch in Geldmarktfonds, Beteiligungs-Sondervermögen, Grundstücks-Sondervermögen, gemischte Wertpapier- und Grundstücks-Sondervermögen sowie Altersvorsorge-Sondervermögen (AS-Fonds) möglich. Dachfonds dürfen maximal bis zu 20 % des Dachfondsvermögens in Anteilen an einem einzelnen Zielfonds anlegen. Des Weiteren dürfen höchstens 10 % der Anteile eines anderen Fonds erworben werden. Die Laufzeit des Dachfonds darf nicht beschränkt sein.

Das Fondsmanagement des Dachfonds investiert in mindestens fünf verschiedene Anlagefonds, sogenannte Zielfonds oder Basisfonds. Die Fondsmanager des jeweiligen Zielfonds wiederum bestimmen die Zusammensetzung des Sondervermögens nach bestimmten Märkten, Regionen, Branchen und Wertpapieren. Die Zusammensetzung des Dachfondsportfolios mit Zielfondsanteilen in der unterschiedlichen Ausrichtung (beispielsweise »Aktienfonds«, »Rentenfonds« oder »offenen Immobilienfonds«) richtet sich nach der jeweiligen Anlagestrategie des Dachfonds. Der Anleger in Dachfonds hat deshalb gegenüber einem Direktanleger neben einer höheren Risikostreuung den Vorteil einer professionellen, auf das persönliche Risikoprofil zugeschnittenen Vermögensverwaltung unter einem Dach, von der er auch mit kleineren Anlagebeträgen profitieren kann.

2. Steuerliche Behandlung

a) Anwendbarkeit steuerlicher Vorschriften des KAGG

Nach § 43 c KAGG gelten die steuerlichen Vorschriften der §§ 37 n bis 50 d KAGG entsprechend. Dies bedeutet, dass

❑ Dachfonds als eigene Zweckvermögen nach § 1 Abs. 1 Nr. 5 KStG gelten,

❑ die auf der Fondseingangsseite entsprechend § 38 Abs. 2 und 3 KAGG a.F. die Erträge brutto, d.h. ohne Abzug eines Steuerabzugs (Körperschaftsteuer, Kapitalertragsteuer) erhalten und deshalb

❑ auf der Fondsausgangsseite zur Realisierung des Transparenzprinzips einen Kapitalertragsteuer- und Körperschaftsteuerabzug vornehmen müssen und

❑ für die erwirtschafteten Erträge die Bekanntgabepflichten nach § 41 KAGG entsprechend einzuhalten haben.

Da eigene gesetzliche Vorschriften zur Besteuerung der Dachfonds nicht ergangen sind, sind die allgemeinen Regeln des KAGG anzuwenden. Dachfonds werden wie private Anleger der Zielfonds angesehen. Daher sind für Zwecke der Besteuerung zunächst die Erträge auf der Zielfondsebene zu ermitteln. Diese Erträge sind dann dem Dachfonds wie einem Privatanleger zuzurechnen.

b) Einnahmen

Ausschüttungen oder Thesaurierungen i.S.d. § 20 EStG oder Gewinne aus Termingeschäften gehören beim Dachfonds zu den Einkünften aus Kapitalvermögen i.S.d. § 20 Abs. 1 Nr. 1 EStG. U.E. ist die entsprechende Anwendung dieser Vorschrift für Dachfonds so zu verstehen, als ob der Dachfonds die vereinnahmten Erträge der Zielfonds transparent an die Anleger weiterreicht. § 39 Abs. 1 S. 1 KAGG wäre dann in diesem Zusammenhang als Zuordnungsnorm und nicht als Qualifikationsnorm zu verstehen. Qualifikationsnorm bedeutet in diesem Kontext, dass die Erträge der Zielfonds auf Ebene des Dachfonds unabhängig von deren Zusammensetzung in Dividendeneinkünfte gemäß § 20 Abs.1 Nr. 1 EStG umqualifiziert werden.

Soweit die Finanzverwaltung (BMF-Schreiben vom 09.02.1999) die Auffassung einer Umqualifizierung vertritt, ist dies u.E. abzulehnen. Das BMF würde dann verkennen, dass allein durch die Zwischenschaltung eines dem

Grunde nach transparenten Fonds der Anleger steuerliche Nachteile erleiden kann.

Beispiel:

Ein Dachfonds ist – neben anderem – an einem offenen Immobilienfonds beteiligt. Die Ausschüttung des offenen Immobilienfonds enthält neben steuerpflichtigen Vermietungserträgen sowie Zinsen und Dividenden auch folgende steuerfreie Bestandteile:

➤ *Vermietungserträge aus dem Ausland (nach DBA steuerbefreit)*

➤ *Gewinne aus der Veräußerung von Grundstücken (außerhalb der Spekulationsfrist)*

➤ *Sonstige steuerfreie Bestandteile (z.B. Bauzinsen).*

Würde auf Dachfondsebene eine Umqualifizierung der Zielfondserträge – unabhängig von deren Zusammensetzung – in Dividenden nach § 20 Abs. 1 Nr. 1 EStG erfolgen, könnte der Dachfonds diese für einen privaten Anleger in einen offenen Immobilienfonds steuerfreien Bestandteile nicht weiterreichen.

Diese Rechtsfolge ist aus der Historie des KAGG nicht herleitbar. Der dem KAGG immanente Sinn und Zweck, Erträge aus Investmentfonds steuerlich nicht besser, aber auch nicht schlechter zu stellen als Erträge aus Direktanlagen, also eine möglichst weitgehende Gleichstellung zu erreichen, würde hierdurch nicht erreicht.

Dem Dachfonds fließen auf der Fondseingangsseite in erster Linie folgende Erträge zu:

❏ Erträge, die von den Zielfonds ausgeschüttet oder thesauriert werden

❏ positive Zwischengewinne aus der Veräußerung oder Rückgabe der Zielfondsanteile

❏ negative Zwischengewinne aus der Anschaffung der Zielfondsanteile

❏ Zinserträge des Dachfonds aus Anlage der Liquiditätsreserve

An negativen Erträgen können zu berücksichtigen sein:

❏ Thesaurierte negative Erträge des Zielfonds

❏ negative Zwischengewinne aus der Veräußerung oder Rückgabe der Zielfondsanteile

❏ positive Zwischengewinne aus der Anschaffung der Zielfondsanteile

c) Zwischengewinnermittlung

Die Vorschriften zur Ermittlung eines Zwischengewinns und dessen Ausweis für Investmentfonds finden für Dachfonds entsprechend Anwendung (§§ 43 c, 39 Abs. 2 KAGG n.F.). Wir verweisen insofern auf die Ausführungen unter Teil 1, D.

Der Dachfonds hat – neben eventuellen Zinserträgen aus der Liquiditätsreserve – folgende Angaben aus den Zielfonds in seine Zwischengewinnberechnung aufzunehmen:

❑ Veröffentlichte Zwischengewinne der Zielfonds (§39 Abs. 2 Nr. 2 KAGG)

❑ Einnahmen aus Anteilscheinen an anderen inländischen Sondervermögen, soweit darin zinsabschlagsteuerpflichtige Einnahmen enthalten sind (§ 39 Abs. 2 Nr. 3 KAGG)

❑ Einnahmen aus Anteilscheinen an ausländischen Sondervermögen (§ 39 Abs. 2 Nr. 4 KAGG)

❑ Eingenommene Zwischengewinne des Sondervermögens aus der Rückgabe oder der Veräußerung von Zielfondsanteilscheinen (§39 Abs. 2 Nr. 5 KAGG)

Die Aufnahme dieser Bestandteile gilt unabhängig davon, ob der Zielfonds positive oder aber negative Zwischengewinne ausweist.

Als Einnahmen aus Anteilscheinen i.S.d. § 39 Abs. 2 Nr. 3 und 4 KAGG sind sowohl Ausschüttungen der Zielfonds im Zeitpunkt des tatsächlichen Zuflusses zu verstehen, als auch Einnahmen, die dem Dachfonds mit Geschäftsjahresende des Zielfonds als zugeflossen gelten (Zuflussfiktion für thesaurierte Zielfondserträge). Einnahmen aus inländischen und ausländischen Zielfonds werden für die Zwischengewinnberechnung des Dachfonds unterschiedlich behandelt. Während Ausschüttungen und Thesaurierungen ausländischer Zielfonds ohne Unterscheidung in voller Höhe in den Zwischengewinn des Dachfonds eingehen, gilt dies für inländische Zielfonds nur für die anteiligen zinsabschlagsteuerpflichtigen Bestandteile.

Beispiel:

Inländischer und ausländischer Fonds schütten beide einen Betrag von € 1,00 je Anteil aus. Von der Ausschüttung entfallen € 0,80 je Anteil auf Dividenden und € 0,20 je Anteil auf Zinsen. Am Ausschüttungstag gehen folgende Beträge in die Zwischengewinnberechnung auf Dachfondsebene ein:

❑ *Inländischer Fonds:*   *€ 0,20 je Anteil*
❑ *Ausländischer Fonds:*   *€ 1,00 je Anteil*

d) Kapitalertragsteuerabzug

Entsprechend § 43 c KAGG unterliegen die von den inländischen und ausländischen Zielfonds vereinnahmten Erträge auf der Fondsausgangsseite des Dachfonds unter den Voraussetzungen des § 38 b Abs. 1 Nr. 1 – 4 und Abs. 5 KAGG n.F. einem Kapitalertragsteuerabzug. Für den Steuerabzug ist zu unterscheiden zwischen Zinserträgen und Dividenden. Auf den ermittelten Steuerabzug ist jeweils noch ein Solidaritätszuschlag von derzeit 5,5 % zu berechnen.

aa) Erträge aus inländischen Zielfonds
(1) Steuerabzug auf Zinsen

Ausschüttungen und Thesaurierungen eines Dachfonds, die aus Erträgen inländischer Zielfonds stammen, unterliegen einem Steuerabzug (Zinsabschlag), soweit enthalten sind:

❏ Erträge, bei denen nach § 38 Abs. 2 KAGG n. F. i.V.m. § 44 a EStG vom Steuerabzug Abstand zu nehmen ist (z.B. Zinsen aus Einlagen und Wertpapieren) sowie der hierauf entfallende Teil des Ausgabepreises für ausgegebene Anteilscheine (§ 38 b Abs. 1 Nr. 1 KAGG);

❏ Erträge i.S.d. § 43 Abs. 1 Satz 1 Nr. 2 EStG, bei denen die Kapitalertragsteuer nach § 38 Abs. 2 KAGG n. F. an die Depotbank des Sondervermögens erstattet wird (Zinsen aus Wandelanleihen und aus bestimmten Gewinnobligationen und Genussrechten) sowie der hierauf entfallende Teil des Ausgabepreises für ausgegebene Anteilscheine (§ 38 b Abs. 1 Nr. 2 KAGG);

❏ ausländische Erträge i.S.d. § 43 Abs. 1 Nr. 7 und 8 sowie Satz 2 EStG, z.B. Zinsen aus Wertpapieren, die im Ausland zufließen, und aus Einlagen bei Kreditinstituten im Ausland (§ 38 b Abs. 1 Nr. 3 KAGG);

❏ Nach §§ 44, 45 KAGG die Erträge aus der Vermietung und Verpachtung der in § 27 KAGG bezeichneten Gegenstände von Grundstück-Sondervermögen, die Einnahmen aus der Beteiligung an einer Grundstück-Gesellschaft sowie ausgeschüttete Spekulationsgewinne i.S.d. § 23 Abs. 1 Nr. 1 Buchstabe 1 EStG aus der Veräußerung von Gegenständen des Grundstück-Sondervermögens i.S.d. § 27 KAGG.

Bei rein thesaurierenden inländischen Zielfonds unterliegen dieselben Erträge wie bei ausschüttenden Zielfonds dem Abzug einer Zinsabschlagsteuer.

Für den Steuerabzug dieser Kapitalerträge gelten die Vorschriften des Einkommensteuergesetzes zum Zinsabschlag entsprechend.

(2) Steuerabzug auf inländische Dividenden
Ausschüttungen und Thesaurierungen eines Dachfonds, die aus Erträgen inländischer Zielfonds stammen, unterliegen einem Kapitalertragsteuerabzug, soweit die Erträge der Zielfonds aus inländischen Dividenden stammen (§§ 43 c, 39 Abs. 2 KAGG a.F. bzw. § 38 b Abs. 5 KAGG n.F., siehe hierzu auch Teil 1, F. I. 2.).

Die Höhe des Steuerabzugs auf inländische Dividenden auf der Fondsausgangsseite des Dachfonds richtet sich danach, ob der Dachfonds aus den Zielfonds Dividenden mit Körperschaftsteuerguthaben (hierauf 25 % KESt) oder Dividenden nach neuem Recht (hierauf 20 % KESt) bezieht. Für eine Übergangszeit, die bis zum Jahr 2003 reichen kann, können Zielfonds nebeneinander Dividenden nach altem und nach neuem Recht erzielen und an den Dachfonds weiterleiten.

bb) Erträge aus ausländischen Zielfonds
Werden Erträge aus Anteilen an ausländischen Investmentvermögen über eine inländische Zahlstelle ausgeschüttet, so unterliegen sie dem Steuerabzug. Hält der Dachfonds Anteile an diesen ausländischen Investmentvermögen, kann wegen der Steuerfreiheit des Dachfonds nach § 38 Abs. 2 KAGG n. F. i.V.m. § 44 a EStG vom Steuerabzug Abstand genommen werden. In entsprechender Anwendung des § 38 b Abs. 1 Nr. 1 KAGG ist daher bei Ausschüttung der Erträge an die Anteilscheininhaber ein Kapitalertragsteuerabzug vorzunehmen. Die Kapitalertragsteuer ist von denselben Erträgen einzubehalten, die bei einem Direktanleger in einen ausländischen ausschüttenden Investmentfonds nach § 18 a AuslInvestmG dem Steuerabzug unterliegen würden.

Die Analogie zum Steuerabzug nach § 18 a AuslInvestmG gilt grundsätzlich auch für ausländische thesaurierende Investmentfonds. Da bei Thesaurierungen der Kapitalertragsteuerabzug – anders als bei Ausschüttungen – nicht im Zeitpunkt der Gutschrift der Erträge einsetzt, gilt nach Auffassung der Finanzverwaltung folgendes: Es ist ein Steuerabzug von den ausländischen Erträgen i.S.d. § 43 Abs. 1 Nr. 7 und 8 sowie Satz 2 EStG (Zinserträge), die der ausländische Zielfonds für seine Rechnung thesauriert, vorzunehmen, wenn diese an die Anteilscheininhaber der Dachfonds weitergeleitet werden.

cc) Rückgabe der Anteile an inländischen oder ausländischen Zielfonds

Im Falle der Veräußerung oder Rückgabe von inländischen oder ausländischen Zielfondsanteilen unterliegt der im Rücknahme-/Veräußerungspreis enthaltene Zwischengewinn einem Kapitalertragsteuerabzug (§§ 43 c, 38 b Abs. 4 KAGG). Werden Anteile an ausländischen thesaurierenden Zielfonds veräußert, so unterliegt neben dem Zwischengewinn auch die Summe der während der Besitzzeit thesaurierten Erträge (§ 18 a Abs. 1 Nr. 3 AuslInvestmG) dem Kapitalertragsteuerabzug.

e) Körperschaftsteuerabzug (Ausgleichsteuer)

Gehören zu einem Dachfonds Anteile an einem *inländischen Zielfonds*, so wird die Körperschaftsteuer auf Ausschüttungen oder Thesaurierungen des Zielfonds im Sinne des § 39 a Abs. 1 KAGG a.f. in entsprechender Anwendung von §§ 43 c, 38 Abs. 2 KAGG a.f. vergütet. Während einer Übergangsphase, die bis zum Jahr 2003 reichen kann, können Zielfonds trotz des durch das Steuersenkungsgesetz vorgesehenen Wegfalls des körperschaftsteuerlichen Anrechnungsverfahren Dividenden noch nach altem Recht, d.h. mit Ausgleichssteuer nach § 38 a Abs. 1 KAGG a.f. versehen, auskehren.

Schüttet der Dachfonds die Erträge aus Anteilen an inländischen Zielfonds an seine Anteilscheininhaber aus, so hat er für den Teil der Ausschüttungen, der den Anteilscheininhaber nach § 39 a Abs. 1 KAGG a. F. zur Anrechnung bzw. Vergütung der Körperschaftsteuer berechtigt, die Ausschüttungsbelastung nach § 38 a Abs. 1 KAGG a. F. herzustellen. Dies gilt gemäß § 38 a Abs. 2 KAGG a. F. auch für thesaurierte oder zur Kostendeckung verwendete Einnahmen. Die Ausgleichsbesteuerung muss auf Dachfondsebene solange vorgenommen werden, wie der Dachfonds zulässigerweise Dividenden nach altem Recht von seinen Zielfonds vereinnahmt. Dies kann sich bis in das Jahr 2003 hinziehen.

Die vorstehenden Grundsätze gelten nicht für Ausschüttungen (oder Thesaurierungen) eines *ausländischen Zielfonds*, da für diese die Regelungen zur Ausgleichsbesteuerung keine Relevanz haben.

f) Aktiengewinnermittlung

Die Vorschriften zur Aktiengewinnermittlung für Zielfonds gelten für Dachfonds analog (§§ 43 c, 41 Abs. 5 KAGG). Die von den einzelnen inländischen Zielfonds ausgewiesenen Aktiengewinne werden auf Dachfonds-ebene zusammengeführt und gewichtet. Der Aktiengewinn ist börsentäg-lich zu ermitteln und bekannt zu geben (§ 41 Abs. 5 KAGG). Zu den Aus-wirkungen der Aktiengewinnberechnung für den Anteilscheininhaber verweisen wir auf Teil 2, E., zur Zusammensetzung und Ermittlung des Ak-tiengewinns auf Fondsebene siehe Teil 1, E.

g) Ausländische Quellensteuern

Soweit sich in einem Zielfonds Kapitalanlagen ausländischer Emittenten befinden, unterliegen diese Erträge regelmäßig einer ausländischen Quel-lenbesteuerung. Die Ertragsgutschrift erfolgt in diesen Fällen netto (d.h. abzüglich einbehaltener ausländischer Quellensteuer). Da jedoch die erziel-ten Bruttoerträge der inländischen Besteuerung unterliegen, werden die einbehaltenen ausländischen Quellensteuern zur Ermittlung des zu versteu-ernden Einkommens je Fondsanteil in den steuerlichen Hinweisen der Ziel-fonds der Ausschüttung hinzugerechnet (§ 40 Abs. 4 S. 1 a.E. KAGG).

Soweit es sich (wie regelmäßig) um ausländische Quellensteuern handelt, die der deutschen Einkommen- bzw. Körperschaftsteuer entsprechen, kön-nen diese auf die deutsche Steuerschuld des unbeschränkt steuerpflichtigen Anteilseigners angerechnet werden (vgl. § 40 Abs. 4 S. 1 KAGG). Die An-rechnung erfolgt jedoch höchstens bis zur Höhe des Anteils der deutschen Steuer, die anteilig auf die ausländischen Einkünfte entfällt (§ 34c Abs. 1 S. 1 EStG).

Für Dachfonds gelten die Vorschriften zur Anrechnung ausländischer Quel-lensteuer entsprechend (§§ 43 c, 40 Abs. 4 KAGG). Die von den inländi-schen Zielfonds ausgewiesenen anrechenbaren ausländischen Quellensteu-ern und die mit diesen Quellensteuern belasteten ausländischen Einkünfte werden auf Dachfondsebene zusammengeführt und gewichtet. Diese Be-standteile sind entsprechend § 41 Abs. 1 Nr. 5 KAGG bei jeder Ausschüt-tung und Thesaurierung des Dachfonds bekannt zu machen. Zur Behand-lung der ausländischen Quellensteuern im übrigen verweisen wir auf Teil 1, B. III. sowie Teil 2, C. V.

II. Altersvorsorge-Sondervermögen

1. Allgemeines

Altersvorsorge-Sondervermögen -kurz AS-Fonds genannt- haben zum Ziel, für den einzelnen Investor ein angemessenes Altersvorsorgeniveau mit minimalen Aufwand bei einem gleichzeitigen Maximum an Sicherheit zu schaffen. Der Fonds hat die Anlage substanzwertorientiert vorzunehmen. AS-Fonds haben eine starke Zweckorientierung. Das Sondervermögen muss zu mindestens 51 % aus Aktien und gegebenenfalls aus Anteilen an Offenen Immobilienfonds bestehen (§ 37 i Abs. 8 KAGG). Die erwirtschafteten Fondserträge dürfen nicht ausgeschüttet werden, sondern müssen thesauriert werden (§ 37 h Abs. 2 KAGG). Die laufende Ausschüttung der Erträge würde dem langfristigen Anlageziel, dem Aufbau einer Altersversorgung, entgegenstehen. Die Wertentwicklung des AS-Fonds soll sich zum überwiegenden Teil aus steuerfreien Kursgewinnen ergeben.

In den Vertragsbedingungen hat die Fondsgesellschaft dem Investor den Abschluss eines Altervorsorge-Sparplans für regelmäßige Einzahlungen mit einer Laufzeit von mindestens 18 Jahren oder mit einer Laufzeit bis mindestens zur Vollendung des 60. Lebensjahres anzubieten (§ 37 m Abs. 1 KAGG). Eine Kündigung dieses Sparplans ist seitens der Kapitalanlagegesellschaft nur aus wichtigem Grund möglich. Der Sparer hingegen kann grundsätzlich innerhalb einer Kündigungsfrist von drei Monaten zum Ende eines Kalendervierteljahres den Sparplan kündigen. Ist der Anteilschein-Sparer nach Vertragsabschluß arbeitslos oder völlig erwerbsunfähig geworden, so beträgt die Kündigungsfrist vier Wochen zum Ende eines Kalendermonats.

In den Vertragsbedingungen ist dem Anteilschein-Sparer ein entsprechender Auszahlungsplan des angesparten Betrages von der Kapitalanlagegesellschaft anzubieten (§ 37 m Abs. 5 KAGG). In § 37 m Abs. 2 KAGG ist die Kapitalanlagegesellschaft gegenüber dem Anteilschein-Sparer verpflichtet, eine kostenlose Vermögensumschichtung in Anteilscheine eines anderen von der Kapitalanlagegesellschaft verwalteten Sondervermögens nach Wahl des Anlegers zu ermöglichen. Dies gilt allerdings nur dann, wenn drei Viertel der vereinbarten Vertragslaufzeit abgelaufen sind. Hintergrund dieser Regelung ist die Tatsache, dass Aktien langfristig gesehen geeigneter als festverzinsliche Wertpapiere sind, einen Kapitalstock aufzubauen. Da die Anlage in Aktienfonds grundsätzlich aber auch mit einem höheren Risiko verbunden ist als die Anlage in Renten, Immobilien- oder Geldmarktfonds, soll das Risiko von Wertschwankungen des angesparten Vermögens in den letzten Jahren vor dem Ablauf des Sparplan minimiert werden können. Dadurch kann der in der Ansparphase gebildete Kapitalstock für die Auszahlungsphase abgesichert werden.

Hinsichtlich der Anlagemöglichkeiten sind Altersvorsorgefonds flexibel. So darf der AS-Fonds innerhalb der gesetzlichen Anlagegrenzen in folgende Anlagen investieren:

❑ Grundstücke und Erbbaurechte

❑ Beteiligungen an Grundstücks-Gesellschaften

❑ Anteile an Grundstücks-Sondervermögen

❑ Aktien

❑ Stille Beteiligungen

❑ Sonstige Wertpapiere

❑ Schuldscheindarlehen

❑ Liquidität (inkl. der Anteile an Geldmarkt-Sondervermögen gem. § 8 Abs. 3a KAGG)

AS-Fonds bilden insoweit eine Mischform von Wertpapier-, Beteiligungs-, und Grundstücks-Sondervermögen. Da Altersvorsorge-Sondervermögen u. a. in Grundstücken und Grundstücks-Sondervermögen investieren kann, hat der Gesetzgeber die Miteigentumslösung der Anteilscheininhaber in § 37 j KAGG für AS-Fonds ausgeschlossen. Danach können die zum Altersvorsorge-Sondervermögen gehörende Gegenstände nur im Eigentum der Kapitalanlagegesellschaft stehen. So müssten bei der Miteigentumslösung laufende Änderungen im Grundbuch eingetragen werden. Aus praktischen Gründen heraus erscheint dadurch die Treuhandlösung als sinnvoll.

2. Steuerliche Behandlung

Das Altersvorsorge-Sondervermögen gilt nach § 38 Abs. 1 S. 1 KAGG ebenfalls als Zweckvermögen und stellt steuerlich wie Wertpapier-Sondervermögen ein selbständiges Steuersubjekt dar. Für diesen Fondstyp gelten die selben steuerlichen Vorschriften wie für die anderen inländischen Sondervermögen (§ 50 c KAGG). Auch das Altersvorsorge-Sondervermögen ist von der Körperschaftsteuer und Gewerbesteuer befreit. Eine materielle Besteuerung auf der Fondsebene findet nicht statt. Der achte Abschnitt des KAGG verweist in § 37 h Abs. 1 KAGG auf die sinngemäße

Anwendung der allgemeinen Vorschriften. Hat der AS-Fonds Grundstücke oder Beteiligungen an Grundstücks-Gesellschaften erworben, so sind die entsprechenden Vorschriften des § 37 d KAGG anzuwenden (§ 37 k KAGG). Ist dem Sondervermögen der Erwerb stiller Beteiligungen gestattet, so sind die einschlägigen Vorschriften für Beteiligungs-Sondervermögen anzuwenden (§ 37 k Abs. 1 KAGG).

III. Spezialfonds

1. Allgemeines

Spezialfonds sind Investmentfonds, bei denen die Anteilscheine ausschließlich einem begrenzten Anlegerkreis angeboten werden. Der Erwerberkreis der Anteile ist bei Spezialfonds beschränkt. Hauptsächlich werden Spezialfonds von institutionellen Anlegern wie beispielsweise Versicherungen, Pensionskassen oder Kreditinstituten aufgelegt. Seit dem 01.03.1990 kann ein Spezialfonds für bis zu zehn institutionelle Anleger aufgelegt werden. Kennzeichnend hierfür ist, dass es sich bei den Investoren um juristische Personen handeln muss. Die Anlage in Spezialfonds ist für natürliche Personen ausgeschlossen (§ 1 Abs. 2 KAGG).

Ein Spezialfonds wird kraft Gesetzes zum Publikumsfonds wenn durch Übertragung von Anteilen mehr als zehn Anteilinhaber an dem Fonds beteiligt sind. Dieser Vorgang ist innerhalb von zwei Monaten dem Bundesaufsichtsamt für das Kreditwesen und der Deutschen Bundesbank anzuzeigen (§ 15 Abs. 5 Satz 3 KAGG). Hingegen können umgekehrt Publikumsfonds nicht automatisch in Spezialfonds umgewandelt werden (§15 Abs. 4 KAGG).

2. Steuerliche Behandlung

Für Spezialfonds gelten die selben Anlagevorschriften und steuerlichen Bestimmungen wie für Publikumsfonds. Dies bedeutet, dass auch bei Spezialfonds das Zweckvermögen ein selbständiges Steuersubjekt darstellt, das aufgrund der kodifizierten Fiktion des § 38 Abs. 1 S. 1 KAGG sachlich von der Körperschaftsteuer und Gewerbesteuer befreit ist (§ 38 Abs. 1 S. 2 KAGG).

Aufgrund der gesetzlichen Bestimmung in § 1 Abs. 2 KAGG sind natürliche Personen von der Beteiligung an Spezialfonds ausgeschlossen. Anteilscheininhaber können demnach nur juristische Personen (z.B. Kapitalgesellschaften) sein. Die Anteilscheine sind im Betriebsvermögen der Kapitalgesellschaften steuerverhaftet. Hierdurch ergeben sich für Spezialfonds einige administrative Erleichterungen. So wird in der Praxis auf die Zwischengewinnermittlung im Einvernehmen mit der Finanzverwaltung verzichtet. Der Hintergrund besteht darin, dass bei institutionellen Anlegern die Besteuerung der Bestandteile des Zwischengewinns anderweitig sichergestellt ist. Dies resultiert daraus, dass bei der Veräußerung von Anteilen an Spezialfonds durch den institutionellen Anleger der gesamte Veräußerungsgewinn ertragsteuerlich erfasst wird, soweit er nicht auf den steuerfreien Aktiengewinn entfällt. Hierdurch wird bei der Fondsverwaltung unnötiger Aufwand vermieden.

Da bei Spezialfonds die Anzahl der Anteilscheininhaber i. d. R. konstant bleibt, ist sichergestellt, dass die Fondserträge im Falle der Ausschüttung denselben Anteilscheininhabern zufließen. Auf die Durchführung eines Ertragsausgleichs wird bei Spezialfonds daher ebenfalls verzichtet. Durch die Konstanz der Anlegerzahl kann es nicht zu einer Verwässerung der Anteile kommen, insbesondere ist durch die gleichbleibende Zusammensetzung der Anteilscheininhaber sichergestellt, dass jeder Anleger den gleichen Ausschüttungsbetrag je Anteil erhält.

Grundsätzlich können sich auch ausländische institutionelle Anleger nach den Vorschriften des KAGG an einem Spezialfonds in Deutschland beteiligen. Das Bundesministerium der Finanzen hat den Fall geregelt, bei dem sich ein ausländischer Unternehmer an einem Spezialfonds beteiligt, der ausschließlich in inländische Aktien investiert. Danach sind thesaurierte Erträge eines solchen Aktien-Spezialfonds als Dividenden anzusehen, die grundsätzlich der beschränkten Steuerpflicht in Deutschland zu unterwerfen sind. Hierbei ist allerdings die Begrenzung des Steuersatzes aus dem einschlägigen Doppelbesteuerungsabkommen zu beachten.

Bei Spezialfonds besteht keine Verpflichtung den Aktiengewinn börsentäglich zu ermitteln und zusammen mit dem Rücknahmepreis zu veröffentlichen. Aufgrund des stark eingeschränkten Anlegerkreises besteht bei Spezialfonds keine Veröffentlichungspflicht.

H. Fundstellenverzeichnis

(Siehe Fundstellenverzeichnis in Teil 2)

2 Ertragsteuerliche Aspekte aus Sicht der Anteilscheininhaber

Vorbemerkung

Nach dem Grundsatz der Transparenz findet die ertragsteuerliche Erfassung von Erträgen aus Investmentfonds ausschließlich auf der Ebene der Anteilscheininhaber statt. Das Sondervermögen ist weder körperschaftsteuer- noch gewerbesteuerpflichtig. Kapitalerträge aus Investmentanteilen unterliegen bei den Anteilscheininhabern in unterschiedlicher Weise der materiellen Steuerpflicht. Gemäß § 39 Abs. 1 KAGG werden Ausschüttungen sowie nicht zur Kostendeckung oder Ausschüttung verwendete Einnahmen i. S. d. § 20 EStG sowie Gewinne aus Termingeschäften eines Wertpapier-Sondervermögens als Einkünfte aus Kapitalvermögen im Sinne des § 20 Abs. 1 Nr. 1 EStG klassifiziert, sofern sie keine Betriebseinnahmen des Steuerpflichtigen darstellen. Somit muss neben der persönlichen Steuerpflicht der Anteilscheininhaber geprüft werden, ob die Investmentanteile im Privatvermögen oder in einem Betriebsvermögen gehalten werden. Dies ist von besonderer Bedeutung, da die Zugehörigkeit der Anteilscheine zu einem Privat-/ bzw. Betriebsvermögen unterschiedliche steuerrechtliche Konsequenzen nach sich ziehen.

A. Im Privatvermögen gehaltene Anteilscheine

Privatvermögen kann steuerlich nur von natürlichen Personen gehalten werden. Juristische Personen respektive Kapitalgesellschaften besitzen keine private, sondern ausschließlich eine betriebliche Sphäre. Die folgenden Ausführungen beschreiben die ertragsteuerlichen Folgen nur für natürliche Personen.

I. Sachliche Steuerpflicht der Erträge

1. Umfang der Steuerpflicht

Investmenterträge unterliegen nur dann der Einkommensteuer, wenn sie aus ordentlichen Fondserträgen stammen. Zu den in den Ausschüttungen enthaltenen, steuerpflichtigen ordentlichen Erträgen (inkl. sonstige Erträge) gehören z. B. :

❑ Dividenden

❑ Zusatzdividenden (Boni)

❑ Zinsen

❑ seit dem 01.04.1999 auch Gewinne aus bestimmten Termingeschäften (Differenzgeschäfte)

Die in den Erlösen aus der Rückgabe oder Veräußerung von Anteilen oder aus der Abtretung der in den Anteilscheinscheinen verbrieften Ansprüche enthaltenen Zwischengewinne stellen ebenfalls steuerpflichtige Einnahmen des Privatinvestors dar. Es besteht somit Steuerfreiheit für die folgenden vom Sondervermögen erzielten Bestandteile:

❑ Gewinne aus der Veräußerung von Wertpapieren

❑ Gewinne aus der Veräußerung von Bezugsrechten auf Anteile an Kapitalgesellschaften

❑ Tilgungs- und Auslosungsgewinne

❑ Bezüge aus der Auskehrung von Fondssubstanz bei Auflösung bzw. Liquidation

Gegenüber der Direktanlage in Wertpapieren stellt dies einen Vorteil dar, weil die Steuerfreiheit nicht von der Einhaltung der zwölfmonatigen »Spekulationsfrist« des § 23 Abs. 1 Nr. 2 EStG abhängig ist. Wird hingegen der Anteilschein selbst innerhalb der zwölfmonatigen Frist vom Anteilscheininhaber veräußert, so ist ein Gewinn im Rahmen der privaten Veräußerungsgeschäfte in der Einkommensteuererklärung zu deklarieren. Bei Ermittlung des steuerpflichtigen Gewinns werden Zwischengewinne nicht berücksichtigt. Das Halbeinkünfteverfahren gilt für Gewinne aus der Veräußerung von Investmentfondsanteilen nicht.

Seit Inkrafttreten des Steuersenkungsgesetzes unterliegen die einzelnen Ertragsbestandteile einer unterschiedlichen Besteuerung. Inländische und ausländische Dividenden, die dem Sondervermögen nach neuem Recht aus Direktanlagen bzw. über inländische Zielfonds zufließen, sind vom Privatanleger nur noch zur Hälfte zu versteuern (Halbeinkünfteverfahren). Da es im Rahmen der Übergangsvorschriften zum Steuersenkungsgesetz noch bis zum Veranlagungszeitraum 2003 möglich ist, dass das Sondervermögen inländische Dividenden nach altem Körperschaftsteuerrecht vereinnahmt, sind die einzelnen Komponenten von der Kapitalanlagegesellschaft zu ermitteln und bekanntzugeben. Im einzelnen unterliegen auf der Anteilscheininhaberebene folgende Bestandteile einer unterschiedlichen Besteuerung:

❑ inländische Dividenden nach altem KSt-Recht mit Anrechnungsguthaben unterliegen <u>nicht</u> dem Halbeinkünfteverfahren

❑ inländische Dividenden nach neuem Recht unterliegen dem Halbeinkünfteverfahren

❑ Zinsen und andere Erträge unterliegen <u>nicht</u> dem Halbeinkünfteverfahren

❑ ausländische Dividenden, die vor dem 01.01.2001 vereinnahmt wurden, unterliegen <u>nicht</u> dem Halbeinkünfteverfahren

❑ ausländische Dividenden, die nach dem 01.01.2001 vereinnahmt wurden, unterliegen dem Halbeinkünfteverfahren

Erzielt ein Privatanleger durch Ausschüttung oder Zurechnung laufende Erträge aus einem inländischen Wertpapier-Sondervermögen, so sind die Dividendenertragsbestandteile nach neuem Recht auf der Ebene des Anteilscheininhabers nur zur Hälfte einkommensteuerpflichtig (§ 40 Abs. 2 KAGG n. F. i. V. m. § 3 Nr. 40 EStG n. F.).

2. Zeitpunkt der steuerlichen Erfassung bei Ausschüttung

Grundsätzlich zählen Ausschüttungen auf Anteilscheine, die im Privatvermögen gehalten werden, zu den Einkünften aus Kapitalvermögen. Die Besteuerung von Einnahmen im Rahmen der Einkünfte aus Kapitalvermögen setzt den Zufluss der Ausschüttung voraus. Der Zufluss erfolgt in dem Zeitpunkt, zu dem der Anteilscheininhaber wirtschaftlich über die Ausschüttung verfügen kann. Hinsichtlich der Besteuerung gilt, dass eine Ausschüttung in dem Kalenderjahr bezogen ist, in dem sie zugeflossen ist (§ 11 EStG). Das ist im Regelfall der Zeitpunkt der Gutschrift durch das die Anteilscheine verwahrende Kreditinstitut.

Im Falle der Ausschüttung von Investmenterträgen an die privaten Anteilscheininhaber fließen diese bei Depotverwahrung der Fondsanteile an dem Tag zu, der als Tag der Auszahlung bestimmt worden ist (§ 44 Abs. 2 S. 1 und § 20 Abs. 1 Nr. 1 EStG i. V. m. § 39 Abs. 1 Nr. 1 KAGG) und an dem das depotführende Kreditinstitut die Erträge dem Anteilscheininhaber valutarisch gutschreibt.

3. Zeitpunkt der steuerlichen Erfassung bei Thesaurierung

Bei vollthesaurierenden Investmentfonds und bei nur teilweise thesaurierenden Fonds werden die nicht zur Kostendeckung oder zur Ausschüttung verwendeten Einnahmen im Sinne des § 20 EStG und Gewinne aus privaten Veräußerungsgeschäften des Sondervermögens im Sinne von § 20 Abs. 1 Nr. 1 EStG besteuert (§ 39 Abs. 1 KAGG). Dies bedeutet, dass derartige Erträge auf der privaten Anteilscheininhaberebene entsprechend den Regeln des Halbeinkünfteverfahrens besteuert werden.

Der Zuflusszeitpunkt für thesaurierte Fondserträge wird durch § 39 Abs. 1 S. 2 KAGG durch eine gesetzliche Fiktion bestimmt. Sämtliche nicht zur Ausschüttung oder zur Kostendeckung verwendeten Erträge gelten hiernach mit Ablauf desjenigen (Fonds-) Geschäftsjahres zugeflossen, in dem sie vom Sondervermögen vereinnahmt wurden.

II. Persönliche Steuerpflicht

1. Unbeschränkte Steuerpflicht

Unbeschränkt steuerpflichtige Anteilscheininhaber unterliegen nach dem geltenden Universalprinzip in Deutschland mit ihrem gesamten Welteinkommen der Besteuerung, soweit dem nicht die Regelungen in bilateralen Abkommen zur Vermeidung der Doppelbesteuerung entgegenstehen.

Unbeschränkt einkommensteuerpflichtig sind gemäß § 1 Abs. 1 S. 1 EStG alle natürlichen Personen, die im Inland einen Wohnsitz (§ 8 AO) oder ihren gewöhnlichen Aufenthalt (§ 9 AO) haben. Des Weiteren sind deutsche Staatsangehörige des Öffentlichen Dienstes, insbesondere des diplomatischen und konsularischen Dienstes, im Rahmen der erweiterten unbeschränkten Steuerpflicht ohne Wohnsitz bzw. gewöhnlichen Aufenthalt im Inland in Deutschland unbeschränkt einkommensteuerpflichtig (§ 1 Abs. 2 EStG). Aufgrund zwischenstaatlicher Abkommen unterliegen bestimmte ausländische diplomatische und konsularische Vertretungen und ihre Mitglieder in Deutschland teilweise nicht der Steuerpflicht.

Seit dem Veranlagungszeitraum 1996 können natürliche Personen ohne Wohnsitz oder gewöhnlichen Aufenthalt im Inland die unbeschränkte Steuerpflicht gemäß § 1 Abs. 3 EStG beantragen, soweit sie inländische Einkünfte haben.

Für unbeschränkt steuerpflichtige Staatsangehörige aus Mitgliedstaaten der Europäischen Union oder eines Staates des Abkommens über den Europäischen Wirtschaftsraum gilt für den Ehegatten und die Kinder aufgrund der Regelungen in § 1 a EStG ein Sonderstatus, sofern diese Familienangehörigen im Ausland wohnen.

2. Beschränkte Steuerpflicht

Natürliche Personen, die weder einen Wohnsitz noch ihren gewöhnlichen Aufenthaltsort im Inland haben, sind mit den inländischen Einkünften beschränkt einkommensteuerpflichtig (§ 1 Abs. 4 EStG). Die beschränkte Einkommensteuerpflicht umfasst bei natürlichen Personen ausschließlich die abschließende Aufstellung der inländischen Einkünfte im Sinne des § 49 EStG.

Aufgrund des NATO-Truppenstatuts sind ausländische Mitglieder ausländischer Streitkräfte nebst ihren Familienangehörigen nicht mit ihren Truppenbezügen (Wehrsold), jedoch mit ihren sonstigen inländischen Einkünften beschränkt steuerpflichtig, obwohl sie einen Wohnsitz und ihren gewöhnlichen Aufenthalt in Deutschland haben.

Die sachliche beschränkte Einkommensteuerpflicht von inländischen Investmenterträgen im Privatvermögen erstreckt sich ausschließlich auf die Fälle der sogenannten Tafelgeschäfte (§ 49 Abs. 1 Nr. 5 c) cc) EStG). Dies bedeutet, dass von beschränkt Steuerpflichtigen bezogene Erträge aus inländischem Wertpapier-Sondervermögen nicht als steuerpflichtige Einkünfte aus Kapitalvermögen gelten, sofern sie nicht auf Grund von Tafelgeschäften ausgezahlt werden. Im Falle einer inländischen Depotverwahrung ist von den ausgeschütteten Erträgen die Kapitalertragsteuer (Zinsabschlagsteuer) einzubehalten und abzuführen. Die auszahlende Stelle darf allerdings vom Kapitalertragsteuerabzug Abstand nehmen, wenn der Anteilscheininhaber den Status als Steuerausländer nachgewiesen hat. Wurde der Nachweis nicht rechtzeitig erbracht, so wäre der Kapitalertragsteuerabzug dem Gläubiger zu erstatten und die Steueranmeldung zu korrigieren, wenn der Anteilscheininhaber den Status als Steuerausländer erbracht hat. Auf formlosen Antrag wird dem Steuerausländer die einbehaltene Steuer durch das Betriebstättenfinanzamt des Abzugsschuldners erstattet. Dabei hat er den Nachweis über die einbehaltenen Steuern und seinen Status als Steuerausländer zu führen.

Bei bestehender inländischer Steuerpflicht ist im Falle eines Tafelgeschäftes die deutsche Einkommensteuer pauschal durch den Steuerabzug vom Kapitalertrag in Höhe von 35 % abgegolten (§ 38 b Abs. 1 S. 2 KAGG i. V. m. §§ 43 Abs. 1 S. 1 Nr. 7, 43 a Abs. 1 Nr. 4 EStG). Dabei ist zu beachten, dass keinerlei Aufwendungen als Werbungskosten oder Freibeträge (z. B. Sparerfreibetrag, § 20 Abs. 4 EStG) steuermindernd geltend gemacht werden können (§ 50 Abs. 5 S. 1 EStG, sogenannte Bruttobesteuerung).

Beschränkt steuerpflichtige Anteilscheininhaber, die ihre Einnahmen aus dem Wertpapier-Sondervermögen über Tafelgeschäfte erzielen, partizipieren nicht am Halbeinkünfteverfahren. Solche Tafelgeschäfte sind Schaltergeschäfte, bei denen für persönlich unbekannte, nicht nach § 154 AO legitimierte Gläubiger Zug um Zug gegen Vorlage nicht deponierter Zinsscheine oder Zero-Bonds, Teilschuldverschreibungen Kapitalerträge (Zinsen) ausbezahlt werden.

B. Im Betriebsvermögen gehaltene Anteilscheine

Werden Investmentanteilscheine einem inländischen Betriebsvermögen zugeordnet, so sind die Erträge aus den Anteilscheinen Betriebseinnahmen. Für Betriebsvermögen ist eine jährliche Gewinnermittlung durchzuführen. Eine Gewinnermittlung findet bei den Einkünften aus Gewerbebetrieb, Land- und Forstwirtschaft und selbständiger Arbeit statt. Den Bekanntmachungen der Investmentgesellschaften, der jährlich veröffentlichten Steuer-Informationen des BVI und den im Bundessteuerblatt veröffentlichten Besteuerungsübersichten der Oberfinanzdirektion Frankfurt kann entnommen werden, wie hoch die Erträge bei den im Betriebsvermögen gehaltenen Anteilscheinen sind.

I. Sachliche Steuerpflicht der Erträge

1. Umfang der Steuerpflicht

Fallen Investmenterträge im Betriebsvermögen an, so ist die steuerliche Erfassung der Erträge davon abhängig, wie die zugrunde liegenden Einkünfte ermittelt werden. Grundsätzlich werden betriebliche Einkünfte steuerlich durch den Betriebsvermögensvergleich nach den allgemeinen Bilanzierungsregeln (§ 4 Abs. 1 i. V. m. § 5 EStG) ermittelt. Aus Vereinfachungsgründen kann, z. B. von Freiberuflern oder von Kleingewerbetreibenden, der Gewinn im Wege der Einnahmen-Überschuss-Rechnung (§ 4 Abs. 3 EStG) ermittelt werden.

Investmenterträge, die in einem inländischen steuerlichen Betriebsvermögen anfallen, sind grundsätzlich im vollen Umfang steuerpflichtig. Anders als bei privaten Kapitalerträgen werden hier auch Wertveränderungen auf der Vermögensebene, d. h. sowohl realisierte Gewinne als auch realisierte Verluste, steuerlich erfasst. Es werden im Betriebsvermögen also neben ordentlichen Fondserträgen auch alle außerordentlichen Fondserträge, wie Kursgewinne, Bezugsrechtserlöse und Veräußerungsgewinne erfasst (§ 40 Abs. 1 S. 1 KAGG i. V. m. §§ 15, 18 bzw. 13 EStG).

Die sachliche Steuerpflicht laufender Erträge aus Investmentfondsanteilen, die in einem Betriebsvermögen gehalten werden, ist nach dem Übergang zum Halbeinkünfteverfahren wie folgt zu differenzieren:

❏ Dividendenerträge

Schüttet ein Fondsvermögen nach dem 1.1.2001 aus dem Ausland vereinnahmte Dividenden oder aus dem Inland ohne Körperschaftsteuerguthaben vereinnahmte Dividenden aus oder thesauriert sie diese, so sind diese Erträge bei Kapitalgesellschaften steuerfrei (§ 40 Abs. 2 KAGG n. F. i. V. m. § 8 b Abs. 1 KStG n. F.) und bei Personengesellschaften und anderen Unternehmen nur zur Hälfte steuerpflichtig (Halbeinkünfteverfahren – § 40 Abs. 2 KAGG n. F. i. V. m. § 3 Nr. 40 Satz 2 EStG n. F.).

Dividenden, die diese Voraussetzungen nicht erfüllen, werden in voller Höhe besteuert. Zum Zeitpunkt der erstmaligen Anwendung und zum Übergangszeitraum vgl. Teil 3, A. I. 1.

❏ Ausgeschüttete Gewinne des Fondsvermögens aus der Veräußerung von Wertpapieren

Sofern von einem Fondsvermögen Veräußerungsgewinne thesauriert sind, so werden diese Gewinne bis zur Ausschüttung an die Anteilscheininhaber nicht besteuert.

Von einem Fondsvermögen ausgeschüttete Veräußerungsgewinne aus Wertpapieren sind für Kapitalgesellschaften steuerfrei bzw. für Personengesellschaften und andere Unternehmen nur zur Hälfte steuerpflichtig, sofern die Gewinne aus der Veräußerung von Anteilen an Unternehmen entstanden sind, für die bereits neues Recht zur Anwendung kam (§ 40 Abs. 1 S. 1 KAGG). Zum Zeitpunkt der erstmaligen Anwendung siehe Teil 3, A. I. 1. Veräußerungsgewinne von verzinslichen Wertpapieren werden dagegen wie die Zinserträge in voller Höhe besteuert.

❏ Gewinne aus der Veräußerung von Fondsanteilen im Betriebsvermögen

Gewinne aus der Rückgabe oder Veräußerung von Investmentfondsanteilen sind bei Kapitalgesellschaften steuerfrei, soweit sie auf den Aktiengewinn entfallen. Werden die Investmentanteile im Betriebsvermögen von Personengesellschaften oder Einzelunternehmen gehalten, so ist der auf den Aktiengewinn entfallende Teil des Veräußerungsgewinns gemäß dem Halbeinkünfteverfahren nur zur Hälfte steuerpflichtig (§ 40 a Abs. 1 KAGG). Zur Ermittlung und Veröffentlichung des Aktiengewinns siehe Teil 1, E., zur Besteuerung siehe Teil 2, E.

2. Zeitpunkt der steuerlichen Erfassung bei Gewinnermittlung durch Einnahmen-Überschuss-Rechnung

Wird der Gewinn steuerlich durch die Gegenüberstellung der Betriebseinnahmen und Betriebsausgaben des Geschäftsjahres ermittelt (Einnahmen-Überschuss-Rechnung), so gelten hierfür die für Privatanleger maßgeblichen Zuflusszeitpunkte (vgl. Teil 2, A. I. 2. und 3.).

3. Zeitpunkt der steuerlichen Erfassung bei Gewinnermittlung durch Betriebsvermögensvergleich

Bei Gewinnermittlung durch Betriebsvermögensvergleich (Bilanzierung) gelten hinsichtlich des Zuflusses andere Regelungen als bei Anteilen, die im Privatvermögen gehalten werden. Bei Betriebseinnahmen wird im Rahmen der Bilanzierung nicht auf den Zufluss der Einnahmen abgestellt. Im Fall der Bilanzierung ist am Geschäftsjahresende ein zu diesem Zeitpunkt rechtlich- und/oder wirtschaftlich entstandener Anspruch auf Investmenterträge durch Aktivierung des Anspruchs auf Ausschüttung für ein abgelaufenes Fonds-Geschäftsjahr (Ausschüttungsfonds) handels- und steuerrechtlich zu erfassen. Bei Thesaurierungsfonds ist steuerlich durch Bildung eines Aktivpostens der Betrag der steuerpflichtigen Wiederanlage zu erfassen. Bei Veräußerung der Anteilscheine wird dieser aktive Ausgleichsposten aufgelöst, um eine Doppelerfassung der in dem Erlös enthaltenen thesaurierten Erträge zu vermeiden.

Die diesbezüglich im Fachschrifttum lange Jahre bestehende Streitfrage wurde durch den Bundesfinanzhof zwischenzeitlich entschieden.

II. Persönliche Steuerpflicht

1. Unbeschränkte Steuerpflicht

Handelt es sich bei dem Steuerpflichtigen um eine juristische Person, so bestimmt sich die Steuerpflicht nach dem Körperschaftsteuergesetz. Danach sind gemäß § 1 Abs. 1 KStG Körperschaften, Personenvereinigungen (keine Personenhandelsgesellschaften) und Vermögensmassen unbeschränkt körpersteuerpflichtig, wenn sie ihre Geschäftsleitung (§10 AO) oder ihren Sitz (§11 AO) im Inland haben. Die Steuerpflicht erstreckt sich entsprechend dem Welteinkommensprinzip auf sämtliche in- und ausländischen Einkünfte, vorbehaltlich der zwischenstaatlichen Abkommen zur Vermeidung der Doppelbesteuerung.

2. Beschränkte Steuerpflicht

Entsprechend den Grundsätzen der beschränkten Steuerpflicht des Einkommensteuergesetzes, sind Körperschaften, Personenvereinigungen und Vermögensmassen, die weder ihren Sitz noch ihre Geschäftsleitung im Inland haben, mit ihren inländischen Einkünften steuerpflichtig.

Bei beschränkt Steuerpflichtigen ist die isolierende Betrachtungsweise anzuwenden (§ 49 Abs. 2 EStG). Dabei bleiben die im Ausland gegebenen Besteuerungsmerkmale außer Betracht, soweit sich bei deren Berücksichtigung keine inländischen Einkünfte im Sinne des § 49 Abs. 1 EStG mehr ergeben würden. Der Gesetzgeber stellt mit dieser Regelung auf den eigentlichen Gehalt der Einkünfte ab.

C. Steuerliche Sonderbehandlung einzelner Fondsbestandteile (Ertragsspaltung)

Bestimmte Fondsbestandteile erfahren eine steuerliche Sonderbehandlung. Damit die erforderlichen steuerlichen Hinweise in den Rechenschaftsberichten korrekt wiedergegeben werden, müssen diese Komponenten in der Fondsbuchhaltung separat erfasst werden (Ertragsspaltung).

I. Dividenden

Im Rahmen der Übergangsvorschriften zum Steuersenkungsgesetz ist es noch bis zum Veranlagungszeitraum 2003 möglich, dass das Sondervermögen sowohl inländische Dividenden vereinnahmt, die den Vorschriften zum Anrechnungsverfahren unterliegen (Altregelung) als auch inländische Dividenden vereinnahmt, die bereits dem neuen Recht (Halbeinkünfteverfahren) unterliegen. Im Hinblick auf eine zutreffende Behandlung dieser Ertragsbestandteile auf der Fondsausgangsseite, ist genau zu unterscheiden, wie ein Sondervermögen Dividenden vereinnahmt hat. Wie in Teil 1, F. I. 2. beschrieben, hat das Sondervermögen auf der Fondsausgangsseite die inländischen Dividenden nach genau den Regeln an den Anteilscheininhaber weiterzuleiten, nach denen es diese Dividenden vereinnahmt hat.

Vereinnahmt das Sondervermögen inländische Dividenden mit körperschaftsteuerlichem Guthaben (nach altem körperschaftsteuerlichen Recht), so hat es für diese auf der Fondsausgangsseite die Ausgleichsteuer nach § 38 a Abs. 1 KAGG a. F. zu erheben. Der Anteilscheininhaber versteuert diese Ertragsbestandteile noch nach dem Anrechnungsverfahren. Vereinnahmt das Sondervermögen inländische Dividenden nach dem neuen Recht, findet auf der Fondsausgangsseite für diese Bestandteile neues Recht Anwendung. Der Anteilscheininhaber versteuert diese Ertragsbestandteile analog den Vorschriften des Steuersenkungsgesetzes (vgl. Teil 2, A., B. und Teil 3, A. I. 1.).

II. Veräußerungsgewinne (Wertpapiere)

Werden vom Investmentfonds Gewinne aus der Veräußerung von Wertpapieren ausgeschüttet oder thesauriert, so sind die Gewinnanteile beim Anteilscheininhaber steuerfrei, soweit die Anteile im steuerlichen Privatvermögen gehalten werden (§ 40 Abs. 1 S. 1 KAGG). Somit besteht ein Vorteil des Privatanlegers bei der Anlage über ein Wertpapier-Sondervermögen gegenüber der Direktanlage bei Veräußerung von Wertpapieren innerhalb der Frist von 12 Monaten gem. § 23 Abs. 1 Satz 1 Nr. 2 EStG.

Von dem Grundsatz der Steuerfreiheit sind seit dem 01.04.1999 Gewinnanteile aus Gewinnen aus bestimmten Termingeschäften (Differenzgeschäfte) gemäß § 23 Abs. 1 S. 1 Nr. 4, Abs. 2 und 3 EStG ausgenommen.

Veräußert hingegen der Privatanteilscheininhaber seine Anteile an einem inländischen Wertpapier-Sondervermögen innerhalb der Frist von 12 Monaten gem. § 23 Abs. 1 S. 1 Nr. 2 EStG, so sind diese Veräußerungsgewinne in voller Höhe abzüglich des Zwischengewinns steuerpflichtig. Anders als im Falle einer steuerpflichtigen Veräußerung von Aktienanteilen gilt das Halbeinkünfteverfahren nicht (vgl. oben Teil 2, A. I. 1.).

Zur Frage der Besteuerung von Veräußerungsgewinnen von Anteilscheinen im Betriebsvermögen verweisen wir auf Teil 2, B. I. und zur Veräußerung von Optionsscheinen und Optionsrechten auf Teil 3, A. II. 4.

III. Bezugsrechtserlöse (Veräußerung von Bezugsrechten)

Gewinne aus der Veräußerung von Bezugsrechten auf Anteile an Kapitalgesellschaften sind steuerfrei, soweit die Investmentfondsanteilscheine im Privatvermögen gehalten werden (§ 40 Abs. 1 S. 1 KAGG). Insofern entspricht die steuerliche Behandlung der von Veräußerungsgewinnen aus Wertpapieren. Unter Bezugsrechten versteht man im Allgemeinen verbriefte Nebenrechte des Aktionärs zum Bezug neuer Aktien im Rahmen einer beschlossenen Kapitalerhöhung.

Gewinne aus der Veräußerung von Bezugsrechten, die zum Bezug von Freianteilen (Gratisaktien, Berichtigungsaktien) an Kapitalgesellschaften berechtigen, sind wie Wertpapierveräußerungen im Privatvermögen steuerfrei. Dies ist systemgerecht und hat seinen Grund darin, dass Gratisaktien bzw. Berichtigungsaktien im Rahmen von Kapitalerhöhungen aus Gesellschaftsmitteln entstehen und dem Verwässerungsschutz der bisherigen Aktionäre dienen.

IV. Tilgungs- und Auslosungsgewinne

Gewinne, die bei der Auslosung bzw. Tilgung festverzinslicher Wertpapiere durch Vereinnahmung von Kursgewinnen (aufgrund marktbedingter Kursschwankungen) entstanden sind, fallen unter die Steuerbefreiung nach § 40 Abs. 1 KAGG.

V. Behandlung ausländischer Steuern

Befinden sich im Fondsvermögen ausländische Kapitalanlagen, unterliegen die Erträge daraus in den meisten Fällen einer ausländischen Quellenbesteuerung. Dies bedeutet, dass die Erträge dem Sondervermögen netto (d. h. nach Abzug einbehaltener ausländischer Quellensteuer) zufließen. Die ausländischen Erträge unterliegen mit dem Bruttowert, d. h. inklusive des Quellensteueranteils, der inländischen Besteuerung. Zu diesem Zweck werden die einbehaltenen ausländischen Quellensteuern zur Ermittlung des zu versteuernden Einkommens je Fondsanteil in den steuerlichen Hinweisen der Fondsvermögen der Ausschüttung hinzugerechnet (§ 40 Abs. 4 S. 1 a. E. KAGG).

Die ausländische Quellensteuer wird zunächst nach dem hierfür im Ausland (nach jeweils nationalem Recht) geltenden Quellensteuersatz abgezogen. Häufig entspricht der tatsächlich angewendete Abzugssatz dem in den zwischenstaatlichen Abkommen zur Vermeidung der Doppelbesteuerung mit der Bundesrepublik Deutschland vereinbarten Satz. Oft wird jedoch auch ein höherer Quellensteuersatz zum Abzug gebracht. Die Doppelbesteuerungsabkommen (DBA) sehen daher regelmäßig vor, dass ein eventueller Differenzbetrag zwischen dem tatsächlich geltend gemachten Quellensteuersatz und dem nach DBA zulässigen Quellensteuersatz entweder durch gesonderten Antrag bei der ausländischen Steuerbehörde durch diese selbst oder gegen Nachweis von einem ausländischen depotführenden Institut auf Antrag der Kapitalanlagegesellschaft an das betreffende Fondsvermögen erstattet wird.

Zur Vermeidung einer doppelten steuerlichen Erfassung der erstatteten Beträge beim Anteilscheininhaber, sind diese Erstattungsbeträge aus der steuerlichen Bemessungsgrundlage herauszurechnen. Die Erfassung des Quellensteueranteils erfolgte bereits mit der Gutschrift der Nettoerträge. Vor diesem Hintergrund ist die in den steuerlichen Hinweisen der Rechenschaftsberichte regelmäßig enthaltene Position »abzüglich erstattete ausländische Quellensteuer« zu sehen. Die Erstattung der einbehaltenen Quellensteuer wird im Regelfall auf Antrag erst im folgenden Geschäftsjahr gutgeschrieben werden. Hieraus resultiert also eine Phasenverschiebung. Es ist daher regelmäßig nicht möglich, die zugrundezuliegenden anteilsbezogenen Angaben bezüglich ausländischer Einkünfte und ausländischer Quellensteuer, in den steuerlichen Hinweisen der Rechenschaftsberichte aus sich heraus auf ihre Richtigkeit miteinander zu verproben. Insbesondere ist eine Abstimmung der einbehaltenen ausländischen Quellensteuer abzüglich der erstatteten ausländischen Quellensteuer mit der anrechenbaren Quellensteuer nicht möglich. Des Weiteren führt auch die Ermittlung des Ertragsausgleichs zu einer Verzerrung, die eine Abstimmung sehr stark erschweren. Zur Verdeutlichung verweisen wir auf das Anlage in Teil 2, G. beigefügte Muster »Steuerliche Hinweise im Rechenschaftsbericht«.

Soweit es sich bei der ausländischen Quellensteuer um eine Steuer handelt, die der deutschen Einkommen- bzw. Körperschaftsteuer entspricht, kann die festgesetzte und gezahlte und keinem Ermäßigungsanspruch, wie z. B. aus DBA, unterliegende ausländische Quellensteuer auch auf die deutsche Steuerschuld des unbeschränkt steuerpflichtigen Anteilscheininhabers direkt zur Anrechnung gebracht werden (§ 40 Abs. 4 S. 1 KAGG).

Diese Anrechnung erfolgt jedoch höchstens bis zur Höhe des Anteils der deutschen Steuer, die anteilig auf die ausländischen Einkünfte entfällt (§ 34 c Abs. 1 S. EStG).

Die in § 40 Abs. 3 KAGG vorgesehene Methode die Erträge aus Investmentscheinen von der deutschen Besteuerung mit Progressionsvorbehalt freizustellen, hat aufgrund der praktizierten Vertragsgestaltung der bilateralen Abkommen zur Vermeidung der Doppelbesteuerung keine praktische Bedeutung mehr.

Bei Ermittlung der zur Anrechnung berechtigten ausländischen Einkünfte ist der dem Fondsvermögen zugeflossene Kapitalertrag rechnerisch um die einbehaltene ausländische Quellensteuer zu erhöhen (§ 40 Abs. 4 S. 1 a. E. KAGG). Dies bedeutet, dass die ausländische Steuer auf den Teil der deutschen Steuer anzurechnen ist, der auf die Brutto-Einkünfte aus den ausländischen Investitionen einschließlich der Abzugsteuer entfällt. Für die Anrechnung ist es dabei gleichgültig, ob sich die Anteilscheine in einem Privat- oder Betriebsvermögen befinden. Bei Investmentfonds stammen die ausländischen Einkünfte i. d. R. aus mehreren ausländischen Staaten. Auf der Ebene der Anteilscheininhaber sind daher die Höchstbeträge der anrechenbaren ausländischen Steuern bei direkter Anwendung des § 34 c EStG grundsätzlich für jeden einzelnen ausländischen Staat gesondert zu berechnen (vgl. § 68 a EStDV). Im Gegensatz hierzu wird in § 40 Abs. 4 S. 3 KAGG bestimmt, dass der Höchstbetrag der anrechenbaren ausländischen Steuern für alle ausländischen Staaten zusammengefasst berechnet werden kann. Diese spezielle Erleichterung für Sondervermögen führt zu einer Besserstellung des Anteilscheininhabers gegenüber dem Direktanleger.

Beispiel:

Ein gemischter Fonds, der ausschließlich in Auslandswerten anlegt, nimmt eine Ausschüttung vor, die € 1,50 je Anteilschein beträgt.

Staat	Erträge	Nettozufluss	Quellensteuer		Brutto-erträge	BMG Steuer-anrechnung
		in €	in %	in €	in €	in €
A	Dividende (nach dem 1.1.2001 vereinnahmt)	0,45	25%	0,15	0,60	0,30
B	Dividende (vor dem 1.1.2001 vereinnahmt)	0,26	35%	0,14	0,40	0,40
C	Zinsen	0,45	10%	0,05	0,50	0,50
D	Zinsen	0,34	15%	0,06	0,40	0,40
Gesamt		1,50		0,40	1,90	1,60

Der Höchstbetrag der deutschen Steuer des Anteilscheininhabers, bis zu dem die ausländische Quellensteuer (€ 0,40 je Anteil) angerechnet werden kann, wird grundsätzlich aus der Ausschüttung zuzüglich der einbehaltenen Quellensteuer ermittelt (insgesamt also € 1,90). Vor dem Hintergrund der Geltung des Steuersenkungsgesetzes werden aber ausländische Dividenden, die dem Halbeinkünfteverfahren unterliegen, nur zur Hälfte in die Bemessungsgrundlage einbezogen, so dass sich eine maßgebende Größe von € 1,60 ergibt.

Bei einem angenommenen Steuersatz für eine Privatperson von 30 % wird deutlich, dass bei einer per country limitation die Anrechnung eines Teils der Quellensteuer bei Staat A und B ins Leere läuft, während bei einer zusammengefassten Berechnung für Fonds die Anrechnung ohne Einschränkung möglich wäre.

Die steuerlichen Hinweise im Rechenschaftsbericht enthalten die für den unbeschränkt steuerpflichtigen Anteilscheininhaber bedeutsamen Angaben über die anrechenbare ausländische Quellensteuer (in Nr. 3.2) und über die ausländischen Einkünfte (in Nr. 3.3), die mit dieser Quellensteuer belastet sind. Für beschränkt Steuerpflichtige sind diese Angaben wegen der regel-

69

mäßig fehlenden Anrechnung nicht von Bedeutung. Hinsichtlich weiterer Einzelheiten zur Behandlung ausländischer Quellensteuer vgl. die länderbezogene Übersicht in Teil 3, C. II., sowie für verfahrensrechtliche Fragen die Ausführungen in Teil 4, A. II.

VI. Auskehrung von Fondssubstanz insbesondere bei Auflösung bzw. Liquidation

Im Rahmen der Auflösung bzw. Liquidation stellen die Zahlungen an die Anteilscheininhaber keine steuerpflichtigen Einnahmen dar. Soweit in den Liquidationserlösen Zwischengewinne enthalten sind, sind diese Bestandteile für den Privatanleger steuerpflichtige Einnahmen. Die Auflösung eines Sondervermögens ist nicht mit einer Ausschüttung oder einer Veräußerung der Anteilscheine gleichzusetzen. Dies gilt selbst dann, wenn die Fondsanteile im Betriebsvermögen gehalten werden. Wird Fondsvermögen ausgekehrt, kommt es nur dann zu einer steuerpflichtigen Gewinnrealisierung, sofern die Kapitalrückzahlung den Buchwert der Fondsanteile übersteigt. Tritt anläßlich der Auflösung eine Gewinnrealisierung der bilanzierten Investmentanteile ein, so führt dies zur Steuerpflicht, wenn der Wertansatz zu einem niedrigerem Teilwert erfolgt war.

Fließen bei Auflösung des Sondervermögens Fondserträge dem Anteilseigner zu, die in früheren Geschäftsjahren bereits zu einer Besteuerung auf der Ebene der Anteilscheininhaber geführt haben, so entfällt für diese Ausschüttungsbestandteile eine erneute Steuerpflicht. Diese sogenannten thesaurierten Fondserträge wurden gem. § 39 Abs. 1 S. 2 KAGG bereits vom Anteilscheininhaber versteuert.

Danach können bereits versteuerte thesaurierte Fondserträge bei Bekanntmachung von steuerpflichtigen Ausschüttungen abgesetzt werden.

D. Zwischengewinnbesteuerung

Werden Anteile im Privatvermögen gehalten, sind Gewinne aus der Rückgabe oder Veräußerung von Anteilen einkommensteuerlich nicht zu erfassen. Hiervon ausgenommen ist der Gewinn aus einem privaten Veräußerungsgeschäft, bei dem der Zeitraum zwischen der Anschaffung und der Veräußerung der Wirtschaftsgüter weniger als zwölf Monate beträgt.

Mit Wirkung ab 01.01.1994 wurde mit dem Mißbrauchsbekämpfungs- und Steuerbereinigungsgesetz die sogenannte »Zwischengewinnbesteuerung« eingeführt. Mit der Zwischengewinnbesteuerung beseitigte der Gesetzgeber die damalige Besserstellung des Fondsanlegers gegenüber dem Direktanleger im Fall einer unterjährigen Rückgabe oder Veräußerung von Anteilscheinen.

Der Zwischengewinn zählt gem. § 39 Abs. 2 KAGG zu den steuerpflichtigen Einkünften i. S. d. § 20 Abs. 1 Nr. 1 EStG. Bei im Betriebsvermögen gehaltene Anteilscheinen hat der Zwischengewinn keine Relevanz. Der Zwischengewinn erfasst, wie in Teil 1, D. erläutert, das Entgelt für alle dem Anteilscheininhaber noch nicht zugeflossenen oder als zugeflossen geltenden vereinnahmten und aufgelaufenen Zinserträge innerhalb des Sondervermögens.

Der steuerpflichtige Zwischengewinn unterliegt dem Zinsabschlag (§ 38 b Abs. 4 KAGG). Der Zinsabschlag auf den Zwischengewinn beträgt 30 % bei Depotverwahrung der Anteilscheine und 35 % bei Tafelgeschäften (Nicht-Depotfälle). Hierauf wird zusätzlich ein Solidaritätszuschlag von derzeit 5,5 % erhoben.

Die Bemessungsgrundlage des Zwischengewinns für den Zinsabschlag wird durch gezahlte Zwischengewinne gemindert, die der Anteilscheininhaber bei Erwerb mit dem Kaufpreis der Anteilscheine gezahlt hat. Hierbei gilt die sogenannte »Topflösung« gem. § 38 b Abs. 1 S. 2 KAGG i. V. m. § 43 a Abs. 3 EStG. Beim Kauf von Investmentfondsanteilen erwirbt der Anleger ein »Zwischengewinn-Guthaben«, das in einen »Zwischengewinntopf« fließt. Beim Verkauf der Anteile wird mit dem Verkaufserlös ein steuerpflichtiger Zwischengewinn vereinnahmt. Erfolgt die Veräußerung im selben Kalenderjahr, so wird der zu versteuernde Zwischengewinnbetrag mit dem Topfguthaben saldiert. Im Endergebnis wird dadurch der Nettozwischengewinn versteuert (Netto-Methode). Dabei wird die anfallende Zinsabschlagsteuer nebst Solidaritätszuschlag von dem depotverwahrenden Kreditinstitut unmittelbar abgeführt. Ein dabei verbleibender gezahlter Zwischengewinn ist ebenso wie ein am Jahresende verbleibender Überschuss an gezahlten Stückzinsen vom Investor in der individuellen Einkommensteuererklärung als negative Einnahme zu erfassen.

Zwischengewinne können auch negative Werte annehmen (vgl. Teil 1, D.).

Die steuerliche Behandlung negativer Zwischengewinne richtet sich nach folgenden Grundfällen

❏ Kauf eines Anteilsscheins mit ausgewiesenem negativen Zwischengewinn

❏ Kauf eines Anteilsscheins mit ausgewiesenem positiven Zwischengewinn

Grundsätzlich sind sowohl die beim Kauf eines Anteilsscheins zugewiesenen negativen Zwischengewinne als auch die beim Verkauf erzielten Entgelte für positive Zwischengewinne als steuerpflichtige Einnahmen anzusehen. Andererseits sind bezahlte positive Zwischengewinne beim Kauf eines Anteilsscheins ebenso als steuerlich wirksame Ausgabe zu betrachten wie zugewiesen negative Zwischengewinne beim Verkauf eines Anteilsscheins.

Zur Verdeutlichung der steuerlichen Behandlung dieser und weiterer Varianten verweisen wir auf die als Anlage beigefügte Kurzübersicht.

Steuerliche Behandlung negativer Zwischengewinne

Werden Anteilscheine innerhalb einer Jahresfrist mit Gewinn veräußert,

Variante	Positive steuer- pflichtige Ein- nahmen	Negative Ein- nahmen	Zinsab- schlag- steuer- pflicht	Besonderheiten
Kauf Anteilschein mit negativem ZwiG	×	–	–	
Verkauf des Anteil- scheins mit positi- vem ZwiG	×	–	×	ZASt-Pflicht nur für erhaltenen positiven ZwiG
Verkauf des Anteil- scheins mit negati- vem ZwiG	–	×	–	Sofern Kauf/Ver- kauf im gleichen VZ, Verrechnung positiver und nega- tiver Einnahmen möglich
Kauf Anteilschein mit positivem ZwiG	–	×	–	
Verkauf des Anteil- scheins mit positi- vem ZwiG	×	–	×	Sofern Kauf/Ver- kauf im gleichen VZ, Verrechnung positiver und nega- tiver ZwiG möglich; ZASt-Pflicht nur für positiven ZwiG- Saldo
Verkauf des Anteil- scheins mit negati- vem ZwiG	–	×	–	Verrechnung mit anderen positiven Einnahmen mög- lich, sowohl bezahl- ter (positiver) ZwiG als auch bezahlter (negativer) ZwiG stellen negative Ein- nahmen dar

unterliegen diese der »Spekulationssteuerpflicht« des § 22 Nr. 2 i. V. m. § 23 Abs. 1 Satz 1 Nr. 2 EStG (steuerpflichtige private Veräußerungsgeschäfte). Im Verhältnis zu der Besteuerung von privaten Veräußerungsgewinnen hat die Zwischengewinnbesteuerung Vorrang. Nur soweit ein Zwischengewinn nicht besteuert wird, z. B. bei angewachsenen Dividendenerträgen, ist ein privater Veräußerungsgewinn im Sinne des § 23 Abs. 1 EStG bei der Veräußerung der Anteilscheine steuerpflichtig.

Beispiel:

Bestimmung der Bemessungsgrundlage für die Besteuerung eines Gewinnes aus privaten Veräußerungsgeschäften:

Erwerb eines Anteilscheines zu einem Preis von		100
Veräußerung dieses Anteilscheines zu einem Preis von		200
Gewinn aus der Rückgabe/Veräußerung eines Anteilscheins		100
abzüglich:		
darin enthaltener Zwischengewinn		
bei Erwerb gezahlter Zwischengewinn	2	
bei Veräußerung erhaltener Zwischengewinn	7	5
Gewinn aus privaten Veräußerungsgeschäften		95

E. Aktiengewinnbesteuerung

Mit Wirksamwerden des Steuersenkungsgesetzes sind Gewinne aus der Rückgabe oder der Veräußerung von Investmentanteilscheinen bei Kapitalgesellschaften steuerfrei, sofern die Gewinne noch nicht ausgeschüttete oder thesaurierte Dividenden aus Aktien, Erträge aus aktienähnlichen Genussscheinen, Veräußerungsgewinne von Aktien und aktienähnlichen Genussscheinen, Kursgewinne von Aktien und aktienähnlichen Genussscheinen sowie Aktiengewinne von inländischen Aktienfonds enthalten (§ 40 a Abs. 1 KAGG i. V. m. § 8 Abs. 2 KStG).

Sofern die vorgenannten Bestandteile des Gewinns bei Veräußerung oder Rückgabe von Investmentanteilen im Betriebsvermögen von Personengesellschaften oder anderen Unternehmern anfallen, so sind diese nur zur Hälfte steuerpflichtig. Gemäß dem Halbeinkünfteverfahren ist die andere Hälfte steuerfrei (§ 40 a Abs. 1 KAGG i. V. m. § 3 Nr. 40 EStG).

Wie in Teil 1, E. erwähnt, ist der von der Fondsgesellschaft ausgewiesene Aktiengewinn ausschließlich für Anteilscheininhaber relevant, die die Anteile im Betriebsvermögen halten. Die Besteuerung des ausgewiesenen Aktiengewinns soll anhand der folgenden Beispiele verdeutlicht werden. Dabei weisen wir darauf hin, dass es bei der Besteuerung des Aktiengewinns in der Praxis z.Zt. noch unterschiedliche Auffassungen gibt.

Sämtlichen Beispielen liegt die Annahme zugrunde, dass es sich bei dem Anteilscheininhaber um eine inländische Kapitalgesellschaft handelt. Dies impliziert, dass sich die Anteile im Betriebsvermögen der Kapitalgesellschaft befinden. Der besitzzeitanteilige Aktiengewinn unterliegt bei Kapitalgesellschaften nicht der Besteuerung (§ 40 a Abs. 1 KAGG i. V. m. § 8 b Abs. 2 KStG).

In dem folgenden Beispiel wird neben dem realisierten Veräußerungsgewinn auch ein positiver besitzzeitanteiliger Aktiengewinn ausgewiesen.

Beispiel:

Vorgang	Preis €	Aktiengewinn %	€
Kauf Anteile	100,00	15 %	15,00
Verkauf Anteile	200,00	50 %	100,00
Kursgewinn	100,00		
besitzzeitanteiliger Aktiengewinn			85,00
hiervon steuerfrei	85,00		
steuerpflichtig	15,00		

Die Gewinne aus der Rückgabe oder der Veräußerung von inländischen Investmentanteilscheinen sind bei Kapitalgesellschaften steuerfrei, sofern sie auf den Aktiengewinn entfallen (§ 40 a Abs. 1 KAGG i. V. m. § 8 Abs. 2 KStG). Der positive besitzzeitanteilige Aktiengewinn kann sich steuerlich bis maximal in Höhe des erzielten Veräußerungsgewinn auswirken. Ein darüber hinausgehender Betrag führt insbesondere nicht zu negativen Betriebseinnahmen.

In dem folgenden Beispiel erzielt die Kapitalgesellschaft bei Veräußerung der Anteilscheine einen Kursverlust. Der bei Veräußerung ausgewiesene Aktiengewinn hat sich gegenüber dem beim Kauf ausgewiesenen Aktiengewinn reduziert, so dass im Ergebnis auf den Anteilscheininhaber ein negativer besitzzeitanteiliger Aktiengewinn entfällt.

Beispiel:

Vorgang	Preis €	Aktiengewinn %	€
Kauf Anteile	100,00	20 %	20,00
Verkauf Anteile	90,00	10 %	9,00
Kursverlust	- 10,00		
besitzzeitanteiliger Aktiengewinn			-11,00
hiervon steuerfrei	- 10,00		
steuerpflichtig	0,00		

Der realisierte Veräußerungsverlust entfällt in voller Höhe auf den besitzzeitanteiligen negativen Aktiengewinn. Dies hat zur Folge, dass die Kapitalgesellschaft den Kursverlust in voller Höhe steuerlich nicht berücksichtigen darf. Der realisierte Kursverlust wird aufgrund des übersteigenden negativen besitzzeitanteiligen Aktiengewinns in voller Höhe gekappt und wirkt sich dadurch steuerlich nicht aus.

In dem folgenden Beispiel erzielt die Kapitalgesellschaft bei Veräußerung der Anteilscheine ebenfalls einen Kursverlust. Im Unterschied zu dem vorhergehenden Beispiel hat sich während der Haltedauer der Anteilscheine der ausgewiesene Aktiengewinn erhöht, so dass auf den Anteilscheininhaber ein positiver besitzzeitanteiliger Aktiengewinn entfällt.

Beispiel:

Vorgang	Preis €	Aktiengewinn %	€
Kauf Anteile	100,00	3 %	3,00
Verkauf Anteile	90,00	10 %	9,00
Kursverlust	- 10,00		
besitzzeitanteiliger Aktiengewinn			6,00
hiervon steuerfrei	0,00		
steuerpflichtig	- 10,00		

Im Ergebnis bleibt in diesem Beispiel der besitzzeitanteilige Aktiengewinn ohne ertragsteuerliche Konsequenz für den realisierten Kursverlust. Der erzielte Verlust ist steuerlich in vollem Umfang zu berücksichtigen.

Hinsichtlich des Ausweis eines negativen Aktiengewinnes enthält das KAGG keine ausdrückliche Regelung. Für den Ausweis spricht, dass gerade institutionelle Anleger einen Fonds suchen, bei dem sie die Möglichkeit haben, einen möglichst hohen steuerfreien Aktiengewinn zu erzielen. Nach Meinung des BVI sollte auch ein negativer Aktiengewinn nach Sinn und Zweck der Regelung ausgewiesen werden, damit der Anleger seinen Aktiengewinn hinreichend berechnen kann. Bei der Ermittlung des Aktiengewinns sind keine Werbungskosten abzuziehen. Diese sind vielmehr den ordentlichen Erträgen zuzuordnen (vgl. hierzu Teil 3, A. I.).

Wurde mit Veräußerung der Investmentanteile ein Kursgewinn realisiert und ergibt sich ein besitzzeitanteiliger negativer Aktiengewinn, so führt dies im Endeffekt zu einer Steuerpflicht des Kursgewinns in voller Höhe.

Beispiel:

Vorgang	Preis €	Aktiengewinn %	€
Kauf Anteile	90,00	0 %	0,00
Verkauf Anteile	110,00	- 10 %	- 11,00
Kursgewinn	20,00		
besitzzeitanteiliger Aktiengewinn			- 11,00
hiervon steuerfrei	0,00		
steuerpflichtig	20,00		

Der sich im vorstehenden Beispiel ergebende negative besitzzeitanteilige Aktiengewinn mindert dabei nicht den steuerpflichtigen Kursgewinn.

Realisiert die Kapitalgesellschaft mit der Veräußerung einen Verlust und entfällt gleichzeitig ein negativer besitzzeitanteiliger Aktiengewinn auf die Haltedauer, so hat dies zur Folge, dass sich die Verluste in Höhe des besitzzeitanteiligen Aktiengewinns maximal bis zur Höhe des realisierten Veräußerungsverlusts nicht steuerlich auswirken.

F. Verfahrensrechtliche Fragen

I. Depotverwahrung

Der Anteilscheininhaber kann Investmentanteile an einem Ausschüttungsfonds in einem Wertpapierdepot bei einem inländischen Kreditinstitut verwahren lassen. In diesem Fall erhält der Anleger zum Ausschüttungszeitpunkt oder nach Ablauf des Kalenderjahres eine Steuerbescheinigung, die
die einbehaltene, anrechenbare Steuer dokumentiert (§ 38 b Abs. 1 S. 3
KAGG i. V. m. § 45 a EStG). Im Rahmen der individuellen Steuererklärung
wird die anrechenbare Steuer auf die Steuerschuld des Anteilscheininhabers
angerechnet.

Legt der Anleger dem verwahrenden Kreditinstitut eine Freistellungsbescheinigung bzw. Nichtveranlagungsbescheinigung (NV-Bescheinigung)
vor, erhält der Investor neben der Barausschüttung auch die Steuergutschrift zugewiesen. Dies bedeutet, dass vom Kapitalertragsteuerabzug
ebenso wie vom Abzug von Solidaritätszuschlag Abstand genommen wird.
Für die Geltung des Körperschaftsteueranrechnungsverfahrens wird bei
Vorlage der entsprechenden Bescheinigung auch die einbehaltene Körperschaftsteuer vergütet. Ab dem Veranlagungszeitraum 2001 gilt das Halbeinkünfteverfahren. Dabei muss der Steuerpflichtige die Hälfte der Erträge,
soweit sie auf Dividenden entfallen, versteuern und erhält keine Körperschaftsteuergutschrift mehr.

Bei Thesaurierungsfonds ist die Kapitalanlagegesellschaft verpflichtet, den
Kapitalertragsteuerabzug einschließlich des Abzugs von Solidaritätszuschlag vorzunehmen. Für Einnahmen des Sondervermögens, die in der
Übergangsphase dem Körperschaftsteueranrechnungsverfahren unterliegen, nimmt die Kapitalanlagegesellschaft zusätzlich den Körperschaftsteuerabzug vor.

Eine Abstandnahme vom Kapitalertragsteuerabzug ist im Gegensatz zu den
Regelungen für Ausschüttungsfonds nicht möglich (§ 38 b Abs. 3 S. 2
KAGG). Dem Fondsvermögen respektive dem Anteilscheininhaber wird der
Bruttobetrag abzüglich einbehaltener Steuern, d. h. der Nettobetrag gutge-
schrieben. Bei Vorliegen einer Freistellungsbescheinigung oder einer NV-Be-
scheinigung von der Kapitalanlagegesellschaft werden die einbehaltenen
Steuern auf Antrag an den Anteilscheininhaber erstattet bzw. vergütet (§ 39 b

Abs. 1 S. 1 KAGG i. V. m. § 44 b Abs. 1 S. 1 EStG). Bei Depotverwahrung des Anteilscheins durch ein inländisches Kreditinstitut hat das Bankinstitut für den Anteilscheininhaber eine Steuerbescheinigung zu erteilen, in der die einbehaltenen und anrechenbaren Steuern dokumentiert sind (§ 38 b Abs. 3 S. 3, Abs. 1 KAGG i. V. m. § 45 a EStG). Die einbehaltenen und anrechenbaren Steuern können vom Anteilscheininhaber auf die persönliche Einkommensteuer angerechnet werden.

II. Eigenverwahrung

Der Anteilscheininhaber kann die Investmentfondsanteile auch selbst verwahren. Bei Anteilen an einem ausschüttenden Fonds erhält der Anteilseigner bei Vorlage der Ertragscheine auf Antrag von der einlösenden Stelle eine Steuerbescheinigung über die Steuerbeträge. Im Rahmen der Einkommensteuerveranlagung kann der unbeschränkt steuerpflichtige Anteilscheininhaber sich die bescheinigten Steuerbeträge anrechnen lassen.

Anteilscheininhaber, die Anteilscheine thesaurierender Fonds in Eigenverwahrung halten, erhalten keine gesonderte Steuerbescheinigung von Sondervermögen, da diesen die Anteilscheininhaber nicht bekannt sind. Die einbehaltenen Steuern werden dem unbeschränkt steuerpflichtigen Anteilscheininhaber im Rahmen der Einkommensteuerveranlagung nur angerechnet, wenn der Steuerpflichtige die Steuergutschriftsbeträge in geeigneter Form nachweisen kann. Dies kann beispielsweise durch Vorlage der Bekanntmachungen der steuerlichen Hinweise der Kapitalanlagegesellschaft gegenüber dem Finanzamt glaubhaft gemacht werden.

Weitere Einzelheiten hinsichtlich der kapitalertragsteuerlichen Behandlung aus Sicht des Anteilseigners sind der Übersicht auf den folgenden Seiten zu entnehmen.

Abzugsteuern bei Investmentfonds

Realisationsakt	Inländische Fonds Depotverwahrung im Inland	Inländische Fonds Eigenverwahrung	Ausländische Fonds Depotverwahrung im Inland	Ausländische Fonds Eigenverwahrung
Ausschüttung	a) Zinserträge und steuerpflichtige Terminerträge – 30 % Zinsabschlag zuzügl. 5,5 % SolZ durch die auszahlende Stelle – Befreiung vom Abzug bei Nutzung von Guthaben im Stückzinstopf, Freistellungsauftrag, NV-Bescheinigung, Steuerausländern – ansonsten Anrechnung im Rahmen der ESt-Veranlagung (Steuerinländer) oder Erstattungsanspruch (Steuerausländer) b) Dividendenerträge – 20 % Kapitalertragsteuer zuzügl. 5,5 % SolZ durch die Kapitalanlagegesellschaft – Befreiung vom Abzug bei Freistellungsauftrag, NV-Bescheinigung – ansonsten Anrechnungs- (Steuerinländer) oder ggf. Erstattungsanspruch (Steuerausländer)	a) Zinserträge und steuerpflichtige Terminerträge – 35 % Zinsabschlag zuzügl. 5,5 % SolZ durch die auszahlende Stelle – Befreiung nicht möglich – Anrechnung im Rahmen der ESt-Veranlagung (Steuerinländer) oder Erstattungsanspruch (Steuerausländer) b) Dividendenerträge – 20 % Kapitalertragsteuer zuzügl. 5,5 % SolZ durch die Kapitalanlagegesellschaft – Befreiung nicht möglich – Anrechnungs- (Steuerinländer) oder ggf. Erstattungsanspruch (Steuerausländer)	a) Zinserträge und steuerpflichtige Terminerträge – 30 % Kapitalertragsteuer zuzügl. 5,5 % SolZ durch depotführendes inländisches Kreditinstitut, soweit keine steuerfreien Veräußerungsgewinne vorliegen – Befreiung vom Abzug bei Nutzung von Guthaben im Stückzinstopf, Freistellungsauftrag, NV-Bescheinigung, Steuerausländern b) Dividendenerträge – Behandlung wie a). Es erfolgt keine Unterscheidung zw. Zins- und Dividendenerträgen	a) Zinserträge und steuerpflichtige Terminerträge – 35 % Kapitalertragsteuer zuzügl. 5,5 % SolZ durch einlösendes inländisches Kreditinstitut – Befreiung nicht möglich – Anrechnung im Rahmen der ESt-Veranlagung (Steuerinländer) oder Erstattungsanspruch (Steuerausländer) b) Dividendenerträge – Behandlung wie a). Es erfolgt keine Unterscheidung zw. Zins- und Dividendenerträgen
Thesaurierung	a) Zinserträge und steuerpflichtige Terminerträge – 30 % Zinsabschlag zuzügl. 5,5 % SolZ durch die Kapitalanlagegesellschaft – Befreiung vom Abzug bei Nutzung von Guthaben im Stückzinstopf, Freistellungsauftrag, NV-Bescheinigung, Steuerausländern – ansonsten Anrechnungs- (Steuerinländer) oder Erstattungsanspruch (Steuerausländer) b) Dividendenerträge – 20 % Kapitalertragsteuer zuzügl. 5,5 % SolZ durch die Kapitalanlagegesellschaft – Befreiung bei Freistellungsauftrag, NV-Bescheinigung – ansonsten Anrechnungs- (Steuerinländer) oder ggf. Erstattungsanspruch (Steuerausländer)	a) Zinserträge und steuerpflichtige Terminerträge – 30 % Zinsabschlag zuzügl. 5,5 % SolZ durch die Kapitalanlagegesellschaft – Befreiung nicht möglich – Anrechnung im Rahmen der ESt-Veranlagung (Steuerinländer) oder ggf. Erstattungsanspruch (Steuerausländer) b) Dividendenerträge – 20 % Kapitalertragsteuer zuzügl. 5,5 % SolZ durch die Kapitalanlagegesellschaft – Befreiung nicht möglich – Anrechnungs- (Steuerinländer) oder ggf. Erstattungsanspruch (Steuerausländer)	a) Zinserträge und steuerpflichtige Terminerträge – kein Einbehalt von den Erträgen des Fonds b) Dividendenerträge – Behandlung wie a). Es erfolgt keine Unterscheidung zw. Zins- und Dividendenerträgen	a) Zinserträge und steuerpflichtige Terminerträge – kein Einbehalt von den Erträgen des Fonds b) Dividendenerträge – Behandlung wie a). Es erfolgt keine Unterscheidung zw. Zins- und Dividendenerträgen

Realisationsakt	Inländische Fonds Depotverwahrung im Inland	Inländische Fonds Eigenverwahrung	Ausländische Fonds Depotverwahrung im Inland	Ausländische Fonds Eigenverwahrung
Veräußerung oder Rückgabe von Fondsanteilen	a) Zwischengewinne – 30 % Zinsabschlag zuzügl. 5,5 % SolZ auf den realisierten Zwischengewinn – Befreiung vom Abzug bei Nutzung von Guthaben im Stückzinstopf, Freistellungsauftrag, NV-Bescheinigung, Steuerausländern – ansonsten Anrechnungs- (Steuerinländer) oder Erstattungsanspruch (Steuerausländer) b) Aktiengewinne – es werden keine Abzugsteuern einbehalten	a) Zwischengewinne – 35 % Zinsabschlag zuzügl. 5,5 % SolZ auf den realisierten Zwischengewinn – Befreiung nicht möglich – Anrechnungs- (Steuerinländer) oder Erstattungsanspruch (Steuerausländer) b) Aktiengewinne – es werden keine Abzugsteuern einbehalten	a) Zwischengewinne und die während der Verwahrdauer thesaurierten kumulierten Erträge – 30 % Kapitalertragsteuer zuzügl. 5,5 % SolZ auf den realisierten Zwischengewinn durch depotführendes inländisches Kreditinstitut – Befreiung vom Abzug bei Nutzung von Guthaben im Stückzinstopf, Freistellungsauftrag, NV-Bescheinigung – ansonsten Anrechnungs- (Steuerinländer) oder Erstattungsanspruch (Steuerausländer) b) Aktiengewinne – es werden keine Abzugsteuern einbehalten	a) Zwischengewinne und die seit dem 31.12.1993 thesaurierten kumulierten Erträge – 35 % Kapitalertragsteuer zuzügl. 5,5 % SolZ auf den realisierten Zwischengewinn – Befreiung nicht möglich – Anrechnungs- (Steuerinländer) oder Erstattungsanspruch (Steuerausländer) b) Aktiengewinne – es werden keine Abzugsteuern einbehalten

G. Steuerliche Hinweise im Rechenschaftsbericht

Die Kapitalanlagegesellschaft hat den Anteilscheininhabern bei jeder Ausschüttung des Sondervermögens die Besteuerungsgrundlagen bekanntzumachen (§ 41 Abs. 1 bis 5 KAGG). Die Bekanntmachung muss in engem zeitlichem Zusammenhang mit der Ausschüttung stehen. In Thesaurierungsfällen hat die Bekanntmachung spätestens drei Monate nach Ablauf des Geschäftsjahres, in dem sie als zugeflossen gelten, zu erfolgen. Dabei ist die Form der Bekanntmachung gesetzlich nicht vorgeschrieben. Die Anteilscheininhaber könnten demzufolge auch durch Benachrichtigung der Kapitalanlagegesellschaft unterrichtet werden. Des Weiteren hat der BMF im Schreiben vom 06.01.1971 sichergestellt, dass eine Bekanntmachung im Bundesanzeiger als ausreichend anzusehen ist.

Die folgende Bescheinigung geht von der Annahme aus, dass die im Entwurf vorliegenden amtlichen Steuererklärungsformulare KAP und AUS für den Veranlagungszeitraum 2001 zugelassen werden.

Steuerliche Hinweise zur Ausschüttung bzw. Thesaurierung[*]

fälliger Ertragsschein Nr.		
alle Angaben je Anteil		EUR
1	**Ausschüttung**	
	Thesaurierung[6]	
1.1	Abzgl. erstattete ausländische Quellensteuer	
1.2	Abzgl. sonst. steuerfreie Erträge	
1.3	Zzgl. einbehaltene ausländische Quellensteuer	
1.4	Zzgl. Gewinne aus Termingeschäften	
2	**Steuerpflichtige Erträge**	
2.1	Zzgl. anrechenbare KöSt[1a]	
2.2	Zzgl. anrechenbare KESt 25 % (Divi mit KöSt)[1b]	
2.3	Zzgl. anrechenbare KESt 20 % (Divi ohne KöSt)[1b]	
2.4	Zzgl. Solidaritätszuschlag auf KESt 25 %[1b]	
2.5	Zzgl. Solidaritätszuschlag auf KESt 20 %[1b]	
3	**Steuerpflichtig im Betriebsvermögen**[3]	
3.1	Abzgl. steuerfreie Veräußerungsgewinne (Privatvermögen)	
4	**Steuerpflichtig im Privatvermögen**[2]	
	Davon Zinsen und andere Erträge (ohne Dividenden)	
5	**Zu Privat- und Betriebsvermögen**	
5.1	Dividenden nach Halbeinkünfteverfahren (§ 3 Nr. 40 EStG bzw. § 8b Abs. 1 KStG)	
	Davon inländische Dividenden	
5.2	Veräußerungsgewinne nach Halbeinkünfteverfahren (§ 3 Nr. 40 EStG bzw. § 8b Abs. 2 KStG)	
	Davon inländische Veräußerungsgewinne	
5.3	Inländische Dividenden mit KöSt	
5.4	Inländische Dividenden ohne KöSt	
5.5	Ausländische Einkünfte	
	Davon Dividenden nach Halbeinkünfteverfahren	
	Davon Zinsen und andere Erträge	

	EUR
5.6 Anrechenbare ausländische Quellensteuer[4]	
Davon auf Dividenden nach Halbeinkünfteverfahren	
Davon auf Zinsen und andere Erträge	
5.7 Erträge, die der Kapitalertragsteuer und dem Solidaritätszuschlag unterliegen (ZASt) 1c)	
5.8 Kapitalertragsteuer 30 % (Depotfälle)	
5.9 Solidaritätszuschlag 5,5 % (Depotfälle)	
5.10 Kapitalertragsteuer 35 % (Nichtdepotfälle)	
5.11 Solidaritätszuschlag 5,5 % (Nichtdepotfälle)	
6 Wiederanlage[5]	

*) WICHTIGER HINWEIS:
Gemäß einer Verfügung des Bundesministeriums der Finanzen vom 15.12.1998 (EURO-Einführungsschreiben) sind die Einkommensteuererklärungen für die Übergangszeit bis 31.12.2001 in DEM abzugeben.
Es gilt der Grundsatz, dass die je Anteil in EUR ermittelten Beträge multipliziert mit der Zahl der Anteile in DEM umzurechnen sind. Dabei ist der vom Europäischen Rat am 31.12.1998 unwiderruflich festgelegte Umrechnungskurs – 1 EURO ist gleich 1,95583 DEM – in Ansatz zu bringen.

1) **Anrechenbare Steuern:** Die anrechenbaren Steuern werden nicht aus den in der Tabelle ausgewiesenen Beträgen je Anteil multipliziert mit der Zahl der Anteile ermittelt, sondern nach einer Anordnung der Finanzbehörde wie folgt berechnet:

a) **anrechenbare Körperschaftsteuer:** In der Ausschüttung enthaltener, zur Anrechnung berechtigender Dividendenteil (Zeile 5.3) multipliziert mit der Zahl der Anteile, daraus 3/7. Der Betrag wird in der Steuerbescheinigung ausgewiesen.

b) **anrechenbare Kapitalertragsteuer auf Dividenden:** In der Ausschüttung enthaltene, zur Anrechnung berechtigende Dividendenteile (Zeilen 5.3. und 5.4), jeweils multipliziert mit der Zahl der Anteile; dann sind aus dem Dividendenteil mit Körperschaftsteueranrechnungsguthaben 25 % und aus dem Dividendenteil ohne Körperschaftsteueranrechnungsguthaben 20% Kapitalertragsteuer zu errechnen sowie der auf die Kapitalertragsteuer zu erhebende Solidaritätszuschlag in Höhe von 5,5 %. Die Beträge werden in der Steuerbescheinigung ausgewiesen.

c) **anrechenbare Kapitalertragsteuer auf Zinserträge:** In der Ausschüttung enthaltene kapitalertragsteuerpflichtige Zinserträge (Zeile 5.7) multipliziert mit der Anzahl der am Ausschüttungstag beim Anleger vorhandenen Anteile; hieraus sind in Depotfällen 30 % bzw. in Nichtdepotfällen 35 % Zinsabschlag zu errechnen sowie der auf die so ermittelte Zinsabschlagsteuer zusätzlich zu erhebende Solidaritätszuschlag in Höhe von 5,5 %. Sofern die Anteile im Privatvermögen gehalten und im Depot verwahrt werden, werden diese Beträge bei Vorliegen einer NV-Bescheinigung oder bei Nachweis der Ausländereigenschaft in voller Höhe, bei Vorliegen eines Freistellungsauftrages bis zur Höhe des Sparerfreibetrages gutgeschrieben. Anderenfalls erhält der Anleger eine Steuerbescheinigung über diese einbehaltene und abgeführte Kapitalertragsteuer sowie den Solidaritätszuschlag.

2) **Steuerpflichtiges Einkommen Privatvermögen:** Steuerpflichtige Erträge (Zeile 2) abzüglich steuerfreie Veräußerungsgewinne (Zeile 3.1) multipliziert mit der Zahl der Anteile; zuzüglich der in der Steuerbescheinigung ausgewiesenen anrechenbaren Körperschaftsteuer (berechnet nach 1)a)) und anrechenbaren Kapitalertragsteuer auf Dividenden sowie des darauf zu erhebenden Solidaritätszuschlags (berechnet nach 1)b)). Hiervon unterliegen die Erträge nach § 3 Nr. 40 EStG (Zeile 5.1) nur zur Hälfte der Besteuerung (Halbeinkünfteverfahren). Bei Inhabern von ADIG-Investment-Depots ist das steuerpflichtige Einkommen in der Steuerbescheinigung ausgewiesen.

3) **Steuerpflichtiges Einkommen Betriebsvermögen:** Steuerpflichtige Erträge (Zeile 2) multipliziert mit der Zahl der Anteile; zuzüglich der in der Steuerbescheinigung ausgewiesenen anrechenbaren Körperschaftsteuer (berechnet nach 1)a)) und anrechenbaren Kapitalertragsteuer auf Dividenden sowie des darauf zu erhebenden Solidaritätszuschlags (berechnet nach 1)b)). Hiervon sind für Körperschaften die steuerfreien Erträge nach § 8b Abs. 1 KStG (Zeile 5.1) und steuerfreien Veräußerungsgewinne nach § 8b Abs. 2 KStG (Zeile 5.2) abzuziehen; für übrige Unternehmen unterliegen die Erträge und Veräußerungsgewinne nach § 3 Nr. 40 EStG (Zeilen 5.1 und 5.2) nur zur Hälfte der Besteuerung (Halbeinkünfteverfahren).

4) Die Anrechnung erfolgt gemäß § 34 c EStG bzw. § 26 KStG auf den Teil der deutschen Einkommen- bzw. Körperschaftsteuer, der auf die ausländischen Einkünfte (Zeile 5.5) entfällt. Statt der Anrechnung kann die ausländische Quellensteuer auf Antrag bei der Ermittlung der Einkünfte abgezogen werden. Körperschaften können aber nur diejenigen Teile der ausländischen Quellensteuern geltend machen, die auf ausländische Einkünfte entfallen, die nicht nach § 8b Abs. 1 KStG steuerfrei sind (Zeilen 5.5 und 5.6, davon Zinsen und andere Erträge).

5) Bei thesaurierenden Fonds werden die Erträge nach Abzug der Körperschaftsteuer, der Kapitalertragsteuer auf Dividenden, der einheitlich abzuführenden 30 % Kapitalertragsteuer auf Zinserträge (Zinsabschlagsteuer) sowie des Solidaritätszuschlags auf die Kapitalertragsteuer in Höhe von 5,5 % gemäß § 15 der Besonderen Vertragsbedingungen wieder angelegt. Die Erträge gelten mit dem Ablauf des Geschäftsjahres als zugeflossen und beziehen sich auf den Anteilbestand an diesem Tage.

6) Vor Abzug der Kapitalertragsteuer (Zinsabschlagsteuer) und des darauf zu erhebenden Solidaritätszuschlags und ohne Körperschaftsteuerguthaben, Kapitalertragsteuer auf Dividendenerträge, des hieraus zu berechnenden Solidaritätszuschlags sowie ausländische Quellensteuer.

Hinweis: Durch die Wiederanlage der Erträge wird die Steuerpflicht nicht ausgeschlossen. Die Erträge sind also auch dann zu versteuern, wenn sie reinvestiert werden.

H. Fundstellenverzeichnis

I. Literatur

Altfelder: Investmentfonds- endlich verständlich?; in: FR 2000, S. 299

Apel: Anmerkung zu FG Düsseldorf, Urteil vom 26.01.1993 – 6 K 101/88; Realisationszeitpunkt bei Investmentanteilen; in: BB 1994, S. 111 f.

Assmann/Schütze: Handbuch des Kapitalanlagerechts, München 1990

Baranowski: Besteuerung von Auslandsbeziehungen, 2. Auflage, Herne, Berlin 1996

Baur: Das Investmentgeschäft, Köln 1999

Baur: Investmentgesetze, Berlin, New York 1997

Becker: »Phasengleiche Aktivierung« von Erträgnissen aus Wertpapier-Sondervermögen (Fonds) im Sinne des Gesetzes über Kapitalanlagegesellschaften (KAGG); in: Die steuerliche Betriebsprüfung 1996, S. 127 ff.

Beckmann/Scholz: Investment, Ergänzbares Handbuch für das gesamte Investmentwesen, Berlin, Stand: 10/2000

Blümich: EStG-KStG-GewStG, Kommentar, München, Stand 07/1999

Brosch: ABC der Wertpapiere; in: NWB Fach 21, S. 837 ff.

Büschgen: Das kleine Börsenlexikon, Düsseldorf 1994

Bullinger: Die französische Körperschaftsteuergutschrift (Avoir Fiscal) für deutsche Direktinvestitionen nach dem StSenkG; in: IStR 2/2001, S. 46

Bullinger/Radke: Handkommentar zum Zinsabschlag, Düsseldorf 1994

Carl: Neuregelung der Zinsbesteuerung durch das StMBG; in: FR 1994, S. 173 ff.

Eisgruber: Unternehmensteuerreform 2001: Das Halbeinkünfteverfahren auf der Ebene der Körperschaft; in: DStR 2000, S. 1493 ff.

Fischer: Besteuerung von inländischen Wertpapierinvestmentfonds und ihrer Anteilinhaber; in: WM 2001, S. 1236

Fock/Stoschek: Die Auswirkungen des geplanten Steuersenkungsgesetzes auf die Besteuerung von Investmentfonds und ihrer Anteilinhaber; in: FR 2000, S. 591 ff.

Förster/Hertrampf: Das Recht der Investmentfonds, 3. Auflage, Neuwied 2001

Frotscher: Die körperschaftsteuerliche Übergangsregelung nach dem Steuersenkungsgesetz; in: BB 2000, S. 2280

Giloy: Zur Besteuerung von Kapitalerträgen nach dem Zinsabschlaggesetz; in: FR 1992, S. 605 ff.

Grotherr: Änderungen bei der Besteuerung der Inlandsbeziehungen von Steuerausländern durch das Steuersenkungsgesetz; in: IWB Nr. 24, Gr 1, S. 1721

Häuselmann: Zur Bilanzierung von Investmentanteilen, insbesondere von Anteilen an Spezialfonds; in: BB 1992, S. 312 ff.

Hansen: Die kräftige Expansion der Kapitalanlagegesellschaften; in: AktG 2001, R3

Harenberg: Besteuerung von Investmenterträgen; in: Gest. StB 1999, S. 267

Hennig/Bengard: Steuerliche Änderungen des Investmentrechts durch das »Steuerentlastungsgesetz 1999/2000/2002«; in: BB 1999, S. 1901

Herrmann/Heuer/Raupach: Einkommensteuer- und Körperschaftsteuergesetz, Kommentar, Köln, Stand 05/2001

dies.: Sonderdruck Steuerreform 1999/2000/2001, Köln 1999

Holzheimer/K. Laube/P. Laube/Seidel/Müller-Brühl: Steuerpraxis für Kreditinstitute, Berlin, Stand: 02/2001

Hoppen/Pelzer: Geldmarktfonds: Eine Beurteilung unter besonderer Berücksichtigung der potentiellen Risiken und der steuerlichen Behandlung beim Investor; in: DStR 1995, S. 617 ff.

Jacob/Klein: Investmentsteuerrechtliche Fragen des Steuersenkungsgesetzes; in: FR 2000, S. 918

Jasper/Kracht/Schwartzkopff: ABC steuerbegünstigte Geldanlagen 1995; Gestaltungen, Rendite, Risiko, Bonn 1995

Jütte: Anmerkung zum Erlaß der Senatsverwaltung für Finanzen Berlin vom 08.11.1994; III C2 – S 1310 – 1/92; in: IStR 1995, S. 85 f.

Keßler/Appel: Das Wertpapiergeschäft in Recht und Praxis, Frankfurt/Main 1996

Kleeberg/Schlenger: Handbuch Spezialfonds, Bad Soden, 2000

Kohlrust-Schulz: Die Besteuerung privater Veräußerungsgewinne nach dem Steuerentlastungsgesetz 1999/2000/2002; in: NWB Fach 3, S. 10775 ff.

Kümpel: Kapitalmarktrecht – Eine Einführung, Berlin 1995

Kußmaul: Die Dividendenbesteuerung im nationalen und internationalen Kontext; in: DB 2001, S. 608

Lindberg: Die Besteuerung der Kapitaleinkünfte, München 1996

Littmann/Bitz/Pust: Das Einkommensteuerrecht, Kommentar, Stuttgart, Stand 04/2001

Loy: Besteuerung von Kapitaleinkünften, Besteuerung moderner Kapitalanlageformen (Finanzinnovationen) sowie von Investmenterträgen, Stuttgart 1995

ders.: Besteuerung von Investmentverträgen; in: NWB Nr. 5 vom 31.01.1994, Aktuelles, S. 308 ff.

ders.: Neuregelung beim Zinsabschlag ab 01.01.1994; in: NWB Nr. 4 vom 24.01.1994, Aktuelles, S. 226 f.

Mader: Steuervorteile bei Kapitalanlagen in Dachfonds aufgrund gesetzgeberischer Besteuerungslücke; in: StBp 1997, S. 106

Marquard/Hagenbucher: Die Zinsabschlagsteuer – eine Aufgabe und Belastung für die Kreditwirtschaft; in: DB 1992, S. 2265

Müssener: Die Kapitalertragsteuern auf Zinsen und Dividenden im internationalen Vergleich; in: IWB Gruppe 10 International, S. 1101 ff.

Philipowski: Verausgabte Stückzinsen und gezahlte Zwischengewinne – Rechtsfolgen und Gestaltungsmöglichkeiten bei ESt und ZASt; in: DStR 1994, S. 1593 ff.

Pöhlmann: Steuern sparen mit Investmentfonds; in: DSWR 2001, S. 13

Roth, Jörg: Steuersenkungsgesetz – Auswirkungen auf die Besteuerung von Erträgen aus Investmentanteilen; in: IStR 7/2001, S. 208

Sagasser/Schlüppen: Änderungen im Ertragsteuerrecht durch das Mißbrauchsbekämpfungs- und Steuerbereinigungsgesetz – Teil I: Einkommen- und Körperschaftsteuer; in: DStR 1994, S. 265 ff.

dies.: Änderungen im Ertragsteuerrecht durch das Mißbrauchsbekämpfungs- und Steuerbereinigungsgesetz – Teil II: Internationales Steuerrecht; in: DStR 1994, S. 311 ff.

Schaumburg/Rödder: Unternehmensteuerreform 2001

Scheurle: Investmentfonds: Änderungen durch das Dritte Finanzmarktförderungsgesetz; in: DB 1998, S. 1099

ders.: Unstimmigkeiten im Besteuerungssystem des Investmentrechts – illustriert an der Besteuerung des Zwischengewinns; in: DStZ 1995, S. 646 ff.

ders.: Besteuerung des Zwischengewinns aus Investmentanteilen; in: NWB Fach 3, S. 9101 ff.

ders.: Die steuerliche Behandlung von Stückzinsen nach dem Mißbrauchsbekämpfungs- und Steuerbereinigungsgesetz; in: NWB Fach 3, S. 8895 ff.

Schlüter: Möglichkeit der Umsatzsteuerbefreiung ausgelagerter Dienstleistungen bei KAG; in: DStR 2000, S. 1587

Schmidt (Hrsg.): Einkommensteuergesetz, Kommentar, München 2001

Schönwald: Halbeinkünfteverfahren-Übergangsregeln; in: SteuerStud 2001, S. 116

Scholtz: Geldmarkt-Sondervermögen; Die steuerliche Behandlung des Sondervermögens und der Anteilscheininhaber, Berlin 1996

ders.: Kapitalanlagegesellschaft und Sondervermögen; in: FR 1991, S. 198 f.

ders.: Zurechnung von Einnahmen aus Kapitalvermögen, insbesondere bei Veräußerung von Kapitalanlagen; in: DStZ 1990, S. 523 ff.

ders.: Das Anrechnungsverfahren bei Investmentgesellschaften; in: FR 1977, S. 105 ff.

Sorgenfrei: Steuerlicher Transparenzgrundsatz und DBA-Berechtigung deutscher offener Investmentfonds; in: IStR 1994, S. 466 ff.

Steibert: Dividendenzahlungen aus Frankreich – Renditewirkungen des »Avoir Fiscal« im Halbeinkünfteverfahren; in: IWB Nr. 1, Gr 2, S. 9

Stotz: Besteuerung von Wertpapier-Investmentfonds, Bielefeld 1998

Täske: Die Besteuerung von Investmentfonds; in: IFS 1997, S. 1437

Tibo: StSenkG – Besteuerung von Erträgen aus Wertpapier-Investmentfonds; in: DB 2000, S. 2291

Vogel: Doppelbesteuerungsabkommen, Kommentar, München 1996

Warth & Klein (Hrsg.): Die Besteuerung ausländischer Investmentfonds bei privaten Kapitalanlegern, Düsseldorf 1996

Wiechmann: Anrechnung fiktiver ausländischer Quellensteuer aus Investmentfonds durch Versicherungsunternehmen/Anteilscheininhaber; in: ZfVers.w, 06/2001

Witt: Anmerkungen zum BFH-Urteil vom 24.11.1993, X R 49/90; Spekulationsgeschäfte bei Wertpapieren in Girosammelverwahrung; in: DB 1994, S. 1644 ff.

II. Rechtsprechung

BFH – Urteil vom 11.10.2000: I R 99/96; Zum Verhältnis der Vorschriften des AuslInvestmG zu denen des EStG und des AStG; BStBl 2001 I, S. 22 ff.

BFH – Urteil vom 29.03.2000: I R 15/99; Direkte Zuordnung von Refinanzierungskosten bei der Ermittlung ausländischer Einkünfte von Banken; keine Teilwertabschreibung auf Darlehensforderungen eines Kreditinstituts; DB 2000, S. 1745

BFH – Urteil vom 18.05.1994: I R 59/93; INKA-Urteil; Zeitpunkt der Aktivierung des Anspruches auf Ausschüttungen eines Wertpapierfonds; BStBl 1995 II, S. 54 ff.

BFH – Urteil vom 16.03.1994: I R 42/93; Anrechnung ausländischer Quellensteuern; BStBl 1994 II, S. 799 ff.

BFH – Urteil vom 24.11.1993: X R 49/90; Wertpapierspekulationsgeschäfte bei Verwahrung im Sammeldepot; DB 1994, S. 509 ff.

BFH-Urteil vom 04.05.1993: VIII R 7/91; Gebühren für Wertpapierdepot, Werbungskosten; BStBl 1993 II, S. 832 ff.

BFH – Urteil vom 02.03.1993: VIII R 13/91; Zufluß von Kapitalerträgen; DB 1993, S. 1501 f.

BFH-Urteil vom 07.04.1992: VIII R 79/88; Behandlung der Veräußerungsgewinne nach §§ 17, 18 AuslInvestmG, AfA nach § 18 AuslInvestmG; BStBl 1992 II, S . 786 ff.

BFH-Urteil vom 24.03.1992: VIII – R – 51/89; Höhe der Einnahmen und Zeitpunkt des Zuflusses bei der schweizerischen Verrechnungssteuer unterliegenden Kapitalerträgen; BStBl 1992 II, S. 941 ff.

BFH-Urteil vom 08.10.1991: VIII R 48/88; Besteuerung Zerobonds; BStBl 1992 II, S. 174 ff.

BFH-Urteil vom 25.04.1990: I R 70/88; Zur Behandlung ausländischer Steuer bei der inländischen Gewinnermittlung; BStBl 1990 II, S. 1086 ff.

BFH – Urteil vom 13.10.1988: IV R 220/85; Der Abschluss privater Differenzgeschäfte über Devisen oder Edelmetalle; BStBl 1989 II, S. 39 ff.

BFH – Urteil vom 29.01.1987: V R 53/76; Zur Steuerbarkeit von Umsätzen; BStBl 1987 II, S. 516 ff.

OLG Frankfurt/Main – Urteil vom 19.12.1996: 16 U 109/96; Zu den Kontrollpflichten und zur Haftung der Depotbank eines Investmentfonds; WM 1996, S. 669

Hessisches FG – Urteil vom 11.10.1994: 4 K 4306/86; Anrechnung ausländischer Quellensteuer; EFG 1995, S. 279 ff.

FG Baden-Württemberg – Urteil vom 18.05.1999: 1 K 63/97; Zwischengewinne aus ausländischen Investmentfonds schon vor 1994 Kapitaleinkünfte; EFG 1999, S. 835

FG Düsseldorf – Urteil vom 30.09.1997: 17 K 6394/93; Zurechnung von Einnahmen aus Kapitalvermögen; DATEV-LEXinform-Nr. 0144716

FG Düsseldorf – Urteil vom 26.01.1993: 6 K 101/88 K, F, G; Investmentanteile: Realisationszeitpunkt; BB 1993, 2124 f.

FG Hamburg – Urteil vom 07.06.2000: II 554/99; Zur Anrechnung ausländischer Quellensteuer; DATEV-LEXinform-Nr. 0554461

FG Köln – Urteil vom 11.05.2000: 13 K 6555/1997; Nachträgliche Änderung der anrechenbaren ausländischen Quellensteuern in einem Körperschaftsteuerbescheid; EFG 2000, S. 793

FG Münster – Urteil vom 03.03.1998: 6 K 6/95; Wertsteigerung aus Investmentfonds bis 1993 nicht steuerpflichtig; EFG 1998, S. 1010

III. Finanzverwaltung

BMF-Schreiben vom 02.03.2001: IV C 1 – S 2252 – 56/01; Besteuerung von Hochzins- und Umtauschanleihen; DB 2001, S. 618

BMF-Schreiben vom 07.02.2001: IV C 1 – S 2252 – 26/01; Steuerliche Behandlung von Erträgen aus variabel verzinslichen Schuldverschreibungen; BStBl 2001 I, S. 149

BMF-Schreiben vom 07.10.1999: IV C 1 – S 2252 – 589/99; Besteuerung von Hochzinsanleihen mit Rückzahlungswahlrecht des Emittenten; DB 1999, S. 2342

BMF-Schreiben vom 07.10.1999: IV C 1 – S 2252 – 420/99; Rückzahlung des Kapitalvermögens im Sinne des § 20 Abs. 1 Nr. 7 EStG; BStBl 1999 I, S. 433

BMF-Schreiben vom 16.03.1999: IV C 1 – S 2252 – 87/99; Rückzahlung des Kapitalvermögens im Sinne des § 20 Abs. 1 Nr. 7 EStG; BStBl 1999 I, S. 433

BMF-Schreiben vom 09.02.1999: Erträge eines inländischen Sondervermögens aus Anteilen an inländischen und ausländischen Investmentvermögen; FR 1999, S. 867

BMF-Schreiben vom 21.07.1998: IV B 4 – S 2252 – 116/98; Besteuerung von Kapitalerträgen – Anlageinstrumente mit Optionsgeschäftselementen; DATEV-LEXinform-Nr. 0165953

BMF-Schreiben vom 12.05.1998: IV C 6 – S 1301 – 18/98; Nachweis über das Vorliegen der Voraussetzungen für die Anrechnung fiktiver Quellensteuern bei ausländischen Zinseinkünften nach Doppelbesteuerungsabkommen; BStBl 1998 I, S. 554

BMF-Schreiben vom 30.03.1998: IV C 7 – S 1302 Jap – 5/98; Besteuerung von Einkünften ausländischer Unternehmen aus der Beteiligung an Wertpapiersondervermögen (Aktienfonds) nach dem Gesetz über Kapitalanlagegesellschaften (KAGG) unter Berücksichtigung der Doppelbesteuerungsabkommen (DBA); BStBl 1998 I, S. 367

BMF-Schreiben vom 14.01.1998: IV B 4 – S 2252 – 2/98; Besteuerung von Kapitalerträgen – Anlageinstrumente mit Optionsgeschäftselementen; DB 1998, S. 497

BMF-Schreiben vom 02.01.1996: IV C 5 – S 1300 – 223/95; Stand der Doppelbesteuerungsabkommen und der Doppelbesteuerungsverhandlungen am 01. Januar 1996; BStBl 1996 I, S. 5 ff.

BMF-Schreiben (koordinierter Ländererlaß) vom 24.10.1995: IV B 4 – S 2252 – 289/95; Berechnung des steuerpflichtigen Ertrags nach der Marktrendite bei Anlageinstrumenten in Fremdwährung; DATEV-LEXinform-Nr. 131064

BMF-Schreiben vom 12.12.1994: Steuerliche Behandlung von Anteilen an ausländischen Investmentfonds nach dem StrefG 1993

BMF-Schreiben vom 10.11.1994: IV B 3 – S 2256 – 34/94; Einkommensteuerrechtliche Behandlung von Options- und Finanztermingeschäften; BStBl 1994 I, S. 816 ff.

BMF-Schreiben vom 12.10.1994: VI B 4 – S 2400 – 130/94; Zinsabschlag von Kapitalerträgen aus unverzinslichen Schatzanweisungen des Bundes einschließlich Bundesbank-Liquiditäts-U-Schätzen; BStBl 1994 I, S. 815

BMF-Schreiben vom 15.03.1994: IV B 4 – S 2252 – 173/94; Berücksichtigung von gezahlten Stückzinsen bei Personenverschiedenheit von Käufer und Depotinhaber; BStBl 1994 I, S. 230

BMF-Merkblatt vom 01.03.1994: IV C 5 – S 1300 – 49/94; Entlastung von deutscher Kapitalertragsteuer von Dividenden und bestimmten anderen Kapitalerträgen gemäß § 44d EStG, den Doppelbesteuerungsabkommen (DBA) oder sonstigen zwischenstaatlichen Abkommen; BStBl 1994 I, S. 203 ff.

BMF-Schreiben vom 24.01.1994: IV B 4 – S 2400 – 8/94; Berücksichtigung von gezahlten Stückzinsen bei Ehegatten

BMF-Schreiben vom 20.01.1994: IV B 4 – S 1980 – 5/94; Ermittlung des Zwischengewinns; steuerliche Behandlung verschiedener Anlageformen; FR 1994, S. 206

BMF-Schreiben vom 17.12.1993: IV B 4 – S 1980 – 56/93; Erhebung des Zinsabschlags auf Zwischengewinne; BStBl 1994 I, S. 16

BMF-Schreiben vom 09.11.1992: IV B 4 – S 2102 – 20/92; Erweiterte unbeschränkte Einkommensteuerpflicht gemäß § 1 Abs. 2 und 3 EStG; hier Billigkeitsregelung; BStBl 1992 I, S. 726

BMF-Schreiben vom 26.10.1992: IV B 4 – S 2000 – 252/92; Einzelfragen zur Anwendung des Zinsabschlaggesetzes; BStBl 1992 I, S. 693 ff.

BMF-Schreiben vom 19.12.1989: IV A 3 – S 7160 – 55/89; Umsatzsteuerrechtliche Behandlung verschiedener Finanzmarktinnovationen und der uneigentlichen Wertpapierleihe; WM 1990, S. 1477 f.

BMF-Schreiben vom 20.02.1981: IV B 7 – S 2932 – 1/81/IV B 4 – S 1980 – 6/81; Praktische Probleme bei Investment-Gesellschaften nach der Körperschaftsteuerreform; DB 1981, S. 613 f.

BMF-Schreiben vom 20.03.1975: IV B 4 – S 1980 – 3/75; Aufteilung der Kosten

BMF-Schreiben vom 24.03.1970: IV B/4 – S 1980 – 15/70; Umfang und steuerliche Behandlung der Kosten; Beckmann/Scholtz, Kz 440, Nr. 8

Entwurf BMF-Schreiben vom November 1994: IV B 4 – S 2252 – /94, IV B 2 – S 2136 – /94; Einkommensteuerrechtliche Behandlung von Optionsanleihen

FinMin. Niedersachsen – Erlass vom 20.05.1975: S 1980 a-10-312; Besteuerung der Erträge aus inländischen und ausländischen Investmentanteilen; Aufteilung von Unkosten; DB 1975, S. 1052 f.

FinMin. Niedersachsen – Erlass vom 13.08.1974: S 1980 a-10-312; Besteuerung der Erträge aus inländischen und ausländischen Investmentanteilen; Aufteilung von Unkosten; DB 1974, S. 1649 f.

FinMin. Niedersachsen – Erlass vom 30.10.1970: S 1980 – 9 – 31 2; Auslegungsfragen zum AuslInvestmG; DB 1970, S. 2102 f.

FinMin. NRW – Erlass vom 10.01.1975: S 1980 a – 18 – VB 2; Besteuerung der Erträge aus Investmentanteilen: Ertragsausgleich bei inländischen und ausländischen Investmentvermögen; DB 1975, S. 129

FinMin. NRW – Erlass vom 22.07.1965: S 1301 – 27 – VB 1; Erstattung schweizerischer Quellensteuer an deutsche Investmentfonds; Beckmann/Scholtz, Kz 440, Nr. 4

FinMin. NRW – Erlasse vom 14.12.1964 und 22.07.1965: S 1301 – 27 – VB 1; Erstattung von Kapitalertragsteuer an Investmentfonds auf Grund von Doppelbesteuerungsabkommen; Beckmann/Scholtz, Kz 440, Nr. 3

FinMin. NRW – Erlass vom 17.03.1964: S 2180 – 6 – VB 1; Besteuerung des Ertragsausgleichs

FinMin Sachsen-Anhalt – Erlass vom 14.11.1994: 45 – S 1301 – 29; DBA Frankreich: Ausschüttungen französischer Kapitalgesellschaften (ausgenommen Ausschüttungen auf wesentliche Beteiligungen und sonstige nicht zur Gutschrift berechtigende Dividenden); IStR 1995, S. 34 f.

FinMin. Thüringen – Erlass vom 08.08.1994: S 1301 A – Frankreich – 206, Ausschüttungen französischer Kapitalgesellschaften, Doppelbesteuerungsabkommen zwischen Frankreich und der Bundesrepublik Deutschland; DATEV-LEXinform-Nr. 124049

OFD Bremen – Verfügung vom 06.02.1989: S 2293 – St 2000; Anrechnung ausländischer Quellensteuer nach § 34 c EStG; DATEV-LEXinform-Nr. 90551

OFD Chemnitz – Verfügung vom 28.10.1992: S 2400 – 6 – St 3101; Übersicht über die wichtigsten Änderungen durch das Zinsabschlaggesetz; DATEV-LEXinform-Nr. 106257

OFD Cottbus – Verfügung vom 10.12.1992: S 2293 – 4 St 111; Besteuerung von Zinsen und Dividenden nach DBA; hier: Anrechnung ausländischer Quellensteuer nach § 34c EStG; DATEV-LEXinform-Nr. 106566

OFD Düsseldorf – Verfügung vom 23.03.2001: S 2136 A – St 11; Optionsanleihen im Betriebsvermögen

OFD Erfurt – Verfügung vom 16.08.1999: S 1300 A – 45 – St 01; Fiktive Steueranrechnung, § 34 c Abs. 6 Satz 2 EStG; DB 1999, S. 2443

OFD Frankfurt/Main – Verfügung vom 10.02.1999: S 2293 A – 72 – St II 22; Anrechnung französischer Steuergutschrift (Avoir Fiscal) auf ausgeschüttete Dividenden; IStR, 2/2001, S. 59

OFD Frankfurt/Main – Verfügung vom 24.08.1998: S 2293 A – 55 – St II 2 a / 25; Steuerermäßigung bei ausländischen Einkünften; DATEV-LEXinform-Nr. 0555038

OFD Frankfurt/Main – Verfügung vom 25.06.1997: S 2406 A – 1 – St II 11; Bemessung des Zinsabschlags bei Kursdifferenzpapieren im Sinne des § 20 Abs. 2 Nr. 4 EStG; DStR 1997, S. 1726

OFD Frankfurt/Main – Verfügung vom 17.07.1995: S 2404 A – 12 – St II 11; Zurechnung von Zinsen und Erhebung des Zinsabschlags im Erbfall; BB 1995, S. 2148

OFD Kiel – Verfügung vom 25.09.2000: G 1422 A – St 261; Behandlung von Investment- und Spezialfonds mit Aktienanteilen bei der Ermittlung von Dauerschulden bei Kreditinstituten (§ 19 GewStDV); DATEV-LEXinform-Nr. 0556988

OFD Kiel – Verfügung vom 29.06.2000: S 2830 A – St 261; Steuerbescheinigung bei der Depotverwahrung inländischer Investmentanteile durch ein ausländisches Kreditinstitut; DATEV-LEXinform-Nr. 0556891

OFD Kiel – Verfügung vom 17.06.1999: S 2241 A – St 132; Sonderbetriebsvermögen bei Vermietung an eine Schwester-Personengesellschaft und Verhältnis des § 15 Abs. 1 Nr. 2 EStG zur mitunternehmerischen Betriebsaufspaltung

OFD Kiel – Verfügung vom 29.04.1999: Erträge aus Anteilen an Investmentfonds, die im PV gehalten werden; FR 1999, S. 1015

OFD Koblenz – Verfügung vom 15.05.2001: S 2830 A – St 34 1 / 34 2; Wechsel vom Anrechnungs- zum Halbeinkünfteverfahren; NWB Fach 4, S. 4413

OFD Koblenz – Verfügung vom 26.11.1991: S 2400 A – St 34 3; Einzelfragen zur Anwendung des Zinsabschlaggesetzes; DStR 1993, S. 165 f.

OFD München – Verfügung vom 24.01.1995: S 2400 – 51/2 St 41/42; Zeitpunkt des Zuflusses von Kapitalerträgen bei der Veräußerung von Wertpapieren; DB 1995, S. 953

OFD München – Verfügung vom 26.02.1993: S 2400 – 48/17 St 41; Zinsabschlag auf inländische Kapitalerträge ausländischer diplomatischer und konsularischer Vertretungen und ihrer Mitglieder; FR 1993, S. 345

Senatsverwaltung für Finanzen Berlin – Erlass vom 08.11.1994: III C 2 – S 1310 – 1/92; Einkommensteuerliche Behandlung von Mitgliedern ausländischer Missionen und Vertretungen; IStR 1995, S. 85

3 Ertragsteuerliche Aspekte der für das Fondsvermögen getätigten Anlagen

A. Übersicht über die ertragsteuerliche Behandlung der Erträge eines Fondsvermögens

I. Ertragsteuerliche Behandlung der ordentlichen Erträge eines Fondsvermögens

1. Dividenden

a) Dividenden inländischer Emittenten

Die steuerliche Behandlung der Dividendenzahlungen von Aktiengesellschaften mit Sitz im Inland ist mit Verabschiedung des Steuersenkungsgesetzes 2000 neu geregelt worden. Durch das Steuersenkungsgesetz wird für die Besteuerung von Dividendenerträgen ein Systemwechsel zum sog. Halbeinkünfteverfahren vollzogen. Das körperschaftsteuerliche Anrechnungsverfahren entfällt. Die Gewinne der Unternehmen unterliegen in Zukunft einer Belastung mit 25 % Körperschaftsteuer (Definitivbelastung), während die Dividendenausschüttungen beim Anteilseigner grundsätzlich nur zur Hälfte versteuert werden. Es ist daher in Zukunft zu unterscheiden, ob eine inländische Aktiengesellschaft Dividenden nach altem Recht oder bereits nach neuem Recht ausschüttet.

aa) Besteuerung der ausschüttenden Körperschaften

Mit Wirkung ab dem Veranlagungszeitraum 2001 wird das seit 1977 geltende Anrechnungsverfahren abgeschafft und durch ein klassisches Körperschaftsteuersystem mit Definitivbesteuerung ersetzt.

Nach dem bislang geltenden Anrechnungsverfahren unterliegen ausgeschüttete Gewinne bei der leistenden Gesellschaft einer Körperschaftsteuer von 30 %, während thesaurierte Gewinne mit zuletzt 40 % besteuert wurden. In Höhe der Körperschaftsteuer auf die ausgeschütteten Gewinne erhält der Anteilseigner bei Anwendung des Anrechnungsverfahrens eine Steuergutschrift, d.h. die von der Gesellschaft entrichtete Körperschaftsteuer wird auf die persönliche Steuerschuld angerechnet, so dass die von der Kapitalgesellschaft an den Anteilseigner ausgeschütteten Gewinne letztendlich nur bei diesem mit dessen persönlichem Einkommensteuersatz besteuert werden.

An die Stelle des Verfahrens der Körperschaftsteueranrechnung tritt nun mit Wirkung ab 2001 eine Definitivbelastung von Körperschaften mit

25 %. Anders als im bisherigen Recht erfolgt nun keine Unterscheidung mehr hinsichtlich der Besteuerung von thesaurierten und ausgeschütteten Gewinnen. Dadurch wird für Körperschaften bereits bei Gewinnentstehung eine Steuerentlastung erreicht. Der neue einheitliche Körperschaftsteuersatz von 25 % gilt für unbeschränkt steuerpflichtige Körperschaften wie auch für beschränkt steuerpflichtige Körperschaften.

bb) Dividenden nach altem Recht

Dividenden nach altem Recht sind durch das sog. körperschaftsteuerliche Anrechnungsverfahren geprägt. Das Anrechnungsverfahren gilt letztmalig für Dividenden, die von inländischen Aktiengesellschaften **für** Geschäftsjahre gezahlt werden, die im Jahre 2000 begonnen haben.

Beispiel:

Geschäftsjahr eines Unternehmens ist das Kalenderjahr (01.01. bis 31.12.). Im Mai 2001 beschließen die Gesellschafter eine Gewinnausschüttung für das abgelaufene Geschäftsjahr 2000.

Es gilt noch das alte Recht – das Anrechnungsverfahren findet Anwendung.

Beispiel:

Geschäftsjahr eines Unternehmens dauert vom 01.10. bis zum 30.09. des Folgejahres. Im Februar 2002 beschließen die Gesellschafter eine Gewinnausschüttung für das am 30.09.2001 abgelaufene Geschäftsjahr 2000/2001.

Es gilt noch altes Recht – das Anrechnungsverfahren findet Anwendung.

Beispiel:

Geschäftsjahr eines Unternehmens ist zunächst das Kalenderjahr (01.01. bis 31.12.). Die Gesellschafter beschließen, das Geschäftsjahr auf 01.07. bis 30.06. umzustellen und bilden im Kalenderjahr 2001 ein Rumpfgeschäftsjahr, das vom 01.01. bis 30.06.2001 dauert. Im Oktober 2001 beschließen die Gesellschafter eine Gewinnausschüttung für das Rumpfgeschäftsjahr.

Es gilt das neue Recht – das Anrechnungsverfahren findet keine Anwendung mehr.

Dividendenzahlungen von Aktiengesellschaften mit Sitz im Inland fließen dem Fondsvermögen unter Einschluß des Kapitalertragsteuer- und Körperschaftsteuerguthabens zu. Wie bereits aus dem Zahlenbeispiel unter Teil 1, A. zu entnehmen ist, setzen sich daher die Einnahmen des Fondsvermögens nicht nur steuerlich (wie das beim Direktanleger der Fall ist), sondern auch tatsächlich wie folgt zusammen:

Nettodividende (= Auszahlungsbetrag bei einem privaten Direktanleger ohne entsprechendes Freistellungsvolumen)

plus anrechenbare Kapitalertragsteuer (§ 36 Abs. 2 Nr. 2 EStG)

plus anrechenbarer Solidaritätszuschlag

= **Bardividende** (§ 20 Abs. 1 Nr. 1 EStG)

plus anrechenbare Körperschaftsteuer (§ 36 Abs. 2 Nr.3 i.V.m. § 20 Abs. 1 Nr. 3 EStG a.F.)

= **Bruttodividende.**

Die von der Aktiengesellschaft ausgeschüttete Bruttodividende gehört ebenso wie die sonstigen Bezüge zu den steuerpflichtigen Einnahmen des Fonds. Zu den sonstigen Bezügen i.S. von § 20 Abs. 1 Nr. 1 EStG gehört alles, was der Anteilseigner (Fondsvermögen) aus seiner Beteiligung erhält. Auf die Bezeichnung der dem Anteilseigner gewährten Vorteile kommt es nicht an. Angesichts des generalklauselartigen Umfangs des Begriffs der sonstigen Bezüge fallen z.B. auch verdeckte Gewinnausschüttungen oder die Ausschüttung eines Betrages in Höhe einer steuerfreien Investitionszulage hierunter.

Nicht zu den steuerpflichtigen Dividendeneinnahmen gehören hingegen **Rückzahlungen des Nennkapitals** sowie **Kapitalrückzahlungen**, für die nach den Vorschriften des Körperschaftsteuergesetzes Eigenkapital als verwendet gilt, das bei der Kapitalgesellschaft selbst keiner Besteuerung unterlag (sog. EK 04 i.S. von § 30 Abs. 2 Nr. 4 KStG a.F., insbesondere freiwillige Zuzahlungen der Gesellschafter in das Gesellschaftskapital i.S. von § 272 Abs. 2 Nr. 4 HGB). Auch kann es nicht zu einem aus Sicht des Anteileigners steuerpflichtigen und anrechenbaren Körperschaftsteuerguthaben kommen, da bei Ausschüttungen von EK 04 keine Körperschaftsteuer-Ausschüttungsbelastung herzustellen ist (§ 40 S. 1 Nr. 2 KStG a.F.).

Steuerpflichtige Einnahmen können sich bei **Kapitalherabsetzung** und **Liquidation** der Aktiengesellschaft nur insoweit ergeben, als hierfür sog. verwendbares (mit Körperschaftsteuer belastetes) Eigenkapital als verwendet gilt (§ 20 Abs. 1 Nr. 2 EStG). Dies ist nur praxisrelevant für Rücklagen, die nach dem 31.12.1976 gebildet und dann durch Kapitalerhöhung aus Gesellschaftsmitteln in Grundkapital umqualifiziert wurden. Auch in diesen Fällen ergibt sich ein gutzuschreibendes Körperschaftsteuerguthaben (§ 20 Abs. 1 Nr. 3 i.V.m. § 36 Abs. 2 Nr. 3 EStG a.F.).

Auf der Fondsausgangsseite ist auf den sog. Dividendenteil eine **Ausgleichssteuer** zum Körperschaftsteuerabzug in Höhe von 30 % zu berechnen (§ 38 a Abs. 1 KAGG a.F.). Seit 01. 04.1999 unterliegen vom Fonds ausgeschüttete oder thesaurierte Dividendenerträge deutscher Unternehmen (körperschaftsteuerpflichtige Fondserträge) darüber hinaus einer Kapitalertragsteuer in Höhe von 25 % (zuzüglich eines Solidaritätszuschlags von 5,5 % hierauf).

Beispiel:

um laufende Fondsanteile (Stück)	1.000.000	
	€	€ je Anteil
körperschaftsteuerpflichtige Bruttodividenden Inland	1.000.000	1,00
abzüglich Ausgleichssteuer	-300.000	-0,30
Bardividende	700.000	0,70
abzüglich Kapitalertragsteuer	-175.000	-0,17
abzüglich Solidaritätszuschlag	-9.625	-0,01
Nettodividende	515.375	0,52

Die Kapitalanlagegesellschaft hat für die Sondervermögen die Steuern zu berechnen und die Abzugsbeträge an das zuständige Finanzamt abzuführen. Die einbehaltenen und abgeführten Abzugsbeträge sind für den Anleger auf seine individuelle Einkommensteuer anrechenbar.

Im Einzelnen verweisen wir auf die Ausführungen zur Fondsausgangsseite in Teil 1, F.

cc) Dividenden nach neuem Recht

Dividenden nach neuem Recht sind durch den Wegfall des Anrechnungsverfahrens und die Einführung einer Definitivsteuerbelastung gekennzeichnet. Das neue Recht ist erstmals für Dividenden anzuwenden, die von inländischen Aktiengesellschaften **für** Geschäftsjahre gezahlt werden, die im Jahre 2001 begonnen haben.

Beispiel:

Geschäftsjahr eines Unternehmens ist das Kalenderjahr (01.01. bis 31.12.). Im Mai 2002 beschließen die Gesellschafter eine Gewinnausschüttung für das abgelaufene Geschäftsjahr 2001.

Der Veranlagungszeitraum 2001 ist das erste Jahr, auf den das neue Recht Anwendung findet. Der Jahresüberschuss der Körperschaft unterliegt daher einer definitiven Körperschaftsteuerbelastung von 25%. Gewinnausschüttungen können ein Anrechnungsguthaben an Körperschaftsteuer nicht mehr vermitteln, da das Anrechnungsverfahren keine Anwendung mehr findet.

Für Unternehmen, die ein vom Kalenderjahr abweichendes Geschäftsjahr haben, gilt entsprechendes.

Beispiel:

Geschäftsjahr eines Unternehmens dauert vom 01.09.2001 bis 31.08.2002. Im Dezember 2002 beschließen die Gesellschafter eine Gewinnausschüttung für das am 31.08.2002 abgelaufene Geschäftsjahr 2001/2002.

Es gilt neues Recht – Gewinnausschüttungen können ein Anrechnungsguthaben an Körperschaftsteuer nicht mehr vermitteln, da das Anrechnungsverfahren keine Anwendung mehr findet.

Mit Wegfall des Anrechnungsverfahrens fließen dem Fondsvermögen die Dividendenzahlungen von Aktiengesellschaften mit Sitz im Inland nur noch unter Einschluss des Kapitalertragsteuerguthabens zu. Gegenüber der Altregelung ergeben sich – eine unveränderte Dividendenpolitik unterstellt – geringere Liquiditätszuflüsse.

Beispiel:

Vergleich des Ausschüttungsvolumens einer Aktiengesellschaft im Vergleich altes Recht zu neuem Recht

um laufende Fondsanteile (Stück)	1.000.000			
	Altes Recht		Neues Recht	
	€	€ je Anteil	€	€ je Anteil
körperschaftsteuerpflichtige Bruttodividenden Inland	1.000.000	1,00	1.000.000	1,00
abzüglich Körperschaftsteuer	-300.000	-0,30	-250.000	-0,25
Bardividende	700.000	0,70	750.000	0,75
abzüglich Kapitalertragsteuer	-175.000	-0,17	-150.000	-0,15
abzüglich Solidaritätszuschlag	-9.625	-0,01	-8.250	-0,01
Nettodividende	515.375	0,52	591.750	0,59

Auf der Fondseingangsseite ergeben sich folgende Auswirkungen:

um laufende Fondsanteile (Stück)	1.000.000			
	Altes Recht		Neues Recht	
	€	€ je Anteil	€	€ je Anteil
Zufluss Nettodividende	515.375	0,52	591.750	0,59
zuzüglich Kapitalertragsteuer	175.000	0,18	150.000	0,15
zuzüglich Solidaritätszuschlag	9.625	0,01	8.250	0,01
Bardividende	700.000	0,70	750.000	0,75
zuzüglich Körperschaftsteuer	300.000	0,30	0	0,00
Bruttodividende	1.000.000	1,00	750.000	0,75

dd) Anwendbarkeit des neuen Rechts auf Sondervermögen

Gemäß § 43 Abs. 14 S. 1 KAGG gilt für die letztmalige Anwendung alten Rechts § 52 Abs. 36 S. 1 EStG sinngemäß. Altes Rechts findet letztmals für Ausschüttungen von Kapitalgesellschaften Anwendung, für die auch das körperschaftsteuerliche Anrechnungsverfahren letztmals anzuwenden ist (siehe hierzu § 34 Abs. 10 a KStG sowie die Beispiele unter bb) und cc)).

Die sinngemäße Anwendung des § 52 Abs. 36 S. 1 EStG bezogen auf Sondervermögen bedeutet, dass auf der Fondsausgangsseite altes Recht für alle Ausschüttungs-/Thesaurierungsbestandteile gilt, die das Sondervermögen auf der Fondseingangsseite nach altem Recht vereinnahmte (Folge: Ausgleichsbesteuerung, Kapitalertragsteuerabzug 25 %, siehe im Einzelnen Teil 1, F. I., II.) und – vice versa – neues Recht dann für alle Bestandteile von Ausschüttungen bzw. Thesaurierungen zur Anwendung kommt, die das Sondervermögen nach neuem Recht vereinnahmte (Folge: keine Ausgleichsbesteuerung mehr, Kapitalertragsteuerabzug 20 %).

In einer Übergangszeit, die bis ins Jahr 2003 reichen kann, kann ein Investmentfonds zwei Arten von Dividenden nebeneinander vereinnahmen, die steuerlich unterschiedlich behandelt werden müssen.

Beispiel:

Ein ausschüttendes Sondervermögen hat ein Geschäftsjahr, das vom 01.01.2002 bis zum 31.12.2002 dauert (Ausschüttungstermin 01.03.2003). Das Sondervermögen soll im Geschäftsjahr folgende Dividenden bezogen haben:

❑ *am 01.04.2002 Dividenden einer inländischen Aktiengesellschaft, die diese für das Geschäftsjahr (=Kalenderjahr) 2001 ausschüttet*

❏ *am 01.02.2002 Dividenden einer inländischen Aktiengesellschaft, die diese für das Geschäftsjahr 01.09. 2000 bis 31.08.2001 ausschüttet*

Das Sondervermögen muss für die am 01.02.2002 vereinnahmte inländische Dividende das alte Recht anwenden (d.h. Ausgleichssteuer 30% und Kapitalertragsteuer 25%) und im übrigen neues Recht (Halbeinkünfteverfahren). Da die Ausschüttung erst in 2003 erfolgt, erhält der Anteilscheininhaber des Fonds für das Jahr 2003 eine Steuerbescheinigung, in der auch ein Anrechnungsguthaben an Körperschaftsteuer vermerkt ist.

b) Dividenden ausländischer Emittenten

Dividendenzahlungen von Aktiengesellschaften mit Sitz im Ausland fließen dem Fondsvermögen regelmäßig nach Abzug ausländischer Quellensteuer zu. Die vereinnahmte Nettodividende zuzüglich abgezogener ausländischer Quellensteuer ist einkommensteuerpflichtig gem. § 20 Abs. 1 Nr. 1 EStG. Eine Einbeziehung in die Zwischengewinnermittlung erfolgt nicht. Hinsichtlich der Einbehaltung, Erstattung und gegebenenfalls Anrechnung ausländischer Quellensteuern auf Dividendeneinkünfte vgl. im einzelnen Teil 1, B. III. sowie Teil 2, C. V.

Ausländische Staaten gewähren in aller Regel kein körperschaftsteuerliches Anrechnungs-/Erstattungsguthaben. Sollte es in Ausnahmefällen jedoch zu einem grenzüberschreitenden, ausländischen Körperschaftsteuerguthaben kommen (vgl. Stichwort Avoir Fiscal), stellt dieses Guthaben ebenfalls eine steuerpflichtige Einnahme dar, die aber nicht zinsabschlagsteuer- und zwischengewinnpflichtig ist. Zu den Einzelheiten der Berücksichtigung und Behandlung des Avoir Fiscal vgl. Teil 1, B. III., sowie Teil 3, B. unter dem entsprechenden Stichwort.

Nach Inkrafttreten des Steuersenkungsgesetzes zum 01.01.2001 unterliegen aus dem Ausland stammende Dividenden dem neu eingeführten Halbeinkünfteverfahren. Da auf diese Dividenden der 4. Teil des KStG (Anrechnungsverfahren) dem Grunde nach nicht anwendbar ist, findet das neue Recht bereits auf sämtliche nach dem 01.01.2001 vereinnahmte ausländische Dividenden Anwendung.

2. Zinsen

a) Festverzinsliche Wertpapiere

aa) Zum Umfang der laufenden Zinserträge aus festverzinslichen Wertpapieren

Die laufenden Zinserträge der festverzinslichen Wertpapiere werden über § 20 Abs. 1 Nr. 7 EStG (im Betriebsvermögen i.V. mit § 20 Abs. 3 sowie §§ 13, 15 sowie 18 EStG) steuerlich erfasst. Neben dem eigentlichen Zinskupon sind aber auch besondere Entgelte oder Vorteile, die neben den Zinseinnahmen oder an deren Stelle gewährt werden (wie z.B. Rückzahlungsaufgelder), Bestandteile der laufenden steuerpflichtigen Einnahmen (§ 20 Abs. 2 Nr. 1 EStG).

Aus Sicht eines Kapitalanlegers, der seine Investmentanteile im Privatvermögen hält (vgl. oben Teil 2, A. I.), ist eine Abgrenzung der steuerpflichtigen (laufenden) Kapitalerträge von der einkommensteuerlich unbeachtlichen Vermögensebene entscheidend. Anders als in vielen Steuerrechtsordnungen anderer Staaten sind Vermögensmehrungen, die im privaten Bereich erzielt werden, nur ausnahmsweise steuerpflichtig. Zu nennen sind in diesem Zusammenhang bestimmte, bereits unter Teil 1, A. angesprochene Gewinne aus privaten Veräußerungsgeschäften (Spekulationsgeschäfte), die beim privaten Direktanleger eine Steuerpflicht auslösen (§ 22 Nr. 2 i.V. m. § 23 Abs. 1 Nr. 2, Nr. 4 EStG).

Das Erscheinungsbild eines steuerpflichtigen laufenden Kapitalertrages war und ist häufig dadurch gekennzeichnet, dass diese steuerpflichtigen Kapitalerträge in Kursgewinne der steuerlich unbeachtlichen Vermögenssphäre umqualifiziert werden sollen. Als Reaktion hierauf hatte der Gesetzgeber die in der Vergangenheit bestehenden weiten Interpretationsspielräume durch Neufassung des § 20 Abs. 1 Nr. 7 EStG eingeschränkt. Danach liegen beim Direktanleger steuerpflichtige Kapitalerträge bereits dann vor, wenn eine der nachfolgenden Voraussetzungen bei der Emission eines Wertpapiers erfüllt ist:

❏ Die Rückzahlung des eingesetzten Kapitals des Anlegers wird garantiert **oder**

❏ ein Entgelt für die Überlassung des Kapitalvermögens wird zugesagt oder effektiv gewährt.

❏ Ob es sich typischerweise um als Zinsen deklarierte Einnahmen handelt oder nicht, ist nicht entscheidend (Entgeltbegriff im weiteren Sinne).

Steuerpflichtiger Kapitalertrag ist demzufolge auch dann anzunehmen, wenn dem Kapitalanleger überhaupt keine Rendite zugesagt wird oder eine solche zwar dem Grunde nach garantiert ist, die Höhe jedoch von einem ungewissen Ereignis abhängt (zu sog. Finanzinnovationen, siehe Teil 3, A. I. 3. b)).

Nach Auffassung der Finanzverwaltung soll es zur Erfüllung der Voraussetzungen des § 20 Abs. 1 Nr. 7 EStG genügen, wenn der Emittent die Rückzahlung des eingesetzten Kapitals des Anlegers nur in Teilen garantiert.

Es kommt ausdrücklich nicht auf die gewählte Bezeichnung und auch nicht auf die zivilrechtliche Ausgestaltung der Kapitalanlage an (§ 20 Abs. 1 Nr. 7 S. 2 EStG). Wird also etwa durch eine Kombination verschiedener Anlagen, die bei isolierter Betrachtung ertragsteuerlich irrelevant, jedoch wirtschaftlich eine Einheit bilden, eine Kapitalanlageform geschaffen, welche die oben genannten Voraussetzungen erfüllt (synthetisierte Kapitalanlage), so kommt es für die Besteuerung lediglich auf den wirtschaftlichen Gesamtgehalt, nicht jedoch auf die steuerliche Würdigung der Einzelteile an. Typisches Beispiel: sog. capped warrants oder range warrants (vgl. unten Teil 3, B. entsprechendes Stichwort).

Erfasst werden neben laufenden Zinseinnahmen (insbesondere beim **sog. Durchhalter**, d.h. demjenigen, der die Wertpapiere bis zum Ende der Laufzeit in seinem Portfolio hält) auch Einnahmen aus **sog. Zwischenveräußerungsfällen** (also Sekundärerwerbe). Hierunter fallen unter anderem Einnahmen aus der Veräußerung von Dividenden und Zinsscheinen (§ 20 Abs. 2 Nr. 2 EStG), Einnahmen aus der Veräußerung von Zinsscheinen mit dazugehöriger Kapitalforderung (§ 20 Abs. 2 Nr. 3 EStG) sowie Einnahmen aus der Veräußerung oder Abtretung von ab- oder aufgezinsten Wertpapieren oder von »flat« gehandelten Wertpapieren oder abgetrennten Zinsscheinen (§ 20 Abs. 2 Nr. 4 EStG). Der steuerpflichtige Kapitalertrag entspricht im Falle einer Zwischenveräußerung der auf die Besitzzeit anteilig entfallenden Emissions- oder Marktrendite. Zu weiteren Ausführungen hierzu vgl. unten Teil 3, B. Stichworte Abzinsungspapiere, Emissionsrendite, Marktrendite.

Darüber hinaus gibt es auch verzinsliche, aber mit einem nominal unter Marktniveau liegenden Zinskupon ausgestattete Abzinsungspapiere. In diesem Fall finden die für Abzinsungspapiere und Anlagen mit konventioneller Zinsausstattung geltenden Besteuerungsgrundsätze kumuliert Anwendung (vgl. unter Teil 3, B. Stichworte Optionsanleihen (Warrant Bonds), Niedrigverzinsliche Anleihen/Wertpapiere, Emissionsdisagio).

Ein Emissionsdisagio beim Kauf von Schuldverschreibungen, aber auch ein Rückzahlungsagio bei Tilgung einer Anleihe, wird von der Finanzverwaltung grundsätzlich als steuerpflichtiger Kapitalertrag behandelt. Aus Vereinfachungsgründen unterbleibt jedoch eine Besteuerung, wenn das Emissionsdisagio bzw. das Rückzahlungsagio folgende %-Sätze des Nennwertes des Wertpapiers in Abhängigkeit von der Laufzeit nicht übersteigt:

Laufzeit	Disagio in v.H.
bis unter 2 Jahre	1
2 Jahre bis unter 4 Jahre	2
4 Jahre bis unter 6 Jahre	3
6 Jahre bis unter 8 Jahre	4
8 Jahre bis unter 10 Jahre	5
ab 10 Jahre	6

Bei Laufzeiten des Wertpapiers von unter einem Jahr ist zu beachten, dass ein Emissionsdisagio nur dann innerhalb der im Disagioerlass genannten steuerlich unbeachtlichen Grenzen bleibt, wenn es hochgerechnet auf eine Laufzeit von einem Jahr nicht mehr als 1 v.H. des Nennwertes des Papiers beträgt.

bb) Festverzinsliche Wertpapiere inländischer Emittenten

Kapitalerträge sind inländische Kapitalerträge, wenn der Schuldner der Kapitalerträge Wohnsitz, Geschäftsleitung oder Sitz im Inland hat (§ 43 Abs. 3 EStG). Auf der Fondseingangsseite unterliegen diese Erträge der Steuerpflicht nach § 20 Abs. 1 Nr. 7 EStG.

Inländische Zinserträge unterliegen auf der Fondsausgangsseite der Kapitalertragsteuer (§ 43 Abs. 1 Nr. 7, 8 EStG i.V.m. § 38 b Abs. 1 S. 2 KAGG). Zinseinnahmen aus festverzinslichen Wertpapieren inländischer Emittenten sind in die Ermittlung des Zwischengewinns einzubeziehen (§ 39 Abs. 2 KAGG).

cc) Festverzinsliche Wertpapiere ausländischer Emittenten

Für die Besteuerung von festverzinslichen Wertpapieren, die durch ausländische Emittenten begeben werden, gelten grundsätzlich die vorstehenden Ausführungen für inländische Emissionen entsprechend. Kapitalerträge sind ausländische Kapitalerträge, wenn der Schuldner der Kapitalerträge Wohnsitz, Geschäftsleitung oder Sitz im Ausland hat. Auf der Fondseingangsseite unterliegen auch diese Erträge der Steuerpflicht nach § 20 Abs. 1 Nr. 7 EStG.

Häufig macht nicht nur der deutsche Fiskus sein Besteuerungsrecht am Zinsertrag geltend, sondern machen auch ausländische Steuerrechtsordnungen von ihrem (Quellen-) Besteuerungsrecht Gebrauch. Eine Länderübersicht über Umfang und Wahrnehmung des Quellensteuerrechts befindet sich in Teil 3, C. II. Eine Doppelbesteuerung wird hier regelmäßig dadurch vermieden, dass die ausländische Quellensteuer auf die inländische Einkommensteuer insoweit angerechnet wird, als sich die inländische Einkommensteuer auf die ausländischen Einkunftsteile bezieht. Vgl. für weitere Einzelheiten des Verfahrens Teil 2, C. IV. sowie Teil 1, B. III.

Auf der Fondsausgangsseite unterliegen die Erträge aus diesen Anlagen wie bei Anlagen inländischer Emittenten dem Kapitalertragsteuerabzug und der Zwischengewinnermittlung (§§ 38 b Abs. 1 Nr. 3 KAGG i.V.m. § 43 Abs. 1 S. 1 Nr. 7 a EStG; § 39 Abs. 2 KAGG n.F.).

b) Variabel verzinsliche Wertpapiere

Diese Form der Schuldverschreibungen (regelmäßig Teilschuldverschreibungen) sind mit einem variablen Zinssatz ausgestattet, der während der Laufzeit der Anleihe in regelmäßigen Zeitabständen an einen Bezugszinssatz angepasst wird (auch floating rate notes, nachfolgend FRN genannt). Dieser sog. Referenzzins ist regelmäßig ein Geldmarktzinssatz (z.B. Libor = London Interbank Offered Rate). Gemeinsames Merkmal der vielfältigen Unterformen von FRN ist, dass sich deren Kurs aufgrund der periodischen Zinsanpassung an das Geldmarktsatz-Niveau immer nahe um 100 % bewegt.

Nach dem Wortlaut des Gesetzes handelt es sich bei FRN um sog. Kursdifferenzpapiere. Dies hat zur Folge, dass im Falle einer Zwischenveräußerung nicht nur die in Rechnung gestellten Stückzinsen nach § 20 Abs. 2 Nr. 3 EStG, sondern auch die erzielten Veräußerungsgewinne als Zinseinnahmen gemäß § 20 Abs. 2 Nr. 4 d EStG zu versteuern sind. Darüber hinaus sind diese Erträge zinsabschlagsteuer- und zwischengewinnpflichtig. Der erklärte Gesetzeszweck, eventuell im Kurs akkumulierte Zinserträge einer Besteuerung zu unterwerfen (vgl. Stichwort Gleitzinsanleihen, Kombizinsanleihen), würde aber bei FRN mit periodischer Zinsanpassung an das Geldmarktsatzniveau nach herrschender Meinung über das Ziel hinausschießen. Gleichwohl hatte das BMF in der Vergangenheit nur zugestanden, FRN mit vereinbarter Verzinsung **zum** Referenzzinssatz von diesen Einschränkungen auszunehmen.

Der Bundesfinanzhof hat in seinem Urteil vom 24.10.2000 (Az: VIII R 28/99) zur Besteuerung von variabel verzinslichen Wertpapieren, die keine von vornherein bezifferbare Emissionsrendite haben, die Anwendbarkeit von § 20 Abs. 2 Nr. 4 c) oder d) EStG verneint. Die Finanzverwaltung wendet diese Entscheidung über den betroffenen Einzelfall hinaus nicht an. Vor diesem Hintergrund hat der Gesetzgeber in dem Steueränderungsgesetz 2001 vorgesehen, die Besteuerung zu erweitern: Sofern eine Emissionsrendite nicht ermittelbar ist, soll der besitzzeitanteilige Kapitalertrag zwingend mittels der Marktrendite ermittelt werden.

Die undifferenzierte Interpretation der FRN als Kursdifferenzpapiere ist jedoch abzulehnen, weil sie dem wirtschaftlichen Gehalt der FRN nicht gerecht wird. Bei FRN handelt es sich wirtschaftlich betrachtet um eine Kette von revolvierenden Kurzfristanlagen (i.d.R. mit einer Laufzeit von jeweils sechs Monaten), vergleichbar mit einer Kette prolongierter Festgelder. Darüber hinaus handelt es sich bei den Kursänderungen von FRN, die aufgrund der Kurzfristigkeit der Zinsanpassung im übrigen nur in sehr geringem Umfang stattfinden, um marktbedingte Kursschwankungen, die nach dem BMF-Schreiben 30.4.1993 (abgedruckt unter Teil 5, B.) der steuerlich unbeachtlichen Vermögenssphäre zuzuordnen sind. Da sich der Kurs von FRN aufgrund der periodischen Anpassungen im Gegensatz zu Gleitzins- oder Kombizinsanleihen nahe um 100 % bewegt, erscheint die Annahme eines Kursdifferenzpapiers mit Ausnahme der Reverse-Floater (siehe Stichwort) nicht sachgerecht.

Marktgängige Varianten des Floater-Grundmodells sind etwa (vgl. entsprechende Stichworte)

❏ Floater mit Zu- oder Abschlägen

❏ Floater mit Zinssatzbeschränkungen (insbesondere Floor-Floater, Cap-Floater und Minimax-Floater)

❏ Drop-Lock Floater

❏ Reverse Floater

c) Sichteinlagen/befristete Einlagen

aa) Einlagen im Inland

Die Zinseinkünfte sind steuerpflichtiger Kapitalertrag i.S. von § 20 Abs. 1 Nr. 7 EStG, unterliegen auf der Fondsausgangsseite grundsätzlich dem Kapitalertragsteuerabzug und fließen in die Zwischengewinnberechnung mit ein. Eine Kapitalertragsteuerpflicht besteht nicht, falls es sich bei den Kapitalerträgen um **Sichteinlagen** handelt, für die kein höherer Zins als 1 % bezahlt wird (§ 43 Abs. 1 Nr. 7 b), bb) EStG i.V.m. § 38 b Abs. 1 S. 2 KAGG). Bei Sichteinlagen handelt es sich um täglich fällige und verfügbare Einlagen, die z.B. auf Kontokorrentkonten/Girokonten unterhalten werden.

Befristete Einlagen wie beispielsweise Tagesgelder, Festgelder oder Termingelder sind keine Sichteinlagen und unterliegen deshalb in jedem Fall dem Steuerabzug vom Kapitalertrag. Eine Zinszahlung unter 1 % ändert in diesem Fall nichts an der materiellen Einkommensteuerpflicht sowie der Einbeziehung dieser Zinsen in die gesetzliche Zwischengewinnermittlung. Vgl. im übrigen Teil 3, B., Stichwort Einlagenzinsen.

bb) Einlagen im Ausland

Kapitalerträge aus Einlagen bei ausländischen Kreditinstituten sind hinsichtlich der materiellen Steuerpflicht wie Inlandseinlagen zu behandeln. Die Zinseinnahmen sind in die Zwischengewinnberechnung aufzunehmen (§ 20 Abs. 1 Nr. 7 EStG i.V.m. § 39 Abs. 2 KAGG).

Auf der Fondsausgangsseite sind diese Zinseinnahmen aber keinem Zinsabschlagsteuerabzug zu unterwerfen. Nach überwiegender Meinung in der Literatur sind ausländische Zinserträge bei Ausschüttungen des Fonds nur dann dem Zinsabschlag zu unterwerfen, wenn es sich um Zinsen auf verbriefte Forderungen – sog. a-Fälle – (§ 43 Abs. 1 S. 1 Nr. 7a EStG) handelt. Dagegen besteht für Zinsen aus Auslandseinlagen (sog. b-Fälle i.S.v. § 43 Abs. 1 S. 1 Nr. 7b EStG) entsprechend dem Sinn und Zweck der einkommensteuerlichen Vorschrift (vgl. § 43 Abs. 1 S. 1 EStG) und nach Maßgabe des Transparenzgrundsatzes eine Abzugspflicht auf der Fondsausgangsseite nur dann, wenn der Schuldner des Kapitalertrages ein **inländisches** Kreditinstitut ist. Aus sog. b-Fällen stammende Zinseinnahmen **ausländischer** Kreditinstitute sind bei einem inländischen Investmentfonds auf der Fondsausgangsseite nicht zinsabschlagsteuerpflichtig.

3. Sonderformen

a) Zusammengesetzte Anlageformen

Unter zusammengesetzten Anlageformen verstehen wir den Inbegriff sämtlicher Finanzinstrumente, die zivilrechtlich unteilbar, aber wirtschaftlich aus verschiedenen Elementen zusammengesetzt sind (Compound Instruments).

Der Markt unterscheidet in sog. echte und sog. unechte Compound Instruments. Unter echten Compound Instruments versteht man zum einen Wertpapiere mit unselbständigen Gestaltungsrechten (vgl. Stichworte Wandelanleihe, Reverse Convertibles) und zum anderen aus einzelnen Finanzinstrumenten zusammengesetzte Wertpapiere ohne getrennte Handelbarkeit der einzelnen Bausteine (vgl. Stichworte Indexanleihen, Optionsscheine). Diese Instrumente werden als ein Vermögensgegenstand bilanziert; die einzelnen Gestaltungsrechte werden bilanziell nicht selbständig erfasst. Unechte Compound Instruments können dagegen ohne Mitwirkung des Emittenten in zwei oder mehrere, getrennt handelbare (und nach der Trennung auch bilanzierbare) Vermögensgegenstände getrennt werden (vgl. Stichworte Stripped Bonds, Optionsanleihe).

Zur steuerlichen Behandlung von Hochzinsanleihen und Umtauschanleihen als typische Vertreter von echten compound instruments hat das BMF in unterschiedlichen Verfügungen Stellung genommen. Die Erträge aus diesen Anlageformen gehören zu den Erträgen aus sonstigen Kapitalforderungen nach § 20 Abs. 1 Nr. 7 EStG, eine Aufspaltung für steuerliche Zwecke erfolgt nicht. Ein im Rückzahlungszeitpunkt erlittener Ausübungsverlust wird von der Finanzverwaltung ebenso als steuerlich abzugsfähig behandelt wie erzielte Ausübungsgewinne steuerpflichtig sind. Die steuerliche Behandlung von sog. Durchhaltern und Sekundärerwerbern unterscheiden sich insofern nicht.

Auf der Fondsausgangsseite sind die erzielten Erträge in den Zwischengewinn zu erfassen und unterliegen einem Kapitalertragsteuerabzug.

Die steuerliche Behandlung der *unechten Compound Instruments* richtet sich im Gegensatz zu den echten Compound Instruments nach der Besteuerung der einzelnen zusammengesetzten Komponenten.

b) Finanzinnovationen

Wie bereits unter »2. Zinsen« beschrieben liegt ein steuerpflichtiger Kapitalertrag einer Anlageform auch dann vor, wenn zwar die Rückzahlung des eingesetzten Kapitalvermögens unsicher ist, aber ein bestimmter Zins zugesagt worden ist oder wenn zwar die Höhe der Zinserträge unsicher ist, aber die Rückzahlung des eingesetzten Kapitalvermögens zugesagt ist. Für die

Annahme steuerpflichtiger Zinserträge genügt es nach Auffassung der Finanzverwaltung bereits aus, wenn die Rückzahlung des eingesetzten Kapitals nur zu einem Teil garantiert wird. In solchen Fällen erzielt der Anleger steuerpflichtige Kapitalerträge auch durch die Veräußerung von Wertpapieren oder Abtretung von Forderungen vor deren Endfälligkeit. Für diese sog. Kursdifferenzpapiere sieht der Gesetzgeber in § 20 Abs. 2 Nr. 4 EStG Einnahmen aus der Veräußerung oder Abtretung folgender Fallgruppen als steuerpflichtige Einnahmen an:

❏ Nr. 4a: Auf- oder abgezinste Kapitalforderungen (z.B. zero bonds)

❏ Nr. 4b: Sekundärerwerb von abgetrennten Stammrechten oder Zinsscheinen (z.B. stripped bonds)

❏ Nr. 4c: flat gehandelte Zinspapiere sowie Kapitalforderungen, bei denen die Höhe des Ertrags ungewiss ist (z.B. Indexanleihen, Range Warrants und Papiere mit Rückzahlungsgarantie)

❏ Nr. 4d: Kapitalforderungen mit Zinszahlungen in variabler Höhe (z.B. Gleitzinsanleihen, Floater) oder für unterschiedlich lange Zeiträume (z.B. Kombizinsanleihen).

Da marktzinsbedingte Kursschwankungen während der Laufzeit nach wie vor der steuerlich irrelevanten Vermögenssphäre zugeordnet werden, gilt der Grundsatz, dass nur die auf die Besitzzeit des Kursdifferenzpapiers entfallende (im vornhinein versprochene) Emissionsrendite (siehe Stichwort) im Falle eines Verkaufs oder Abtretung eine steuerpflichtige Einnahme darstellt (§ 20 Abs. 2 Nr. 4 S. 1 EStG). Ist eine Emissionsrendite nicht ermittelbar, kommt zur Ermittlung eines steuerpflichtigen Ertrags die sog. Marktrendite (siehe Stichwort) zum Tragen (§ 20 Abs. 2 Nr. 4 S. 2 EStG i.d.F. des Entwurfes durch das Steueränderungsgesetz 2001).

c) Zero Bonds

Zero-Bonds sind Anleihen, die stark unter pari emittiert (vgl. Stichwort Abzinsungspapier, Emissionsdisagio) und bei Fälligkeit zum Nominalwert eingelöst werden. Zero-Bonds haben keine Zinskupons; es erfolgen daher keine periodischen Zinszahlungen. Vielmehr werden die Zinserträge während der Laufzeit thesauriert und zusammen mit der Rückzahlung des Kapitals ausbezahlt. Zero-Bonds gelten als sog. Kursdifferenzpapiere im Sinne des § 20 Abs. 2 Nr. 4 EStG.

Die Rendite eines Zero-Bonds liegt in der Wertsteigerung (Unterschiedsbetrag zwischen Einstandswert und Nennwert). Dieser Unterschiedsbetrag stellt für den Direktanleger als Durchhalter im Rückzahlungszeitpunkt einen nach § 20 Abs. 1 Nr. 7 EStG steuerpflichtigen Ertrag dar. Bei einer Zwischenveräußerung vor Laufzeitende erzielt der Direktanleger (besitzzeitanteilige) steuerpflichtige Einnahmen im Sinne § 20 Abs. 2 Nr. 4 b EStG. Die Höhe der Erträge ermittelt sich wahlweise nach der Emissions- (§ 20 Abs. 2 Nr. 4 S. 1 EStG) oder der Marktrendite (§ 20 Abs. 2 Nr. 4 S. 2 EStG). Vgl. Stichworte Emissionsrendite und Marktrendite.

Auf der Fondseingangsseite werden die der Emissionsrendite entsprechenden Zinserträge kontinuierlich den laufenden Erträgen hinzugerechnet. Auf der Fondsausgangsseite unterliegen diese Erträge der Zinsabschlagsteuer (§ 43 Abs. 1 Nr. 7 EStG i.V.m. § 38 b Abs. 1 S. 2 KAGG); sie sind bei der Zwischengewinnermittlung zu berücksichtigen (§ 39 Abs. 2 KAGG).

d) Schuldscheindarlehen

Unter Schuldscheindarlehen werden Großdarlehen verstanden, die ähnlich den Anleihen und Industrieobligationen ausgestattet sind und die gegen Schuldscheine von Banken und anderen Kapitalsammelstellen ausgegeben werden. Der Schuldschein hat lediglich die Funktion einer Beweisurkunde und dient nicht der Verbriefung einer Geldforderung (sog. b-Fall i.S. von § 43 Abs. 1 S. 1 Nr. 7 b EStG).

Die laufenden Erträge sind einkommensteuerpflichtig nach § 20 Abs. 1 Nr. 7 EStG, als sog. b-Fall grundsätzlich zinsabschlagsteuerpflichtig und in die Zwischengewinnermittlung einzubeziehen.

Eine Pflicht zur Durchführung des Zinsabschlags besteht aber nur für den Fall, dass der Schuldner der Kapitalerträge ein inländisches Kreditinstitut ist (anders Zinsabschlag in sog. a-Fällen). Vgl. auch Teil 3, A. I. 3. Festverzinsliche Wertpapiere.

e) Wertpapierleihe

Bei der sogenannten Wertpapierleihe handelt es sich entgegen dem Wortlaut **nicht** um eine Leihe i. S. der §§ 598 ff. BGB, sondern um ein Sachdarlehen i.S. der §§ 607 ff. BGB (Wertpapierdarlehen). Bei der Darlehenshingabe wird nicht die Überlassung von Gegenständen zur Nutzung vereinbart. Vielmehr überträgt der Verleiher das Eigentum an den Wertpapieren auf den Entleiher. Der Entleiher ist als zivilrechtlicher Eigentümer auch berechtigt, die Wertpapiere weiter zu verleihen, zu verkaufen oder zu verpfänden. Die Rückerstattungspflicht beim Sachdarlehen bezieht sich auf Sachen gleicher Zahl, Art und Güte, ohne Rücksicht darauf, ob sich der Preis geändert hat. Der Entleiher wird in aller Regel wirtschaftlicher Eigentümer der entliehenen Wertpapiere.

Das Entgelt für ein gewährtes Sachdarlehen in Form von Wertpapieren (Wertpapier-Darlehen) ist steuerlich gesehen ein sonstiger Ertrag i.S. von § 22 Nr. 3 EStG. Das Entgelt unterliegt auf der Fondsausgangsseite keinem Abzug einer Kapitalertragsteuer, da dieses Entgelt nicht von § 38 b KAGG erfasst wird. Auch sind die Erträge wegen ihres Charakters (kein Fall des § 20 Abs. 1 Nr. 7 EStG) nicht zwischengewinnpflichtig.

Vom Darlehensnehmer (Entleiher) gezahlte Kompensationszahlungen bei Wertpapierdarlehen über den Kupon-/Dividendentermin für die dem Entleiher zugeflossenen Zinsen/Dividenden stellen steuerpflichtige Erträge des Fonds i.S.d. § 22 Nr. 3 EStG (sonstige Erträge) dar. Kompensationszahlungen für verliehene Aktien sind den Dividenden nicht gleichgestellt. Auf der Fondsausgangsseite unterliegen diese Erträge daher weder einer Ausgleichsbesteuerung (für Dividenden nach altem Recht) noch einem Zinsabschlag bzw. einem Kapitalertragsteuerabzug. Ebenso besteht keine Zwischengewinnpflicht.

Eine Einbeziehung in die Zwischengewinnermittlung erfolgt nur, sofern es sich bei den Kompensationszahlungen um Zinszahlungen handelt. Ebenso unterliegen diese Erträge dem Zinsabschlag.

f) Wertpapierpensionsgeschäfte

Bei sog. Wertpapier-Pensionsgeschäften werden dem Pensionsgeber gehörende Wertpapiere gegen Zahlung eines Betrags an den Pensionsnehmer übertragen (Kassageschäft) mit der gleichzeitigen Vereinbarung einer Rückübertragung der Wertpapiere gegen Zahlung eines im voraus bestimmten Betrags zu einem im voraus bestimmten oder noch zu bestimmenden Zeitpunkt (Termingeschäft). Der Terminpreis der Wertpapiere liegt über dem Kassapreis. Die Differenz entspricht ungefähr dem Geldmarktzins für den gezahlten Kassapreis über die Laufzeit des Geschäfts. Bei einer Verpflichtung zur Rückübertragung der Wertpapiere handelt es sich um sog. echte Pensionsgeschäfte, bei einer Berechtigung (ohne Verpflichtung) zur Rückübertragung um sog. unechte Pensionsgeschäfte.

113

Bei *sog. echten Pensionsgeschäften* stehen die Erträge aus den in Pension gegebenen Wertpapieren wirtschaftlich unverändert dem Pensionsgeber zu. Dieser erhält in Form der vom Pensionsnehmer geleisteten Kompensationszahlungen die ihm zustehenden Zinsen/Dividenden, die bei ihm steuerpflichtige Erträge i.S.d. § 20 Abs. 1 Nr. 1 EStG (Dividenden) oder § 20 Abs. 1 Nr. 7 EStG (Zinsen) darstellen. Auf der Fondsausgangsseite unterliegen diese Erträge je nach Charakter entweder der Ausgleichsbesteuerung (Dividenden altes Recht) und einem Kapitalertragsteuerabzug (Dividenden neues und altes Recht) oder einem Zinsabschlagsteuerabzug sowie der Zwischengewinnpflicht (Zinsen).

Die vom Pensionsgeber an den Pensionsnehmer gezahlte Vergütung für die erhaltene Liquidität ist u.E. steuerlich als Aufwand anzusehen, der – anteilig – die Zinseinkommen des pensionsgebenden Sondervermögens und damit auch die zwischengewinnpflichtigen Einnahmen mindert.

Bei einem *sog. unechten Pensionsgeschäft* gehen (ähnlich einem Wertpapierdarlehen) sowohl das rechtliche als auch das wirtschaftliche Eigentum an den Wertpapieren auf den Pensionsnehmer über, der in seiner Person die Erträge aus diesen Wertpapieren steuerpflichtig als Zinsen oder Dividenden i.S.d. § 20 Abs. 1 EStG vereinnahmt. Die an den Pensionsgeber gezahlten Kompensationszahlungen stellen für den Pensionsgeber steuerpflichtige sonstige Erträge dar (Behandlung siehe Wertpapierdarlehen). Aus Sicht des Pensionsnehmers sind diese Zahlungen steuerlich als Aufwand anzusehen.

g) Wandelanleihen

aa) Inländische Wandelanleihen

Bei Wandelanleihen kann in Wandelanleihen im weiteren Sinn und in Wandelanleihen im engeren Sinn unterschieden werden.

Wandelanleihen *im weiteren Sinne* sind Anleihen, bei denen *entweder* dem Gläubiger *oder* dem Schuldner ein *einseitiges Gestaltungsrecht* eingeräumt wird, das unselbständiger Bestandteil des bestehenden Kapitalüberlassungsverhältnisses ist. Liegt das Gestaltungsrecht beim Schuldner (z.B. Tilgungswahlrecht, Kündigungsrecht), enthalten die Anleihen bei wirtschaftlicher Betrachtung implizit eine Stillhalteoption des Gläubigers (=Investor), die regelmäßig mit einem über dem Kapitalmarktzins liegenden Zins vergütet wird. Wir verweisen insofern auf die Ausführungen unter Tz. 3 a) dieses Abschnitts sowie die Stichwörter compound instruments, Aktienanleihen.

Für diesen Gliederungspunkt werden unter Wandelanleihen (Teil-) Schuldverschreibungen i.S.d. § 221 Abs. 1 AktG verstanden (Wandelanleihen *im engeren Sinne*), bei denen dem Inhaber der Anleihe neben einer festen Verzinsung auch ein Recht auf Umtausch in Gesellschaftsanteile der emittierenden Aktiengesellschaft (und nicht in Aktien Dritter – siehe hierzu Stichwort Umtauschanleihe) eingeräumt ist. Zu den Erscheinungsformen Plain Vanilla Convertibles, Zero Coupon Convertibles, Discount Convertibles oder Mandatory Convertibles verweisen wir auf die entsprechenden Stichwörter.

Anders als bei Optionsanleihen erlischt die Anleihe mit Ausübung des Wandlungsrechts. Die laufenden Zinsen der Anleihe sind steuerpflichtige Kapitalerträge nach § 20 Abs. 1 Nr. 7 EStG, die auf der Fondsausgangsseite dem Kapitalertragsteuerabzug unterliegen (§ 43 Abs. 1 Nr. 2 EStG i.V.m. § 38 b Abs. 1 S. 1 Nr. 2 KAGG) und in die Ermittlung des Zwischengewinns eingehen (§ 39 Abs. 2 KAGG).

Bei Veräußerung der Wandelanleihe vor Fälligkeit entstehende Stückzinsen sind steuerpflichtig gem. § 20 Abs. 2 Nr. 3 EStG. Auf der Fondsausgangsseite unterliegen diese dem Zinsabschlag (§ 43 Abs. 1 Nr. 8 S. 1 EStG i.V.m. § 38 b Abs. 1 S. 2 KAGG) und werden bei der Zwischengewinnermittlung berücksichtigt (§ 39 Abs. 2 KAGG).

Werden Zinsscheine von Wandelanleihen getrennt und Stammrecht oder Zinsscheine getrennt veräußert, sind die steuerpflichtigen Erträge aus der Veräußerung nach zero-bond-Grundsätzen zu ermitteln (Besteuerung nach §§ 20 Abs. 2 Nr. 2b, Nr. 4b EStG). Auch bei unter pari begebenen Wandelanleihen (Stichwort Discount Convertibles) erfolgt die Besteuerung der Erträge des Durchhalters und des Zweiterwerbers nach zero-bonds-Grundsätzen.

Die Wandlung der Anleihe in eine Unternehmensbeteiligung (Aktie) stellt keinen Anschaffungsvorgang dar, der eine Spekulationsfrist neu in Gang setzen würde (auf Fondsebene wäre dies steuerlich ohnehin irrelevant). Wird die eingewandelte Aktie durch den Fonds nicht veräußert, erzielt der Fonds aus dieser Anlage Dividendenerträge, die dem Halbeinkünfteverfahren unterliegen.

bb) Ausländische Wandelanleihen

Zinserträge aus ausländischen Wandelanleihen stellen steuerpflichtige Erträge i.S.d. § 20 Abs. 1 Nr. 7 EStG dar. Auf der Fondsausgangsseite unterliegen diese Erträge daher einem Zinsabschlagsteuerabzug (§ 38b Abs. 1 Nr. 3

KAGG) und sind diese Erträge auch in die Zwischengewinnermittlung aufzunehmen.

h) Genussscheine

Genussscheine sind börsengängige Wertpapiere, die regelmäßig auf den Inhaber lauten (auch Inhaberpapier). Sofern der Emittent der Genussscheine seinen Wohnsitz, Geschäftsleitung oder Sitz im Inland hat, liegen inländische Genussscheine, anderenfalls ausländische Genussscheine vor.

aa) Inländische Genussscheine

Nach den Emissionsbedingungen ist regelmäßig eine Beteiligung des Genussscheininhabers am Liquidationserlös ausgeschlossen (sog. anleiheähnliche Genussscheine). Dies ermöglicht es dem inländischen Emittenten, die geleisteten Ausschüttungen als Betriebsausgaben gewinnmindernd zu berücksichtigen (§ 8 Abs. 3 S. 2 KStG). Wegen des Fehlens gesetzlicher Bestimmungen über die Ausgestaltung von Genussscheinen besteht eine weitgehende Gestaltungsfreiheit bei den Emissionsbedingungen. Regelmäßig gewähren jedoch die Emissionsbedingungen den Emittenten das Recht zur Kündigung und Rückzahlung des Kapitals. Genussscheine werden i.d.R. in % vom Nennwert notiert. Ausschüttungen auf Genussscheine können festverzinslichen Wertpapieren (z.B. fester Zinssatz unabhängig vom Gewinn des Emittenten, Mindestausschüttung mit dividendenabhängigem Bonus) oder Aktien (z.B. Ausschüttung in Abhängigkeit vom jeweiligen Jahresergebnis des Emittenten) angenähert sein.

Genussscheine werden »flat« gehandelt (vgl. Stichwort flat gehandelte Wertpapiere), so dass beim Kauf oder Verkauf eines Genussscheins während des laufenden Geschäftsjahres keine Stückzinsen getrennt in Rechnung gestellt werden.

Die steuerliche Behandlung der anleiheähnlichen Genussscheine hängt im wesentlichen von der Ausgestaltung des Papiers ab.

Gewähren Genussscheine eine feste und/oder gewinnabhängige Verzinsung, **ohne dass der Inhaber am Liquidationserlös beteiligt wird** (sog. anleiheähnliche Genussscheine), sind die Erträge gem. § 20 Abs. 1 Nr. 7 EStG steuerpflichtig. Auf der Fondsausgangsseite sind diese Erträge zinsabschlagsteuerpflichtig (§ 38 b Abs. 1 S. 1 Nr. 2 KAGG) und sind in die Zwischengewinnermittlung einzubeziehen.

Genussscheine fallen nicht unter die sog. Kursdifferenzpapiere (§ 20 Abs. 2 Nr. 4 S. 5 EStG). Die für Veräußerungs- und Abtretungsfälle geltenden Regelungen des § 20 Abs. 2 Nr. 4 Sätze 1 – 4 EStG finden – obwohl Genussscheine »flat« gehandelt werden – somit keine Anwendung. Durch eine Zwischenveräußerung vor Fälligkeit der Kapitalerträge werden daher – anders als etwa bei Wandelanleihen (vgl. Stichwort) – keine steuerpflichtigen Erträge vereinnahmt.

Ausschüttungen auf Genussscheine, die eine **Beteiligung am Liquidationserlös vorsehen** (sog. aktienähnliche Genussscheine), sind steuerpflichtige Erträge nach § 20 Abs. 1 Nr. 1 EStG. Da die Ausschüttungen der Kapitalertragsteuerpflicht nach § 43 Abs. 1 Nr. 1 EStG unterliegen, ist auf der Fondsausgangsseite ein Kapitalertragsteuerabzug von 20 % vorzunehmen (§ 38 b Abs. 5 KAGG). Jedoch entfällt die Einbeziehung in die Zwischengewinnermittlung.

bb) Ausländische Genussscheine
Im Gegensatz zur Anlage in Genussscheinen inländischer Emittenten gelten Ausschüttungen auf Genussscheine ausländischer Emittenten ausschließlich als steuerpflichtige Erträge i.S.d. § 20 Abs. 1 Nr. 7 EStG. Auf der Fondsausgangsseite unterliegen diese Erträge daher einem Zinsabschlagsteuerabzug (§ 38 b Abs. 1 Nr. 3 KAGG) und sind diese Erträge auch in die Zwischengewinnermittlung aufzunehmen.

II. Ertragsteuerliche Behandlung der außerordentlichen Erträge eines Fondsvermögens

Im folgenden werden Erträge eines Fonds aus Anlagen und Betätigungen außerhalb des Regelungsbereichs des § 20 EStG auf ihre ertragsteuerliche Relevanz untersucht. Hierzu zählen Sonstige Erträge, Veräußerungsgewinne, Gewinne aus Termingeschäften sowie Optionsgeschäfte, Futures-Geschäfte und Ausgleichs-/Schadensersatzzahlungen.

1. Sonstige Erträge

Der Begriff der »Sonstigen Erträge« ist im KAGG (im Gegensatz zu § 17 Abs. 1 AuslInvestmG) nicht erwähnt. Gleichwohl ist die Unterscheidung von laufenden Erträgen i.S.d. § 20 EStG und anderen Erträgen von Bedeutung für die Besteuerung der Erträge aus ausschüttenden oder thesaurierenden Fonds.

Ausschüttungen eines Fonds gehören zu den Einnahmen i.S.d. § 20 Abs. 1 Nr. 1 EStG, wenn sie nicht Betriebseinnahmen des Steuerpflichtigen sind (§ 39 Abs. 1 S. 1 KAGG). Sofern nicht die Ausnahmeregelungen des § 40 KAGG greifen, sind sämtliche Ausschüttungsbestandteile (Zinsen, Dividenden oder diesen beiden Kategorien nicht zuordenbare Erträge) unabhängig von ihrer Herkunft steuerpflichtig. Bei thesaurierenden Fonds unterliegen aber nur die nicht zur Kostendeckung oder Ausschüttung verwendeten Einnahmen **im Sinne des § 20 EStG** den steuerpflichtigen Einnahmen im Sinne des § 20 Abs. 1 Nr. 1 EStG. Unbestritten zählen Sonstige Erträge nicht zu dieser Einnahmenkategorie, sondern zu Einnahmen i.S.d. § 22 Nr. 3 EStG, so dass eine Besteuerung faktisch unterbleibt, falls solche Einkommensbestandteile nicht ausgeschüttet werden.

Unter Sonstige Einkünfte i.S.d. § 22 Nr. 3 EStG wird jedes Tun, Unterlassen und Dulden verstanden, das Gegenstand eines entgeltlichen Vertrages sein kann und um des Entgelts willen erbracht wird. Aus dem Blick des AuslInvestmG werden unter sonstige Erträge alle Erträge subsumiert, die aus Kapitalanlagen inklusive Finanzinnovationen und Betätigungen erzielt werden und nicht zu den vereinnahmten Zinsen oder Dividenden gehören. Vor diesem Hintergrund würden zu den Sonstigen Erträgen i.S.d. KAGG zählen:

❏ Als Stillhalter vereinnahmte Optionsprämien

❏ Entgelt für ein Wertpapierdarlehen

❏ Kompensationszahlungen auf Grund eines Wertpapierdarlehens

❏ Gewinne aus der Glattstellungen von Optionsgeschäften

Die Sonstigen Erträge des Fonds werden in aller Regel nicht ausgeschüttet (die Besonderen Vertragsbedingungen ausschüttender Fonds sehen insofern ein Wahlrecht vor), sondern der Wiederanlage zugeführt. Sofern diese Erträge aber im Fondsvermögen verbleiben, unterliegen sie nicht der Steuerpflicht.

2. Veräußerungsgewinne

Die steuerliche Behandlung ausgeschütteter Veräußerungsgewinne hat durch das Steuersenkungsgesetz wesentliche Änderungen erfahren.

Ausschüttungen eines Fonds sind grundsätzlich in voller Höhe steuerpflichtig (§ 39 Abs. 1 S. 1 KAGG). Die Ausschüttungen sind jedoch insoweit steuerfrei, als sie Gewinne aus der Veräußerung von Wertpapieren und Bezugsrechten auf Anteile an Kapitalgesellschaften enthalten (§ 40 Abs. 1 S. 1 KAGG), vorausgesetzt, die Anteile werden im Privatvermögen gehalten und gehören nicht zu den Gewinnen aus Termingeschäften. Dies gilt unabhängig davon, ob die Gewinne aus der Veräußerung von Aktien oder von Rentenpapieren erzielt wurden.

Werden die Anteile aber in einem Betriebsvermögen gehalten, gelten andere Grundsätze. Eine Gegenüberstellung der Neuregelung der steuerlichen Behandlung ausgeschütteter Veräußerungsgewinne nach dem StSenkG und der Altregelung zeigt folgendes Bild:

	Neuregelung	Altregelung
Privatanleger	steuerfrei	steuerfrei
Betrieblicher Anleger		
Kapitalgesellschaften	steuerfrei	100% steuerpflichtig
Personengesellschaften & sonstige Unternehmen	steuerfrei	100% steuerpflichtig

Für betriebliche Anleger gilt die Steuerfreiheit bzw. die hälftige Steuerpflicht der ausgeschütteten Veräußerungsgewinne nur insoweit, wie die Gewinne aus der Veräußerung von Aktien (oder Bezugsrechten hierauf) resultieren (§ 40 Abs. 1 S. 1, 2. Halbsatz KAGG i.V.m. § 3 Nr. 40 EStG, § 8b Abs. 2 KStG). Ausgeschüttete Gewinne aus der Veräußerungen von Rentenpapieren bleiben wie bisher voll steuerpflichtig.

Die realisierten Veräußerungsgewinne des Fonds werden in aller Regel nicht ausgeschüttet (die Besonderen Vertragsbedingungen ausschüttender Fonds sehen insofern ein Wahlrecht vor), sondern zur Substanzstärkung der Wiederanlage zugeführt. Sofern diese Gewinne aber im Fondsvermögen verbleiben, unterliegen sie nicht der Steuerpflicht. Dies gilt selbst dann, wenn die Veräußerungsgewinne innerhalb der für den Direktanleger maßgebenden Spekulationsfrist von einem Jahr nach Erwerb der Wertpapiere erzielt werden. Insofern verbleibt es bei einem wesentlichen Vorteil der Anlage in Fondsanteilen gegenüber der Direktanlage.

Die Anwendbarkeit des Steuersenkungsgesetzes auf Veräußerungsgewinne korrespondiert – nach Auffassung des BVI – mit Anwendbarkeit neuen

Rechts auf vereinnahmte Dividenden, d.h. Veräußerungen ausländischer Aktien sind ab dem 01.01.2001 begünstigt, Veräußerungen inländischer Aktien – bedingt durch die Periodenverschiebung des Wegfalls des Anrechnungsverfahrens – beginnend ab dem 01.01.2002. Wir verweisen insofern auf die Ausführungen zu Aktiengewinnermittlung in Teil 1, F. sowie zur Übergangsperiode in Teil 3, A. I. 1. a) dd).

3. Gewinne aus Termingeschäften

Mit Wirkung zum 01.04.1999 wurde die Vorschrift in § 23 EStG über Spekulationsgeschäfte in private Veräußerungsgeschäfte umbenannt und – als wesentliche Neuerung – um den Tatbestand der Gewinne aus Termingeschäfte (§ 23 Abs. 1 Nr. 4 EStG) ergänzt. Bedeutung für die Fondsbranche fand diese Vorschrift

(1) für ausschüttende und für thesaurierende Fonds durch Aufnahme eines neuen Steuertatbestands »Gewinne aus privaten Veräußerungsgeschäften im Sinne des § 23 Abs. 1 Satz 1 Nr. 4, Abs. 2 und 3 des Einkommensteuergesetzes« in § 39 Abs. 1, 1. Halbsatz KAGG

(2) für die Zwischengewinnermittlung durch Erweiterung der zwischengewinnpflichtigen Einnahmen in § 39 Abs. 2 S. 2 Nr. 1 KAGG sowie

(3) für den Kapitalertragsteuerabzug durch Erweiterung der Bemessungsgrundlage in § 38 b Abs. 1 S. 1 Nr. 4 KAGG.

Ausgeschüttete Gewinne aus Termingeschäften sind ausdrücklich von der Steuerbefreiung in § 40 Abs. 1 KAGG ausgenommen. Gewinne aus Termingeschäften zählen in jedem Fall (Ausschüttung oder Thesaurierung) zu den steuerpflichtigen Einnahmen i.S.d. § 20 Abs. 1 Nr. 1 EStG und zur kapitalertragsteuerpflichtigen Bemessungsgrundlage.

Termingeschäfte i.S.d. § 23 Abs. 1 S. 1 Nr. 4 EStG werden wie folgt beschrieben:

»Termingeschäfte, durch die der Steuerpflichtige einen Differenzausgleich oder einen durch den Wert einer veränderlichen Bezugsgröße bestimmten Geldbetrag oder Vorteil erlangt, sofern der Zeitraum zwischen Erwerb und Beendigung des Rechts auf einen Differenzausgleich, Geldbetrag oder Vorteil nicht mehr als ein Jahr beträgt. Zertifikate, die Aktien vertreten, und Optionsscheine gelten als Termingeschäfte im Sinne des Satzes 1.«

Der Tatbestand des Gewinns aus Termingeschäften ist für die Fonds in wesentlichen Teilen nicht wirklich neu. Bereits bislang wurden auf Fondsebene z.B. auch Gewinne aus der Veräußerung von Optionsscheinen oder Indexzertifikaten oder z.B. bestimmte Gewinne aus Optionsrechten (auf der Grundlage des BMF-Schreibens vom 10.11.1994) ermittelt oder z.b. Futures- und Devisentermingeschäfte zur Absicherung eingesetzt. Nur waren diese Vorgänge entweder gar nicht steuerbar (Futures) oder sie waren steuerfrei (keine Spekulationsgewinne i.S.d. § 23 Abs. 1 Nr. 2 EStG auf Fondsebene). Insofern besteht durch Einfügung des § 23 Abs. 1 Nr. 4 EStG zumindest vordergründig eine Konkurrenzverhältnis zu § 23 Abs. 1 Nr. 2 EStG (Wertpapierveräußerungsgeschäfte).

Nach der Gesetzesintention sollten durch den neuen Steuertatbestand aber nur solche Geschäftsvorfälle neu erfasst werden, die bislang noch nicht durch andere Vorschriften wie z.b. den § 23 Abs. 1 Nr. 2 EStG, aufgefangen wurden. Dies bedeutet, dass die praktischen Auswirkungen dieser Neuregelung auf Fondsebene in Teilen eingeschränkt wurde. Folgende Gewinne aus folgenden beispielhaften Geschäften können daher als Gewinne aus Termingeschäften angesehen werden:

❑ Futuresgeschäfte (uneingeschränkt)

❑ Swap-Geschäfte (uneingeschränkt)

❑ Optionsgeschäfte, die mit Barausgleich beendet werden (Einschränkung: aber nicht, wenn Optionsgeschäfte ausgeübt oder glattgestellt werden)

❑ Devisentermingeschäfte (Einschränkung: aber nicht, wenn Devisentermingeschäfte zu einer tatsächlichen Lieferung führen)

❑ Zertifikate, die Aktien vertreten (z.B. DAX-Partizipationsschein) und Optionsscheine (Einschränkung: aber nicht, wenn diese Zertifikate oder Optionsscheine vor Endfälligkeit veräußert werden)

Diese Beispiele nähern sich der Umsetzung der neuen Vorschrift auf Fondsebene unter pragmatischen Gesichtspunkten. Voraussetzung für eine Steuerpflicht ist, dass der Zeitraum zwischen Erwerb und Beendigung des Rechts nicht mehr als ein Jahr beträgt.

Verluste aus Termingeschäften sind entsprechend den Regeln des § 23 EStG mit Gewinnen verrechenbar. Übersteigen die Verluste aus Termingeschäften die Gewinne, ist die Vorgehensweise in der Praxis uneinheitlich. Nach unserer Auffassung sind diese Verluste entsprechend dem Rechtsgedanken der Verlustverrechnung innerhalb der Einkunftsart auf zukünftige Perioden vorzutragen.

In der Fachliteratur war die Vorschrift des § 23 Abs. 1 Nr. 4 EStG heftiger Kritik ausgesetzt. Als ein wesentlicher (systematischer) Mangel wird angeführt, dass das steuerpflichtige Einkommen erhöht wird, ohne dass eine Vermögensmehrung eingetreten ist.

Beispiel:

Termingeschäfte werden auf Fondsebene zu Absicherungszwecken von Wertpapiergeschäften eingesetzt. Der Einsatz z.B. eines Futuresgeschäfts kann dazu dienen, das Risiko des Wertverlusts aus einer Aktienposition aufzufangen. Tritt der Verlustfall in der Aktienposition ein, realisiert der Fonds einen gegenläufigen Gewinn aus der Futuresposition. Ein Vermögensverlust wurde im Sinne des Anlegers verhindert, eine Vermögensmehrung ist nicht eingetreten. Trotzdem ist durch diese Transaktion – nach dem Willen des Gesetzgebers – ein steuerpflichtiger Gewinn entstanden, der beim Anleger zu einer höheren Steuerlast führt.

4. Optionsgeschäfte

Unter Optionsgeschäften werden für Zwecke dieser Darstellung Käufe und Verkäufe von *Optionsscheinen* einerseits und von *Optionsrechten* andererseits verstanden.

a) Optionsscheine

Optionsscheine gewähren dem Inhaber das Recht, zu einem vereinbarten Preis während eines festgelegten Zeitraums neue Aktien und/oder neue Anleihestücke zu erwerben, wobei sich das Bezugsrecht aber auch auf andere Objekte (z.B. Devisen) beziehen kann. Sie haben als verbriefte Rechte den Charakter rechtlich verselbständigter Inhaberschuldverschreibungen und stellen somit definitionsgemäß *Wertpapiere* dar. Optionsscheine können mit oder ohne Anleihe (Optionsanleihe vgl. Stichwort) emittiert werden. Eine Trennung von Anleihe und Optionsschein ist möglich, so dass auch ein selbständiger Börsenhandel möglich ist (vgl. Stichwort naked warrants).

Optionsscheine gelten als Termingeschäfte i.S.d. § 23 Abs. 1 S. 1 Nr. 4 EStG, sofern der Zeitraum zwischen Erwerb und Beendigung dieses Rechts nicht mehr als ein Jahr beträgt. Auf der Fondseingangsseite bleiben aber Gewinne (und Verluste) aus der Veräußerung von Optionsscheinen – da zu § 23 Abs. 1 S. 1 Nr. 2 EStG gehörend – steuerlich ohne Relevanz (beim Privatanleger aber Steuerpflicht innerhalb der 1-jährigen Spekulationsfrist). Nur falls Optionsscheine am Ende der Laufzeit und innerhalb der 1-Jahres-Spekulationsfrist mit Barausgleich beendet werden, liegen auf der Fondseingangsseite steuerpflichtige Einnahmen i.S.d. § 23 Abs. 1 S. 1 Nr. 4 EStG vor, die auf der Fondsausgangsseite zwischengewinnpflichtig sind und einem Kapitalertragsteuerabzug unterliegen. Im übrigen sind Ausschüttungen (wie auch Thesaurierungen) von Veräußerungsgewinnen nach Maßgabe des § 40 Abs. 1 S. 1 KAGG für private Anleger steuerfrei, für betriebliche Anleger voll steuerpflichtig.

b) Auf Wertpapiere gerichtete Optionsrechte

aa) Überblick über fondsspezifische Besonderheiten der Behandlung von Optionsrechten

Im Rahmen von Wertpapier-Optionsgeschäften erworbene Optionsrechte stellen keine Wertpapiere i.S. des Gesetzes dar. Gewinne aus derartigen Geschäften fallen daher, da sie nicht aus der Veräußerung von Wertpapieren stammen, unter die sog. sonstigen Erträge (siehe Teil 3, A. II. 1.) und sind im Falle der Ausschüttung nicht (wohl aber im Falle der Thesaurierung) steuerbefreit. Eine Zwischengewinnpflicht dieser Gewinne besteht allerdings nicht. Dies gilt unabhängig davon, ob die Optionsrechte an einer Terminbörse oder als OTC-Variante bei einem Kreditinstitut erworben werden.

Das Entgelt, das der *Verkäufer einer Kaufoption/Verkaufsoption* als Stillhalter erhält (Optionsprämie), stellt eine steuerpflichtige Vergütung für eine sonstige Leistung dar (sonstige Erträge). Werden solche Beträge ausgeschüttet, stellen diese Bestandteile steuerpflichtige Erträge dar (anders bei Thesaurierung, siehe Teil 3, A. II. 1.). Die bei einer *Glattstellung* einer verkauften Option (Short Call, Short Put) gezahlten Prämien stellen wirtschaftlich betrachtet Aufwendungen zur Befreiung von der zuvor eingegangenen Stillhalteposition und damit Aufwendungen zur Sicherung der vereinnahmten Optionsprämie dar. Diese Aufwendungen können von den vereinnahmten Stillhalteprämien in Abzug gebracht werden, so dass nur der nach Abzug der Glattstellungsprämie verbleibende Saldo beim Empfänger der Zahlungen steuerpflichtig ist. Beim *Verfall* einer verkauften Option sind die vereinnahmten Optionsprämien als steuerpflichtige Einnahmen zu erfassen.

Bei Optionsgeschäften eines Fonds in Form des *Kaufs von Optionen (Long Call, Long Put)* stehen diese Optionsgeschäfte im Zusammenhang mit einem Wertpapiergeschäft (Anschaffung/Veräußerung von Wertpapieren) oder mit der Absicherung eines Wertpapierbestands.

Die aus der Glattstellung solcher Positionen erzielten Ergebnisse werden dem Wertpapierbereich des Sondervermögens zugerechnet werden, d.h. sie teilen das Schicksal der zugrundeliegenden Vermögensgegenstände. Einnahmen aus der *Glattstellung* von Long-Positionen sind von den geleisteten Ausgaben in Abzug zu bringen. Dies hätte für den Fondsanleger zur Folge, dass diese erzielten Ergebnisse nur im Falle einer Ausschüttung und nur unter den Einschränkungen des § 40 Abs. 1 KAGG steuerlich relevant würden. Bei den übrige Optionsgeschäften (wie z.B. Optionen auf einen Index), wären die erzielten Gewinne als sog. Sonstiger Ertrag zu erfassen, der im Falle einer Ausschüttung nicht (wohl aber bei einer Thesaurierung) steuerbefreit wäre.

bb) Optionsgeschäfte auf Aktien

(1) Kauf einer Kaufoption (long call)
Die gezahlten Optionsprämien stellen Anschaffungskosten des entstandenen Optionsrechts dar. Beim Erwerb der Option gezahlte Bankspesen, Provisionen und andere Transaktionskosten sind Anschaffungsnebenkosten des Optionsrechts.

Bei *Ausübung der Kaufoption* zählen die Anschaffungskosten des Optionsrechts zu Anschaffungskosten der Aktie. Aufgrund der höheren Anschaffungskosten der Aktien reduziert sich bei einem späteren Verkauf der Aktien der dann erzielte Veräußerungsgewinn bzw. erhöht sich der dann eventuell entstehende Veräußerungsverlust. Aus Veräußerungsgewinnen von Aktien gespeiste Ausschüttungen eines Fonds bleiben jedoch nach Maßgabe des § 40 Abs. 1 KAGG steuerfrei.

Kommt es zu einem *Verfall der Kaufoption,* findet die gezahlte Optionsprämie steuerlich keine Berücksichtigung. Dieser Aufwand schlägt sich als realisierter Kursverlust nieder.

Wird die *Kaufoption glattgestellt,* gelten die aus der Glattstellung erzielten Gewinne als Sonstige Erträge i.S.d. § 22 Nr. 3 i.V.m. § 23 Abs. 1 Nr. 2 EStG (siehe Teil 3, II. 1.). Glattstellungsverluste sind von erzielten Glattstellungsgewinnen abzuziehen. Ausschüttungen solcher Erträge sind voll steuerpflichtig, thesaurierte sonstige Erträge unterliegen jedoch nicht der Steuerpflicht.

(2) Kauf einer Verkaufsoption (long put)
Die Zahlung der Optionsprämie ist ein zunächst steuerneutraler Vorgang. Die gezahlten Optionsprämien stellen Anschaffungskosten des entstandenen Optionsrechts dar. Beim Erwerb der Option gezahlte Bankspesen, Provisionen und andere Transaktionskosten sind Anschaffungsnebenkosten des Optionsrechts.

Wird die *Verkaufsoption ausgeübt*, reduziert die gezahlte Optionsprämie den erzielten Veräußerungsgewinn aus dem Veräußerungsgeschäft bzw. erhöht diese einen eventuell entstandenen Veräußerungsverlust. Zur steuerlichen Behandlung der Veräußerungsgewinne siehe Teil 3, II. 2.

Kommt es zu einem *Verfall der Verkaufsoption*, kann die gezahlte Optionsprämie steuerlich nicht als Werbungskosten geltend gemacht werden. Es liegen vielmehr realisierte Kursverluste vor.

Im Fall der *Glattstellung der Verkaufsoption* verweisen wir auf die Ausführungen unter bb) (1).

(3) Verkauf einer Kaufoption (short call)

Der Verkauf einer Kaufoption kann in der Ausprägung eines sog. covered-short-calls oder eines sog. naked-short-calls (sog. Leerverkauf) stattfinden. Kennzeichen des covered-short-calls ist, dass die bei Ausübung anzudienenden Aktien bereits im Bestand des Call-Schreibers gehalten werden, während sich bei einem naked-short-call die anzudienenden Aktien noch nicht im Besitz des Call-Schreibers befinden. Da eine deutsche KAG Leerverkäufe nicht vornehmen darf und sich im übrigen die grundsätzliche steuerliche Behandlung von naked-short-calls nicht von derjenigen des covered-short-calls unterscheidet, betrachten wir für Zwecke dieser Untersuchung auf Fondsebene ausschließlich sog. covered-short-calls.

Der Verkäufer der Kaufoption erhält die Optionsprämie als Vergütung für seine Bindung und die Risiken, die er durch die Einräumung des Optionsrechts eingeht. Das sog. Stillhalten ist wirtschaftlich gesehen mit einem auf Erwerb von Wertpapieren gerichteten Kauf nicht vergleichbar. Die Prämie wurde für eine eigenständige wirtschaftliche Tätigkeit vereinnahmt. Sie ist daher bei den Sonstigen Erträgen der Fonds zu erfassen. Dies hat zur Folge, dass aus solchen Positionen gespeiste Ausschüttungen nicht steuerfrei sind (wohl aber Thesaurierungen).

Übt der Inhaber der Kaufoption die Option aus, d.h., muss der Fonds Wertpapiere aus seinem Bestand abgeben, so schlägt sich das Veräußerungsergebnis in realisierten Kursgewinnen oder Kursverlusten nieder und geht nicht in die ordentlichen Nettoerträge ein. Eine Verrechnung mit der vereinnahmten Optionsprämie findet insofern nicht statt.

Wird die Kaufoption durch ein Gegengeschäft glattgestellt, so sind die insofern getragenen Aufwendungen in der ordentlichen Ertragsrechnung abzugsfähig.

(4) Verkauf einer Verkaufsoption (short put)

Für den Verkäufer einer Verkaufsoption gelten die Ausführungen unter Tz. bb) (3) entsprechend. Die durch einen Fonds vereinnahmten Optionsprämien sind als sonstige Erträge zu erfassen, die zur Glattstellung der Verpflichtung bezahlten Aufwendungen sind als Kosten/Spesen hiervon in Abzug zu bringen.

c) Auf einen Index gerichtete Optionsrechte

Optionen auf einen Index (auf den DAX oder einen anderen Index) gewähren dem Optionsinhaber nur einen Anspruch auf einen Barausgleich. Zwar kommt ein steuerpflichtiges Spekulationsgeschäft i.S.d. § 23 Abs. 1, Nr. 2 EStG nicht in Betracht, jedoch sind die erzielten Barausgleiche Teil der steuerpflichtigen Gewinne aus Termingeschäften (sofern die Jahresfrist nicht überschritten wurde).

Die aus dem Verkauf von Optionen (Short-Positionen) erzielten Optionsprämien stellen ein Entgelt für eine eigenständige Leistung dar, die als sonstiger Ertrag bei Ausschüttungen steuerpflichtig sind.

Wird der Kauf solcher Optionen (Long Call/ Long Put) durch ein Gegengeschäft glattgestellt, so ist die Differenz zwischen der gezahlten und der aus dem glattstellenden Abschluß erzielten Optionsprämie als Sonstiger Erträge anzusehen, die bei Ausschüttung steuerpflichtig sind.

Wird der Verkauf solcher Optionen (Short Call/Short Put) durch ein Gegengeschäft glattgestellt, ist es u.E. gerechtfertigt, die für den glattstellenden Abschluß gezahlten Optionsprämien von den erzielten Einkünften abzuziehen.

5. Futures-Geschäfte

Vor Inkrafttreten des Steueränderungsgesetzes 1999 waren steuerliche Implikationen durch das Eingehen von Futures-Positionen regelmäßig nicht gegeben, da bei Futures nicht der Austausch lieferbarer Geschäftsgegenstände, sondern die Zahlung eines Differenzbetrages im Vordergrund stand. Wurden im Rahmen eines Fondsvermögens zulässigerweise Futures-Positionen (long oder short) eingegangen, gingen die durch diese Geschäfte erzielten Gewinne oder Verluste nicht in die ordentlichen Erträge ein, sondern wurden im Bereich der realisierten Kursgewinne/Kursverluste erfaßt. Für diese Beurteilung war es auch ohne Belang, zu welchem Zweck die Futures eingegangen wurden, ob also zu Hedge-Zwecken, Arbitrage-Zwecken oder zur reinen Spekulation. Wurden Ausschüttungen aus Positionen gespeist, die aus realisierten Futuresgewinnen stammten, so blieben diese Ausschüttungsbestandteile steuerlich unbeachtlich.

Mit Inkrafttreten des Steueränderungsgesetzes und der Einführung des Steuertatbestands »Gewinne aus Termingeschäften« in § 23 Abs. 1 Nr. 4 EStG hat sich die Beurteilung geändert. Futuresgeschäfte sind als Termingeschäfte im Sinne des Gesetzes anzusehen, da durch sie ein Differenzausgleich erlangt wird. Steuerpflichtig werden die erzielten Gewinne dann, sofern der Zeitraum zwischen Eingehen und Auflösung dieser Futuresgeschäfte nicht mehr als ein Jahr beträgt. Auf der Fondausgangsseite sind diese Gewinne sowohl zinsabschlagsteuerpflichtig als auch in den Zwischengewinn aufzunehmen. Zu den Auswirkungen dieser Gesetzesänderung auf den Fondsbereich im einzelnen verweisen wir auf die Ausführungen unter Teil 3, II. 3.

Auf Grund der Konkurrenzsituation zwischen § 23 Abs. 1 Nr. 4 und Nr. 2 EStG gibt es eine Ausnahme von der Steuerpflicht auf Fondsebene. Kommt es entgegen der ursprünglichen Differenzerzielungsabsicht ausnahmsweise zu einer Lieferung von Wertpapieren innerhalb der Spekulationsfrist (z.B. Bundesanleihe), liegt zwar für den Verkäufer eines Futures-Kontraktes ein Spekulationsgeschäft i.S.d. § 23 Abs. 1 Nr. 2 EStG vor. Auf Fondsebene stellen diese Bezüge Sonstige Erträge dar (siehe Teil 3, II. 2.), die bei Thesaurierung nicht besteuert würden. Bei Ausschüttungen solcher Erträge ist ein Abzug von Zinsabschlagsteuern nach § 38 b KAGG ebensowenig vorzunehmen wie die Einbeziehung dieser Erträge in die Zwischengewinnberechnung.

Die zur Teilnahme am Futures-Handel zu leistende *sog. initial margin* wird auf der Vermögensebene zu Sicherungszwecken geleistet und ist daher für steuerliche Zwecke ohne Bedeutung. Dies gilt für *sog. maintainance-margins* und *sog. variation margins* entsprechend. Bis zur Beendigung eines Futuresgeschäftes, sei es durch Glattstellung oder durch Ausübung, bleiben die geleisteten oder gutgeschriebenen margins aus Sicht der Ertragsrechung unberücksichtigt.

Davon zu unterscheiden ist die Behandlung von eventuell angefallenen Zinserträgen aus Marginzahlungen. Diese sind normal steuerpflichtige Einnahmen, unterliegen auf der Fondsausgangsseite dem Zinsabschlagsteuerabzug und gehen in die Zwischengewinnermittlung ein.

6. Devisentermingeschäfte

Devisentermingeschäfte (auch Forward Foreign Exchange Transactions genannt) verpflichten die Vertragspartner, bestimmte Beträge einer Währung zu einem künftigen Zeitpunkt und einem im voraus festgelegten Wechselkurs in eine andere Währung zu tauschen. Es handelt sich um ein typisches Termingeschäft (Future Contract), in dessen Rahmen kein Kapital zur Nutzung überlassen wird. Bis zum Inkrafttreten des Steueränderungsgesetzes 1999 entstanden daher aus dieser Geschäftsart keine einkommensteuerpflichtigen Kapitalerträge.

Devisentermingeschäfte dürfen auf Fondsebene nur zur Absicherung der im Fondsvermögen vorhandenen Vermögensgegenstände (die auf fremde Währung lauten) vorgenommen werden. Die demnach aus diesen Geschäften resultierenden Ergebnisse stellten daher in der Vergangenheit keine laufenden steuerpflichtigen ordentlichen Erträge des Fonds dar, sondern teilten das Schicksal der abgesicherten Wertpapiere.

Mit Inkrafttreten des Steueränderungsgesetzes 1999 trat für Devisentermingeschäfte, die nach dem 01.04.1999 eröffnet wurden, eine in Teilen andere Beurteilung ein. Hiernach fügte der Gesetzgeber einen neuen Steuertatbestand der »Gewinne aus Termingeschäften« in § 23 Abs. 1 Nr. 4 EStG ein. Dies führte auch zu Änderungen der einschlägigen steuerlichen Bestimmungen des KAGG. Gewinne aus Devisentermingeschäften sind demnach – trotz des bestehenden Absicherungszwecks – auf der Fondseingangsseite als steuerpflichtige Einnahmen i.S.d. § 23 Abs. 1 Nr. 4 EStG i.V.m. § 39 Abs. 1 S. 1 KAGG anzusehen. Auf der Fondsausgangsseite sind diese Gewinne zinsabschlagsteuerpflichtig und in die Zwischengewinnberechnung aufzunehmen. Dies gilt nur dann nicht, wenn das Devisentermingeschäft tatsächlich zur Lieferung der zugrundeliegenden Währung führt.

7. Ausgleichs- und Schadensersatzzahlungen

Aus Sicht des privaten Kapitalanlegers sind derartige Zahlungen regelmäßig nicht steuerbare Einnahmen, welche die private Vermögensebene betreffen. Von Bedeutung ist dieser Gesichtspunkt insbesondere im Zusammenhang mit Schadensausgleichsbeträgen, welche zur Kompensation von Aktien-Kursverlusten durch Unternehmensübernahmen auf dem amerikanischen Aktienmarkt begeben werden. Vgl. hierzu weitere Erläuterungen unter Teil 3, B. Stichwort »Class-Action«.

B. Übersicht über die ertragsteuerliche Behandlung der für ein Fondsvermögen getätigten Anlagen – Stichwortkatalog –

Abgezinste Forderungen
Vergleiche Stichwort Abzinsungspapiere.

Abgezinste Schuldverschreibungen mit gestreckter Rückzahlung (= Tilgungsanleihen)

Bei dieser Anlageform handelt es sich um eine Inhaberschuldverschreibung (regelmäßig Teilschuldverschreibung) über einen bestimmten Nominalbetrag, wobei die Rückzahlung durch den Emittenten in Teilbeträgen und über mehrere Kalenderjahre verteilt erfolgt. Während ihrer Laufzeit ist die Schuldverschreibung weder durch den Anleger noch durch den Emittenten kündbar. Die angewachsenen Zinsen fließen (§ 20 Abs. 1 Nr. 7 EStG) hierbei dem privaten Direktanleger (Durchhalter) mit den Rückzahlungsbeträgen zu. Der in den einzelnen Rückzahlungsbeträgen enthaltene Zinsanteil wird als Differenzbetrag zwischen den einzelnen Rückzahlungsbeträgen und deren auf den Beginn der Laufzeit ermittelten Barwerte ermittelt. Dieser Zinsanteil stellt einen steuerpflichtigen Kapitalertrag dar, dessen Zufluss i.S.d. § 11 Abs. 1 S. 1 EStG mit der Vereinnahmung der jeweiligen Rückzahlungsbeträge erfolgt.

Beispiel (Quelle: OFD Münster, DB 1990, S. 151 f.):

Erwerb der Anlage im Kalenderjahr 01 über einen Nominalbetrag von € 10.000 und einer Laufzeit von 15 Jahren. Bei einem Zinssatz von 6,25 % ergibt sich ein abgezinster Erwerbspreis von € 5.454. Der Emittent zahlt vereinbarungsgemäß jährlich, beginnend am 31.12. des Kalenderjahres 11 bis zum 31.12. des Kalenderjahres 15 jeweils € 2.390 zurück. Der steuerpflichtige Kapitalertrag, der dem Zinsabschlag unterliegt, ermittelt sich wie folgt:

Rückzahlung			
Zeitpunkt	Betrag	Barwert am 01.01.01	Differenz (=Zinsanteil)
31.12.01 bis 31.12.10	0	0	0
31.12.11	2.390	1.227	1.163
31.12.12	2.390	1.154	1.236
31.12.13	2.390	1.086	1.304
31.12.14	2.390	1.023	1.367
31.12.15	2.390	964	1.426

Die Summe der einzelnen Barwerte ergibt den Einzahlungsbetrag von € 5.454. Die Zinsanteile sind laufende Kapitalerträge im Sinne von § 20 Abs. 1 Nr. 7 EStG und daher in die Zwischengewinnermittlung (§ 39 Abs. 2 KAGG n. F.) und in die Bemessungsgrundlage für den Kapitalertragsteuerabzug (§ 38 b Abs. 4 KAGG) einzubeziehen.

Abzinsungspapiere

Sammelbegriff für Wertpapiere, die unter ihrem Nennwert emittiert, aber zum Nennwert eingelöst werden. Die Verzinsung der Papiere liegt in dem Differenzbetrag zwischen dem Ausgabekurs und dem Rückzahlungskurs (= Emissionsdiskont), der beim privaten **Durchhalter** im Zeitpunkt der Rückzahlung steuerpflichtigen Kapitalertrag nach § 20 Abs. 1 Nr. 7 EStG darstellt. Aus Vereinfachungsgründen erfolgt keine Besteuerung, wenn der Emissionsdiskont bestimmte %-Sätze des Nennwertes in Abhängigkeit von der Laufzeit des Wertpapiers nicht übersteigt. Hinsichtlich weiterer Einzelheiten vgl. die Ausführungen unter Teil 3, A. I. 3. a) zum Emissionsdisagio. Der steuerpflichtige Kapitalertrag wird im Falle einer **vorzeitigen Veräußerung** in aller Regel nach der auf die Besitzzeit anteilig entfallenden Emissionsrendite berechnet. Vgl. hierzu Stichwort Emissionsrendite.

Auf der Fondseingangsseite werden die der Emissionsrendite entsprechenden Zinserträge (bei verzinslichen Abzinsungspapieren abzüglich Kuponzahlungen) kontinuierlich den laufenden Erträgen hinzugerechnet. Auf der Fondsausgangsseite sind diese Erträge sowohl in die Berechnung der ZASt-Bemessungsgrundlage als auch in die Zwischengewinnermittlung einzubeziehen.

Die Berechnung der der besitzzeitanteiligen Emissionsrendite entsprechenden Zinserträge wird von der Finanzverwaltung nach der Berechnungsformel des sog. Zero-Bond-Erlasses vorgenommen, der als Anlage in Teil 5, B abgedruckt ist. Vorschläge kreditwirtschaftlicher Spitzenverbände, zur Renditeberechnung auch die sog. ISMA-Formel zugrunde legen zu können, wurden von der Finanzverwaltung noch nicht übernommen.

Weitere Ausführungen vergleiche Stichwort Zero-Bonds.

Solange dem Grunde nach ein Abzinsungspapier vorliegt (siehe Stichwort Emissionsdisagio), unterliegen die Einnahmen aus einer (vorzeitigen) Veräußerung der Steuerpflicht, unabhängig davon, ob der zweite oder jeder weitere Erwerber in der Veräußerungskette dieses Papier erwirbt und ob ein potentieller Erwerber von dem Abzinsungscharakter wusste oder nicht. Das Wertpapier bleibt bis zur Endfälligkeit mit dem »Makel« Abzinsungspapier behaftet. Zur Verdeutlichung siehe nachfolgendes **Beispiel:**

❏ Ausgabe eines Wertpapiers mit einer Laufzeit von sieben Jahren zu einem Kurs von 92 %

❏ Rücknahme zum Nennwert

Wegen Überschreitung der im Emissionsdisagio-Erlass des BMF festgelegten Grenzen liegt ein Abzinsungspapier vor. Würde ein Zweiterwerber nach Ablauf von zwei Jahren (Restlaufzeit fünf Jahre) das Wertpapier zu einem Kurs von 98 % erwerben, verlöre das Wertpapier nicht den Charakter eines Abzinsungspapiers (obwohl die Grenzen des besagten BMF-Erlasses zu diesem Zeitpunkt nicht überschritten wären). Maßgebend sind die Verhältnisse im Emissionszeitpunkt. Eventuell nach dem Emissionszeitpunkt eintretende Kursänderungen ändern an dem Charakter als Abzinsungspapier nichts.

Agiopapiere
Verzinsliche Schuldverschreibungen, die bei Auslosung oder Kündigung mit Agio zurückgezahlt werden, d.h. höher als pari. Die laufenden Zinsen sind steuerpflichtige Einnahmen (§ 20 Abs. 1 Nr. 7 EStG), die dem Zinsabschlagsteuerabzug unterliegen und in die Zwischengewinnberechnung eingehen. Das Aufgeld, das der Emittent einer Anleihe bei Rückzahlung des Anleihekapitals über den Nominalwert der Anleihe hinaus zahlt (= Rückzahlungsagio), ist bei analoger Anwendung der von der Finanzverwaltung im sog. Emissionsdisagio-Erlass niedergelegten Grenzen steuerpflichtiger Kapitalertrag i.S.v. § 20 Abs. 2 Nr. 1 EStG. Das Rückzahlungsagio unterliegt im Zeitpunkt des Zuflusses der Ausschüttung bzw. mit Ablauf des Geschäftsjahres, in dem es vereinnahmt worden ist, der Kapitalertragsteuer (§ 43 Abs. 1 Nr. 7 S. 2, § 38 b Abs. 1 S. 2 KAGG) und ist in die Zwischengewinnermittlung einzubeziehen (§ 39 Abs. 2 KAGG n. F.).

Agio-Schätze
Bezeichnung für Schatzanweisungen, die höher als pari eingelöst werden. Zur steuerlichen Behandlung vgl. Stichworte Agiopapiere und Schatzanweisungen.

Aktien, junge
Vgl. Stichwort Freiaktien.

Aktienkauf mit Garantie der Rücknahme zum Einkaufspreis sowie Zinsgarantie
Diese Geschäftsform wurde bereits vor Änderung der Regelungen über die Zinsbesteuerung vom Bundesfinanzhof als eine Form verdeckter Darlehensgewährung angesehen. Nach geltender Gesetzeslage ergibt sich die Steuerpflicht aus dem Wortlaut von § 20 Abs. 1 Nr. 7 EStG. Die mit dieser Anlageform vereinnahmten Vergütungen sind daher steuerpflichtig nach

§ 20 Abs. 1 Nr. 7 EStG. Die Erträge unterliegen auf der Fondsausgangsseite dem Zinsabschlag und sind in die Zwischengewinnermittlung einzubeziehen (§ 38 b Abs. 1 S. 2 und § 39 Abs. 2 KAGG n. F.).

Aktienkorb-Optionsscheine
Siehe Optionsgeschäfte.

Aktienanleihe
Aktienanleihen gehören zu den strukturierten Produkten. Es handelt sich um Schuldverschreibungen, die sich jedoch von »normalen« Schuldverschreibungen durch einen meist erheblich über dem jeweiligen Marktniveau liegenden Kuponzins und einem Rückzahlungswahlrecht am Laufzeitende unterscheiden. Ob sich der Emittent für die Aktienlieferung entscheidet oder eine Rückzahlung in Höhe des Nennwertes vorzieht, hängt vom Wert des Bezugsobjekts (in aller Regel eine Aktie, aber auch zwei Aktien (siehe auch Stichwort Doppel-Aktien-Anleihe) oder Indexzertifikate als underlying denkbar) im Rückzahlungszeitpunkt ab. Der Emittent hat insofern ein Andienungsrecht des Bezugsobjekts, der Anleger nimmt die Position eines Stillhalters in Wertpapieren ein (Short Call), was auch die im Marktvergleich hohe Nominalverzinsung begründet (siehe auch fi Reverse Convertibles). Diese Elemente einer Aktienoption machen die Strukturierung der Anleihe aus.

Beispiel:

16 % Aktienanleihen auf Siemens

Kupon:	*16 % p.a.*
Verkaufspreis am:	*100,20 %*
Rückzahlung:	*Am 20.8.2001 nach Wahl der Emittentin entweder zum Nennbetrag (Variante A) oder durch Lieferung von 6 Aktien der Siemens AG je Schuldverschreibung im Nennbetrag von Euro 1.000,00 (Variante B). Der Variante B liegt ein Basispreis der Aktie von Euro 166,66 zugrunde.*
Stückelung:	*nom. Euro 1.000,–*
WKN:	*307 998*

Aktienanleihen werden nach geänderter Auffassung der Finanzverwaltung als Finanzinnovation i.S.d. § 20 Abs. 2 Nr. 4 c) EStG eingestuft. Sie werden als *ein* Produkt (siehe Stichwort Compound Instruments) und nicht als die Summe der jeweiligen Komponenten betrachtet. Die Zinseinnahmen sind nach § 20 Abs. 1 Nr. 7 EStG steuerpflichtig. Ebenso gehören Gewinne oder Verluste aus der Einlösung oder Veräußerung dieser Anleihen zu den steuerpflichtigen Erträgen. Für die Ermittlung der Höhe dieser Erträge ist die sog. Marktrendite einschlägig. Die Rückzahlung erfolgt entweder bestenfalls zum Nominalbetrag oder zum niedrigeren Wert des angedienten Bezugsobjekts. Ein entstehender Ausübungsverlust ist nach geänderter Auffassung der Finanzverwaltung steuerlich abzugsfähig.

Die Ausübung des Tilgungswahlrechts durch Lieferung von Aktien führt beim Anleger anders als bei Wandelanleihen zu einem Anschaffungsvorgang. Werden diese Aktien innerhalb eines Jahres nach Anschaffung wieder veräußert, entsteht auf der Ebene des Privatanlegers ein nach § 23 Abs. 1 Nr. 2 EStG zu berücksichtigender »Spekulationsgewinn« oder »-verlust«.

Auf der Fondsausgangsseite sind die erzielten Erträge in den Zwischengewinn zu erfassen. Die laufenden Zinserträge unterliegen nach § 43 Abs. 1 Nr. 7a EStG ebenso wie die im Falle einer Zwischenveräußerung berechneten Stückzinsen oder die erzielten Veräußerungsgewinne nach § 43 Abs. 1 Nr. 8 EStG einem Kapitalertragsteuerabzug (§ 38 b Abs. 1 Nr. 1 KAGG).

Anleihen

Sammelbezeichnung für alle Schuldverschreibungen mit bestimmter, fester oder variabler Verzinsung, fester, meist längerer Laufzeit sowie anleihevertraglich fixierter Tilgung (auch Bonds, Schuldverschreibungen, Obligationen oder Rentenwerte). Die Anleiheformen sind vielschichtig und lassen sich nach verschiedensten Kriterien unterteilen (vgl. hierzu etwa Teil 3, A. I. 3.). Die steuerliche Behandlung hängt im einzelnen von der jeweils vorliegenden Anleiheform ab, wie z.B. Abzinsungspapiere, Aufzinsungspapiere, Kombinationsformen (z.B. Optionsanleihen, Null-Coupon-Optionsanleihen, MEGA-Zertifikate). Grundsätzlich gilt folgendes: Die laufenden Zinsen sind steuerpflichtige Einnahmen (§ 20 Abs. 1 Nr. 7 EStG), die dem Zinsabschlagsteuerabzug unterliegen und in die Zwischengewinnberechnung eingehen.

Ein Emissionsdisagio oder Emissionsdiskont sind als laufender Kapitalertrag grundsätzlich einkommensteuerpflichtig. Nur aus Vereinfachungsgründen bleiben sie unberücksichtigt, wenn sie bestimmte, in Abhängigkeit von der Laufzeit gestaffelte %-Sätze des Nennwertes nicht übersteigen (vgl. im einzelnen Teil 3, A. I. 3. a) a.E. (Festverzinsliche Wertpapiere – Inländische Emittenten) und Stichwort Emissionsdisagio).

Im Fall einer Zwischenveräußerung gehören Stückzinsen beim Veräußerer ebenfalls zu den steuerpflichtigen Einnahmen (§ 20 Abs. 2 Nr. 3 EStG). Werden die Zinsen nicht gesondert in Rechnung gestellt (flat gehandelte Anleihen, vgl. Stichwort), ergibt sich beim Veräußerer die Steuerpflicht aus § 20 Abs. 2 Nr. 4 c EStG. Der steuerpflichtige Kapitalertrag wird in der Praxis in aller Regel nach der auf die Besitzzeit anteilig entfallenden Emissionsrendite berechnet. Im einzelnen vergleiche hierzu Stichwort Abzinsungspapiere. Die Erträge aus Anleihen sind zinsabschlagsteuerpflichtig und in die Zwischengewinnberechnung einzubeziehen.

Anleihen in Verbindung mit Swap-Geschäften

Tauschen Kapitalanleger ihre Ansprüche aus Anleihen vereinbarungsgemäß aus, so wirkt diese Vereinbarung nur zwischen ihnen im Innenverhältnis. Die Besteuerung knüpft demgegenüber an das Außenverhältnis an, so dass die Kapitalerträge weiterhin dem Inhaber des Stammrechtes zuzurechnen sind (§ 39 AO). Zur Besteuerung des Innenverhältnisses vgl. Stichwort Swaps.

Anleihen mit Rückzahlungsgarantie

Mit der Rückzahlungsgarantie wird neben der festen Verzinslichkeit ein Besteuerungsmerkmal nach § 20 Abs. 1 Nr. 7 EStG erfüllt. Steuerlich bestehen keine Besonderheiten gegenüber Anleihen (vgl. Stichwort).

Annuitäten-Anleihen

Siehe Stichwort Annuitäten-Bonds.

Annuitäten-Bonds

Es handelt sich um Anleihen, welche zum Nennwert ausgegeben wurden und welche nach einer zunächst zins- und tilgungsfreien Zeit vom Emittenten nicht in einem Betrag, sondern ratenweise mit Zins und Kapital (Annuität) zurückgezahlt werden.

Der in den Rückzahlungsraten enthaltene Zinsanteil (zur Ermittlung vgl. auch Stichwort Abgezinste Schuldverschreibungen mit gestreckter Rückzahlung) ist beim Privatanleger gem. § 20 Abs. 1 Nr. 7 EStG steuerpflichtiger Kapitalertrag. Der Zinsanteil unterliegt auf der Fondsausgangsseite dem Kapitalertragsteuerabzug (§ 43 Abs. 1 Nr. 7 a), § 43 Abs. 1 Nr. 4 EStG i.V.m. § 38 b Abs. 1 S. 2 KAGG) und ist in die Zwischengewinnermittlung einzubeziehen (§ 39 Abs. 2 KAGG n. F.).

Antizipationszinsen

Antizipationszinsen, auch Minusstückzinsen oder Defektivzinsen genannt, sind Zinsen, die vom Emittenten gezahlt werden, weil das Kapital schon vor Beginn des in der Schuldverschreibung selbst vereinbarten Zinslaufs zur Verfügung gestellt wird. Antizipationszinsen unterliegen als Zinsen aus einer Kapitalforderung dem Zinsabschlagsteuerabzug (§ 43 Abs. 1 Nr. 7 a) EStG i.V.m. § 38 b Abs. 1 S. 2 KAGG). Antizipationszinsen sind bei der Zwischengewinnermittlung zu erfassen.

Asset Backed Securities (ABS)

Unter dem Begriff Asset Backed Securities (ABS) sind verzinsliche Wertpapiere oder Schuldscheine zu verstehen, die Zahlungsansprüche gegen eine ausschließlich dem Zweck der ABS-Transaktion dienende Zweckgesellschaft zum Gegenstand haben. Die Zahlungsansprüche werden durch einen Bestand unverbriefter Forderungen gedeckt, die auf die Zweckgesellschaft übertragen werden und im wesentlichen den Inhabern der ABS als Haftungsgrundlage zur Verfügung stehen. Eine Sonderform der ABS stellen die Mortgage Backed Securities dar, wo ausschließlich hypothekarisch gesicherte Forderungen auf Zweckgesellschaften übertragen werden.

Die steuerliche Behandlung weist keine Besonderheiten auf. Die vereinnahmten Zinsen sind steuerpflichtig nach § 20 Abs. 1 Nr. 7 EStG. Die vereinnahmten Zinsen sind auf der Fondsausgangsseite zwischengewinnpflichtig und unterliegen einem Kapitalertragsteuerabzug.

Aufgezinste Forderungen

Siehe Stichwort Aufzinsungspapiere.

Aufzinsungspapiere

Sammelbegriff für Wertpapiere, die zum Nennwert emittiert werden, deren Rückzahlung nach fest vereinbarter Laufzeit erfolgt, die aber nicht laufend verzinst werden, sondern deren Rückzahlungsbeträge neben dem Kapitalbetrag auch Zinsen und Zinseszinsen enthalten (z. B. Bundesschatzbrief Typ B). Die Zinsen stellen im Zeitpunkt der Zahlung beim Privatanleger steuerpflichtige Einnahmen nach § 20 Abs. 1 Nr. 7 EStG dar. Auf der Fondsausgangsseite unterliegen die Erträge im Zeitpunkt der Ausschüttung bzw. mit Ablauf des Geschäftsjahres, in dem sie vereinnahmt wurden, dem Zinsabschlagsteuerabzug (§ 43 Abs. 1 Nr. 7 a), § 43 a Abs. 1 Nr. 4 EStG, § 38 b Abs. 1 S. 2 KAGG). Bei Veräußerung des Wertpapiers vor Endfälligkeit oder Abtretung der zugrundeliegenden Forderung erfolgt eine Besteuerung gem. § 20 Abs. 2 Nr. 4 EStG entsprechend der Regelungen bei den Abzinsungspapieren (vgl. hierzu Abzinsungspapiere und Zero-Bonds). Die Kapitalerträge sind bei der Zwischengewinnermittlung einzubeziehen.

Ausländische (Kapital-) Erträge

Ausländische Kapitalerträge liegen vor, wenn der Schuldner der Kapitalerträge im Inland weder Wohnsitz noch Geschäftsleitung oder Sitz hat (§ 43 Abs. 3 EStG). Die Differenzierung zwischen inländischen und ausländischen Kapitalerträgen ist nicht für die Frage einer Steuerpflicht, sondern für die Frage des Umfanges eines durchzuführenden Zinsabschlags von Bedeutung. Denn Zinsen aus ausländischen Bankguthaben, Festgeldanlagen oder Termingeldern unterliegen als sog. b-Fälle auf der Fondsausgangsseite **nicht** dem Zinsabschlag (§ 43 Abs. 1 S. 1 und Nr. 7b, EStG) und sind aber bei der Zwischengewinnberechnung zu berücksichtigen. Im übrigen vergleiche auch die Ausführungen unter Teil 3, A. I. 2. a) und Stichwort Einlagenzinsen.

Ausländische Investmentfonds (-zertifikate)

Siehe Stichwort Fondserträge aus (anderen) ausländischen Fondsanteilen.

Ausländische Quellensteuer

Im Ausland einbehaltene Quellensteuern auf Zinsen bzw. Dividenden ausländischer Emittenten werden regelmäßig zunächst nach dem nationalen ausländischen Quellensteuersatz einbehalten, so dass nur die Bruttoerträge abzüglich dieser Quellensteuer dem Sondervermögen zugeführt werden. Wird durch ein Doppelbesteuerungsabkommen mit der Bundesrepublik Deutschland die Berechtigung des Quellenstaates zum Steuerabzug auf einen geringeren Satz festgelegt (bei Zinsen regelmäßig 10 %, bei Dividenden regelmäßig 15 %), so sehen einige Doppelbesteuerungsabkommen (z.B. Frankreich) die Möglichkeit einer Erstattung des Differenzbetrages an das Fondsvermögen vor. Vgl. im einzelnen Länderübersicht in Teil 3, C. II. Eine auch nach Anwendung des Doppelbesteuerungsabkommens verbleibende Belastung der Erträge mit ausländischer Quellensteuer wird beim Anteilseigner durch Anrechnung auf die inländische Steuerschuld, die rechnerisch auf diese ausländischen Betragsbestandteile entfällt, beseitigt. Auf Zinserträgen lastende Quellensteuern sind in die Zwischengewinnermittlung und die Kapitalertragsteuer-Bemessungsgrundlage einzubeziehen, da die Quellensteuern steuerlich im vollen Umfang Bestandteil der Kapitalerträge darstellen (vgl. § 40 Abs. 4 S. 1 a.E. KAGG).

Quellensteuern auf Dividenden fallen ihrer Art nach nicht unter § 20 Abs. 1 Nr. 7 EStG, so dass sie weder in die Berechnung des Zwischengewinns noch in die Bestimmung der ZASt-Bemessungsgrundlage einzubeziehen sind (vgl. §§ 38 b und 39 Abs. 2 KAGG n. F.).

Erstattete Quellensteuern werden zur Vermeidung einer doppelten steuerlichen Erfassung aus der Steuerbemessungsgrundlage und dem Zwischengewinn eliminiert.

Ausländische Steuerguthaben

Ausländische Steuerguthaben führen im Fondsvermögen zu einer Erhöhung der steuerpflichtigen ausländischen Einkünfte. Die ausländische Körperschaftsteuergutschrift ist steuerlich Bestandteil der Dividendeneinkünfte, welche ihrer Art nach nicht unter § 20 Abs. 1 Nr. 7 EStG fallen und daher auf der Fondsausgangsseite weder in die Ermittlung des Zwischengewinnes noch die Bestimmung der ZASt-Bemessungsgrundlage einzubeziehen sind. Solche Steuerguthaben ergeben sich nach derzeitiger Rechtslage nur im Zusammenhang mit Dividenden französischer Kapitalgesellschaften. Siehe hierzu unter dem Stichwort Avoir Fiscal.

Auslands-Anleihen

Vgl. Stichwort Auslands-Bonds.

Auslands-Bonds

Steuerlich ergeben sich keine Besonderheiten gegenüber Anleihen inländischer Emittenten (vgl. auch Teil 3, A. I. 2. a)). Zinseinnahmen aus Auslands-Anleihen stellen steuerpflichtige Einnahmen dar. Zinseinnahmen in Fremdwährung sind grundsätzlich mit dem Devisengeldkurs umzurechnen. Wechselkursgewinne bzw. -verluste aus der Rückzahlung des Anleihekapitals betreffen die ertragsteuerlich nicht relevante Vermögensebene und sind daher bei den Änderungen des Fondskapitals zu berücksichtigen. Im übrigen sind die Kapitalerträge sowohl bei der Zwischengewinnermittlung als auch bei der Bestimmung der ZASt-Bemessungsgrundlage einzubeziehen. Siehe auch Stichworte Ausländische Quellensteuer und Anleihen.

Avoir Fiscal

Der sog. Avoir Fiscal ist ein mit einer Dividende verbundenes französisches Körperschaftsteuerguthaben (vgl. Stichwort ausländische Steuerguthaben), welches nach der Regelung des Art. 25 b Abs. 1 des Doppelbesteuerungsabkommens mit Frankreich auf Antrag an das betreffende Fondsvermögen erstattet werden kann, soweit es auf in Deutschland unbeschränkt steuerpflichtige Anteilscheininhaber entfällt. Das Steuerguthaben wurde in den letzten Jahren – soweit dieses von Investmentfonds oder natürlichen Personen beantragt wurde – sukzessive zurückgeführt; Erstattungen sind letztmals in 2001 möglich. Zur Steuerpflicht vgl. Stichwort Ausländisches Steuerguthaben.

Bandbreiten-Optionsscheine (= Range Warrants)
Siehe Stichwort Optionsscheine

Bandbreiten-Zertifikate
Sammelbegriff für neue Anlageprodukte verschiedenster Ausgestaltung. Es handelt sich um Wertpapiere. Die Verzinsung ist abhängig von der Entwicklung unterschiedlicher Referenzwerte des Kapitalmarktes (Währungskasse, Wertpapier-Indizes).

Sehen die Emissionsbedingungen eine Kapitalrückzahlung vor, handelt es sich bei der Verzinsung um einen gemäß § 20 Abs. 1 Nr. 7 EStG steuerpflichtigen Kapitalertrag, der ebenfalls zinsabschlagsteuer- und zwischengewinnpflichtig ist.

Bankobligationen
Vgl. Stichwort Bankschuldverschreibungen.

Bankschuldverschreibungen
Die von Banken emittierten Schuldverschreibungen unterliegen den allgemeinen Regeln über Anleihen (vgl. entsprechendes Stichwort).

Basket-Anleihen
Zur steuerlichen Behandlung dieser Form der Anleihe verweisen wir auf das Stichwort Aktienanleihen. Im Gegensatz zu Aktienanleihen liegt den Basket-Anleihen als Bezugsobjekt ein Korb (Basket) verschiedener Aktien zugrunde, wobei sich die Aktien des Baskets jeweils auch auf unterschiedliche Tranchen der Anleihe beziehen können.

Basket-Optionsscheine
Vgl. Stichwort Basket-Warrants.

Basket-Warrants
Optionsscheine, welche den Inhaber zum Kauf eines im einzelnen definierten Korbes von Basiswerten (regelmäßig Aktien) berechtigen. Die steuerliche Behandlung der Basket-Warrants richtet sich nach derjenigen von Optionsscheinen (vgl. hierzu Teil 3, A. II. 4. a)).

Basket-Zertifikate
Hierbei handelt es sich um unverzinsliche Schuldverschreibungen, bei denen die Rückzahlung nicht garantiert ist, sondern die Höhe des Tilgungsbe-

trages im Unterschied zu Indexzertifikaten an den Stand eines vom Emittenten individuell definierten Aktienkorbes gekoppelt ist. Basket-Zertifikate partizipieren an den Kursbewegungen des zugrunde liegenden Aktienkorbs. Dividendenzahlungen finden i.d.R. nicht statt. Die Partizipation am Aktienkorb wird durch das Bezugsverhältnis beschrieben.

Beispiel:

Commerzbank Baskets: Business-2-Business (B2B) Internet Select Zertifikate

Bewertungstage:	*25., 26., 27., 28.02.2003*
Laufzeit:	*29.02.2000 bis 10.03.2003*
Dividende:	*nein*
Rückzahlung:	*Am Rückzahlung des Zertifikats erfolgt zum Wert des Aktienkorbes. Der zur Wertermittlung relevante Aktienkurs ist der Durchschnitt der in Euro umgerechneten maßgeblichen Schlusskurse an den Bewertungstagen.*
WKN:	*101 339*

In dem vorliegenden Beispiel sind 12 Unternehmen des B2B-Handels in einem Wertpapier zusammengefasst. Die im Aktienkorb enthaltenen Unternehmen zählen zu den führenden Anbietern in den Segmenten Marktplätze/Portale, Software- und Infrastruktur, Business Software und Venture Capital.

Realisierte Gewinne und Verluste aus der Veräußerung von Basket-Zertifikaten sind – sofern auf Fondsebene erzielt – steuerlich ohne Belang. Werden Basket-Zertifikate bis zum Laufzeitende gehalten und dann getilgt, sind Einlösungsgewinne steuerpflichtig (und Einlösungsverluste berücksichtigungsfähig), sofern zwischen Anschaffung und Einlösung des Zertifikats nicht mehr als ein Jahr liegt (§ 23 Abs. 1 Nr. 4 EStG – siehe auch Stichwort Gewinne aus Termingeschäften). Da Rückzahlungen von Schuldverschreibungen nicht den Veräußerungen von Wertpapieren gleichgestellt sind, gehören diese Einlösungsgewinne auf der Fondseingangsseite sowohl bei ausschüttenden als auch bei thesaurierenden Fonds zu den steuerpflichtigen sog. Sonstigen Einnahmen.

Mit Basket-Zertifikaten sind i.d.R. keine laufenden Einnahmen i.S.d. § 20 EStG verbunden. Eventuell vereinnahmte »Dividendenzahlungen« des Emittenten stellen jedoch steuerpflichtige Einnahmen i.S.d. § 20 Abs. 1 Nr. 7 EStG dar, die zwischengewinnpflichtig sind.

Sofern Einlösungsgewinne aus Basketzertifikaten zu den Gewinnen aus Termingeschäften gehören, zählen auch diese Gewinne zu den steuerpflichtigen Einnahmen und sind diese kraft ausdrücklicher Benennung gem. § 39 Abs. 2 S. 1 Nr. 1 KAGG n. F. in die Zwischengewinnberechnung aufzunehmen. Auf der Fondsausgangsseite unterliegen die Einnahmen einem Kapitalertragsteuerabzug nach § 38 b Abs. 1 Nr. 1, 4 KAGG i.V.m. § 43 Abs. 1 S. 1 Nr. 8 EStG.

Bear-Anleihe
Anleiheform, bei welcher der Emittent die Höhe der Kapitalrückzahlung und/oder einer Zinszahlung in Abhängigkeit von der Entwicklung einer festgelegten variablen Bezugsgröße (z.B. Aktienindex) am Tilgungs- bzw. Zinstermin zusagt. Die Käufer von Bear-Anleihen erwarten einen Indexrückgang. Zur steuerlichen Behandlung vgl. Stichwort Index-Anleihen.

Berichtigungsaktien
Siehe Stichwort Freiaktien.

Bezugsrechte auf Aktien
Bezugsrechte sind selbständige Sonderrechte des Gesellschafters zum Bezug neuer Aktien bei einer beschlossenen Kapitalerhöhung. Die Einbuchung des originären Bezugsrechtes stellt keine Einkünfte aus Kapitalvermögen dar, wenn es nicht ausnahmsweise zum Bezug von Freiaktien berechtigt (vgl. Stichwort Freiaktien).

Sofern Ausschüttungen auf Anteilscheine Erlöse aus der Veräußerung von originären oder zugekauften Bezugsrechten auf Aktien oder Veräußerungsgewinne aus dem Handel mit Bezugsrechten auf Aktien enthalten, sind diese steuerfrei, sofern diese Bezugsrechte nicht auf Freiaktien lauten und die Ausschüttungen nicht Betriebseinnahmen darstellen (§ 40 Abs. 1 KAGG).

Bezugsrechtsanleihen
Anleiheformen, denen neben einer bestimmten Zinsausgestaltung noch das Recht auf Bezug (irgend-) eines Wertpapiers beigefügt ist. Das Recht wird hierbei entgegen der Anlageform einer Optionsanleihe nicht in Form eines Optionsscheins begeben. Das Recht kann dabei auf Aktien, Genussscheine, Anleihen, Wandelanleihen, Optionsschuldverschreibungen oder Gewinnschuldverschreibungen o.ä. gerichtet sein. Da solche Bezugsrechte keinen Wertpapiercharakter haben, unterliegen Erträge aus der Verwertung von Bezugsrechten, sofern diese nicht auf Anteile an Kapitalgesellschaften gerichtet sind, auf der Fondsausgangsseite der Steuerpflicht. Eine Steuerbefreiung gemäß § 40 Abs. 1 S. 2 KAGG tritt insofern nicht ein. Gleichwohl besteht keine Zinsabschlagsteuerpflicht. Diese Erträge sind darüber hinaus nicht zwischengewinnpflichtig.

Eine Besonderheit stellen Rechte auf Bezug von Schuldverschreibungen einer Kapitalgesellschaft dar, die mit besonderen Vorzügen ausgestattet sind.

Beispiel:

Gewährt eine Kapitalgesellschaft ihren Gesellschaftern ein Recht auf Bezug von Schuldverschreibungen zum Kurs von 60, so liegt insoweit eine (steuerpflichtige) Gewinnausschüttung vor, als die Gesellschaft unter Berücksichtigung der Verzinsungsbedingungen einen höheren Ausgabekurs (z.B. 90) erreichen könnte. (Quelle: Blümich, § 20 Tz 112)

Vgl. im übrigen auch die Stichworte Bezugsrechte auf Aktien, Optionsanleihe, Anleihe.

BLOC

Englische Bezeichnung für Buy Low or Cash, eine Art von Discount Zertifikat.

Bonds

Vgl. Stichwort Anleihen.

Bonusaktien

Insbesondere in den Niederlanden und den USA praktizierte Form, zusätzlich zur oder anstelle einer Barausschüttung (Bonus-) Aktien beziehen zu können (vgl. Stichwort Stock Dividends).

Boost-Optionsscheine

Siehe Stichwort Optionsscheine.

Branchenzertifikate

Unverzinsliche Schuldverschreibungen, deren Rückzahlung nicht garantiert ist, sondern die Höhe des Tilgungsbetrages an den Stand eines Branchenindex gekoppelt ist. Die Partizipation am Index wird durch das Bezugsverhältnis beschrieben.

Beispiel:

Commerzbank STOXX Auto Branchenzertifikat

Bewertungstag:	*19.09.2003*
Fälligkeitstag:	*26.09.2003*
Rückzahlung:	*Die Rückzahlung pro Inhaberschuldverschreibung erfolgt zu einem Zehntel des in EURO ausgedrückten Schlusskurs DOW JONES STOXX Branchenindex Auto am Bewertungstag.*
WKN:	*176 129*

Zur steuerlichen Behandlung verweisen wir auf das Stichwort Indexzertifikate.

148

BULIS (Bundes-Liquiditätsschätze)
Abgezinste Wertpapiere mit Geldmarktcharakter (Laufzeiten 3, 6, 12 Monate). Zur steuerlichen Behandlung siehe Stichwort Abzinsungspapiere.

Bull-Anleihe
Anleiheform, bei welcher die Höhe von Kapitalrückzahlung und/oder Zinszahlung von der Entwicklung eines Index abhängt. Im Gegensatz zu den Käufen von Bear-Anleihen (Stichwort) erwarten die Erwerber von Bull-Anleihen eine Index-Steigerung. Steuerliche Behandlung vgl. Stichwort Indexanleihen.

Bull-Floater
Vergleiche Stichwort Reverse Floating Rate Notes.

Bundesanleihen
Öffentliche Schuldbuchforderungen, deren Zinserträge gemäß § 20 Abs. 1 Nr. 7 EStG steuerpflichtig sind. Die Zinszahlungen unterliegen dem Zinsabschlag gemäß § 43 Abs. 1 Nr. 7a) EStG i.V.m. § 38 b Abs. 1 S. 2 KAGG und müssen bei der Zwischengewinnermittlung nach § 39 Abs. 2 S. 1 und S. 2 KAGG n.F. erfasst werden. Steuerliche Besonderheiten ergeben sich nicht; vgl. Stichwort Anleihen.

Bundesobligationen
Steuerliche Behandlung vgl. Stichwort Bundesanleihen.

Bundesschatzanweisung
Kurzfristige und mittelfristige Schuldverschreibung des Bundes. Kurzfristige Schatzanweisungen sind meist unverzinslich und werden von der Bundesbank wie Wechsel diskontiert. Zur steuerlichen Behandlung vgl. U-Schätze und Bundesanleihen.

Bundesschatzbrief Typ A
Unverbriefte Schuldbuchforderung des Bundes mit Laufzeit von 6 Jahren, steigender Verzinsung und jährlicher Zinsauszahlung. Die Zinsen sind Kapitalerträge i.S. von § 20 Abs. 1 Nr. 7 EStG. Es hat ein Abzug von Zinsabschlagsteuer sowie ein Einbezug in die Zwischengewinnberechnung zu erfolgen.

Bundesschatzbrief Typ B
Unverbriefte Schuldverschreibung des Bundes mit einer Laufzeit von 7 Jahren, steigender Verzinsung und Zinsauszahlung am Ende der Laufzeit. Es

handelt sich um ein Aufzinsungspapier; vergleiche daher auch das entsprechende Stichwort. Die Zinsen sind im Zeitpunkt ihrer Zahlung (regelmäßig also bei Kapitalrückzahlung) beim Direktanleger steuerpflichtige Einnahmen nach § 20 Abs. 1 Nr. 7 EStG. Auf der Fondseingangsseite werden die Zinserträge kontinuierlich herangerechnet. Der Zinsabschlag erfolgt auf der Fondsausgangsseite gem. § 43 Abs. 1 Nr. 7 a) EStG i.V.m. § 38 b KAGG. Der Zinsabschlag wird bei Ausschüttung der Zinsen oder bei Thesaurierung mit dem Ablauf des Geschäftsjahres, in dem die Erträge vereinnahmt worden sind, vorgenommen. Die Kapitalerträge sind in die Zwischengewinnermittlung (§ 39 Abs. 2 KAGG n. F.) einzubeziehen.

Im Falle einer Zwischenveräußerung, d.h. bei Verkauf vor Laufzeitende, erzielt der Veräußerer einen steuerpflichtigen Ertrag nach § 20 Abs. 2 Nr. 4b EStG. Der steuerpflichtige Ertrag wird dabei regelmäßig nach der Emissionsrendite ermittelt.

Auch bei einer Zwischenveräußerung ist auf der Fondsausgangsseite ein Zinsabschlag gem. § 43 Abs. 1 Nr. 7 a) EStG i.V.m. § 38 b KAGG und eine Einbeziehung der Kapitalerträge in die Zwischengewinnermittlung gem. § 39 Abs. 2 KAGG n. F. vorzunehmen.

Bund Futures
Vgl. Stichwort Financial Futures.

Call Optionsschein
Vgl. Stichwort Optionsgeschäfte.

Cap-Floater
Es handelt sich um eine mit einem variablen Zinssatz ausgestattete Schuldverschreibung, deren Zinssatz während der Laufzeit der Schuldverschreibung in regelmäßigen Abständen an einen Bezugszinssatz angepasst wird. Als spezielle Form einer Floating Rate Note (vgl. Stichwort) ist die Zinsausstattung dieser variabel verzinslichen Anleihe aber durch eine vereinbarte Zinsobergrenze gekennzeichnet (cap = festgelegter Höchstzinssatz). Diese Zinsobergrenze begrenzt das Risiko des Emittenten, im Fall eines extrem ansteigenden Geldmarktreferenzzinssatzes die Anleihe mit einem ebenfalls extrem hohen Zins bedienen zu müssen. Die Zinsen führen zu steuerpflichtigen Kapitalerträgen i.S. von § 20 Abs. 1 Nr. 7 EStG. Diese Kapitalerträge unterliegen auf der Fondsausgangsseite dem Zinsabschlag (§ 43 Abs. 1 Nr. 7a), § 43 a Abs. 1 Nr. 4 EStG, § 38 b Abs. 1 S. 2 KAGG). Die Zinserträge sind in die Zwischengewinnermittlung einzubeziehen.

Zu den steuerlichen Besonderheiten im Hinblick auf den Charakter als Kursdifferenzpapier, vgl. Stichwort Floater mit Zinssatzbeschränkung.

Capped Warrants (Gekappte Optionsscheine)

Vgl. Stichwort Optionsscheine.

Caps (isolierte Zinssatz-Caps)

Caps sind getrennt handelbare Rechte. Der Cap-Verkäufer ist i.d.R. verpflichtet, auf einen fiktiven Betrag und für eine fixierte Laufzeit die Differenz zwischen einem vereinbarten Zins (= strike rate, cap, Zinsobergrenze) und einem periodisch festzulegenden Referenzsatz (regelmäßig 3- oder 6-Monats-Libor), jeweils zum Ende der Zinsperiode zu zahlen. Aus Sicht des Cap-Käufers handelt es sich insbesondere um ein Sicherungsgeschäft (»Zinssatz-Versicherung«), für welches regelmäßig entweder eine Einmalprämie oder ein laufendes Entgelt zu zahlen ist. Caps gelten grundsätzlich als Termingeschäft i. S. d. § 23 Abs. 1 S. 1 Nr. 4 EStG. Sofern der Zeitraum zwischen Erwerb und Beendigung dieses Rechts nicht mehr als ein Jahr beträgt, stellen die vereinnahmten Entgelte Gewinne aus Termingeschäften dar, die einkommensteuerpflichtig sind. Auf der Fondsausgangsseite sind diese Erträge zinsabschlagsteuerpflichtig und in den Zwischengewinn aufzunehmen. Vgl. auch Stichwort Gewinne aus Termingeschäfte.

Cash Flow Notes

Bei dieser Sonderform der Festzinsanleihen ist dem Kapitalanleger durch die Emissionsbedingungen die Möglichkeit eingeräumt, den Zeitraum der Zinsbindung und der Zinsauszahlung selbständig zu bestimmen. Es handelt sich um steuerpflichtige Kapitalerträge i.S. von § 20 Abs. 1 Nr. 7 EStG. Auf der Fondsausgangsseite sind die Kapitalerträge bei der Ermittlung der ZASt-Bemessungsgrundlage (§ 38 b Abs. 1 S. 2 KAGG) und des Zwischengewinnes (§ 39 Abs. 2 KAGG n. F.) zu berücksichtigen.

Certificates of Deposit

Certificates of Deposit sind Zertifikate, in denen die Einlage von Geldern für eine bestimmte Zeit zu einem bestimmten Zinssatz bestätigt wird. Sie lauten grundsätzlich auf den Inhaber und sind uneingeschränkt übertragbar. Regelmäßig handelt es sich um Bankschuldverschreibungen, die nicht Teil einer Gesamtemission sind. Die Zinsen stellen steuerpflichtige Erträge dar und unterliegen auf der Fondsausgangsseite nach § 43 Abs. 1 Nr. 7 b) EStG i.V.m. § 38 b Abs. 1 S. 2 KAGG dem Zinsabschlag. Die Kapitalerträge sind bei der Ermittlung des Zwischengewinns zu berücksichtigen.

»Class Action«

Soweit sich in Fonds amerikanische Aktien befinden, deren Kurse im Rahmen von Unternehmensübernahmen und damit verbundenen verbotenen Insidergeschäften gesunken sind, können sich die Fonds nach näherer Mitteilung durch die ausländische Depotbank zusammen mit anderen Kapitalanlegern an einem gemeinsamen Schadensersatzprozess (= Herkunft des Begriffs class action) beteiligen. Sofern aufgrund dieses Prozesses oder aufgrund einer Intervention der US-amerikanischen SEC (Security Exchange Commission) Schadensersatzzahlungen zum Ausgleich der Kursverluste geleistet werden, können diese vom Fondsvermögen als nichtsteuerbare Mehrungen des Fondskapital vereinnahmt werden. Mangels bestehender materieller Einkommensteuerpflicht erfolgt weder eine Berücksichtigung bei der Zinsabschlagsteuer noch bei der Zwischengewinnermittlung.

CLOU (Currency Linked Outperformance Units)

Anlageform, die unter der Rubrik »Optionsschein« geführt wird und eine Kombination von Geldmarkt- und Währungsanlagen beinhaltet. Wirtschaftlich entspricht das Produkt einer Anleihe mit garantierter Rückzahlung, aber ungewissem Kapitalertrag. Der Steuerpflicht unterliegen zum einen die tatsächlich gezahlten Zinsen (= jede Vermögensmehrung, die das eingesetzte Kapital übersteigt; § 20 Abs. 1 Nr. 7 EStG) und zum anderen der sich im Falle einer Zwischenveräußerung ergebende Veräußerungsgewinn (§ 20 Abs. 2 Nr. 4 c EStG). Zur Steuerpflicht im einzelnen vgl. MEGA-Zertifikate.

Auf der Fondsausgangsseite unterliegen die Erträge der Zinsabschlagsteuerpflicht und der Notwendigkeit der Einbeziehung in die Zwischengewinnermittlung.

Collared Floater (Minimax-Floater)

Spezialform einer Anleihe mit variablem Zinssatz (vgl. Stichwort floating rate notes), wobei die Schwankungsbreite des Zinses durch Mindest- und Höchstzinssätze begrenzt ist (collar = Kragen, d.h. eine Kombination aus einem Cap mit einem Floor). Steuerlich ergeben sich keine Besonderheiten gegenüber Floating Rate Notes (vgl. entsprechendes Stichwort).

Collars (isolierte Zinssatz-Collars)

Diese Geschäftsart beinhaltet eine Kombination aus einem Cap und einem Floor (vgl. entsprechende Stichworte). Die sich ergebende Kombination von einem Mindest- und einem Höchstzinssatz, ohne dass es zu einem Austausch von Anlagekapital (Zahlung bzw. Rückzahlung) kommt, macht das Geschäft aus Sicht des privaten Kapitalanlegers unter den weiteren Voraussetzungen des § 23 Abs. 1 S. 1 Nr. 4 EStG (1-Jahres-Frist) zu einem steuerpflichtigen Termingeschäft. Auf der Fondsausgangsseite sind Gewinne aus Termingeschäften zinsabschlagsteuerpflichtig und in den Zwischengewinn aufzunehmen. Vgl. auch Stichwort Gewinne aus Termingeschäfte.

Commercial Papers

Commercial Papers sind i.d.R. auf den Inhaber lautende Schuldverschreibungen mit Geldmarktcharakter (Laufzeit bis unter zwei Jahren), welche in Sammelurkunden oder fungiblen Einzelurkunden verbrieft sind. Die sich daraus ergebenden Zinsen sind materiell einkommensteuerpflichtig i.S. von § 20 Abs. 1 Nr. 7 EStG; sie unterliegen auf der Fondsausgangsseite dem Zinsabschlag gem. § 43 Abs. 1 Nr. 7a) EStG i.V.m. § 38 b Abs. 1 S. 2 KAGG. Eine Einbeziehung erfolgt auch bei der Zwischengewinnermittlung.

Compound Instruments

Inbegriff sämtlicher Finanzinstrumente, die zivilrechtlich nicht teilbar, aber wirtschaftlich aus verschiedenen Elementen zusammengesetzt sind (Compound Instruments). Zur steuerlichen Behandlung siehe Teil 3, I. 3. a).

Convertibles

Kurzbezeichnung für Convertible Bonds, einer angelsächsischen Bezeichnung für Wandelanleihen. Zur steuerlichen Behandlung siehe Stichwort Wandelanleihen.

Convertible Floating Rate Notes

Zinsvariable Anleiheform, deren Besonderheit darin besteht, dass sie nach den Emissionsbedingungen mit einem Wandlungsrecht in normale Festzinsanleihen ausgestattet ist. Zur steuerlichen Behandlung vgl. Stichworte Variabel verzinsliche Wertpapiere (Teil 3, A. I. 2. b)) sowie Floating Rate Notes (FRN) /Floater.

Covered Warrants

Covered Warrants oder gedeckte Optionsscheine sind Optionsscheine, die zum Bezug bestimmter Aktien zu einem im voraus festgelegten Bezugspreis (Basispreis) berechtigen. Hierbei besteht die Besonderheit, dass die die Optionsscheine emittierende Bank bereits bei Ausgabe der Scheine im Besitz des Basisobjekts sein muss, die Bezugsaktie also nicht mehr für andere Transaktionen auf dem Kapitalmarkt zur Verfügung steht. Die Laufzeit der

Covered Warrants ist regelmäßig kürzer als bei sonstigen Optionsscheinen, woraus sich gleichzeitig ergibt, dass das Verfallrisiko mit Totalverlust der Optionsprämie sehr hoch ist. Im Fondsvermögen sind Gewinne aus dem Handel mit Optionsscheinen auch innerhalb der für den Direktanleger geltenden Spekulationsfrist von 12 Monaten steuerfrei (§ 40 Abs. 1 S. 1 KAGG). Veräußerungsgewinne sind, sofern sie nicht Gewinne aus privaten Veräußerungsgeschäften i. S. d. § 23 Abs. 1 S 1 Nr. 4 EStG darstellen, nicht zinsabschlagsteuerpflichtig (§ 38 b Abs. 1 Nr. 4 KAGG) und auch nicht in die Zwischengewinnermittlung aufzunehmen.

Cross Currency Swaps
Vgl. Stichwort Währungs-Swaps.

Currency Warrants
Englische Bezeichnung für Währungs-Optionsscheine. Vgl. Stichwort Optionsscheine.

Damnum
Vgl. Stichwort Emissionsdisagio.

DAX-Futures
Vgl. Stichwort Financial Futures.

DAX-Hochzinsbonds
Form der sog. Indexanleihen (vgl. entsprechendes Stichwort).

Deep-Discount-Anleihen
Vgl. Stichwort Disagio-Anleihen.

Defektivzinsen
Vgl. Stichwort Antizipationszinsen.

Depositenzertifikate
Vgl. Stichwort Certificates of Deposit.

Devisenpensionsgeschäfte
Im Rahmen von Devisenpensionsgeschäften werden Devisen mit Übernahme der Rückkaufverpflichtung seitens des Pensionsgebers gegenüber dem Pensionsnehmer verkauft. Die Entgelte für die Devisenüberlassung stellen Kapitalerträge im Sinne von § 20 Abs. 1 Nr. 7 EStG dar. Diese unter-

liegen gemäß § 43 Abs. 1 Nr. 7 b) EStG i.V.m. § 38 b Abs. 1 S. 2 KAGG nur dann einem Zinsabschlag, sofern der Pensionsnehmer ein inländisches Kreditinstitut ist. Die Erträge gehen in die Zwischengewinnermittlung ein.

Devisenswap-Geschäfte

Unter Devisenswap-Geschäften versteht man eine Kombination aus einem Kauf bzw. Verkauf von Devisen am Kassamarkt und gleichzeitig einem Verkauf bzw. Rückkauf dieser Devisen per Termin.

Da es bei einem Devisenswapgeschäft zu einem **tatsächlichen Austausch** von Lieferungen kommt, und das Geschäft nicht nur auf einen bloßen Differenzausgleich gerichtet ist, handelt es sich um ein auf Fondsebene steuerlich irrelevantes Spekulationsgeschäft. Auf der Fondsausgangsseite unterbleibt daher ein Abzug eines Zinsabschlages. Ebenso erfolgt keine Einbeziehung in die Zwischengewinnermittlung.

Devisentermingeschäfte

Diese – auch Forward Foreign Exchange Transactions genannte – Geschäfte verpflichten die Vertragspartner, bestimmte Beträge einer Währung zu einem künftigen Zeitpunkt und einem im voraus festgelegten Wechselkurs in eine andere Währung zu tauschen. Es handelt sich um ein typisches Termingeschäft (Future Contract), in dessen Rahmen kein Kapital zur Nutzung überlassen wird, so dass in diesem Rahmen keine einkommensteuerpflichtigen Kapitalerträge entstehen, die als Bemessungsgrundlage für die Zinsabschlagsteuer bzw. für einen Zwischengewinn heranzuziehen wären. Ausgenommen hiervon sind seit 01.04.1999 Gewinne aus Termingeschäfte mit Differenzausgleich i. S. § 23 Abs. 1 S. 1 Nr. 4 EStG (Gewinne aus privaten Veräußerungsgeschäften). Diese Gewinne sind in den Zwischengewinn aufzunehmen und einem Kapitalertragsteuerabzug zu unterwerfen.

Devisenterminoptionen

Es handelt sich um Währungsoptionen (Currency Options), welche dem Käufer das Recht geben, einen bestimmten Fremdwährungsbetrag innerhalb einer festgelegten Zeitspanne (Termincharakter) zu einem vereinbarten Preis oder gegen einen anderen Währungsbetrag zu tauschen. Hinsichtlich der steuerlichen Behandlung vgl. Stichwort Devisentermingeschäfte.

Diamonds

Englische Bezeichnung für eine Form von Indexaktien (siehe Stichwort), die den Dow Jones – Index abbilden. Da diese Form der Indexaktien in

Deutschland weder Vertriebszulassung noch steuerlichen Vertreter haben, gelten diese als Anteile an sog. schwarzen Fonds i.S.d. AuslInvestmG, deren Besteuerung sich nach § 18 Abs. 3 AuslInvestmG richtet. Die Dividendenausschüttungen stellen Einnahmen i.S.d. § 20 Abs. 1 Nr. 1 EStG dar; darüber hinaus unterliegen 90 % des Unterschiedsbetrags zwischen ersten und letzten im Kalenderjahr festgesetzten Rücknahmepreisen, mindestens aber 10 % des Rücknahmepreises, der Besteuerung (sog. Strafbesteuerung).

Auf der Fondsausgangsseite sind solche Ausschüttungen zwischengewinnpflichtig gem. § 39 Abs. 2 Nr. 4 KAGG n. F., unterliegen aber keinem Kapitalertragsteuerabzug.

Digital-Optionsscheine

Vgl. Stichwort Optionsscheine.

Disagio-Anleihen

Disagio-Anleihen, auch Deep-Discount-Anleihen genannt, sind festverzinsliche Wertpapiere, welche mit einem Abschlag vom Nennwert (Disagio) ausgegeben werden. Die laufend gezahlten Zinsen sind einkommensteuerpflichtig, zinsabschlagsteuerpflichtig (§ 43 Abs. 1 Nr. 7 a EStG) und zwischengewinnpflichtig. Dies gilt auch hinsichtlich des Emissionsdisagios, soweit nicht die von der Finanzverwaltung zugelassene Vereinfachungsregel zur Anwendung kommt (vgl. hierzu Stichwort Emissionsdisagio). Das Disagio ist daher sowohl im Falle des Durchhaltens als auch der Zwischenveräußerung bei der Bestimmung der ZASt-Bemessungsgrundlage und bei der Zwischengewinnermittlung einzubeziehen.

Der auf die Besitzzeit entfallende steuerpflichtige Kapitalertrag im Falle einer vorzeitigen Veräußerung kann nach der Emissionsrendite (vgl. Stichwort) oder Marktrendite (vgl. Stichwort) ermittelt werden, wobei in aller Regel bei Fondsgesellschaften nach der Emissionsrendite vorgegangen wird. Vergleiche im übrigen auch Stichworte Abzinsungspapiere und Niedrigverzinsliche Anleihen.

Discount Convertibles

Es handelt sich um Wandelanleihen, die mit einem Emissionsdisagio begeben werden, einen Zinskupon tragen und im Falle der Nicht-Wandlung zu pari eingelöst werden. Zur steuerlichen Behandlung siehe Stichwort Abzinsungspapier und Emissionsdisagio.

156

Discount Zertifikate

Unverzinsliche Schuldverschreibungen, deren Rückzahlung nicht garantiert ist, sondern die Höhe des Tilgungsbetrages an den Stand eines Index gekoppelt ist. Das typische Merkmal eines Discount Zertifikats liegt darin, dass die Rückzahlung auf einen bestimmten, vorab vom Emittenten festgelegten Höchstbetrag begrenzt ist (Rückzahlungsobergrenze = Cap). Als Ausgleich für die eingeräumte Wertobergrenze gewähren die Emittenten Abschläge auf den Emissionskurs (Discount), der umso höher ist, je höher die Volatilität des Basisinstruments, je höher die während der Laufzeit zu erwartenden Dividendenzahlungen sind, je länger die Laufzeit ist und je niedriger der Cap gewählt wird.

Beispiel:

DAX Discount-Zertifikat

Underlying: *DAX*
Bezugsverhältnis: *10 zu 1*
Bewertungstag: *12.12.2000*
Laufzeit: *19.12.2000*
Währung: *€*
Verkaufspreis: *€ 450 (DAX-Referenz € 5.000)*
Cap-Kurs: *€ 6.000*
Rückzahlung: *Die Einlösung des Zertifikats erfolgt zu einem Betrag je Zertifikat, der einem Zehntel des in € ausgedrückten Schlusskurses des DAX am Berechnungstag entspricht. Der Einlösungsbetrag pro Zertifikat beträgt jedoch höchstens ein Zehntel des in € ausgedrückten Caps.*

Anstelle der Einlösung des Zertifikats zu einem Bruchteil des DAX findet man auch Rückzahlungsvarianten mit Aktien, sofern der Aktienkurs einen Cap nicht erreicht.

Beispiel:

BMW Discount-Zertifikat

Underlying: *DAX*
Bezugsverhältnis: *1 zu 1*
Bewertungstag: *13.12.2000*
Fälligkeit: *20.12.2000*
Cap-Kurs: *€ 30*
Rückzahlung: *Die Zertifikatsinhaber erhalten am Fälligkeitstag eine dem Bezugsverhältnis entsprechende Anzahl von Aktien. Entspricht am Bewertungstag der an der Frankfurter Wertpapierbörse festgestellte und veröffentlichte XETRA-Schlusskurs der jeweiligen Aktie dem Höchstbetrag oder übersteigt er diesen, erhalten die Zertifikatsinhaber pro Zertifikat anstelle der Aktien einen Abrechnungsbetrag in Höhe des Höchstbetrags.*

Wie bei Indexzertifikaten sind mit Discount Zertifikaten keine laufenden Dividenden- oder Zinserträge und somit keine steuerpflichtigen Einnahmen i.S.d. § 20 EStG verbunden, da sie die Rückzahlung des Kapitals nicht garantieren und/oder keine garantierte Verzinsung gewähren. Werden Discount Zertifikate auf Fondsebene vor Endfälligkeit veräußert, stellen die erzielten Gewinne nicht steuerbare Kursgewinne dar. Zur Steuerbarkeit der Einlösungsgewinne als Gewinne aus Termingeschäften siehe Stichwort Indexzertifikate.

Dividenden (Ausland)

Dividenden, die von Kapitalgesellschaften mit Sitz im Ausland gezahlt werden, stellen auf der **Fondseingangsseite** in Höhe der Bruttodividende steuerpflichtige Einnahmen dar. Ausländische Staaten erheben regelmäßig auf die Bruttodividende einen Kapitalertragsteuerabzug an der Quelle nach den jeweiligen nationalen Vorschriften. Zur Höhe der Quellensteuersätze vgl. im übrigen die Übersicht in Teil 3, C. II.

Zur Funktionsweise sei folgendes Beispiel dargestellt:

Bruttodividende		100
Kapitalertragsteuer	25	./. 25
Auszahlungsbetrag		75
DBA-Ermäßigung (Erstattung)	./. 10	+ 10
Anrechenbare Kapitalertrag-steuer gem. § 40 Abs. 4 S. 1 KAGG	15	
Fondseinnahmen		85

Soweit es die jeweiligen Doppelbesteuerungsabkommen und entsprechende Anweisungen der ausländischen Finanzverwaltungen vorsehen, kann der Quellensteuer-Spitzenbetrag, der den nach dem Doppelbesteuerungsabkommen zulässigen Satz überschreitet, auf Antrag an das Fondsvermögen erstattet werden (zur Verfahrensweise vgl. im einzelnen Teil 4, A. II.). Die gezahlte und keinem derartigen Ermäßigungsanspruch mehr unterliegende ausländische Quellensteuer wird beim Anteilseigner im Rahmen des Veranlagungsverfahrens auf denjenigen Teil seiner deutschen Steuerlast angerechnet, die sich auf die ausländischen Dividendeneinkünfte bezieht (§ 40 Abs. 4 KAGG). Der Höchstbetrag der anrechenbaren ausländischen Steuern wird bei Fonds – im Gegensatz zu den Regelungen bei privaten Anteilseignern – nicht für jedes einzelne Quellenland und jeden Fondsertragsteil (z.B. Zinsen, Dividenden) gesondert berechnet (sog. »per country limitation«), sondern dieser Höchstbetrag ist für die Ausschüttungen aus jedem einzelnen Fonds **zusammengefasst** zu berechnen (§ 40 Abs. 4 S. 2 KAGG; vgl. hierzu Beispiel in Teil 2, C. V.).

Ausländische Dividendenausschüttungen unterliegen auf der **Fondsausgangsseite** weder einem Kapitalertragsteuerabzug (§ 38 b Abs. 5 KAGG n.F.) noch der Zwischengewinnbesteuerung. Vgl. auch Stichworte Kursausgleichsbeträge und »Class Action«.

Dividenden (Inland)

Mit Inkrafttreten des Steuersenkungsgesetzes zum 01.01.2001 und dem Wegfall des körperschaftsteuerlichen Anrechnungsverfahrens fließen den Investmentfonds in Zukunft die Dividenden inländischer Kapitalgesellschaften auf der **Fondseingangsseite** ohne Körperschaftsteuerguthaben zu. Auf Grund der von den Investmentfonds vorgelegten Freistellungsbescheinigung wird den Sondervermögen aber die Nettodividende zuzüglich einbehaltener Kapitalertragsteuer gutgeschrieben.

Für eine Übergangszeit werden Investmentfonds neben Dividendenausschüttungen nach neuem Recht auch Dividenden nach altem Recht (also mit Körperschaftsteuerguthaben) erhalten. In diesen Fällen erhält der Investmentfonds auf der Fondseingangsseite das Körperschaftsteuerguthaben gutgeschrieben (§ 38 Abs. 2 KAGG a.F.). Auf der Fondsausgangsseite hat der Fonds für diese Dividendenbestandteile eine Ausschüttungsbelastung mit Körperschaftsteuer in Höhe von 30 % (sog. Ausgleichssteuer) herzustellen und einen Kapitalertragsteuerabzug von 25 % vorzunehmen. Das anrechenbare Körperschaftsteuerguthaben ist bei einem unbeschränkt steuerpflichtigen Anteilseigner Bestandteil seiner steuerpflichtigen Einkünfte und im Rahmen des Veranlagungsverfahrens auf seine individuelle Steuerschuld anzurechnen (Voraussetzung: Steuerbescheinigung nach amtlichen Muster). Der beschränkt steuerpflichtige Anteilseigner kann dieses Körperschaftsteuerguthaben in aller Regel nicht nutzen. Besonderheiten für sog. Grenzpendler sind möglich. Zu den Besonderheiten in der Übergangsphase und zum Vergleich neues und altes Recht vgl. hierzu im einzelnen Teil 3, A. I. 1. a).

Werden Dividenden nach neuem Recht ausgeschüttet oder thesauriert, ist auf der **Fondsausgangsseite** keine Ausschüttungsbelastung mit Körperschaftsteuer mehr herzustellen. Die Dividenden unterliegen in voller Höhe einem Kapitalertragsteuerabzug in Höhe von 20 % (zuzüglich Solidaritätszuschlag hierauf). Dividenden werden nicht in die Zwischengewinnberechnung einbezogen. Zu den Besonderheiten in der Übergangsphase siehe Teil 3, A. I. 1. b).

DOCU

Englische Bezeichnung für **DO**uble **Cu**rrency Unit. Es handelt sich um eine Anlageform, die zwar zivilrechtlich unteilbar, aber wirtschaftlich aus verschiedenen Elementen zusammengesetzt ist (Compound Instruments). Das Charakteristikum der Anlageform ist die Kombination einer verzinslichen Anleihe und einem verkauften Call (Short Call) auf eine Basiswährung.

Beispiel:

DOCU Währungszertifikat

Basiswährung:	*CHF*
Ausübungspreis:	*CHF 1,4200 per 1 USD*
Laufzeit:	*3 Monate*
Zinssatz:	*4,0 %*
Rückzahlung:	*(1) eingesetztes Kapital plus Zinsen, ausbezahlt in CHF, falls USD/CHF-Wechselkurs über dem Ausübungspreis schließt*
	(2) eingesetztes Kapital plus Zinsen, ausbezahlt in USD, umgerechnet zum Ausübungspreis, falls USD/CHF-Wechselkurs unter dem Ausübungspreis schließt

Die erzielten Zinsen stellen steuerpflichtige Einnahmen i.S.d. § 20 Abs. 1 Nr. 7 EStG dar. Auf der Fondseingangsseite sind diese Zinsen zwischengewinnpflichtig und unterliegen einem Kapitalertragsteuerabzug.

Die erzielten Kursgewinne, aber auch Kursverluste bleiben auf Fondsebene ohne Relevanz.

Doppel-Aktienanleihen

Zur steuerlichen Behandlung dieser Form der Anleihe verweisen wir auf das Stichwort Aktienanleihen. Im Gegensatz zu Aktienanleihen haben Doppel-Aktienanleihen zwei Bezugsobjekte (meist zwei Aktien). Dies bedeutet, dass der Emittent entweder zum Nennbetrag tilgen oder jeweils eines der beiden Bezugsobjekte liefern kann.

Doppelwährungsanleihen

Die Besonderheit dieser laufend verzinslichen und mit Zinskupons ausgestatteten Anleihen besteht darin, dass der Kapitalanleger ein Wahlrecht hat, die Zahlung des Zinses in € oder in einer anderen Währung zu verlangen. Diese Besonderheit hat keinen Einfluss auf die bestehende Einkommensteuer-, Zinsabschlagsteuer- sowie Zwischengewinnpflicht. Hinsichtlich der Umrechnung von Fremdwährungsbeträgen vgl. Stichwort Auslands-Bonds.

Drop-Lock-Floater
Spezielle Form einer variabel verzinslichen Anleihe, die sich automatisch in eine festverzinsliche Anleihe mit im voraus vereinbartem Kupon verwandelt, wenn der Marktzins einen bestimmten vereinbarten Zinssatz unterschreitet. Steuerliche Behandlung vgl. Stichworte Floating Rate Notes und Anleihen.

Dual Rate Bonds
Vgl. Stichwort Doppelwährungsanleihen.

ECU-Anleihen
Sammelbegriff für verschiedene Anleihevarianten mit unterschiedlicher Zinsausstattung (fest, variabel, Null-Kupon), die auf ECU (European Currency Unit) lauten. Auch die Zinszahlungen erfolgen in ECU. Steuerliche Behandlung vgl. Stichworte Anleihen und ggf. Zero-Bonds.

Einlagenzertifikate
Vgl. Stichwort certificates of deposit.

Einlagenzinsen
Zinsen aus Einlagen der Fonds bei **inländischen** Kreditinstituten unterliegen als steuerpflichtige Kapitalerträge i.S. von § 20 Abs. 1 Nr. 7 EStG auf der Fondsausgangsseite dem Zinsabschlag (Ausnahme: Bagatelleregelung in § 43 Abs. 1 Nr. 7 b) bb) EStG i.V.m. § 38 b Abs. 1 S. 2 KAGG: Zins oder Bonus bis 1 %, wenn es sich um Kapitalerträge aus Sichteinlagen handelt) und sind in die Zwischengewinnermittlung (§ 39 Abs. 2 KAGG n. F.) einzubeziehen. Die Zinsabschlagsteuerpflicht ist streitig für Zinsen aus Einlagen bei **ausländischen** Kreditinstituten. Im Einklang mit der überwiegenden Auffassung in der Literatur ist es als sachgerecht anzusehen, bei ausländischen Zinserträgen nur dann einen Zinsabschlag vorzunehmen, wenn es sich um Zinsen aus verbrieften Forderungen (sog. a-Fälle, § 43 Abs. 1 Nr. 7 a) EStG) handelt. Vergleiche hierzu mit Argumenten Teil 3, A. I. 4. b) und Stichwort Ausländische (Kapital-)Erträge.

Emissionsdisagio
Das Emissionsdisagio dient der Feineinstellung des Zinssatzes an die im Emissionszeitpunkt herrschenden Kapitalmarktbedingungen. Es bewirkt wirtschaftlich eine Erhöhung der Rendite. Es gehört grundsätzlich zu den steuerpflichtigen Einnahmen aus Kapitalvermögen i.S.v. § 20 Abs. 1 Nr. 7 i.V.m. § 20 Abs. 2 Nr. 1 EStG. Das Bundesfinanzministerium hat im Verwal-

tungswege eine Regelung getroffen, wonach das Disagio aus Vereinfachungsgründen steuerlich dann nicht erfasst wird, wenn es bestimmte %-Sätze in Abhängigkeit von der Laufzeit einer Anleihe nicht überschreitet (sog. Emissionsdisagio-Staffel). Nur wenn diese Grenzen überschritten werden, ist das gesamte Disagio steuerpflichtig, unterliegt nach § 43 Abs. 1 Nr. 7 a) EStG i.V.m. § 38 b Abs. 1 S. 2 KAGG bei Ausschüttung bzw. bei Thesaurierung mit Ablauf des Geschäftsjahres, in dem es vereinnahmt worden ist, dem Kapitalertragsteuerabzug (Zinsabschlag) und ist in die Zwischengewinnermittlung (§ 39 Abs. 2 KAGG n. F.) einzubeziehen (vgl. Stichwort Abzinsungspapiere):

Laufzeit	Disagio in v.H.
bis unter 2 Jahre	1
2 Jahre bis unter 4 Jahre	2
4 Jahre bis unter 6 Jahre	3
6 Jahre bis unter 8 Jahre	4
8 Jahre bis unter 10 Jahre	5
ab 10 Jahre	6

Bei Laufzeiten des Wertpapiers von unter einem Jahr ist zu beachten, dass ein Emissionsdisagio nur dann innerhalb der im Disagioerlass genannten steuerlich unbeachtlichen Grenzen bleibt, wenn es **hochgerechnet auf eine Laufzeit von einem Jahr** nicht mehr als 1 v.H. des Nennwertes des Papiers beträgt.

Einnahmen aus der Zwischenveräußerung können rechnerisch nach der Emissions- oder Marktrendite ermittelt werden (vgl. im einzelnen hierzu Stichworte Abzinsungspapiere, Emissionsrendite, Marktrendite).

Emissionsdisagio-Papier

Zur steuerlichen Behandlung von Wertpapieren, die mit einem Emissionsdisagio versehen sind, vgl. Stichworte Emissionsdisagio, Abzinsungspapiere und Disagio-Anleihen.

Emissionsdiskont

Abschlag vom Nennwert eines Wertpapiers, der wirtschaftlich Bestandteil des Ertrages des Wertpapiers ist (vgl. Stichwort Abzinsungspapiere). Dies gilt auch, wenn der Abschlag mit einem deutlich unter dem geltenden Kapitalmarktzins für Wertpapiere gleicher Laufzeit liegenden Kupon ausgestattet ist.

Emissionsrendite

Emissionsrendite ist die Rendite, die bei Ausgabe eines Wertpapiers berechnet wird und die bei Einlösung des Wertpapiers mit Sicherheit erzielt werden kann. Zu ihrer Berechnung werden Emissions- und Einlösedatum, Emissions- und Rückzahlungskurs des Wertpapiers sowie Anschaffungs- und Veräußerungszeitpunkt des Anlegers berücksichtigt. Spätere marktbedingte Kursänderungen haben auf die Höhe der Emissionsrendite keinen Einfluss. Die Emissionsrendite wird vom jeweiligen Emittenten und von den Kreditinstituten berechnet und veröffentlicht. Von Interesse ist die Berechnung einer auch zeitanteiligen Emissionsrendite insbesondere bei Abzinsungspapieren; zur Berechnung dieser zeitanteiligen Emissionsrendite vergleiche Stichwort Abzinsungspapiere und die unter Teil 5. B abgedruckten Zero-Bonds-Erlasse der Finanzverwaltung. Zum grundsätzlichen Wahlrecht der Ermittlung einer Marktrendite anstelle der Emissionsrendite vgl. Stichwort Marktrendite.

EROS

Englische Bezeichnung für Enhanced Return or Security, eine Art von Discount Zertifikat, (siehe Stichwort).

Equity Linked Notes

Anleihe, die eine Kapitalgarantie enthält und eine Verzinsung, die sich aufgrund einer Partizipation an der Entwicklung des Aktienmarktes ergibt. Wirtschaftlich setzt sich diese Anlageform aus einer Inhaberschuldverschreibung und einem Call auf eine Aktie/Index zusammen. Die Kapitalgarantie ist variabel: Je niedriger der zugesagte Rückzahlungsbetrag ist, desto höher ist die Partizipation an den Aktienmarktbewegungen.

Aufgrund der (teilweisen) Kapitalgarantie stellen die über die Anschaffungskosten der Anleihe hinaus erzielten Rückzahlungsbeträge steuerpflichtige Einnahmen i.S.d. § 20 Abs. 1 Nr. 7 EStG dar. Auf der Fondsausgangsseite sind diese Erträge zwischengewinnpflichtig; sie sind mit einem Kapitalertragsteuerabzug zu belegen.

Euro-Bonds

Sammelbezeichnung für Anleihen, welche von größeren Unternehmen, Staaten und internationalen Organisationen emittiert und von internationalen Emissionskonsortien platziert sowie gleichzeitig in verschiedenen Ländern angeboten werden. Steuerlich bestehen keine Besonderheiten zu sonstigen Anleihen (vgl. Stichworte Anleihen bzw. Auslandsanleihen).

163

Exchange Rate Agreements (ERA)
Vgl. Stichwort Synthetische Devisen-Swap-Geschäfte.

Exchangeables
Angelsächsische Kurzbezeichnung für Umtauschanleihen. Zur steuerlichen Behandlung siehe Stichwort Umtauschanleihen.

Exchequer Bills
Bei Exchequer Bills handelt es sich um kurzfristige (Laufzeit ein, drei oder sechs Monate) und unverzinsliche Inhaberpapiere, die von der Regierung Irlands unter Gewährung eines Bonus ausgegeben werden. Sie können nur von zur Anlage berechtigten Banken, von Brokerfirmen sowie von einer begrenzten Anzahl von Finanzunternehmen in einem formalisierten Verfahren erworben werden.

Bonusbezüge werden als besondere Entgelte nach § 20 Abs. 2 Nr. 1 EStG versteuert. Sie stellen Einkünfte aus Kapitalvermögen dar, weil sie für die Überlassung von Kapitalvermögen zur (zeitweisen) Nutzung gewährt werden.

Die Kapitalerträge unterliegen auf der Fondsausgangsseite dem Zinsabschlagsteuerabzug (§ 43 Abs. 1 S. 2 EStG i.V.m. § 38 b Abs. 1 S. 2 KAGG) und sind bei der Zwischengewinnermittlung zu berücksichtigen (§ 39 Abs. 2 KAGG n. F.).

Extendable Issues
Extendable Issues geben dem Erwerber die Möglichkeit (Option), eine weitere Anleihe mit längerer Laufzeit und u.U. zu verändertem Zinssatz zu erwerben. Der Kurs der ersten Emission setzt sich zusammen aus dem Ausgabekurs (100%) – insofern nicht mit Optionsanleihen vergleichbar – und dem Wert der Option. Es liegen bei dieser Anlageform zwei Wirtschaftsgüter (Anleihe und Optionsrecht) vor, die unabhängig voneinander gehandelt werden können. Extendable Issues sind nicht mit Optionsanleihen vergleichbar, weil die Anleihe nicht abgezinst, sondern zum Kurs von 100 % ausgegeben wird.

Die **laufenden Zinsen** sind steuerpflichtiger Kapitalertrag (§ 20 Abs. 1 Nr. 7 EStG), der dem Zinsabschlag unterliegt (§ 43 Abs. 1 Nr. 7 EStG i.V.m. § 38 b Abs. 1 S. 2 KAGG) und daher in die Zwischengewinnermittlung mit einzubeziehen ist (§ 39 Abs. 2 KAGG n. F.).

Bei **Zwischenveräußerung** werden **Stückzinsen** beim Veräußerer nach § 20 Abs. 2 Nr. 3 EStG versteuert. Es erfolgt auf der Fondsausgangsseite der Abzug eines Zinsabschlags (§ 43 Abs. 1 Nr. 8 EStG i.V.m. § 38 b Abs. 1 S. 2 KAGG) und eine Berücksichtigung bei der Berechnung des Zwischengewinns (§ 39 Abs. 2 KAGG n. F.). **Kursgewinne** bei der Veräußerung der Anleihe oder des Optionsrechts sind steuerfrei.

Festgeldanlagen mit vereinbarter Laufzeit

Kapitalerträge aus Festgeldanlagen bei einem inländischen Kreditinstitut sind steuerpflichtig nach § 20 Abs. 1 Nr. 7 EStG und zinsabschlagsteuerpflichtig (§ 43 Abs. 1 Nr. 7 b) EStG i.V.m. § 38 b Abs. 1 S. 2 KAGG) sowie in die Berechnung des Zwischengewinns einzubeziehen.

Kapitalerträge aus Festgeldanlagen bei einem ausländischen Kreditinstitut sind steuerpflichtig nach § 20 Abs. 1 Nr. 7 EStG und daher bei der Zwischengewinnermittlung zu berücksichtigen. Zur Frage einer Zinsabschlagsteuerpflicht solcher Erträge vgl. Teil 3, A. I. 2. c) bb) und Stichwort ausländische (Kapital-)Erträge, Einlagenzinsen.

Festgeldanlagen – täglich fällig

Steuerlich bestehen keine Besonderheiten zu Festgeldanlagen mit vereinbarter Laufzeit, vgl. entsprechendes Stichwort.

Festzinsanleihen

Siehe Stichwort Anleihen.

Festzinsanleihen mit getrennt handelbaren Zinsscheinen

Soweit die Festzinsanleihe einschließlich der Zinsscheine erworben und gehalten wird, ergeben sich steuerlich keine Besonderheiten gegenüber den allgemeinen Regelungen für festverzinsliche Wertpapiere (vgl. Stichwort Anleihen).

Besonderheiten gelten, soweit die eigentliche Anleihe sowie die entsprechenden Zinsscheine getrennt und in einzelne abgezinste Papiere aufgeteilt werden (»gestrippte Anleihe«). Durch Trennung der Anleihe sowie der Zinsscheine entstehen eigenständige, selbständig verkehrsfähige Wirtschaftsgüter, die getrennt gehandelt werden können. Der Erwerb eines Papiers (Stammrechts) ohne Zinsschein (»Anleihe Ex«) sowie der Erwerb eines Zinsscheins ohne Papier stellt – wirtschaftlich betrachtet – jeweils einen eigenständigen Erwerb einer abgezinsten Forderungen (Zerobond) dar, der zu einem abgezinsten Preis erfolgt. Zur steuerlichen Behandlung vergleiche Stichwort Zero-Bonds.

Financial Futures

Die regelmäßig über die elektronische Handels- und Clearingplattform EUREX abgewickelten Termingeschäfte sind in aller Regel auf einen Barausgleich gerichtet. Seit Inkrafttreten des Steuersenkungsgesetzes stellen Gewinne aus Futuresgeschäften steuerlich relevante Differenzgeschäfte dar, es sei denn, die Laufzeit dieser Geschäfte 1 Jahr übersteigt (§ 23 Abs. 1 S. 1 Nr. 4 EStG) dar. Erzielte Gewinne sind steuerpflichtig, zinsabschlagsteuerpflichtig und in die Zwischengewinnermittlung einzubeziehen. Vgl. die Ausführungen unter Teil 3, A. II. 5. und das Stichwort Futures.

Die Besteuerung wird unabhängig davon vorgenommen, ob die Futures-Geschäfte spekulativen Charakter haben oder als klassische Hedge-Geschäfte eingegangen werden.

Finanzierungsschätze
Siehe Stichworte Geldmarktpapiere (Liquiditätstitel) und Abzinsungspapiere.

Flat gehandelte Wertpapiere
Werden festverzinsliche Wertpapiere mit den dazugehörigen Zinsscheinen ohne gesonderte Berechnung von Stückzinsen verkauft, so fließen die rechnerisch aufgelaufenen Zinsen in den Verkaufskurs ein. Der aufgelaufene Zinsanteil ist beim Veräußerer steuerpflichtiger Kapitalertrag (§ 20 Abs. 2 Nr. 4 d EStG). Dieser ist auf der Fondsausgangsseite sowohl dem Kapitalertragsteuerabzug (§ 43 Abs. 1 Nr. 7 EStG, § 38 b Abs. 1 S. 2 KAGG) als auch der Zwischengewinnermittlung zugrunde zu legen.

Floater
Vgl. Stichwort Floating Rate Notes.

Floater mit Zinssatzbeschränkung
Beispiele sind etwa Cap-Floater, Floor-Floater und Minimax-Floater. Hinsichtlich der steuerlichen Behandlung vgl. Stichwort Floating Rate Notes.

Floater mit Zu- und Abschlägen
Variabel verzinsliche Anleihen mit Aufschlägen oder Abschlägen zu den aktuellen Geldmarktsätzen. Steuerlich ergeben sich nach herrschender Auffassung keine Besonderheiten gegenüber normalen Floating Rate Notes. Zu Einschränkungen im Hinblick auf den Gesetzeswortlaut vgl. Stichwort Floating Rate Notes.

Floating Rate Notes (FRN) / Floater

Diese Form der Schuldverschreibungen (regelmäßig Teilschuldverschreibungen) sind mit einem variablen Zinssatz ausgestattet, welcher während der Laufzeit der Anleihe in regelmäßigen Zeitabständen an einen Bezugszinssatz angepasst wird. Dieser sog. Referenzzins ist regelmäßig ein Geldmarktzinssatz (z.b. Libor = London Interbank Offered Rate oder Euribor = Euro Interbank Offered Rate). Gemeinsames Merkmal der vielfältigen Unterformen von FRN ist, dass sich deren Kurs aufgrund der periodischen Zinsanpassung an das Geldmarktsatz-Niveau immer nahe um 100 % bewegt.

Laufende Kapitalerträge sind beim **Durchhalter** und beim **Zwischenveräußerer** einkommensteuerpflichtig (§ 20 Abs. 1 Nr. 7 EStG), zinsabschlagsteuerpflichtig (§§ 43 Abs. 1 Nr. 7 a) EStG, 38 Abs. 1 S. 2 KAGG) und bei der Zwischengewinnermittlung (§ 39 Abs. 2 KAGG n. F.) zu berücksichtigen.

Nach dem Wortlaut des Gesetzes handelt es sich bei Floating-Rate-Notes um sog. Kursdifferenzpapiere. Zur damit verbundenen steuerlichen Problematik (Besteuerung als Finanzinnovation, Gesetzgebungsvorhaben) verweisen wir auf die Ausführungen »Variabel verzinsliche Wertpapiere« unter Teil 3, A. I. 2. b).

Marktgängige Varianten des Floater-Grundmodells sind etwa (vgl. entsprechende Stichworte)

❏ Floater mit Zu- oder Abschlägen
❏ Floater mit Zinssatzbeschränkungen (insbesondere Floor-Floater, Cap-Floater und Minimax-Floater)
❏ Drop-Lock Floater
❏ Reverse Floater

Floor-Floater

Variabel verzinsliche Anleiheform mit vereinbarter Zinsuntergrenze; Gegenstück zum sog. Cap-Floater (vgl. entsprechendes Stichwort). Zur steuerlichen Behandlung vgl. Stichwort Floater.

Floor-Zertifikate

Siehe Stichwort Floors.

Floors (isolierte Zinssatz-Floors)

Ähnlich den sog. Caps (vgl. entsprechendes Stichwort) handelt es sich um separat handelbare Rechte, welche in eigenen Urkunden (Zertifikate) verbrieft sind und sowohl zu Sicherungszwecken als auch zu Spekulationszwecken eingesetzt werden können. Der Geschäftswille bezieht sich auf einen am Ende der Laufzeit vorzunehmenden Differenzausgleich. Kapitalbewegungen während und am Ende der Laufzeit finden nicht statt. Im Gegensatz zu den Caps wird allerdings bei den Floors eine Zinsuntergrenze (Mindestverzinsung) garantiert. Isolierte Zinssatz-Floors gelten – wie Caps – als Termingeschäfte i. S. d. § 23 Abs. 1 S. 1 Nr. 4 EStG. Sofern der Zeitraum zwischen Erwerb und Beendigung dieses Rechts nicht mehr als ein Jahr beträgt, stellen die vereinnahmten Entgelte Gewinne aus Termingeschäften dar, die einkommensteuerpflichtig sind. Auf der Fondsausgangsseite sind diese Erträge zinsabschlagsteuerpflichtig und in den Zwischengewinn aufzunehmen. Vgl. auch Stichwort Gewinne aus Termingeschäfte.

Fondserträge aus (anderen) inländischen Fondsanteilen

Vereinnahmte Ausschüttungen oder als zugeflossen geltende Erträge aus Thesaurierungen (anderer) inländischer Investmentfonds gelten als steuerpflichtige Einnahmen i.S. von § 20 Abs. 1 Nr. 1 EStG. Sie unterliegen auf der **Fondseingangsseite** grundsätzlich dem Kapitalertragsteuerabzug. Ein Abzug von Kapitalertragsteuer entfällt unter den oben unter Teil 1, B. I. genannten Gründen, so dass die Erträge dem Fondsvermögen brutto zufließen (Bescheinigung über das Vorliegen eines steuerbefreiten Sondervermögens = Freistellungsbescheinigung).

Auf der **Fondsausgangsseite** ist bei der (Weiter-) Ausschüttung bzw. bei Thesaurierung inländischer Investmenterträge bei Vorliegen der entsprechenden Ertragsbestandteile ein Steuerabzug mit Zinsabschlagsteuer, ggf. auch mit Kapitalertragsteuer und Körperschaftsteuer vorzunehmen. Vgl. auch Ausführungen zu Dachfonds unter Teil 1, G. I. Soweit in den Einnahmen aus inländischen Investmentfonds zinsabschlagsteuerpflichtige Erträge i.S. des § 38 b Abs. 1 Nr. 1 bis 4 KAGG enthalten sind, sind diese auch in die Zwischengewinnermittlung aufzunehmen.

Fondserträge aus (anderen) ausländischen Fondsanteilen

Die Einkommensteuerpflicht von Erträgen aus (anderen) ausländischen Fondsanteilen hängt davon ab,

❏ ob diese nach den Bestimmungen des Auslandinvestmentgesetzes in Deutschland öffentlich vertrieben werden dürfen oder an einer deutschen Börse zum amtlichen Handel zugelassen sind (sog. registrierte Fonds) oder

❑ ob im Falle einer Nichtregistrierung der Fonds einen inländischen Finanzvertreter (Repräsentanten) bestellt hat und die Besteuerungsgrundlagen nachgewiesen werden können (sog. nichtregistrierte Fonds mit Steuerrepräsentant) oder

❑ ob beide der vorgenannten Voraussetzung nicht vorliegen (sog. nichtregistrierte Fonds ohne Steuerrepräsentant):

Erträge aus Anteilscheinen **an sog. registrierten Fonds** werden grundsätzlich wie Erträge aus inländischen Fondsanteilen behandelt. Ausnahmen bestehen darin, dass das sog. Halbeinkünfteverfahren auf ausländische Fonds derzeit keine Anwendung findet und deshalb die durch diese Fonds vermittelten Erträge insofern beim Anteilinhaber voll steuerpflichtig sind. Änderungen des AuslInvestmG im Hinblick auf eine Angleichung der Besteuerung der Erträge aus ausländischen und inländischen Fonds sind geplant.

Bei Erträgen aus Anteilscheinen **an sog. nichtregistrierten Fonds mit Steuerrepräsentant** müssen zusätzlich die Veräußerungserlöse des ausländischen Investmentfonds versteuert werden (§ 18 Abs. 1 und 2 AuslInvestmG).

Die Erträge aus Anteilscheinen **an sog. nichtregistrierten Fonds ohne Steuerrepräsentant** unterliegen uneingeschränkt hinsichtlich sämtlicher Ertragsbestandteile der Besteuerung, wobei die Erträge darüber hinaus pauschal ermittelt werden (Zuschlag zu den Ausschüttungen, der sich nach der Entwicklung der Rücknahmepreise richtet, vgl. § 18 Abs. 3 AuslInvestmG).

Fondserträge aus Ausschüttungen ausländischer Investmentfonds werden nach den mit Deutschland abgeschlossenen Doppelbesteuerungsabkommen regelmäßig wie Dividenden behandelt; teilweise ist die abkommensrechtliche Behandlung bislang nicht abschließend geklärt. Vgl. hierzu auch die Übersicht in Teil 3, C. II.

In Abhängigkeit von der jeweiligen Behandlung kann es zu Quellensteuererstattungen zugunsten des Fondsvermögens kommen (Spitzenbetrag an Quellensteuer in Höhe der Differenz zwischen nationalem Quellensteuersatz und Steuersatz nach DBA). Die verbleibende Belastung mit ausländischer Quellensteuer wird beim Anteilscheininhaber eines Fonds auf den Teil seiner individuellen Einkommensteuerschuld angerechnet, welche auf diesen ausländischen Einkünften lastet. Vgl. auch Stichwort ausländische Quellensteuer.

Weiterausschüttungen bzw. Thesaurierungen von Erträgen aus Anteilscheinen an ausländischen Investmentfonds unterliegen auf der **Fondsausgangsseite** grundsätzlich einem Zinsabschlagsteuerabzug (§§ 38 b Abs. 1 S. 2

KAGG, 18 a Abs. 1 AuslInvestmG). Ebenso erfolgt die Einbeziehung in die Zwischengewinnermittlung (§ 39 Abs. 2 Nr. 4 KAGG n.F.).

Forward Exchange Agreement (FXA)

Diese Geschäftsart stellt eine Unterform eines synthetischen Devisenswap-Geschäfts dar, das auf einen Differenzausgleich gerichtet ist. Im Rahmen dieses Geschäftes wird nur eine einzige Differenzzahlung geleistet, die die positive oder negative Abweichung eines tatsächlichen Währungskurses gegenüber einem vereinbarten Basiskurs zum Ausdruck bringt.

Sofern der Zeitraum zwischen Erwerb und Beendigung dieses Rechts nicht mehr als ein Jahr beträgt, stellen die vereinnahmten Entgelte Gewinne aus Termingeschäfte dar, die einkommensteuerpflichtig sind (§ 23 Abs. 1 S. 1 Nr. 4 EStG). Die Gewinne aus solchen Geschäften unterliegen auf der Fondsausgangsseite auch der Kapitalertragsteuer. Des weiteren erfolgt eine Einbeziehung in die Zwischengewinnermittlung (vgl. Stichworte Devisenswap-Geschäfte und Swaps).

Forward Rate Agreement (FRA)

Es handelt sich um die spezielle Form eines Zinstermingeschäftes, das die Vereinbarung eines fiktiven Zinssatzes für einen bestimmten Kapitalbetrag zwischen zwei Parteien zum Inhalt hat. Der fiktive Zinssatz führt im Vergleich mit einem Referenzzinssatz zur Zahlung eines Zinsdifferenzbetrages zu einem zukünftigen bestimmten Zeitpunkt. Die Vertragsparteien streben im wirtschaftlichen Effekt eine Zinssicherung ohne Zahlung von Kapitalbeträgen an.

Der Differenzausgleich ist unter den Voraussetzungen des § 23 Abs. 1 S. 1 Nr. 4 EStG (Gewinne aus Termingeschäfte) steuerpflichtiges Einkommen (1-Jahres-Frist). Damit fällt auf der Fondsausgangsseite Kapitalertragsteuer an (§ 38 b Abs. 1 Nr. 4 KAGG). Diese Einkommensbestandteile fließen in die Zwischengewinnermittlung ein.

Freiaktien

Freiaktien sind Aktien, die die bisherigen Aktionäre ohne Gegenleistung erhalten (weite Auslegung) oder Aktien, hinsichtlich derer die Aktiengesellschaft die Einzahlung ganz oder teilweise zugunsten der Aktionäre übernommen hat (enge Auslegung).

Die Gewährung von Freiaktien im Rahmen einer Kapitalerhöhung ist in Höhe der übernommenen Einzahlungsverpflichtung der Aktiengesellschaft auf der Fondseingangsseite steuerpflichtiger Kapitalertrag i.S. von § 20 Abs. 2 Nr. 1 EStG. Für den Fall der Gewährung von Aktien anstelle einer Dividendenausschüttung vergleiche Stichworte Stock Dividends und Bonusaktien.

Soweit allerdings eine Kapitalerhöhung durch Umwandlung offener Rücklagen erfolgt, liegt kein steuerbarer Kapitalertrag vor (§ 1 KapErhStG). Die Anschaffungskosten (Einstandswerte) der Altaktien sind vielmehr anteilig auf diese und die jungen Aktien zu verteilen (§ 3 KapErhStG), vgl. Stichwort Gratisaktien.

Kursveränderungen von Freiaktien sind – da marktbedingt – steuerlich irrelevant. Auf der Fondsausgangsseite sind Ausschüttungen von Gewinnen aus der Veräußerung von Wertpapieren (so auch Freiaktien) daher steuerfrei.

Fremdwährungsguthaben bei inländischen Kreditinstituten
Hinsichtlich der bei inländischen Kreditinstituten in Währung angelegten Guthaben sowie der entsprechenden Kapitalerträgen kann hinsichtlich der Währungsumrechnung analog auf die Erläuterungen zu den Fremdwährungsanleihen, und hinsichtlich der Kapitalerträge auf das Stichwort Einlagenzinsen verwiesen werden (vgl. entsprechendes Stichwort).

Fremdwährungsguthaben bei ausländischen Kreditinstituten
Steuerliche Besonderheiten gegenüber Fremdwährungsguthaben bei inländischen Kreditinstituten bestehen auf der Fondsausgangsseite nur im Hinblick auf die Pflicht zur Vornahme eines Zinsabschlags. Vergleiche Teil 3, A. I. 4. b) und Stichworte Ausländische (Kapital-) Erträge, Einlagenzinsen.

Full-Index-Link-Anleihen
Sonderform der Index-Anleihen, bei welcher sowohl die Entstehung von Ertrag als auch die Rückzahlung des eingesetzten Kapitals indexiert ist. Es handelt sich daher um ein Anlageprodukt, das nicht die Voraussetzungen eines Kapitalertrags i.S. von § 20 Abs. 1 Nr. 7 EStG erfüllt. Eine Erfassung bei der Zwischengewinnermittlung und der ZASt-Bemessungsgrundlage auf der Fondsausgangsseite erfolgt daher nicht.

Fund Linked Notes
Es handelt sich um Anleiheemissionen, die die Zahlungsströme (Zins und/oder Tilgung) mit den Erträgen aus einem definierten Portfolio verknüpfen. Bei dem Portfolio kann es sich um einen effektiv vorhandenen

Deckungsbestand handeln oder nur um einen willkürlich definierten Referenzbestand. Die Portfolios dienen vor allem als Sicherungsbestand für z.B. Index Linked Bonds, also Anleihen, deren Kurs und Zinsentwicklung sich am DAX orientiert.

Wird die Rückzahlung des eingesetzten Kapitals ganz oder teilweise garantiert, folgt die steuerliche Behandlung derjenigen von Indexanleihen (siehe Stichwort). Es liegen somit steuerpflichtige Einnahmen nach § 20 Abs. 1 Nr. 7 EStG vor. Diese Einnahmen sind zwischengewinnpflichtig und unterliegen einem Kapitalertragsteuerabzug.

Ist sowohl die Tilgung als auch die Verzinsung der Anleihe an einen Index gekoppelt, handelt es sich um ein rein spekulatives Produkt, das für steuerliche Zwecke nicht relevant ist (siehe auch Stichwort Full Index Linked Bonds).

Fundierungsschuldverschreibungen

Fundierungsschuldverschreibungen wurden von der Bundesrepublik Deutschland in der Folgezeit nach der Wiedervereinigung Deutschlands am 3. Oktober 1990 emittiert. Grundlage für die Verpflichtung zur Begebung der Wertpapiere war das Londoner Abkommen über deutsche Auslandsschulden vom 27. Februar 1953, in dem vereinbart wurde, dass im Falle einer Wiedervereinigung Deutschlands Zinsrückstände der Jahre 1945 – 1952 aus bestimmten Anleihen des Deutschen Reiches zu bedienen sind. Die Zinsrückstände werden dabei dadurch getilgt, dass hierüber Schuldverschreibungen mit 20-jähriger Laufzeit und einem Zinssatz von 3 % begeben werden.

Die **Emission** der Schuldverschreibungen unterliegt nicht der Einkommensteuer, weil das Londoner Abkommen die Fortgeltung der ursprünglichen Anleihebedingungen garantierte; danach hatten die Gläubiger Anspruch auf steuerfreien Bezug der Zinsen. Daher fällt in diesem Fall kein Zinsabschlag an; es erfolgt keine Berücksichtigung im Rahmen der Zwischengewinnberechnung. Dagegen sind die **laufenden Zinsen,** die aufgrund der Fundierungsschuldverschreibungen gezahlt werden (= 3 %), nach § 20 Abs. 1 Nr. 7 EStG steuerpflichtig. Die Erträge unterliegen auf der Fondsausgangsseite dem Zinsabschlag nach § 43 Abs. 1 Nr. 7 EStG i.V.m. § 38 b Abs. 1 S. 2 KAGG und sind in die Zwischengewinnermittlung mit einzubeziehen (§ 39 Abs. 2 KAGG n. F.).

Futures
Sammelbezeichnung für spezifische Terminkontrakte. Hierzu zählen Zins-terminkontrakte, Zinsfutures als Termingeschäfte auf verzinsliche Positio-nen, Devisentermin-Kontrakte und Aktienindexterminkontrakte. Diese Geschäfte sind als Differenzgeschäfte regelmäßig steuerpflichtig (1-Jahres-Frist), soweit sie sich nicht ausnahmsweise auf den Austausch lieferbarer Gegenstände beziehen. Vgl. im übrigen die Ausführungen unter Teil 3, A. II. 5. und die Erläuterungen zum Stichwort Financial Futures.

Futures-Optionsscheine
Diese Optionsscheine (auch Futures-Warrants genannt) beziehen sich auf ein Basisobjekt, das ein derivatives Finanzprodukt ist (z.b. Bund-Future). Ertragsteuerlich gelten daher die zu den Stichworten Optionsgeschäfte (Teil 3, A. II. 4. a)) und Futures (Teil 3, A. II. 5.) geschilderten Regeln.

Garantiezertifikate
Unverzinsliche Schuldverschreibungen, bei denen die Höhe des Tilgungsbe-trages an den Stand eines Index gekoppelt ist. Das typische Merkmal eines Garantiezertifikats liegt darin, dass der Emittent eine bestimmte Mindest-rückzahlung garantiert (Rückzahlungsuntergrenze = Floor). Als Ausgleich für die eingeräumte Garantie sind jedoch Aufschläge auf den Emissionskurs zu leisten (Agio), die um so höher sind, je höher die Volatilität des Basisin-struments ist, je länger die Laufzeit ist und je höher der Floor im Vergleich zum Emissionskurs angesiedelt wird. Zivilrechtlich handelt es sich bei die-sem Produkt um eine unteilbare Anlageform (siehe Stichwort Compound Instruments), die aber wirtschaftlich aus den Komponenten Plain-Vanilla-Dax-Zertifikat und DAX-Long-Put- Option zusammengesetzt werden kann.

Beispiel:

DAX Garantie-Zertifikat

Underlying: *DAX*
Basispreis: *1.775*
Bezugsverhältnis: *1 zu 1*
Laufzeit: *14.03.1997*
Ausübungsmodalität: *europäisch*
Andienung: *Cash Settlement*

Durch den Einbau einer Garantiekomponente liegt bei dieser Anlageform *nicht* wie bei Indexzertifikaten oder Discount Zertifikaten eine steuerlich ir-relevante, rein spekulativ bedingte Anlage vor. Vielmehr gehören die im

173

Falle der Veräußerung oder Einlösung der Garantiezertifikate erzielten Erträge (also der Veräußerungserlös bzw. Einlösungsbetrag minus Anschaffungspreis) auch dann zu den steuerpflichtigen Erträgen i.S.d. § 20 EStG, wenn nur die teilweise Rückzahlung des Kapitalvermögens zugesagt ist und die Höhe des Ertrags von einem ungewissen Ereignis abhängt (§ 20 Abs. 2 Nr. 4 c) EStG). Auf der Fondsausgangsseite sind diese Erträge zwischengewinnpflichtig und in den Kapitalertragsteuerabzug einzubeziehen (§ 43 Abs. 1 Nr. 8 EStG i.V.m. § 38 b Abs. 1 S. 2 KAGG).

Gedeckte Optionsscheine
Andere Bezeichnung für Covered Warrants. Zur steuerlichen Behandlung vgl. Stichwort Optionsscheine.

Gekappte Optionsscheine
Andere Bezeichnung für Capped Warrants. Zur steuerlichen Behandlung vgl. Stichwort Optionsscheine.

Geldmarktpapiere (Liquiditätstitel)
Sammelbegriff für kurzfristige (Laufzeit unter 2 Jahren) Papiere. Die Einkommensteuerpflicht und die Zinsabschlagsteuerpflicht hängen von der Ausgestaltung im Einzelfall ab, z.B. Abzinsungspapier, Festzinsanleihen. Vgl. daher Erläuterungen zu den einzelnen speziellen Anlageformen. Regelmäßig handelt es sich um einkommensteuer- und zinsabschlagsteuerpflichtige ordentliche Zinserträge, die in die Ermittlung des Zwischengewinns mit einbezogen werden. Siehe Stichworte Certificates of Deposit, Commercial Papers, Kassenobligationen, Schatzanweisungen.

Genussscheine
Genussscheine sind börsengängige Wertpapiere, die regelmäßig auf den Inhaber lauten (auch Inhaberpapier).

Die steuerliche Behandlung der Genussscheine ist abhängig von der konkreten Ausgestaltung der Emissionsbedingungen, ob also sog. rentenähnliche oder sog. aktienähnliche Genussscheine vorliegen. Zu den unterschiedlichen Ausprägungen siehe im einzelnen Teil 3, I. 3. h).

Ausschüttungen auf *rentenähnliche Genussscheine* sind steuerpflichtige Erträge gem. § 20 Abs. 1 Nr. 7 EStG. Eine Kapitalertragsteuerpflicht ergibt sich in diesem Fall auf der Fondsausgangsseite aus § 43 Abs. 1 Nr. 2 EStG i.V.m. § 38 b Abs. 1 S. 1 Nr. 2 KAGG. Die Erträge sind in die Zwischengewinnermittlung einzubeziehen.

174

Die für Veräußerungs- und Abtretungsfälle geltenden Regelungen des § 20 Abs. 2 Nr. 4 Sätze 1 – 4 EStG (und damit insbesondere das faktische Wahlrecht zwischen einer Besteuerung nach der Emissions- oder Marktrendite) finden keine Anwendung (§ 20 Abs. 2 Nr. 4 S. 5 EStG). Eine Zwischenveräußerung vor Fälligkeit der Kapitalerträge ist daher (anders als etwa bei Wandelanleihen, vgl. Stichwort) beschränkt auf diesen Umfang zinsabschlagsteuerfrei. Auch eine Einbeziehung in die Zwischengewinnermittlung entfällt.

Ausschüttungen auf *aktienähnliche Genussscheine*, sind ebenfalls steuerpflichtig (jedoch nach § 20 Abs. 1 Nr. 1 EStG). Sie unterliegen der Kapitalertragsteuerpflicht gemäß § 43 Abs. 1 Nr. 1 EStG mit der Folge, dass auf der Fondsausgangsseite ein Kapitalertragsteuerabzug von 20 % vorzunehmen ist (§ 38 Abs. 5 KAGG). Jedoch entfällt die Einbeziehung in die Zwischengewinnermittlung, weil § 39 Abs. 2 KAGG n. F. sich nur auf Einnahmen i.S. von § 20 Abs. 1 Nr. 7 EStG bezieht.

Gewinne aus Termingeschäften

Mit Umsetzung des Steueränderungsgesetzes 1999/2000/2001 zum 1.4.1999 unterliegen die auf Fondsebene erzielten Gewinne aus Termingeschäften i.S.d. § 23 Abs. 1 Nr. 4 EStG zu den steuerpflichtigen Einnahmen aus Investmentfonds (§ 39 Abs. 1 S. 1 KAGG). Zum Inhalt der Gewinne aus Termingeschäften im einzelnen verweisen wir auf Teil 3, A. II. 3.

Verluste aus Termingeschäften können mit den entstandenen Gewinnen aus Termingeschäften verrechnet und darüber hinaus in Folgejahre vorgetragen werden.

Auf der Fondsausgangsseite sind Gewinne aus Termingeschäften kraft ausdrücklicher Nennung in § 39 Abs. 2 Nr. 1 KAGG n. F. in den Zwischengewinn aufzunehmen und einem Kapitalertragsteuerabzug zu unterwerfen.

Gewinnobligationen / Gewinnschuldverschreibungen

Diese spezielle Form der Schuldverschreibung gewährt entweder neben oder an Stelle einer festen Verzinsung eine Vergütung, welche sich nach der Höhe der Gewinnausschüttungen (Dividenden) des jeweiligen Emittenten richtet. Die Erträge dieser Gewinnobligationen gehören zu den steuerpflichtigen Kapitalerträgen i.S. von § 20 Abs. 1 Nr. 7 EStG; sie unterliegen auf der Fondsausgangsseite der Kapitalertragsteuerpflicht gemäß den §§ 43 Abs. 1 Nr. 2 EStG i.V.m. § 38 b Abs. 1 S. 1 Nr. 2 KAGG. Diese Erträge sind für die Zwischengewinnermittlung zu berücksichtigen.

Die für Veräußerungs- und Abtretungsfälle geltenden Regelungen von § 20 Abs. 2 Nr. 4, Sätze 1 – 4 EStG (und damit insbesondere das faktische Wahlrecht zwischen einer Besteuerung nach der Emissions- oder Marktrendite) finden keine Anwendung (§ 20 Abs. 2 Nr. 4 S. 5 EStG). Eine Zwischenveräußerung vor Fälligkeit der laufenden Kapitalerträge ist daher in diesem gesetzlich beschränkten Umfang steuerfrei und unterliegt daher insoweit auch nicht dem Kapitalertragsteuerabzug.

Giros

Giros sind Papiere, die sich durch eine Rückzahlungsgarantie der Emittenten auszeichnen (Giro = Guaranty Investment Return Options). Durch Kombination zweier Optionen sind die Geldzahlungsansprüche nicht in einem Wertpapier, sondern in zwei gegenläufigen oder mehreren sich ergänzenden »Optionen« verbrieft, so dass letztlich sowohl die Rückzahlung des überlassenen Kapitalvermögens als auch ein bestimmter Kapitalertrag von vornherein garantiert sind. Die Kapitalerträge sind daher steuerpflichtig i.S. von § 20 Abs. 1 Nr. 7 EStG, so dass diese auf der Fondsausgangsseite dem Zinsabschlag (§ 43 Abs. 1 Nr. 7 b) EStG i.V.m. § 38 b Abs. 1 S. 2 KAGG) unterliegen. Die Erträge sind zwischengewinnpflichtig. Zur steuerlichen Behandlung bei Zwischenveräußerungen vgl. Stichwort Grois.

Gleitzinsanleihen

Gleitzinsanleihen sind regelmäßig Teilschuldverschreibungen, die eine laufende Verzinsung gewähren, welche je nach Vereinbarung entweder von Jahr zu Jahr steigt oder fällt. Gegenüber klassischen Anleihen ergeben sich in Bezug auf die laufende Verzinsung weder bei der Einkommensteuer noch bei der Kapitalertragsteuer noch bei der Einbeziehung in den Zwischengewinn Besonderheiten. Vgl. daher Stichwort Anleihen.

Nach dem Wortlaut des Gesetzes handelt es sich um sog. Kursdifferenzpapiere, da im Kurs von Gleitzinsanleihen je nach individueller Vereinbarung Zinserträge akkumuliert sein können, die ohne diese Vorschrift nicht der Besteuerung unterworfen sein würden. Maßgebende Besteuerungsgrundlage im Zwischenveräußerungsfall sind die entsprechend der besitzzeitanteiligen Emissionsrendite berechneten Erträge. Diese Erträge sind auf der Fondsausgangsseite sowohl zinsabschlagsteuerpflichtig als auch zwischengewinnpflichtig.

GOAL

Hochverzinsliche Anleihe mit der Bezeichnung für Geld Oder Aktien Lieferung. Es handelt sich um eine Anlageform, die zwar zivilrechtlich unteilbar, aber wirtschaftlich aus verschiedenen Elementen zusammengesetzt ist (Compound Instruments). Das Charakteristikum der Anlageform ist eine Kombination einer Anleihe mit einem Rückzahlungswahlrecht des Emittenten. Der Emittent hat insofern ein Andienungsrecht des Bezugsobjekts, der Anleger nimmt die Position eines Stillhalters in Wertpapieren ein (Short Call), was auch die im Marktvergleich hohe Nominalverzinsung begründet. Zur steuerlichen Behandlung siehe Stichwort Aktienanleihe.

Graduated Rate Coupon Bonds

Englischer Begriff für Gleitzinsanleihen, vgl. daher entsprechendes Stichwort.

Gratisaktien

Es handelt sich um einen Sammelbegriff für (Kapital-)Berichtigungs-, Wertberichtigungs-, Frei- oder Zusatzaktien, die im Rahmen von Kapitalerhöhungen aus Gesellschaftsmitteln ausgegeben werden. Zur steuerlichen Behandlung vergleiche Stichwort Freiaktien.

Grois

Ein Groi enthält eine Kombination von einzelnen Put- und Call-Optionen, welche in einem Wertpapier zusammengefasst sind, wobei durch die Kombination dieser Optionsrechte zumindest eine Kapitalrückzahlung, nicht allerdings die Höhe des »ungewissen« Kapitalertrages garantiert wird (Groi = Guaranty Return on Investment). Die über die Kapitalrückzahlung hinausgehenden Erträge unterliegen beim **Durchhalter** sowohl der materiellen Einkommensteuerpflicht (§ 20 Abs. 1 Nr. 7 EStG) als auch dem Zinsabschlagsteuerabzug (§ 43 Abs. 1 Nr. 7 EStG i.V.m. § 38 b Abs. 1 S. 2 KAGG) und gehen in die Zwischengewinnberechnung ein (§ 39 Abs. 2 KAGG n. F.).

Beim **Zwischenveräußerer** erfolgt eine Besteuerung als Kursdifferenzpapier nach § 20 Abs. 2 Nr. 4c EStG. Die Höhe des Kapitalertrages kann in diesem Fall nur mit Hilfe der Marktrendite bestimmt werden. Die Ermittlung der besitzzeitanteiligen Emissionsrendite ist wegen der Abhängigkeit der Verzinsung von einem ungewissen Ereignis (Orientierung der Verzinsung am Stand des Kurses einer oder mehrerer Aktien, eines Index etc.) nicht möglich. Vgl. Stichwort Marktrendite.

Der Kapitalertrag unterliegt gem. § 43 Abs. 1 Nr. 8 EStG i.V.m. § 38b Abs. 1 S. 2 KAGG dem Zinsabschlag und ist nach § 39 Abs. 2 KAGG n. F. in die Zwischengewinnberechnung einzubeziehen.

Guthaben bei Kreditinstituten
Vgl. Stichwort Einlagenzinsen.

Hamster-Optionsscheine
Vgl. Stichwort Optionsscheine.

Hintereinandergeschaltete Zero-Bonds
Bei dieser Geschäftsart werden mehrere Zero-Bonds eines Emittenten mit gestaffelten Laufzeiten bzw. Fälligkeiten angeboten. Hierdurch kommt es zu einer »Streckung« der Rückzahlungsbeträge über mehrere Jahre und beim privaten Direktanleger (Versteuerung nach Zufluss der Erträge) ggf. zu einer Steuerstundung bzw. einer Steuerentlastung (Steuerprogressionseffekte). Die Steuerung des Zuflusses in einen steuerlich günstigen Zeitraum stellt keinen Missbrauch steuerlicher Gestaltungsmöglichkeiten dar. Gegenüber der steuerlichen Behandlung der »einfachen« Zero-Bonds (vgl. entsprechendes Stichwort) bestehen aus Sicht des Privatanlegers keine Besonderheiten.

Für die Fondsgesellschaften ergeben sich aufgrund der kontinuierlichen Heranrechnung der Erträge auf der Grundlage der Emissionsrendite keine Unterschiede zur steuerlichen Behandlung von Abzinsungspapieren (vgl. Stichwort).

Hochzinsanleihen
Vgl. Stichwort Aktienanleihe.

IGLU (Index Groth Linked Units)
Kombination von Geldmarkt- und Index-Anlage mit unterschiedlicher Renditespannweite (verschiedene Tranchen) in Abhängigkeit vom DAX. Steuerlich handelt es sich um eine Anleihe mit einem in der Höhe zwar ungewissen, aber dem Grunde nach garantierten Kapitalertrag (§ 20 Abs. 1 Nr. 7 EStG). Die Kapitalerträge sind daher auf der Fondsausgangsseite bei der Bestimmung der ZASt-Bemessungsgrundlage und der Zwischengewinnermittlung zu berücksichtigen.

Income Bonds
Vgl. Stichwort Anleihen.

Indexaktien

Indexaktien sind Wertpapiere, die wie Indexzertifikate (siehe Stichwort) einen bestimmten Börsenindex abbilden, aber im Unterschied zu Indexzertifikaten Dividendenzahlungen vermitteln. Indexaktien sind keine Aktien im aktienrechtlichen Sinn: Sie werden vielmehr im Unterschied zu herkömmlichen Aktien von Bankhäusern emittiert und vermitteln keine gesellschaftsrechtliche Beteiligung an Unternehmen. Die vom Emittenten aus dem mit Aktien nachgebildeten Index vereinnahmten Dividenden werden von diesem nach Abzug der laufenden Kosten ausgeschüttet. Die Börsenbewertung erfolgt auf Intraday-Basis laufend und folgt (gegebenenfalls unterstützt durch Kurspflege der emittierenden Kreditinstitute) nahe dem zu Grunde liegenden Index. Die emittierten Indexaktien sind im Unterschied zu Indexzertifikaten mit sehr langen Laufzeiten versehen. Da eine exakte Nachbildung eines Aktienindex auf Fondsebene in Deutschland im allgemeinen nicht möglich sein wird, wurden Indexaktien bislang nur im Ausland emittiert (siehe Stichwörter SPDR (Spiders), Diamonds, LDRS, ETF).

Indexaktien sind steuerlich wie ausländische Investmentanteile anzusehen, für die die Vorschriften des Auslandsinvestmentgesetzes zur Anwendung kommen. Je nach Strukturierung der Indexaktien liegen entweder sog. weiße Fonds vor (Vertriebszulassung und steuerlicher Vertreter in Deutschland) oder sog. schwarze Fonds vor. Die laufenden »Dividenden«-Zahlungen sind daher als Einnahmen i.S.d. § 20 Abs. 1 Nr. 1 EStG anzusehen.

Auf der Fondsausgangsseite sind die erzielten Erträge zwar zwischengewinnpflichtig, unterliegen aber keinem Kapitalertragsteuerabzug.

Indexanleihen

Diese Form der Anleihe ist dadurch gekennzeichnet, dass die Höhe der Verzinsung an die Entwicklung eines Index (z.B. Aktienindex, Devisenindex) gekoppelt ist. Die Rückzahlung des eingesetzten Kapitals ist regelmäßig garantiert. In diesem Fall sind die Zinsen steuerpflichtiger Kapitalertrag i.S.v. § 20 Abs. 1 Nr. 7 EStG (Durchhalter) oder i.S.v. § 20 Abs. 2 Nr. 4 c) EStG (Zwischenveräußerer). Die Zinsen sind zinsabschlagsteuerpflichtig (§§ 43 Abs. 1 Nr. 7 (Durchhalter) bzw. 43 Abs. 1 Nr. 8 (Zwischenveräußerer) EStG i.V.m. § 38 b Abs. 1 S. 2 KAGG) und in die Zwischengewinnermittlung nach § 39 Abs. 2 KAGG n. F. einzubeziehen.

Zur steuerlichen Behandlung von Indexanleihen, bei denen neben der Höhe der Verzinsung auch die Rückzahlung des eingesetzten Kapitals an einen Index gebunden ist, vgl. Stichwort Full-Index-Link-Anleihen.

Indexfonds

Es handelt sich um Sondervermögen, die einen bestimmten Index abbilden. Dies erreicht die KAG dadurch, dass sie in jede Aktie eines Index entsprechend dem Gewicht des Titels im Index investiert. Die Erträge aus solchen Fonds gelten – unabhängig davon, ob inländische oder ausländische Sondervermögen vorliegen – als steuerpflichtige Einnahmen i.S.d. § 20 Abs. 1 Nr. 1 EStG.

Die Erträge aus inländischen Indexfonds fließen auf der Fondseingangsseite den steuerbefreiten Sondervermögen brutto, d.h. ohne Steuerabzug zu. Auf der Fondsausgangsseite unterliegen die weiterausgeschütteten bzw. thesaurierten Erträge einem Kapitalertragsteuerabzug; außerdem sind diese Erträge zwischengewinnpflichtig (siehe Stichwort Fondserträge Inland).

Zur steuerlichen Behandlung der Erträge aus ausländischen Indexfonds verweisen wir auf das Stichwort Fondserträge Ausland.

Indexzertifikate

Unverzinsliche Schuldverschreibungen, deren Rückzahlung – anders als bei Indexanleihen (siehe Stichwort) – nicht garantiert ist, sondern die Höhe des Tilgungsbetrages an den Stand eines Index gekoppelt ist. Im Unterschied zu herkömmlichen Schuldverschreibungen haben sie keinen Nominalbetrag, sondern die Einheit »Stücke«. Die Partizipation am Index wird durch das Bezugsverhältnis (z.B. 1 zu 10 = 0,1 des Indexwertes oder 10 = 10 Zertifikate, um Indexverhältnis 1 zu 1 zu erreichen) beschrieben. Bei den zu Grunde liegenden Indizes handelt es sich in aller Regel um auf Aktien basierende Preisindizes (z.B. Stoxx, Euro-Stoxx, S&P 500). Möglich sind aber auch Zertifikate auf Performanceindizes auf Aktien oder Renten (z.B. DAX, REXP). Die Laufzeit der Zertifikate bewegt sich i.d.R. zwischen 3 und 5 Jahren.

Beispiel:

CAC 40 Indexzertifikat

Wertpapierart: Inhaberschuldverschreibung
Bewertungstag: 29.03.2001
Fälligkeitstag: 06.04.2001
Rückzahlung: Die Rückzahlung pro Inhaberschuldverschreibung erfolgt zu einem 19,558tel des in EURO ausgedrückten Schlusskurs des CAC 40 am Bewertungstag.
Verbriefung: Globalurkunde, keine effektive Stücke
WKN: 194 376

Mangels Rückzahlungsgarantie sind mit Indexzertifikaten keine laufenden Dividenden- oder Zinserträge und somit keine steuerpflichtigen Einnahmen i.S.d. § 20 EStG verbunden.

Realisierte Gewinne und Verluste aus der Veräußerung von Indexzertifikaten sind – sofern auf Fondsebene erzielt – steuerlich ohne Belang. Einlösungsgewinne von Indexzertifikaten, die Aktien vertreten, am Laufzeitende gelten gegebenenfalls als steuerpflichtige Gewinne aus Termingeschäften (§ 23 Abs. 1 Nr. 4 EStG – siehe auch Stichwort Gewinne aus Termingeschäften). Nur sofern Gewinne aus Termingeschäften entstehen, sind diese kraft ausdrücklicher Benennung gem. § 39 Abs. 2 S. 1 Nr. 1 KAGG n. F. in die Zwischengewinnberechnung aufzunehmen und unterliegen diese auf der Fondsausgangsseite einem Kapitalertragsteuerabzug (§ 38b Abs. 1 Nr. 4 KAGG i.V.m. § 43 Abs. 1 S. 1 Nr. 8 EStG).

Indexoptionsscheine

Indexoptionsscheine verbriefen Optionsrechte im Rahmen eines bedingten Termingeschäfts, welchem ein bestimmter Index (z.B. DAX oder REX) zugrunde liegt. Wie bei sonstigen echten Termin- oder Optionsgeschäften sind erzielte Erträge der ertragsteuerlich nicht relevanten Vermögensebene zuzuordnen. Siehe im übrigen Stichworte Financial Futures bzw. Optionsgeschäfte.

Index Warrants

Englischer Begriff für Indexoptionsscheine (vgl. Stichwort).

Industrieobligationen / Industrieanleihen

Die Erträge dieser Anlageinstrumente in- oder ausländischer Unternehmen (Emittenten) sind steuerlich wie sonstige Anleihen zu behandeln (vgl. entsprechendes Stichwort).

Inhaberschuldverschreibungen

Vgl. Stichwort Anleihen.

Inlandsanleihen

Vgl. Stichwort Anleihen.

Interest-Rate-Swaps

Englischer Begriff für Zinssatz-Swaps, vgl. Stichwort Swaps.

Interest-Rate-Warrants

Englischer Begriff für Zins-Optionsscheine, vgl. entsprechendes Stichwort.

Inverse Floater

Begriff ist identisch mit Bull Floater oder Reverse Floater, vgl. entsprechendes Stichwort.

Junk Bonds

Hochverzinsliche Schuldverschreibungen geringer Bonität. In der steuerlichen Behandlung ergeben sich keine Besonderheiten zu Anleihen (vgl. Stichwort).

Kapitalforderungen

Sammelbegriff für Forderungen, die auf einen Geldbetrag gerichtet sind. Der Begriff hat Bedeutung im Rahmen der Kapitalertragsteuer. Zu unterscheiden ist zwischen verbrieften Kapitalforderungen (§ 43 Abs. 1 Nr. 7 a) EStG) und einfachen Kapitalforderungen (§ 43 Abs. 1 Nr. 7 b) EStG). Von Bedeutung ist diese Unterscheidung etwa im Zusammenhang mit der Kapitalertragsteuerpflicht ausländischer Kapitalanleger (vgl. entsprechendes Stichwort).

Kapitalherabsetzung

Bezüge, die aufgrund einer Kapitalherabsetzung unbeschränkt steuerpflichtiger Kapitalgesellschaften anfallen, unterliegen grundsätzlich nicht der Besteuerung. Sie stellen aber dann steuerpflichtige Kapitalerträge i.S. von § 20 Abs. 1 Nr. 2 EStG dar, soweit hierfür Beträge des Nennkapitals verwendet werden, die dem Nennkapital durch Umwandlung von Rücklagen, die nach dem 31.12.1976 gebildet wurden, zugeführt worden sind. Wie Liquidationserlöse unterliegen diese Bezüge auf der Fondsausgangsseite nicht dem Kapitalertragsteuerabzug (§ 38 b KAGG) und nicht dem Zinsabschlag. Sie sind damit auch nicht in die Zwischengewinnermittlung (§ 39 Abs. 2 KAGG n. F.) einzubeziehen.

Kassenobligationen

Kassenobligationen sind von der Öffentlichen Hand und Banken (insbesondere auch von inländischen Spezialkreditinstituten) ausgegebene festverzinsliche Wertpapiere mit einer Laufzeit von längstens 4 Jahren. Zur steuerlichen Behandlung vgl. Stichwort Anleihen.

Knock-in-Anleihe

Zur steuerlichen Behandlung dieser Form der Anleihe verweisen wir auf das Stichwort Aktienanleihen. Im Gegensatz zu Aktienanleihen hängt die Entscheidung über die Andienung von Wertpapieren vom Eintritt eines Ereignisses wie z.B. des Unterschreitens des Börsenkurses des Bezugsobjekts unter eine definierte Grenze ab (knock-in-Ereignis). Tritt das Ereignis dagegen nicht ein, verbleibt es bei einer festverzinslichen Anleihe, die zum Nennbetrag getilgt wird.

Kombizinsanleihen

Kombizinsanleihen, auch dual rate bonds genannt, sind verzinsliche Anleihen, die mit einer besonderen Art der Zinszahlung ausgestattet sind. Während der ersten Jahre der Laufzeit erfolgen keinerlei Zinszahlungen, während nach Ablauf eines zuvor bestimmten Zeitraums die Zinszahlungen, dann aber in einer außergewöhnlichen Höhe in den Folgejahren, einsetzen. Über die Gesamtlaufzeit der Anleihe wird daher eine kapitalmarktübliche Rendite gewährleistet. Diese Art der Zinsausstattung bringt es mit sich, dass der Kursverlauf von denjenigen herkömmlicher Anleihen erheblich abweicht.

Auf der Fondseingangsseite sind die laufenden Zinsen steuerpflichtiger Kapitalertrag nach § 20 Abs. 1 Nr. 7 EStG. Bei einer Zwischenveräußerung richtet sich die Höhe des Ertrags neben den laufenden Zinsen auch nach der besitzzeitanteiligen Emissions- oder Marktrendite. Dies kann dazu führen, dass ein Teil des Kursgewinnes in steuerpflichtige Zinserträge umqualifiziert wird (§ 20 Abs. 1 Nr. 4 d EStG).

Auf der Fondsausgangsseite unterliegen die Kapitalerträge dem Zinsabschlag (§ 43 Abs. 1 Nr. 7 und Nr. 8 EStG i.V.m. § 38 b Abs. 1 S. 1 KAGG) und sind in die Zwischengewinnermittlung einzubeziehen (§ 39 Abs. 2 KAGG n. F.).

Kommunalanleihen

Schuldverschreibungen der öffentlich rechtlichen Gebietskörperschaften (Städte, Gemeinden und Gemeindeverbände), welche steuerliche keine Besonderheiten aufweisen (vgl. Stichwort Anleihen).

Kommunalobligationen

Vgl. Stichwort Kommunalanleihen.

Kommunalschatzanweisungen
Vgl. Stichwort Schatzanweisungen.

Kommunalschuldverschreibungen
Vgl. Stichwort Kommunalanleihen.

Kontokorrentzinsen
Guthabenzinsen aus Kontokorrentkonten bei **inländischen** Kreditinstituten sind dem Grunde nach materiell steuerpflichtig (§ 20 Abs. 1 Nr. 7 EStG) und unterliegen dem Zinsabschlag (§ 43 Abs. 1 Nr. 7 b) EStG, § 38 Abs. 1 S. 2 KAGG). Soweit allerdings für die Kontokorrentguthaben kein höherer Zinssatz oder Bonus als 1 % p.a. gezahlt wird oder die Zinsen nur einmal jährlich gutgeschrieben werden und den Betrag von € 20 nicht überschreiten, unterliegen sie auf der Fondsausgangsseite nicht dem Zinsabschlag (sog. Bagatellgrenze, vgl. § 43 Abs. 1 Nr. 7 b) bb) EStG i.V.m. § 38 Abs. 1 S. 2 KAGG). Vergleiche im einzelnen die Ausführungen unter Teil 3, A. I. 4. a) und das Stichwort Einlagenzinsen. Kontokorrentzinsen sind bei der Zwischengewinnermittlung zu berücksichtigen (§ 39 Abs. 2 KAGG n. F.).

Kapitalerträge aus Kontokorrentzinsen bei **ausländischen** Kreditinstituten sind hinsichtlich der Einkommensteuerpflicht wie Inlandseinlagen zu behandeln. Zur Zinsabschlagsteuer- sowie zur Zwischengewinnpflicht auf der Fondsausgangsseite vgl. im einzelnen Teil 3, A. I. 2. c) und das Stichwort Einlagenzinsen.

Kursausgleichsbeträge (Frankreich)
Bei Termingeschäften über französische Aktien kann es zur Sondersituation kommen, dass vor dem Liefertermin noch eine Dividendenzahlung fällig wird und die Lieferung der Aktie »ex fälligem Dividendenschein« erfolgt. Soweit sich der Verkäufer der Aktie vom Käufer gleichwohl den Bruttobetrag der fälligen Dividende zahlen lässt (Dividende ist im Kurs zum Valutazeitpunkt enthalten), er die Dividende aber selbst gegen Vorlage des Coupons realisiert, zahlt der Verkäufer regelmäßig an den Käufer einen Betrag, der seiner Höhe nach der Bruttodividende (ohne Abzug der Quellensteuer) entspricht. Diese Gutschrift berechtigt zu keiner Steuerrückerstattung im Rahmen des deutsch-französischen Doppelbesteuerungsabkommens, so dass auch der Avoir Fiscal in diesen Fällen nicht erstattet wird.

Einkünfte aus Kapitalvermögen i.S. des § 20 Abs. 1 Nr. 1 bis 3 erzielt der Anteilseigner (§ 20 Abs. 2 a EStG). Anteilseigner ist derjenige, dem nach § 39 der AO die Aktien im Zeitpunkt des Gewinnverteilungsbeschlusses zuzurechnen sind. Soweit dies aufgrund des Termincharakters erst nach der Gewinnverteilungsbeschluss wechselt und daher die Aktie ex Dividendenschein geliefert wird, ist der Kursausgleichsbetrag als Minderung der Anschaffungskosten (des Einstandswerts) zu behandeln. Soweit jedoch aufgrund der zivilrechtlichen Struktur das wirtschaftliche Eigentum bereits vor diesem Zeitpunkt wechselt, handelt es sich in vollem Umfang um steuerpflichtigen Kapitalertrag.

Kursdifferenzpapiere
Sammelbegriff für Wertpapiere, in deren Kurse verdeckte Zinserträge enthalten sind. Die Besteuerung richtet sich nach § 20 Abs. 2 S. 1 Nr. 4 EStG und umfasst alle Kapitalnutzungserträge aus der Veräußerung, Abtretung, Endeinlösung von verbrieften und nicht verbrieften Kapital-/Zinsforderungen, deren Besteuerung sonst nicht gesichert ist.

Zur steuerlichen Behandlung im einzelnen verweisen wir auf Teil 3, A. I. 3. b).

Kursgewinne / -verluste
Realisierte Kursgewinne sind bei einem Sondervermögen nach KAGG anders als beim privaten Direktanleger kraft spezialgesetzlicher Regelung auch dann steuerfrei, wenn sie innerhalb eines Zeitraums von 12 Monaten nach Anschaffung des Wertpapiers erzielt werden (§ 40 Abs. 1 S. 1 KAGG), es sei denn, dass es sich um Gewinne aus privaten Veräußerungsgeschäften mit Differenzausgleich (§ 23 Abs. 1 S. 1 Nr. 4 EStG) handelt.

Mit Inkrafttreten des Steuersenkungsgesetzes wurde die steuerliche Behandlung der realisierten Kursgewinne (und -verluste) für Kapitalanleger aus, die die Investmentzertifikate in einem steuerlichen Betriebsvermögen halten, völlig neu geregelt. Vgl. im einzelnen hierzu Teil 3, A. II. 2.

Länderanleihen
Länderanleihen sind von der Öffentlichen Hand emittierte Teilschuldverschreibungen oder Schuldbuchforderungen. Für die steuerliche Behandlung vgl. Stichwort Anleihen.

Liquidationsrate Frankreich
Siehe Stichwort Kursausgleichsbeträge (Frankreich).

Liquiditätstitel
Von der deutschen Bundesbank angebotene Abzinsungspapiere mit Geldmarktcharakter. Steuerliche Behandlung vgl. Stichworte Geldmarktpapiere und Abzinsungspapiere.

Liquid Yield Option Notes (LYONs)

Englische Bezeichnung für eine Schuldverschreibung mit mehreren unselbständigen Gestaltungsrechten (siehe Stichwort Compound Instrument). Konkret handelt es sich um eine mit hohem Disagio begebenen Anleihe (zero coupon convertible bond), verbunden mit jeweils zu verschiedenen Zeitpunkten ausübbaren Optionsrechten des Emittenten und des Anlegers. Die Optionsrechte beinhalten zum einen ein Andienungsrecht des Emittenten, dem Käufer der Anleihe Aktien des underlying anzudienen (Put-Option des Emittenten – Andienungsrecht) und zum anderen ein Recht des Anlegers, Aktien des underlying zu erwerben (Call Option des Anlegers – Erwerbsrecht).

Beispiel:

XYZ AG Euro LYONs Offering

Form:	*Senior and unsecured*
Maturity:	*15 years*
Coupon:	*0 % Coupon*
Yield to Maturity:	*4.625 % – 5.376 %*
Premium:	*15 % – 20 %*
Call Protection:	*Non-callable for 5 years, thereafter at accreted value*
Put Option:	*At the end of years 3 and 8 at accreted value*
Rating:	*Official rating expected from....*

Zivilrechtlich besteht zum Emittenten nur ein einheitliches, unteilbares Rechtsverhältnis. Die steuerliche Behandlung folgt zero-bond-Grundsätzen (siehe Stichwort zero bond). Die laufend herangerechneten Zinsen stellen steuerpflichtige Einnahmen i.S.d. § 20 Abs. 1 Nr. 7 EStG dar, die mit Veräußerung berechneten Stückzinsen steuerpflichtige Einnahmen i.S.d. § 20 Abs. 2 Nr. 3 EStG.

Auf der Fondsausgangsseite sind die erzielten Einnahmen in die Zwischengewinnberechnung aufzunehmen; sie unterliegen einem Kapitalertragsteuerabzug (§ 43 Abs. 1 Nr. 7a) EStG, § 38b Abs. 1 Nr. 3 KAGG).

Im Zeitpunkt der Ausübung der Optionen liegen Veräußerungs- und Anschaffungsvorgänge vor, die aber auf Fondsebene steuerlich nicht relevant sind. Nach der Anschaffung bzw. Andienung der Aktien werden auf der Fondseingangsseite steuerpflichtige Dividendeneinnahmen i.S.d. § 20 Abs. 1 Nr. 1 EStG erzielt. Diese Dividendeneinnahmen sind – auf der Fondsausgangsseite – nicht zwischengewinnpflichtig und unterliegen aber – sofern es sich um Dividenden inländischer Unternehmen handelt – einem Kapitalertragsteuerabzug.

Listed Diversified Return Securities (LDRS)
Englische Bezeichnung für die von der irischen Kapitalgesellschaft European Exchange-Traded Fund Company (European ETF) emittierten Indexaktien (siehe Stichwort) auf den DJ Stoxx 50 und den DJ Euro Stoxx 50. Diese Indexaktien werden an der Deutschen Börse Frankfurt im Handelssegment XTF-Markt gehandelt. Da diese Indexaktien im Inland sowohl Vertriebszulassung als auch einen steuerlichen Vertreter haben, gelten diese als Anteile an sog. weißen Fonds i.S.d. AuslInvestmG, deren Besteuerung sich nach § 17 Abs. 1 AuslInvestmG richtet. Die Dividendenausschüttungen stellen daher Einnahmen i.S.d. § 20 Abs. 1 Nr. 1 EStG dar.

Auf der Fondsausgangsseite sind solche Dividendenausschüttungen zwischengewinnpflichtig gem. § 39 Abs. 2 Nr. 4 KAGG n. F., unterliegen aber keinem Kapitalertragsteuerabzug.

Low Coupon Bonds
Vgl. Stichwort Niedrigverzinsliche Wertpapiere.

Marktrendite
Die Marktrendite entspricht dem Unterschiedsbetrag zwischen dem Entgelt für den Erwerb und den Einnahmen aus der Veräußerung, Abtretung oder Einlösung der Wertpapiere oder Kapitalforderungen. Sie kann wahlweise zum Tragen kommen, falls ein Steuerpflichtiger die zur Besteuerung seiner Kapitalerträge notwendige Emissionsrendite nicht nachweist.

Es hängt von der Gestaltung des Einzelfalles ab, welche Berechnungsmethode zu steuerlich günstigeren Ergebnissen führt. Da in die Marktrendite als Differenzmethode auch Kursgewinne/-verluste einfließen, ist die Emissionsrendite regelmäßig in den Fällen günstiger, in denen im Veräußerungserlös auch Kursgewinne enthalten sind, die auf einer Veränderung des Kapitalmarktzinses beruhen. In der Praxis der Fondsverwaltungen wird in aller Regel nach der Berechnung der Emissionsrendite vorgegangen (vgl. Stichwort).

Mit dem Steueränderungsgesetz 2001 soll in § 20 Abs. 2 Nr. 4 S. 2 EStG eingefügt werden, dass für Anlageformen, die keine Emissionsrendite haben, zwingend die Marktrendite heranzuziehen ist.

Medium Term Notes
Medium Term Notes sind regelmäßig Inhaberschuldverschreibungen, die in Sammelurkunden verbrieft sind und im Rahmen einer Daueremission ausgegeben werden. Zur steuerlichen Behandlung vgl. Stichwort Anleihen.

Mega-Zertifikate

Mega-Zertifikate sind Anleihen mit Rückzahlungsgarantie (Mega = Marktabhängiger Ertrag mit Garantie des Anlagebetrages). Synonym verwandt wird auch der Begriff Money-Back-Zertifikate (vgl. die entsprechenden Stichworte), wobei beide Bezeichnungen als Oberbegriff für Anleihen mit Rückzahlungsgarantie verwendet werden, dessen Kapitalertrag ein spekulatives Moment aufweist. Hierunter fallen unterschiedlichste Varianten, etwa Stichworte Grois, Giros, Saros, Iglu, Clous, Peps, Pips.

Die laufenden Erträge sind steuerpflichtige Kapitalerträge i.S. von § 20 Abs. 1 Nr. 7 EStG. In Zwischenveräußerungsfällen ergibt sich ein steuerpflichtiger Ertrag gem. § 20 Abs. 2 Nr. 4 c bzw. bei Inrechnungstellung von Stückzinsen gem. § 20 Abs. 2 Nr. 3 EStG. Die Erträge sind zinsabschlagsteuerpflichtig (§ 43 Abs. 1 Nr. 7 bzw. Nr. 8 EStG i.V.m. § 38 b Abs. 1 S. 2 KAGG) und in die Zwischengewinnermittlung einzubeziehen.

Minimax-Floater

Variabel verzinsliche Anleihe, welche mit einem vereinbarten Mindest- und einem Maximumzinssatz ausgestattet ist. Zur steuerlichen Behandlung vgl. Stichwort Floater mit Zinssatzbeschränkung.

Mini-Max-Zertifikate

Indexzertifikate, mit denen eine bestimmte minimale (Floor) und gleichzeitig maximale (Cap) Rückzahlung festgeschrieben werden. Da hiermit auch eine Garantiekomponente enthalten ist, führen die im Falle der Veräußerung oder Einlösung der Zertifikate erzielten Erträge aus solchen Anlagen zu steuerpflichtigen Einnahmen i.S.d. § 20 Abs. 2 Nr. 4 c) EStG, die auf der Fondsausgangsseite zwischengewinnpflichtig sind und einem Kapitalertragsteuerabzug unterliegen (siehe Stichwort Garantiezertifikate).

Minus-Stückzinsen

Vgl. Stichwort Antizipationszinsen.

Money-Back-Zertifikate

Vgl. Stichwort Mega-Zertifikate.

Mortgage Backed Securities

Hierbei handelt es sich um eine spezielle Ausgestaltung der Asset Backed Securities. Zur steuerlichen Behandlung siehe Stichwort Asset Backed Securities.

Naked Warrants

Optionsscheine, welche ohne gleichzeitige Emission einer Optionsanleihe begeben und selbständig an der Börse gehandelt werden. Die Erträge aus dem Handel mit Optionsscheinen (Veräußerungsgewinne) sind – sofern nicht Gewinne aus Termingeschäften vorliegen (siehe Stichwort) – gem. § 40 Abs. 1 S. 1 KAGG steuerbefreit.

Namensschuldverschreibungen

Kapitalerträge aus Schuldverschreibungen, welche nicht durch den jeweiligen Inhaber, sondern auf den Berechtigten (auf Namen) lauten, führen wie sonstige Schuldverschreibungen zu steuerpflichtigem Kapitalertrag (vgl. entsprechendes Stichwort).

Niedrigverzinsliche Anleihen / Wertpapiere

Unter niedrigverzinslichen Wertpapieren können **zum einen** Wertpapiere verstanden werden, die zwar zu marktgerechten Konditionen in einer Niedrigzinsphase emittiert wurden, deren Nominalverzinsung aber unterhalb dem aktuellen, marktüblichen Zinsniveau liegt. Zum Ausgleich der Niedrigverzinslichkeit wird der Kurs des Wertpapiers – in Abhängigkeit zur Restlaufzeit – unter den Emissionskurs sinken.

Für die steuerliche Behandlung ergeben sich gegenüber Anleihen (siehe Stichwort Anleihen) keine Besonderheiten. Sowohl laufend vereinnahmte Zinsen als auch vereinnahmte Stückzinsen sind einkommensteuerpflichtig (§§ 20 Abs. 1 Nr. 7, 20 Abs. 2 Nr. 3 EStG), auf der Fondsausgangsseite zinsabschlagsteuerpflichtig (§§ 43 Abs. 1 Nr. 7, Nr. 8 EStG i.V.m. 38 b Abs. 1 S. 2 KAGG) und für die Zwischengewinnermittlung zu berücksichtigen. Kursgewinne bleiben jedoch steuerfrei, da sie auf rein marktbedingten Kursschwankungen beruhen.

Unter niedrigverzinslichen Wertpapieren können **zum anderen** auch Wertpapiere verstanden werden, die mit einer geringeren als der marktüblichen Nominalverzinsung emittiert werden, zusätzlich aber ein hohes, die zulässigen Werte übersteigendes Emissionsdisagio ausweisen oder – bei aufgezinsten Werten – mit entsprechend hohem Rückgabeagio rückzahlbar sind. Zur laufenden Besteuerung ergeben sich keine Besonderheiten (siehe oben und Stichwort Anleihen). Zur steuerlichen Behandlung als Abzinsungspapier vgl. das entsprechende Stichwort sowie die Stichworte Optionsanleihe, Agiopapiere und Disagio-Anleihen.

Null-Coupon-Anleihen
Vgl. Stichwort Zero-Bonds.

Null-Coupon-Optionsanleihen
Die Kombination aus einem Zero-Bond (vgl. Stichwort) und einer Optionsanleihe (vgl. Stichwort) unterliegt den jeweils für die Grundformen geltenden steuerlichen Regelungen.

Obligationen
Vgl. Stichwort Schuldverschreibungen.

Öffentliche Anleihen
Vgl. Stichwort Bundesanleihen.

Optionen auf Aktien
Vgl. Stichwort Optionsgeschäfte.

Optionen auf Swaps
Vgl. Stichwort zu Optionsgeschäfte.

Optionsanleihen (Warrant Bonds)
Bei Optionsanleihen handelt es sich um Teilschuldverschreibungen, die neben einer festen – in der Regel im Vergleich zum Marktzins niedrigeren – Nominalverzinsung ein Bezugsrecht in Form eines Optionsscheins auf Aktien, Anleihen und/oder Währungen zu einem festgelegten Preis gewähren. Dabei wird der Optionsschein als Gegenleistung für den Verzicht auf die marktübliche Nominalverzinsung eingeräumt. Der beim Ersterwerb der Anleihe gezahlte Zeichnungspreis entfällt damit auf den Erwerb von zwei Wirtschaftsgütern, nämlich auf den Erwerb einer **abgezinsten** Teilschuldverschreibung und auf den Erwerb des Optionsscheins. Die Optionsanleihe wird also mit einem »verdeckten Disagio« ausgegeben (sog. Zwei-Wirtschaftsgüter-Theorie).

Zur Verdeutlichung vergleiche folgendes **Beispiel:**

Emission einer Optionsanleihe zum Kurs von	103,0 %
Nominalzins	3,0 %
Kurs Optionsschein	10,0 %
Emissionskurs der Anleihe	93,0 %

Wegen Überschreitung der Disagiogrenzen handelt es sich bei der Anleihe um ein Abzinsungspapier.

Die **laufenden Zinsen** stellen sowohl beim Durchhalter als auch beim Zwischenveräußerer steuerpflichtigen Kapitalertrag (§ 20 Abs. 1 Nr. 7 EStG) dar. Auf der Fondsausgangsseite unterliegt dieser Ertrag dem Zinsabschlag (§ 43 Abs. 1 Nr. 7 EStG i.V.m. § 38b Abs. 1 S. 2 KAGG) und fließt in die Zwischengewinnermittlung (§ 39 Abs. 2 KAGG n. F.) ein.

Darüber hinaus liegen steuerpflichtige Erträge nach § 20 Abs. 1 Nr. 7 EStG (Durchhalter) oder nach § 20 Abs. 2 Nr. 4a EStG (Zwischenveräußerer) in Form des bei der Emission der Anleihe einbehaltenen Emissionsdisagios vor, die auf der Fondsausgangsseite dem Zinsabschlag nach § 43 Abs. 1 Nr. 7 EStG i.V.m. § 38 b Abs. 1 S. 2 KAGG unterliegen und bei der Zwischengewinnermittlung (§ 39 Abs. 2 KAGG n. F.) Berücksichtigung finden (vgl. Stichwort Abzinsungspapiere). Der Betrag des besitzzeitanteiligen Emissionsdisagios im Falle der Zwischenveräußerung wird in aller Regel mit Hilfe der Emissionsrendite ermittelt. Zur Möglichkeit der Verwendung der Marktrendite vgl. Stichworte Emissionsrendite, Marktrendite.

Zur steuerlichen Behandlung der bei Zwischenveräußerungen berechneten Stückzinsen vgl. Stichwort Stückzinsen.

Optionsgenussscheine

Es handelt sich um Genussscheine, die zusätzlich mit einem Recht zum Bezug einer oder mehrerer Aktien des emittierenden Unternehmens ausgestattet sind. Optionsgenussscheine zerfallen in ein Gläubigerrecht und einen Optionsschein. Beide Elemente sind regelmäßig rechtlich selbständig, d.h. sie können sowohl zusammen als auch voneinander getrennt übertragen werden. Zur steuerlichen Behandlung vgl. daher die einzelnen Stichworte Genussscheine und Optionsscheine.

Optionsgeschäfte

Hinsichtlich der steuerlichen Behandlung von Optionsgeschäften, die über die elektronische Handels- und Clearingplattform EUREX abgewickelt werden vgl. im einzelnen unsere Ausführungen unter Teil 3, A. II. 4 b), c).

Optionsscheine

Zu Optionsscheinen siehe auch Teil 3, A. II. 4. a).

Häufig werden die verschiedenen Optionsrechte – auf unterschiedlichste Art miteinander kombiniert – in Form von Optionsscheinen verbrieft. Die steuerliche Behandlung dieser Optionsscheine richtet sich danach, ob mit der kombinierten Anlage die Rückzahlung des eingesetzten Kapitals gewährleistet ist oder mit einem im voraus feststehenden Gewinn gerechnet werden kann (Steuerpflicht nach § 20 Abs. 1 Nr. 7, Abs. 2 Nr. 4 EStG – siehe Stichwort Kursdifferenzpapier) oder ob eine rein spekulative Anlageform vorliegt (Steuerpflicht nur, sofern ein Gewinn aus Termingeschäft vorliegt). Ob insofern mit Optionsscheinen (steuerpflichtige) Entgelte für die Überlassung von Kapitalvermögen erzielt werden, ist – unabhängig von der Bezeichnung und der zivilrechtlichen Gestaltung – *nach wirtschaftlichen Gesichtspunkten* zu entscheiden.

❏ *Basket Warrants (Aktienkorb-Optionsscheine)*
Optionsscheine, die den Inhaber zum Kauf eines im einzelnen definierten Korbs von Basiswerten (regelmäßig Aktien) berechtigen.

Aus einem Basket warrant werden keine steuerpflichtigen Einnahmen i.S.d. § 20 EStG erzielt. Es liegt eine rein spekulative Anlage vor; die Gewinne hieraus sind – sofern nicht die Voraussetzungen eines Termingeschäfts vorliegen – auf Fondsebene steuerlich ohne Relevanz.

Realisierte Gewinne oder Verluste aus der Veräußerung des Optionsscheins oder der Ausübung der Option bleiben für den Privatanleger bei Beachtung der 1-Jahres-Frist und auf Fondsebene generell ohne steuerliche Relevanz.

Sofern aber das Rechtsverhältnis »Optionsschein« innerhalb eines Jahres nach Anschaffung durch Barausgleich beendet wird, sind die erzielten Gewinne (aber auch Verluste) im Rahmen der Vorschriften über Gewinne aus Termingeschäften nach § 23 Abs. 1 Nr. 4 EStG steuerpflichtig. Auf der Fondsausgangsseite unterliegen diese Gewinne der Zwischengewinnpflicht und einem Kapitalertragsteuerabzug (§ 38b Abs. 1 Nr. 4 KAGG).

❏ *Bandbreiten-Optionsscheine*
Bei Bandbreiten-Optionsscheinen, auch range warrants genannt, handelt es sich um eine Kombination von Optionsscheinen, mit denen der Käufer das Recht auf Zahlung eines bestimmten, über dem Optionspreis liegenden Betrag (»Ausübungsbetrag«) durch den Emittenten erwirbt, wenn z.B. der Kurs einer bestimmten Aktie oder einer Fremdwährung am Ausübungstag innerhalb der Bandbreite eines der Optionsscheine liegt.

Ist die Kapitalrückzahlung, also die Optionsprämie, aber gewährleistet, auch wenn der Kurs des Basisobjekts die vorgegebenen Grenzen überschreitet, sind die erzielten Einnahmen als Einnahmen aus einem Kursdifferenzpapier steuerpflichtig i.S.d. § 20 Abs. 1 Nr. 7, Abs. 2 Nr. 4 EStG. Auf der Fondsausgangsseite sind solche Einnahmen zwischengewinnpflichtig und dem Kapitalertragsteuerabzug zu unterwerfen.

Ist die Rückzahlung der Optionsprämie aber nicht garantiert, liegt insofern eine rein spekulative Anlage vor (Bandbreitenoptionsscheine mit einer sog. Dual-Range oder einer sog. knock-out-range). Zur steuerlichen Behandlung siehe Ausführungen zu Basket Warrants. Solche Optionsscheine kommen in verschiedenen Ausprägungen vor. Bei Dual-Range-Optionsscheinen erhält der Anleger für jeden Tag, an dem sich der Kurs des Basiswerts innerhalb des Korridors befindet, einen festen Betrag gutgeschrieben, für jeden Tag, an dem sich der Kurs außerhalb des Korridors befindet, einen entsprechenden Betrag abgezogen. Die knock-out-range besagt, dass das Optionsrecht ersatzlos erlischt, wenn der Kurs des Basiswerts während der Laufzeit einen der Grenzwerte erreicht.

❏ *Barrier Optionsscheine*
Bei dieser Form von Optionsscheinen handelt es sich um einen Standardoptionsschein mit der Besonderheit, dass die Optionen entweder erlöschen (»knock out«) oder aber entstehen (»knock in«), wenn der Basiswert einen im voraus bestimmten Kurs (»Barrier«) erreicht. Im Vergleich zu Standardoptionen ist die Gewinnchance dieser Option damit eingeschränkt bzw. das Verlustrisiko erhöht.

Es liegt eine rein spekulative Anlage vor. Zur steuerlichen Behandlung siehe Ausführungen zu Basket Warrants.

❏ *Bottom-Up/Top-down Optionsscheine auf Aktien*
Bei dieser Form von Optionsscheinen handelt es sich um Standardoptionsscheine mit der Besonderheit, dass sie an jedem Kalendertag der Laufzeit, an dem der Schlusskurs der betreffenden Aktie an der maßgeblichen Wertpapierbörse auf oder oberhalb (bottom up) bzw. unterhalb (top down) einer festgelegten Kursuntergrenze notiert, einen bestimmten Betrag ansammeln. Der angesammelte Betrag wird dann am Ende der Laufzeit ausgezahlt. Erreicht der Schlusskurs der betreffenden Aktie nicht die festgelegte Kursgrenze, verfällt das eingesetzte Kapital.

Soweit nach der tatsächlichen Gestaltung weder die Rückzahlung des eingesetzten Kapitals noch ein Kapitalertrag garantiert wird, liegt eine rein spekulative Anlage vor. Zur steuerlichen Behandlung siehe Ausführungen zu Basket Warrants.

❏ *Boost-Optionsschein*

Anlageform mit regelmäßig spekulativem Charakter, bei der der Anleger darauf spekuliert, dass sich der Kurs eines Basisobjektes innerhalb einer bestimmten Bandbreite bewegt. Solange diese Annahme zutreffend ist, leistet der Emittent eine vereinbarte Zahlung. »Platzt« der Kurs aus dieser Bandbreite heraus, endet die Laufzeit des Geschäftes.

Sofern die Anlageform auf einen Differenzausgleich gerichtet ist, liegt ein steuerlich relevantes Termingeschäft vor (§ 23 Abs. 1 S. 1 Nr. 4 EStG). Zu den Voraussetzungen der Steuerpflicht siehe Stichwort Basket Warrants und Teil 3, A. II. 3. Sind die Rückzahlung des eingesetzten Kapitals oder eine Verzinsung durch spezielle Ausprägung der Anlageform garantiert, stellen die vereinnahmten Erträge steuerpflichtigen Kapitalertrag dar (§ 20 Abs. 1 Nr. 7 EStG).

❏ *Capped Warrants*

Unter capped warrants versteht man die in Form eines Optionsscheines verbriefte **Kombination** einer Kaufoption (»call«) und einer Verkaufsoption (»put«) auf der Basis von Wertpapier- oder Devisenkursen oder anderer Indizes. Die »Optionen« lauten auf unterschiedlich hohe Basispreise und sind mit Preisbegrenzungen ausgestattet (»caps«), die jeweils mit dem Basispreis der anderen Option übereinstimmen. Die Kombination beider Optionsrechte sichert einen im voraus bestimmbaren Kapitalertrag, entweder vollständig aus nur einem der beiden Scheine oder aus der Addition der jeweiligen Erträge aus den beiden Optionsrechten. Insofern liegt ein steuerpflichtiger Kapitalertrag vor, der auf der Fondsausgangsseite dem Zinsabschlag zu unterwerfen ist und in die Zwischengewinnermittlung einzubeziehen ist.

❏ *Digital-Optionsscheine*

Wie HIT-Optionsscheine, nur mit dem Unterschied, dass der Kurs des Basisinstruments *am Ende der Laufzeit* eine Schwelle erreichen oder durchbrechen muss.

Soweit nach der tatsächlichen Gestaltung weder die Rückzahlung des eingesetzten Kapitals noch ein Kapitalertrag garantiert wird, liegt eine rein spekulative Anlage vor. Zur steuerlichen Behandlung siehe Ausführungen zu Basket Warrants.

❏ *Gedeckte Optionsscheine (Covered Warrants)*

Optionsscheine, die zum Bezug bestimmter Aktien zu einem im voraus festgelegten Bezugspreis (Basispreis) berechtigen. Hierbei besteht die Be-

194

sonderheit, dass der Emittent des Optionsscheins den Verkauf einer Aktie zu einem feststehenden Preis garantiert und der entweder die Aktie schon vorher in Besitz hat oder sich diese z.B. über Wertpapierleihe besorgen muss. Die Laufzeit der Covered Warrants ist regelmäßig kürzer als bei sonstigen Optionsscheinen, woraus sich gleichzeitig ergibt, dass das Verfallrisiko mit Totalverlust der Optionsprämie sehr hoch ist.

Es liegt eine rein spekulative Anlage vor. Zur steuerlichen Behandlung siehe Ausführungen zu Basket Warrants.

❑ *Hamster-Optionsscheine*

Bei dieser Form von Optionsscheinen handelt es sich um Standardoptionsscheine mit der Besonderheit, dass Erträge dann angesammelt (»gehamstert«) werden, wenn zu regelmäßig wiederkehrenden, vereinbarten Zeitpunkten die zugrunde liegenden Wertpapier- oder Währungsindizes sich innerhalb einer bestimmten Bandbreite bewegen.

Soweit nach der tatsächlichen Gestaltung weder die Rückzahlung des eingesetzten Kapitals noch ein Kapitalertrag garantiert werden (vgl. Wortlaut des § 20 Abs. 1 Nr. 7 EStG), liegt kein steuerpflichtiger Kapitalertrag, sondern ein beim Privatanleger ertragsteuerlich irrelevanter Vorgang auf der Vermögensebene vor. Eine Einbeziehung in die ZASt-Bemessungsgrundlage und in die Zwischengewinnermittlung entfällt daher auf der Fondsausgangsseite.

❑ *HIT-Optionsscheine*

Bei dieser Form von Optionsscheinen handelt es sich um einen Standardoptionsschein mit der Besonderheit, dass ein im voraus bestimmter fester Betrag ausgezahlt wird, sobald der Kurs des Basisinstruments *während der Laufzeit* eine Schwelle erreicht oder durchbricht. Andernfalls verfällt der HIT-Optionsschein wertlos.

Beispiel:

EUR/USD HIT-Optionsschein

Schwelle: *USD 1,00*
Laufzeitende: *19.06.2000*

Es liegt eine rein spekulative Anlage vor. Zur steuerlichen Behandlung siehe Ausführungen zu Basket Warrants.

❏ *Indexoptionsscheine (Index Warrants)*

Optionsscheine, die auf einen Index als Bezugsobjekt lauten (z.B. DAX oder REX) und die den Inhaber berechtigen, bei Eintritt einer Bedingung eine Zahlung in Höhe der Differenz zwischen Indexstand und Basispreis zu erhalten (Barausgleich).

Es liegt eine rein spekulative Anlage vor. Zur steuerlichen Behandlung siehe Ausführungen zu Basket Warrants.

❏ *Powered Optionsscheine*

Bei dieser Form von Optionsscheinen handelt es sich um einen Standardoptionsschein mit Cap mit der Besonderheit, dass der bei Ausübung zahlbare Differenzbetrag dem Quadrat der Differenz (sofern positiv) zwischen dem Basispreis und dem Ausübungspreis entspricht. Die Option kann nur am Ende der Laufzeit ausgeübt werden (European Style).

Beispiel:

USD/€ Powered Optionsschein (Call)

Basispreis:	*€ 1,75*		
Bezugsverhältnis:	*100 zu 1*		
Wechselkurs bei Fälligkeit:	*€ 1,76*	*€ 1,79*	*€ 1,81*
Auszahlung Standard Call:	*€ 1,00*	*€ 4,00*	*€ 6,00*
Auszahlung Powered Call:	*€ 1,00*	*€ 16,00*	*€ 25,00*

Es liegt eine rein spekulative Anlage vor. Zur steuerlichen Behandlung siehe Ausführungen zu Basket Warrants.

❏ *Spread – Optionsscheine*

Diese Form von Optionen (auch Cap-Optionen genannt) kombinieren zwei Optionen des gleichen Typs: es liegen entweder zwei Kaufoptionen (Cap Calls oder Bull Spread) oder zwei Verkaufsoptionen (Cap-Put oder Bear Spread) vor.

Der Cap Call setzt sich aus einem Long Call und einem Short Call zusammen, wobei der Short Call einen höheren Basispreis aufweist. Für den Cap-Put gilt entsprechendes, nur mit dem Unterschied, dass hier der Long Put mit einen höheren Ausübungspreis als der Short Put ausgestattet ist.

Beispiel:

Bull Spread Optionsschein

USD/€ Wechselkurs Ref. € 1,6850 (Stand: 12.11.1998)
Basiskurs (Long Call):   *€ 1,70 pro USD 1,00*

Ausübungspreis (Short Call): € *1,80 pro USD 1,00*
Optionsscheinkurs: € *2,12*
Laufzeit: 15.03.1999
Aufgeld: 2,15 %

Aus einem Spread Optionsschein werden keine steuerpflichtigen Einnahmen i.S.d. § 20 EStG erzielt. Es liegt eine rein spekulative Anlage vor; die Gewinne hieraus sind – sofern nicht die Voraussetzungen eines Termingeschäfts vorliegen – auf Fondsebene steuerlich ohne Relevanz.

Realisierte Gewinne oder Verluste aus der Veräußerung des Optionsscheins oder der Ausübung der Option bleiben für den Privatanleger bei Beachtung der 1-Jahres-Frist und auf Fondsebene generell ohne steuerliche Relevanz. Zur steuerlichen Behandlung siehe Ausführungen zu Basket Warrants.

❑ *Währungsoptionsscheine* (Currency Warrants)
Optionsscheine, die den Inhaber zum Bezug (Call) bzw. Verkauf (Put) von Währungen zum vereinbarten Basispreis berechtigen.

Es liegt eine rein spekulative Anlage vor. Zur steuerlichen Behandlung siehe Ausführungen zu Basket Warrants.

Partizipationsscheine
Anderer Begriff für Indexzertifikate. Die Anleger »partizipieren« an der Entwicklung des Bezugsindex in positiver wie in negativer Hinsicht. Zur steuerlichen Behandlung siehe Stichwort Indexzertifikate.

Participating Bonds
Vgl. Stichwort Gewinnschuldverschreibungen.

Partly-Paid-Issues
Der Erwerber bezahlt bei dieser Anleiheform zum Emissionszeitpunkt nur einen Teilbetrag des Ausgabepreises. Der Restbetrag wird an einem im voraus festgesetzten späteren Termin fällig. Bei Nichtzahlung der späteren Rate verliert der Anleiheinhaber sein eingesetztes Kapital. Ein Verkauf der Anleihe ist sofort – also auch schon vor der Zahlung der Restrate – möglich, so dass bei geringem Kapitaleinsatz bereits Kursgewinne realisiert werden können.

Die laufenden Zinsen sind steuerpflichtige Einnahmen (§ 20 Abs. 1 Nr. 7 EStG), die auf der Fondsausgangsseite dem Zinsabschlag unterliegen (§ 43 Abs. 1 Nr. 7 a) EStG i.V.m. § 38 b Abs. 1 S. 2 KAGG) und in die Zwischengewinnberechnung eingehen (§ 39 Abs. 2 KAGG n. F.).

Im Fall einer **Zwischenveräußerung** gehören Stückzinsen beim Veräußerer zu den steuerpflichtigen Einnahmen nach § 20 Abs. 2 Nr. 3 EStG; sie sind auf der Fondsausgangsseite zinsabschlagsteuerpflichtig (§ 43 Abs. 1 Nr. 8 i.V.m. § 38 b Abs. 1 S. 2 KAGG) und in die Zwischengewinnberechnung (§ 39 Abs. 2 KAGG n. F.) einzubeziehen.

Vgl. im übrigen auch das Stichwort Anleihen.

PEP (Protected Equity Participation)
Vgl. Stichwort Mega Zertifikate.

PERLES
Anderer Begriff für Indexzertifikate und steht für **Per**formance **L**inked to **E**quity **S**ecurities. Zur steuerlichen Behandlung siehe Stichwort Indexzertifikate.

Pfandbriefe
Die Zinserträge dieser durch Hypotheken gedeckten, festverzinslichen Schuldverschreibungen inländischer Kreditinstitute führen zu steuerpflichtigen Kapitaleinkünften i.S. von § 20 Abs. 1 Nr. 7 EStG, die auf der Fondsausgangsseite dem Zinsabschlag unterliegen (vgl. §§ 43 Abs. 1 Nr. 7 a) EStG i.V.m. § 38 b Abs. 1 S. 2 KAGG) und in die Zwischengewinnermittlung mit einbezogen werden (§ 39 Abs. 2 KAGG n. F.).

Plain Vanilla Convertibles
Es handelt sich um eine Wandelanleihe, die sich durch eine Begebung zu pari und einer Rückzahlungsverpflichtung zu pari auszeichnet. Die Anleihe ist mit einem Zinskupon ausgestattet und kann mit einem offenen oder verdeckten Aufgeld versehen sein. Zur steuerlichen Behandlung siehe Stichwort Wandelanleihen.

PIP (Protected Index Participation)
Vgl. Stichwort Mega-Zertifikate.

Put Optionsschein
Vgl. Stichwort Optionsschein.

Range Warrants
Vgl. Stichwort Bandbreiten-Optionsscheine.

198

Retractable Issues
Die Besonderheit dieser Anleiheform besteht darin, dass sowohl der Inhaber als auch der Emittent der Anleihe zu im vorhinein vereinbarten Zeitpunkten das Wertpapier kündigen können. Dem Emittenten ist dabei die Möglichkeit eingeräumt, zu den Kündigungszeitpunkten den Zinssatz bis zum nächsten Kündigungstermin neu festzulegen.

Laufende Zinseinnahmen unterliegen der Steuerpflicht nach § 20 Abs. 1 Nr. 7 EStG. Die Erträge unterliegen auf der Fondsausgangsseite dem Zinsabschlag (§ 43 Abs. 1 Nr. 7 a) EStG i.V.m. § 38 b Abs. 1 S. 2 KAGG) und sind damit bei der Zwischengewinnermittlung zu berücksichtigen (§ 39 Abs. 2 KAGG n. F.).

Bei Zwischenveräußerungen gehören Stückzinsen zu den steuerpflichtigen Einnahmen nach § 20 Abs. 2 Nr. 3 EStG; sie sind auf der Fondsausgangsseite zinsabschlagsteuerpflichtig und in die Zwischengewinnermittlung einzubeziehen.

Vgl. im übrigen auch das Stichwort Anleihen.

Repackaged Bonds
Charakteristikum sog. Repackaged Bonds ist die – wirtschaftlich betrachtet – Bündelung (Repackaging) von anderen Anleihen und/oder schwebenden Geschäften (Garantien, Derivate). Zum Kreis der forderungsunterlegten Wertpapiere gehören die Asset Backed Securities (ABS) oder die Mortgage Backed Securities (MBS). Zur steuerlichen Behandlung verweisen wir auf die entsprechenden Stichwörter.

Reverse Convertibles
Es handelt sich bei diesem Produkt um »umgekehrte« Wandelanleihen, bei denen im Gegensatz zu normalen Wandelanleihen nicht der Anleger, sondern der Emittent ein Recht zur Wandlung hat, also der Emittent bestimmen kann, ob er die Anleihe zurückbezahlt oder er sich seiner Rückzahlungsverpflichtung durch Lieferung des Bezugsobjekts (meist Aktien) entledigt (siehe Stichwörter Aktienanleihen, Doppel-Aktienanleihe, Basket-Anleihe). Reverse Convertibles sind als echte Compound Instruments anzusehen.

Die Zinseinnahmen sind nach § 20 Abs. 1 Nr. 7 EStG steuerpflichtig. Nach geänderter Auffassung der Finanzverwaltung handelt es sich im übrigen um eine Finanzinnovation i.S.d. § 20 Abs. 2 Nr. 4 c EStG, was bedeutet, das auch die aus einer Veräußerung oder Einlösung erzielten Gewinne oder erlittenen Verluste steuerlich zu berücksichtigen sind.

Die Ausübung des Tilgungswahlrechts durch Lieferung von Aktien führt beim Anleger anders als bei Wandelanleihen zu einem Anschaffungsvorgang. Werden diese Aktien innerhalb eines Jahres nach Anschaffung wieder veräußert, entsteht auf der Ebene des Privatanlegers ein nach § 23 Abs. 1 Nr. 2 EStG zu berücksichtigender Spekulationsgewinn oder -verlust.

Auf der Fondsausgangsseite sind die erzielten Erträge in den Zwischengewinn zu erfassen. Die laufenden Zinserträge unterliegen nach § 43 Abs. 1 Nr. 7 a) EStG ebenso wie die im Falle einer Zwischenveräußerung berechneten Stückzinsen nach § 43 Abs. 1 Nr. 8 EStG einem Kapitalertragsteuerabzug (§ 38b Abs. 1 Nr. 1 KAGG).

Reverse Floating Rate Notes
Reverse Floating Rate Notes (kurz: Reverse Floater) sind Sonderformen variabel verzinslicher Anleihen, welche zunächst für einen im voraus bestimmten Zeitraum eine feste und nach Ablauf dieser Zeit eine variable Verzinsung bieten, welche sich an der Entwicklung des jeweiligen Geldmarktzinses (Referenzzins) – im Gegensatz zu Floating Rate Notes allerdings in gegenläufiger Abhängigkeit hiervon – orientieren. Steigt also der Referenzzins, fällt die Verzinsung der Anleihe, fällt der Referenzzins, steigt die Verzinsung der Anleihe. Die laufenden Zinsen sind sowohl beim **Durchhalter** als auch beim **Zwischenveräußerer** steuerpflichtiger Kapitalertrag i.S. von § 20 Abs. 1 Nr. 7 EStG. In **Weiterveräußerungsfällen** unterliegen Stückzinsen beim Veräußerer der Besteuerung nach § 20 Abs. 2 Nr. 3 EStG. Da es sich bei den Reserve Floatern um sog. Kursdifferenzpapiere handelt, sind die Einnahmen aus der Veräußerung der Wertpapiere steuerpflichtig nach § 20 Abs. 2 Nr. 4 c) EStG, sofern sie auf die Besitzzeit entfallen. Die Höhe der steuerpflichtigen Erträge muss dabei nach der Marktrendite ermittelt werden, da eine besitzzeitanteilige Emissionsrendite wegen der variablen Verzinsung bei Ausgabe des Papiers nicht ermittelt werden kann.

Die Erträge sind sowohl für den Fall des sog. Durchhalters als auch für den Fall der Weiterveräußerung auf der Fondsausgangsseite zinsabschlagsteuerpflichtig (§ 43 Abs. 1 Nr. 7 bzw. 8 EStG i.V.m. § 38 b Abs. 1 S. 2 KAGG). Erträge aus Reverse Floatern sind bei der Zwischengewinnermittlung (§ 39 Abs. 2 KAGG n. F.) zu berücksichtigen.

Reverse Participations
Englische Bezeichnung für ein Indexzertifikat, bei dem die Höhe des Rückzahlungsbetrages zwar an den Indexstand am Verfalltag geknüpft ist, zwischen Rückzahlung und Indexstand aber ein inverser Zusammenhang besteht.

Beispiel (Quelle: Rolf Beike, Indexanleihen, Schäffer-Poeschel Verlag 1999, S. 153):

Berliner Bär Dow Jones EURO STOXX50 – Zertifikat

Underlying: *EURO STOXX50 (Performance)*
Bezugsverhältnis: 1,0
Laufzeit: *14.12.2000*
Währung: *€*
Rückzahlung: *Differenz aus 6.000 minus dem in € ausgedrückten EURO-STOXX50-Schlußkurs am Verfalltag. Sollte die Differenz negativ sein, so liegt der Rückzahlungsbetrag bei Null.*

Der Rückfluss fällt um so höher aus, je niedriger der zu Grunde liegende Index am Ende der Laufzeit notiert. Es handelt sich um eine rein spekulative Anlage, die zu keinem laufenden steuerpflichtigen Ertrag i.S.d. § 20 EStG führt. Zur weiteren steuerlichen Behandlung siehe Stichwort Indexzertifikate.

ROUND
Englische Bezeichnung für Return or Underlying, eine Art von Discount Zertifikat.

Saros
Saros (Abkürzung für: Safe-Return-Options) sind Anlageinstrumente, deren Erträge zu steuerpflichtigen Kapitalerträgen i.S. von § 20 Abs. 1 Nr. 7 EStG führen, da wirtschaftlich betrachtet durch die Kombination verschiedener Optionsrechte für den Kapitalanleger die Rückzahlung des eingesetzten Kapitalstamms oder eine gewisse Mindestverzinsung garantiert werden. Vgl. im einzelnen Stichwort Mega-Zertifikate.

Schatzanweisungen
Schatzanweisungen sind Inhaberschuldverschreibungen mit kurzer oder mittlerer Laufzeit, die von Bund, Ländern oder anderen Institutionen zur Deckung eines vorübergehenden Geldbedarfs ausgegeben werden. Unverzinsliche Schatzanweisungen sind abgezinste Wertpapiere (auch kurz: U-Schätze; vgl. Stichwort BULIS); für die steuerliche Behandlung vgl. Stichwort Abzinsungspapiere. Verzinsliche Schatzanweisungen werden als Kassenobligationen bezeichnet (zur steuerlichen Behandlung vgl. Stichworte Kassenobligationen und Anleihen).

Schuldscheindarlehen
Schuldscheindarlehen sind keine Schuldverschreibungen, sondern einfache Darlehen, welche in einem Schuldschein oder einer sonstigen einfachen Be-

weisurkunde verbrieft sind. Die laufenden Zinseinnahmen sind einkommensteuerpflichtig i.S. von § 20 Abs. 1 Nr. 7 EStG. Auf der Fondsausgangsseite ist ein Zinsabschlag nach § 43 Abs. 1 Nr. 7 b) EStG i.V.m. § 38 b Abs. 1 S. 2 KAGG nur dann erforderlich, wenn der Schuldner ein inländisches Kreditinstitut ist. Die Kapitalerträge sind allerdings bei der Zwischengewinnermittlung (§ 39 Abs. 2 KAGG n. F.) zu berücksichtigen. Die nach dem Emissionsdisagioerlass der Finanzverwaltung geltende Vereinfachungsregelung für Abgelder ist auf Schuldscheindarlehen nicht entsprechend anwendbar, so dass auch ein gegebenenfalls vereinbartes Disagio im vollen Umfang steuerpflichtiger Ertrag darstellen würde.

Schuldverschreibungen
Zur steuerlichen Behandlung vgl. bei den einzelnen Stichworten (z.B. Bankschuldverschreibung etc.).

Sichteinlagen
Die Zinsen auf Sichteinlagen bei inländischen Kreditinstituten unterliegen als ordentlicher Kapitalertrag i.S. von § 20 Abs. 1 Nr. 7 EStG der Steuerpflicht. Soweit die Zinsgutschriften die Bagatellegrenzen (§ 43 Abs. 1 Nr. 7 S. 4 b) bb) EStG) überschreiten, ist daher auch ein Zinsabschlag nach § 43 Abs. 1 Nr. 7 b) EStG i.V.m. § 38 b Abs. 1 S. 2 KAGG vorzunehmen. Die Zinsen sind in die Zwischengewinnermittlung einzubeziehen (§ 39 Abs. 2 KAGG n. F.). Hierzu und zur Behandlung der Sichteinlagen bei ausländischen Kreditinstituten vgl. Stichwort Einlagenzinsen und ausländische Kapitalerträge.

SMILE (Swiss Market Index Liierte Emission)
Vgl. Stichwort Index-Anleihen.

Sparkassenbriefe
Namensschuldverschreibungen der Sparkassen, die auf den Namen des Sparers ausgestellt werden. Sie werden als normalverzinslicher Brief (siehe Stichwort Anleihen) oder als Abzinsungsbrief (siehe Stichwort Abzinsungspapiere) angeboten. Die Zinserträge sind auf der Fondsausgangsseite kapitalertragsteuer- und zwischengewinnpflichtig.

Sparkassenobligationen
Schuldverschreibungen der Sparkassen, die als normalverzinsliche, aufgezinste oder abgezinste Obligationen angeboten werden. Zur steuerlichen Behandlung siehe die Stichworte Anleihen, Aufzinsungspapiere und Abzinsungspapiere.

Spekulationsgewinne

Wertpapierumsätze des Fondsvermögens, die innerhalb einer Frist von 12 Monaten zwischen Anschaffung und Veräußerung eines Einlageninstruments erfolgen, sind anders als beim privaten Direktanleger kein steuerpflichtiger Vorgang (Spekulationsgeschäft, § 23 Abs. 1 Nr. 2 EStG), sondern vielmehr steuerfrei nach § 40 Abs. 1 KAGG, es sei denn, dass es sich um Gewinne aus privaten Veräußerungsgeschäften (siehe auch Teil 3, A. II. 3.) handelt.

Spezialanleihen

Vgl. Stichwort Anleihen.

Spiders (SPDR)

Englische Bezeichnung für sog. S&P Depositary Receipts, eine Form von Indexaktien (siehe Stichwort), die den S&P 500 – Index abbilden. Da diese Form der Indexaktien in Deutschland weder Vertriebszulassung noch steuerlichen Vertreter haben, gelten diese als Anteile an sog. schwarzen Fonds i.S.d. AuslInvestmG, deren Besteuerung sich nach § 18 Abs. 3 AuslInvestmG richtet. Die Dividendenausschüttungen stellen Einnahmen i.S.d. § 20 Abs.1 Nr. 1 EStG dar; darüber hinaus unterliegen 90 % des Unterschiedsbetrags zwischen ersten und letzten im Kalenderjahr festgesetzten Rücknahmepreisen der Besteuerung (sog. Strafbesteuerung).

Auf der Fondsausgangsseite sind solche Ausschüttungen zwischengewinnpflichtig gem. § 39 Abs. 2 Nr. 4 KAGG n. F., unterliegen aber keinem Kapitalertragsteuerabzug.

Spreads

Auf- bzw. Abschläge auf einen Kapitalmarkt-Referenzzins, insbesondere bei variabel verzinslichen Anleihen, vgl. Stichwort Floating Rate Notes (FRN) /Floater.

Staffelanleihen

Vgl. Stichwort Gleitzinsanleihen.

Step-down-Anleihen

Anleiheform, welche hinsichtlich des Zinsverlaufes die umgekehrte Form zu den Step-up-Anleihen darstellt. Vgl. daher entsprechendes Stichwort.

Step-up-Anleihen

Step-up-Anleihen stellen wirtschaftlich eine Kombination einer Niedrigkupon-Anleihe mit einer Hochkupon-Anleihe dar. Diese Anleiheform wird regelmäßig zu pari gegeben und zurückgezahlt. Hinsichtlich der steuerlichen Behandlung ergeben sich keine Änderungen gegenüber Gleitzinsanleihen (vgl. entsprechendes Stichwort).

Stillhalterprämien

Hinsichtlich der Behandlung von Zahlungen, die ein Optionskäufer seinem Vertragspartner (Stillhalter) als Ausgleich für das Stillhalten in einem Optionsgeschäft (Put oder Call) leistet (Optionsprämie) vgl. Teil 3, A. II. 4. b).

Stock Dividends

Insbesondere in den Niederlanden und den USA praktizierte Form, zusätzlich zur oder anstelle einer Barausschüttung Aktien beziehen zu können. Die bezogenen Aktien stellen steuerpflichtige Einnahmen i.S.v. § 20 Abs. 1 Nr. 1 EStG dar. Auf der Fondsausgangsseite unterliegen diese Einnahmen daher weder einem Kapitalertragsteuerabzug noch gehen sie in die Zwischengewinnermittlung ein. Vgl. Stichwort Dividenden (ausländische).

Straight Bonds

Englische Bezeichnung für Festzins-Anleihen, vgl. daher entsprechendes Stichwort.

Stripped Bonds

Bei den sog. stripped bonds handelt es sich um Zero Coupon Bonds, denen bestimmte US-amerikanische, kanadische oder deutsche Staatsanleihen zugrunde liegen. Sie entstehen durch Trennung von Stammrecht und Zinsscheinen dieser Staatsanleihen und verbriefen entweder den Anspruch auf Zahlung des Nominalwertes der jeweiligen Anleihe oder den Anspruch auf Zahlung der Zinsen entsprechend der Fälligkeit der Zinsscheine der jeweiligen Anleihe. Die einzelnen Zinsscheine und der Mantel werden getrennt gehandelt und notiert. Diese sog. Strips (= Separate Trading of Registered Interest and Principals of Securities) stellen für sich genommen wirtschaftlich Zero-Bonds mit unterschiedlichen Fälligkeiten dar. Die Anleihen sind danach in drei Versionen handelbar:

❏ Anleihe mit Mantel und Kupons (<Anleihe cum>)
❏ Anleihe mit Mantel, aber ohne Kupons (<Anleihe ex>)
❏ Die einzelnen Kupons (<Strip>)

Es besteht grundsätzlich die Möglichkeit, die strips wieder zur ursprünglichen Anleihe zusammenzuführen.

Beim *Ersterwerber (Durchhalter)* der ungetrennten Anleihe stellen die Zinsen im Zeitpunkt des Zuflusses steuerpflichtige Einnahmen i.S.d. § 20 Abs. 1 Nr. 7 EStG dar (Stichwort Anleihe). Auf der Fondsausgangsseite sind die Einnahmen kapitalertragsteuer- und zwischengewinnpflichtig. Die Einlösung des Stammrechts bei Endfälligkeit der ungetrennten Anleihe löst ebenso wenig steuerliche Folgen aus wie die Einlösung der gestrippten Komponenten durch den Ersterwerber oder die Trennung der Anleihe durch den Ersterwerber in die einzelnen Komponenten.

Bei der *Veräußerung* der isolierten Zinsscheine *durch den Ersterwerber* liegen steuerpflichtige Erlöse nach § 20 Abs. 2 Nr. 2b EStG vor; die Veräußerung des isolierten Anleihemantels durch den Ersterwerber führt dagegen zu einem Vorgang der nicht steuerbaren Vermögensebene.

Der *Zweiterwerber (Folgeerwerber)* erwirbt sowohl beim Kauf der Anleihe ex als auch beim Kauf des/der Kupons jeweils ein abgezinstes Wertpapier. Die steuerliche Behandlung dieser abgezinsten Wertpapiere richtet sich nach zero-bond-Grundsätzen (vgl. hierzu Stichwort Zero Bond, Abzinsungspapier).

Auf der Fondausgangsseite sind die anteiligen Zinserträge oder Einnahmen aus Veräußerungen zwischengewinnpflichtig. Diese Einnahmen unterliegen auch einem Kapitalertragsteuerabzug (Zinsabschlag nach § 43 Abs. 1 Nr. 8 EStG, § 38b Abs. 1 Nr. 1, S. 2 KAGG).

Stückzinsen

Als Stückzinsen wird derjenige Ertragsanteil bei festverzinslichen Wertpapieren bezeichnet, der anteilig auf den Zeitraum zwischen zwei Zinsterminen entfällt. Bei Veräußerungsvorgängen in diesem Zeitraum werden Stückzinsen dem Veräußerer und dem Erwerber zeitanteilig zugerechnet. Erhaltene (= aufgelaufene) Stückzinsen sind steuerpflichtige Kapitalerträge i.S. von § 20 Abs. 2 Nr. 3 EStG, welche dem Zinsabschlag unterliegen (§ 43 Abs. 1 Nr. 8 EStG i.V.m. § 38 b Abs. 1 S. 2 KAGG). Die Zinsen sind bei der Zwischengewinnberechnung zu berücksichtigen (§ 39 Abs. 2 KAGG n. F.).

Gezahlte Stückzinsen sind dagegen von den vereinnahmten laufenden Zinsen in Abzug zu bringen.

Strukturierte Anleihen mit Aktienbezug
Wertpapiere, die eine Kombination aus Anleihe- und Aktienkomponenten darstellen. Trotz unterschiedlicher Ausgestaltung und Namensgebung der Wertpapiere lassen sich im wesentlichen drei Gruppen unterscheiden:

❑ Aktienanleihen
❑ Equity Linked Notes
❑ Diskontzertifikate.

Diesen Anlageformen ist gemeinsam, dass sie zivilrechtlich nicht teilbar, aber wirtschaftlich aus verschiedenen Elementen zusammengesetzt sind (siehe Stichwort Compound Instruments). Gegenüber herkömmlichen Anleihen zeichnen sich diese Anlageformen durch ein höheres Renditepotential (hoher Kupon oder Diskont), aber auch ein höheres Risikopotential aus (Form und Höhe der Rückzahlung und Höhe der Verzinsung ungewiss).

Zur steuerlichen Behandlung siehe Erläuterungen zu den jeweiligen Stichworten.

Subscription Rights
Englische Bezeichnung für Bezugsrechte; vgl. Stichwort Bezugsrechte auf Aktien.

Swaps
Swaps sind zivilrechtlich Tauschgeschäfte (Swap = Tausch), wobei vereinbarungsgemäß Zins- (= Zins-Swap) oder Währungsverbindlichkeiten (Währungs-Swap) mit dem Ziel ausgetauscht werden, die Zins- bzw. Währungslasten zu verringern und das Zins- bzw. Währungsrisiko abzusichern.

Swap-Vereinbarungen sind nicht mit den Geschäften gekoppelt, zu deren Sicherung sie dienen. Es handelt sich um selbständige Verträge.

Bei Swap-Geschäften handelt es sich um Termingeschäfte i.S.d. EStG. Auf der Fondseingangsseite sind Gewinne aus Termingeschäften seit dem 1.4.1999 steuerpflichtig nach § 23 Abs. 1 Nr. 4 EStG, sofern der Zeitraum zwischen Eröffnung und Beendigung des Geschäfts nicht mehr als ein Jahr beträgt. Dies gilt unabhängig davon, ob die Gewinne ausgeschüttet oder thesauriert werden (§ 39 Abs. 1 S. 1 KAGG).

Gewinne aus Termingeschäften unterliegen auf der Fondsausgangsseite einem Kapitalertragsteuerabzug (§ 38 b Abs. 1 Nr. 4 KAGG) und sind – kraft ausdrücklicher Nennung – in den Zwischengewinn aufzunehmen. Zur Besteuerung der Gewinne aus Termingeschäften im einzelnen vgl. Teil 3, A. II. 3.

Synthetische Devisen-Swap-Geschäfte
Diese Geschäftsart ist dadurch gekennzeichnet, dass nur eine einzige (Differenz) Zahlung geleistet wird, welche eine Veränderung der maßgeblichen Swap-Sätze und ggf. der Kurse zwischen dem Zeitpunkt des Vertragsabschlusses und dem der Erfüllung (Termingeschäft) betrifft. Unter den Voraussetzungen des § 23 Abs. 1 S. 1 Nr. 4 EStG handelt es sich um steuerpflichtige Gewinne aus privaten Veräußerungsgeschäften (1-Jahres-Frist). Diese Gewinne sind in der Zwischengewinnermittlung anzusetzen und auf der Fondsausgangsseite einem Kapitalertragsteuerabzug zu unterwerfen.

Teilschuldverschreibungen
Teilschuldverschreibungen sind Wertpapiere über Teile des Nennbetrages einer Schuldverschreibung. Die Teile einer Emission sind damit hinsichtlich der Konditionen einheitlich ausgestaltet (Ausstellungstag, Laufzeit, Verzinsung, Rückzahlungsmodalitäten usw.), so dass die Schuldverschreibungen untereinander austauschbar (marktgängig, fungibel) sind.

Vgl. Stichwort Anleihen.

Termineinlagen
Vgl. Stichwort Einlagenzinsen.

Termingeschäfte
Vgl. Stichwort Financial Futures.

Tilgungsanleihen
Vgl. Stichwort Aufzinsungspapiere.

Tilgungsanleihe mit aufgeschobener, endfälliger Zinszahlung
Bei diesem Produkt handelt es sich regelmäßig um eine Teilschuldverschreibung zum Nominalwert. Nach den Emissionsbedingungen zahlt der Emittent während der Laufzeit jährlich einen unter dem rechnerischen Ertrag liegenden Betrag des Anleihekapitals zurück. Erst am Ende der Laufzeit leistet der Emittent eine Abschlusszahlung die über dem Nominalwert der Schuldverschreibung liegt und die die aufgelaufenen Zinsansprüche enthält. Nach Auffassung der Finanzverwaltung sind die während der Laufzeit gezahlten Beträge nicht als Tilgungszahlungen (wie in den Emissionsbedingungen vereinbart), sondern als Zinsen (einkommensteuerpflichtig nach § 20 Abs. 1 Nr. 7 EStG) anzusehen. Die am Ende der Laufzeit geleistete Abschlusszahlung ist hiernach in einen steuerlich zu erfassenden Zins-Spitzenbetrag so-

wie den Betrag der Kapitalrückzahlung aufzuteilen. Auf der Fondsausgangsseite sind derartige Kapitalerträge in die Bestimmung der ZAST-Bemessungsgrundlage und die Zwischengewinnermittlung einzubeziehen.

TORO

Englische Bezeichnung für Title or Return Option, einer Form von Discount Zertifikat.

TRACER

Englische Bezeichnung für Tracking Certificate, eine Form von Indexzertifikat. Es handelt sich um ein an der Schweizer Börse gehandeltes Wertpapier (in Schweizer Franken gehandelt), das die Performance eines nicht an der Schweizer Börse gehandelten amerikanischen Titels darstellt. TRACER sind nicht dividendenberechtigt. Am Ende der Laufzeit findet eine physische Lieferung des zugrundeliegenden Titels statt.

Dieses Zertifikat garantiert weder eine Rückzahlung des Kapitals noch eine Verzinsung. Da mit diesen Zertifikaten auch keine laufenden Dividenden- oder Zinserträge verbunden sind, werden keine steuerpflichtigen Einnahmen i.S.d. § 20 EStG erzielt.

Realisierte Gewinne oder Verluste aus der Veräußerung des Zertifikats sind auf Fondsebene steuerlich ohne Belang.

Mit der Lieferung des Bezugsobjekts liegt ein Anschaffungsvorgang vor. Die danach vereinnahmten Dividenden sind nach § 20 Abs. 1 Nr. 1 EStG steuerpflichtig. Auf der Fondsausgangsseite sind diese Dividenden nicht in den Zwischengewinn aufzunehmen und führen auch (da ausländische Dividende) nicht zu einem Kapitalertragsteuerabzug.

Turbo-Optionsscheine

Sonderform von Optionsscheinen, welche den Inhaber auch zum Bezug von anderen Optionsscheinen berechtigen. Steuerliche Behandlung vgl. Stichwort Optionsscheine.

U-Schätze

Kurzbezeichnung für unverzinsliche Schatzanweisungen, deren Ertrag in der Differenz von Ausgabe- und Rückzahlungsbetrag liegt. Steuerliche Behandlung vgl. Abzinsungspapiere.

Über-pari-Emissionen

Liegt der Ausgabebetrag einer Emission über dem Nennwert, erfolgt die Rückzahlung aber zum Nennwert, so fließt der Unterschiedsbetrag nach herrschender Meinung in die Anschaffungskosten (Einstandswert) ein und führt nicht zu negativen Einnahmen.

Überverzinsliche Anleihen

Ausgabe von Wertpapieren zu einem über dem Nennbetrag (100 %) liegenden Kurs zur Anpassung einer über dem Marktniveau liegenden Nominalverzinsung an das Marktniveau. Die laufenden Zinsen sind steuerpflichtig nach § 20 Abs. 1 Nr. 7 EStG und auf der Fondsausgangsseite zwischengewinnpflichtig sowie zinsabschlagsteuerpflichtig. Zur Behandlung des Emissionsagios vgl. Stichwort Über-pari-Emission.

Umtauschanleihen

Umtauschanleihen gehören zu den strukturierten Produkten. Es handelt sich um minderverzinsliche Schuldverschreibungen, die *dem Gläubiger* der Schuldverschreibung (bei Aktienanleihen dem Schuldner) ein Rückzahlungswahlrecht zum Laufzeitende einräumen, anstelle der Bartilgung eine bestimmte Anzahl von Aktien zu erhalten. Ob sich der Gläubiger für die Aktienlieferung entscheidet oder eine Rückzahlung in Höhe des Nennwertes vorzieht, hängt vom Wert des Bezugsobjekts (in aller Regel *eine* Aktie, aber auch *zwei* Aktien oder Indexzertifikate als underlying denkbar) im Rückzahlungszeitpunkt ab. Der Anleger hat insofern ein Ausübungsrecht auf ein Bezugsobjekt (Option). Er nimmt insofern die Position eines Käufers einer Kaufoption in Wertpapieren ein (Long Call), was auch die im Marktvergleich niedrigere Nominalverzinsung begründet. Diese Elemente der Umtauschanleihe machen auch deren Strukturierung aus. Der Unterschied zu Wandelanleihen liegt darin, dass die Umtauschanleihen – anders als Wandelanleihen – keine aktienrechtlichen Bezugsrechte auf Aktien verschaffen

Umtauschanleihen werden – in analoger Anwendung bei Aktienanleihen – als *ein* Produkt und nicht als die Summe der jeweiligen Komponenten angesehen (siehe Stichwort Compound Instruments); sie werden als Finanzinnovationen i.S.d. § 20 Abs. 2 Nr. 4 c) EStG eingestuft. Die Zinseinnahmen sind nach § 20 Abs. 1 Nr. 7 EStG steuerpflichtig. Ebenso gehören Gewinne (oder Verluste) aus der Einlösung der Veräußerung dieser Anleihen zu den steuerpflichtigen Erträgen. Für die Ermittlung der Höhe dieser Erträge ist die sog. Marktrendite einschlägig. Bei Veräußerung einer Umtauschanleihe erfolgt – im Fall des gesonderten Ausweises von Stückzinsen – eine Besteuerung der Erträge nach § 20 Abs. 2 Nr. 3 EStG. Nimmt der Anleger (Durchhalter oder Zweiterwerber) sein Wahlrecht wahr und erfolgt die Rückzahlung zum höheren Wert des Bezugsobjekts, so stellt der Ausübungsgewinn beim ausübenden Durchhalter oder Folgeerwerber einen steuerpflichtigen Kapitalertrag i.S.d. § 20 Abs. 1 Nr. 7 i.V.m. Abs. 2 Nr. 1 EStG dar.

Wird die Tilgung der Anleihe durch Lieferung von Aktien verlangt, führt dies beim Anleger anders als bei Wandelanleihen zu einem Anschaffungsvorgang. Eine Veräußerung innerhalb eines Jahres nach Anschaffung führt auf Fondsebene zu steuerlich nicht relevanten Spekulationsgewinnen (oder -verlusten) i.S.d. § 23 Abs. 1 Nr. 2 EStG.

Auf der Fondsausgangsseite sind die erzielten Erträge (Zinsen **und** Ausübungsgewinn) in den Zwischengewinn zu erfassen. Die laufenden Zinserträge unterliegen nach § 43 Abs. 1 Nr. 7 a) EStG ebenso wie die im Falle einer Zwischenveräußerung berechneten Stückzinsen nach § 43 Abs. 1 Nr. 8 EStG einem Kapitalertragsteuerabzug (§ 38b Abs. 1 Nr. 1 KAGG).

Veräußerungsgewinne

Ausgeschüttete Gewinne eines Investmentfonds aus der Veräußerung von Wertpapieren und Bezugsrechten auf Anteile an Kapitalgesellschaften sind für Privatanleger nach § 40 Abs. 1 KAGG – auch nach Geltung des Steuersenkungsgesetzes – steuerfrei. Besonderheiten ergeben sich bei der Veräußerung von Bezugsrechten auf Freiaktien (vgl. Stichwort Freiaktien).

Werden die Anteile aber in einem Betriebsvermögen gehalten, gelten nach Inkrafttreten des Steuersenkungsgesetzes andere Grundsätze. Für betriebliche Anleger gilt die Steuerfreiheit bzw. die hälftige Steuerpflicht der ausgeschütteten Veräußerungsgewinne nur insoweit, wie die Gewinne aus der Veräußerung von Aktien (oder Bezugsrechten hierauf) resultieren (§ 40 Abs. 1 S. 1, 2. Halbsatz KAGG i.V.m. § 3 Nr. 40 EStG, § 8b Abs. 2 KStG). Ausgeschüttete Gewinne aus der Veräußerungen von Rentenpapieren bleiben wie bisher voll steuerpflichtig. Zur steuerlichen Behandlung der Veräußerungsgewinne siehe Teil 3, A. II. 2.

Auf der Fondsausgangsseite sind diese Gewinne unabhängig von ihrer Behandlung beim Anteilscheininhaber weder bei der Bestimmung der ZASt-Bemessungsgrundlage noch bei der Zwischengewinnermittlung zu berücksichtigen.

Vortrag ordentliche Erträge

Soweit nach den Vertragsbedingungen der Fonds ein Vortrag von laufenden Erträgen eines Geschäftsjahres auf das nächste Geschäftsjahr zulässig ist, hat dies steuerlich keine Bedeutung. Sämtliche nicht zur Kostendeckung oder Ausschüttung verwendeten steuerpflichtigen Einnahmen eines laufenden Geschäftsjahres gelten nach § 39 Abs. 1 S. 2 KAGG mit seinem Ablauf als zugeflossen. Lediglich die bei Ausschüttung oder Zurechnung (Wiederanlagebeträge) kaufmännisch gerundeten Bruchteilsbeträge **eines** Cents können als sogenannte Spitzenbeträge unter Kürzung der Steuerbemessungsgrundlage als Ergebnisvortrag für das nächste Geschäftsjahr eingestellt werden.

Die in den Ergebnisvortrag auch mit steuerlicher Wirkung eingestellten Spitzenbeträge sind steuerlich für Zwecke der Wiederanlage und der Ausschüttung erst im darauffolgenden Geschäftsjahr als Einkünfte zu erfassen und – sofern der Ergebnisvortrag aus dem Grunde nach zinsabschlagsteuerpflichtigen Ertragspositionen gespeist wurde – dem Zinsabschlag zu unterwerfen. Soweit die in den Vortrag eingehenden Ertragsbestandteile in die Ermittlung des Zwischengewinnes (§ 39 Abs. 2 KAGG n. F.) einzubeziehen waren, ist die Vermeidung einer Doppelerfassung im Folgejahr sicherzustellen.

Währungs-Swaps

Ein Währungs-Swap hat den Austausch (swap = Tausch) von Kapital- und Zinsbeträgen in unterschiedlichen Währungen zwischen zwei Partnern zum Gegenstand. Steuerliche Behandlung vgl. Erläuterungen zu Swap-Geschäften.

Währungs-Optionsscheine

Vgl. Stichwort Optionsscheine.

Währungsterminkontrakte

Vgl. Stichwort Financial Futures.

Währungszertifikat

Zertifikate, die als Bezugsobjekt eine Währung haben (z.B. USD). Solche Zertifikate sind ausnahmslos mit Rückzahlungsobergrenzen (Caps) versehen (siehe auch Stichwort Discount Zertifikate). Zur steuerlichen Behandlung von Währungszertifikaten verweisen wir auf die Ausführungen unter dem Stichwort Discount Zertifikate.

Wandelanleihen

Wandelanleihen sind Schuldverschreibungen mit i.d.R. fester Verzinsung verbunden mit dem Recht, diese Anleihe mit oder ohne bare Zuzahlung in Aktien der emittierenden Gesellschaft zu wandeln. Der Aktienbezug erfolgt im Austausch gegen die Schuldverschreibung, die mit Ausübung des Wandlungsrechts – im Gegensatz zu Optionsanleihen oder Umtauschanleihen – erlischt.

Die Ausübung des Wandlungsrechts führt weder zu einem Veräußerungs- noch zu einem Anschaffungstatbestand und vollzieht sich in der steuerlich unbeachtlichen Vermögenssphäre.

Die Emission der Wandelanleihe kann zu pari (siehe auch Plain Vanilla Convertible), unter pari (siehe auch Discount Convertible) oder mit Aufgeld (siehe auch Zero Coupon Convertible) erfolgen. Bei einer unter pari begebenen Wandelanleihe hängt die steuerliche Behandlung von der Höhe des Emissionsdisagios ab (zur Disagiostaffel siehe Stichwort Emissionsdisagio). Übersteigt das Emissionsdisagio die zulässigen Grenzen oder werden Zinsscheine von Wandelanleihen getrennt und veräußert, ist von der Besteuerung nach zero bond – Grundsätzen auszugehen (siehe Stichworte zero bond, Abzinsungspapier, stripped bonds).

Im übrigen sind die laufenden Zinsen der Anleihe nach § 20 Abs. 1 Nr. 7 EStG und die bei Veräußerung der Anleihe berechneten Stückzinsen nach § 20 Abs. 2 Nr. 3 EStG steuerpflichtige Kapitalerträge, die in die Ermittlung des Zwischengewinns eingehen. Auf der Fondsausgangsseite unterliegen diese einem Kapitalertragsteuerabzug.

Wandelgenussrechte

Vgl. Stichwort Genussscheine.

Wandelschuldverschreibungen

Vgl. Stichwort Wandelanleihen.

Warrant Bonds

Englischer Begriff für Optionsanleihen, vgl. daher entsprechendes Stichwort.

Warrant Issues

Englischer Begriff für Optionsanleihen, vgl. daher entsprechendes Stichwort.

Warrants
Englischer Begriff für Optionsscheine, vgl. daher entsprechendes Stichwort.

Weltbankanleihen
Zinsen aus Weltbankanleihen sind steuerpflichtige Kapitalerträge im Sinne von § 20 Abs. 1 Nr. 7 EStG, jedoch mit der Besonderheit, dass die Zinsscheine bei Einlösung im Rahmen des Tafelgeschäftes auf der **Fondseingangsseite** nicht dem erhöhten Kapitalertragsteuerabzug (Zinsabschlag nach §§ 43 Abs. 1 Nr. 7, 43 a Abs. 1 Nr. 4 EStG) unterliegen, wenn die Zinsscheine bei einem Kreditinstitut eingereicht werden, welches Zahlstelle im Sinne der Emissionsbedingungen ist. Auf der **Fondsausgangsseite** hat diese Besonderheit jedoch weder auf die Notwendigkeit zur Einbeziehung in die ZASt-Bemessungsgrundlage noch auf die Berücksichtigung bei der Zwischengewinnermittlung Einfluss.

Die Kapitalerträge unterliegen nach § 43 Abs. 1 Nr. 7 EStG i.V.m. § 38 b Abs. 1 S. 2 KAGG dem Zinsabschlag. Sie sind in die Zwischengewinnermittlung einzubeziehen (§ 39 Abs. 2 KAGG n. F.).

Wertberichtigungsaktien
Vgl. Stichwort Freiaktien.

Wertpapierdarlehen (= Wertpapierleihe)
Vgl. Stichwort Wertpapierleihe unter Teil 3, A. I. 3. e).

Wertpapierpensionsgeschäfte
Vgl. Stichwort Wertpapierpensionsgeschäfte unter Teil 3, A. I. 3. f).

Wertpapier-Termingeschäfte
Vgl. Stichwort Financial Futures.

Wertrechtsanleihen
Wertrechtsanleihen sind Schuldverschreibungen, über welche keine effektiven Stücke gegeben werden. Eine Verbriefung der Rechte erfolgt ausschließlich in Sammelurkunden (§ 9 Depotgesetz). Dies gilt insbesondere für sämtliche vom Bund initiierte Wertpapiere. Besteuerung vgl. Anleihen.

YES
Englische Bezeichnung für Yield Enhanced Strategy. Es handelt sich um eine Anlageform, die zwar zivilrechtlich unteilbar, aber wirtschaftlich aus

verschiedenen Elementen zusammengesetzt ist (vgl. Stichwort Compound Instruments). Das Charakteristikum der Anlageform ist die Kombination einer hochverzinslichen Anleihe und einem verkauften Call (Short Call) auf eine Obligation. Der Emittent hat ein Wahlrecht, ob er die Anleihe zu pari in bar tilgt oder eine im voraus definierte Obligation liefert.

Zur steuerlichen Behandlung verweisen wir auf das Stichwort Aktienanleihe.

Zero-Bonds

Zero-Bonds sind abgezinste Anleihen, bei denen keine periodischen Zinszahlungen erfolgen. Die Zinserträge werden während der Laufzeit thesauriert und zusammen mit der Rückzahlung des Kapitals ausbezahlt. Die Rendite eines Zero-Bonds liegt in der Wertsteigerung (Unterschiedsbetrag zwischen Einstandswert und Nennwert). Bei einem Kauf ohne Weiterveräußerung erzielt der Direktanleger keinen laufenden Ertrag. Im Rückzahlungszeitpunkt erfolgt eine Besteuerung des vollen Differenzbetrages gem. § 20 Abs. 1 Nr. 7 EStG. Bei einer Weiterveräußerung vor Laufzeitende erzielt der Direktanleger Einnahmen aus § 20 Abs. 2 Nr. 4 d EStG, weil es sich bei den Zero-Bonds um Kursdifferenzpapiere handelt. Die Höhe der Erträge ermittelt sich wahlweise nach der Emissions- (§ 20 Abs. 2 Nr. 4 S. 1 EStG) oder der Marktrendite (§ 20 Abs. 2 Nr. 4 S. 2 EStG). Vgl. Stichworte Emissionsrendite und Marktrendite.

Auf der Fondseingangsseite werden die der Emissionsrendite entsprechenden Zinserträge kontinuierlich den laufenden Erträgen hinzugerechnet. Auf der Fondsausgangsseite unterliegen diese Erträge der Zinsabschlagsteuer (§ 43 Abs. 1 Nr. 7 EStG i.V.m. § 38 b Abs. 1 S. 2 KAGG); sie sind bei der Zwischengewinnermittlung zu berücksichtigen (§ 39 Abs. 2 KAGG n. F.).

Zero Coupon Convertibles

Es handelt sich um eine Variante der Plain Vanilla Convertibles mit verdecktem Aufgeld. Die Wandelanleihe wird so in ihrem Umtauschverhältnis ausgestaltet, dass sich eine Null-Prozent-Dotierung eines Kupons ergäbe. Die steuerliche Behandlung richtet sich nach zero-bond-Grundsätzen.

Zero-Floater

Grundsätzlich gelten die steuerlichen Grundsätze für Zero-Bonds. Eventuelle Modifikationen sind nach Maßgabe der konkreten Ausgestaltung des Zero-Floaters vorzunehmen.

Zertifikate

Sammelbegriff von unverzinslichen Schuldverschreibungen, bei denen sich der Rückzahlungsbetrag nach dem Stand eines börsengehandelten Bezugsobjekts (underlying) richtet. Nach der Art des underlying lassen sich Zertifikate auf Einzelwerte (Aktien oder Währungen) und Zertifikate auf Portfolios (Indizes und individuell gebildete Körbe) unterscheiden. Weit verbreitete Formen sind Indexzertifikate und Basket-Zertifikate. Zur steuerlichen Behandlung der einzelnen Anlageformen verweisen wir auf die jeweiligen Stichwörter.

Zins-Optionsscheine

Steuerliche Behandlung vgl. Stichwort Optionsscheine.

Zins-Swaps

Vgl. Stichwort Swaps.

Zinsscheine

Einnahmen aus der Veräußerung von Zinsscheinen können je nach Geschäftsart in unterschiedlicher Weise der materiellen Steuerpflicht (vgl. § 20 Abs. 2 Nr. 2 b, 3 und 4 EStG) und dem Zinsabschlag auf der Fondsausgangsseite unterliegen (§ 43 Abs. 1 Nr. 8 EStG i.V.m. § 38 b Abs. 1 S. 2 KAGG; Ausnahmen vgl. etwa Stichwort Wandelanleihen). Die Kapitalerträge sind regelmäßig auch bei der gesetzlichen (§ 39 Abs. 2 KAGG n. F.) Zwischengewinnermittlung zu berücksichtigen.

Zinstermingeschäfte

Vgl. Stichwort Forward Rate Agreement.

Zusatzaktien

Steuerliche Behandlung vgl. Stichwort Freiaktien.

C. Schnellübersicht zu einzelnen Steuerfragen

I. Bedeutung der Fondsgeschäfte für die Zwischengewinnermittlung und die Kapitalertragsteuer (Zinsabschlagsteuer) auf der Fondsausgangsseite

Ertragskomponente/Produkte	Steuerpflichtiger Ertrag Fondsausgangsseite	Erfassung bei Zwischengewinn-ermittlung	Kapitalertrag steuerpflicht. Fondsausgangsseite	Besonder-heiten evtl. möglich
Abgezinste Forderungen	×	×	×	
Abgezinste Schuldverschreibungen mit gestreckter Rückzahlung (=Tilgungsanleihen)	×	×	×	
Abzinsungspapiere	×	×	×	
Agiopapiere	×	×	×	
Agio-Schätze	×	×	×	
Aktien, junge	–	–	–	×
Aktienkauf mit Garantie der Rücknahme zum Einkaufspreis sowie Zinsgarantie	×	×	×	
Aktienkorb-Optionsscheine	–	–	–	×
Aktienanleihe	×	×	×	
Anleihen	×	×	×	
Anleihen in Verbindung mit Swap-Geschäften	×	×	×	
Anleihen mit Rückzahlungsgarantie	×	×	×	
Annuitäten-Anleihen	×	×	×	
Annuitäten-Bonds	×	×	×	
Antizipationszinsen	×	×	×	
Asset Backed Securities	×	×	×	
Aufgezinste Forderungen	×	×	×	
Aufzinsungspapiere	×	×	×	
Ausländische (Kapital-)Erträge				
Dividenden	×	–	–	
Zinsen	×	×	×	×
Ausländische Investmentfonds-(zertifikate)	×	×	×	×
Ausländische Quellensteuer, einbehalten	×	–	–	
Ausländische Quellensteuer, erstattet	–	–	–	

216

Ertragskomponente/Produkte	Steuerpflichtiger Ertrag Fondsausgangsseite	Erfassung bei Zwischengewinn- ermittlung	Kapitalertrag steuerpflicht. Fondsausgangsseite	Besonder- heiten evtl. möglich
Ausländische Steuerguthaben	×	–	–	
Auslands-Anleihen	×	×	×	
Auslands- Bonds	×	×	×	
Avoir Fiscal	×	–	–	
Bandbreiten-Optionsscheine (= Range Warrants)	×	×	×	×
Bandbreiten-Zertifikate	×	×	×	×
Bankobligationen	×	×	×	
Bankschuldverschreibungen	×	×	×	
Basket-Anleihen	×	×	×	
Basket-Optionsscheine	–	–	–	×
Basket-Warrants	–	–	–	×
Basket-Zertifikate	–	–	–	×
Bear-Anleihe	×	×	×	
Berichtigungsaktien	–	–	–	×
Bezugsrechte auf Aktien	–	–	–	×
Bezugsrechtsanleihen	×	×	×	×
BLOC	–	–	–	×
Bonds	×	×	×	
Bonusaktien	×	–	–	
Boost Optionsscheine	–	–	–	×
Branchenzertifikate	–	–	–	×
BULIS (Bundes-Liquiditätsschätze)	×	×	×	
Bull-Anleihe	×	×	×	
Bull-Floater	×	×	×	
Bundesanleihen	×	×	×	
Bundesobligationen	×	×	×	
Bundesschatzanweisung	×	×	×	
Bundesschatzbrief Typ A	×	×	×	
Bundesschatzbrief Typ B	×	×	×	
Bund Futures	–	–	–	×
Call Optionsschein	–	–	–	×
Cap-Floater	×	×	×	
Capped Warrants Gekäppte Optionsscheine)	×	×	×	
Caps (isolierte Zinssatz-Caps)	–	–	–	×
Cash Flow Notes	×	×	×	
Certificates of Deposit	×	×	×	

Ertragskomponente/Produkte	Steuerpflichtiger Ertrag Fondsausgangsseite	Erfassung bei Zwischengewinn-ermittlung	Kapitalertrag steuerpflicht. Fondsausgangsseite	Besonder-heiten evtl. möglich
Class Action	–	–	–	
CLOU (Currency Linked Outperformance Units)	×	×	×	
Collared Floater (Minimax-Floater)	×	×	×	
Collars (isolierte Zinssatz-Collars)	–	–	–	×
Commercial Papers	×	×	×	
Compound Instruments	×	×	×	
Convertibles	×	×	×	
Convertible Floating Rate Notes	×	×	×	
Covered Warrants	–	–	–	×
Cross Currency Swaps	–	–	–	×
Currency Warrants	–	–	–	×
Damnum	×	×	×	
DAX-Futures	–	–	–	×
DAX-Hochzinsbonds	×	×	×	
Deep-Discount-Anleihen	×	×	×	
Defektivzinsen	×	×	×	
Depositenzertifikate	×	×	×	
Devisenpensionsgeschäfte	×	×	×	
Devisenswapgeschäfte	–	–	–	×
Devisentermingeschäfte	–	–	–	×
Devisenterminoptionen	–	–	–	×
Diamonds	×	×	–	×
Digital-Optionsscheine	–	–	–	×
Disagio-Anleihen	×	×	×	
Discount Zertifikate	–	–	–	×
Discount Convertibles	×	×	×	
Dividenden (Ausland)	×	–	–	
Dividenden (Inland)	×	–	×	
DOCU	×	×	×	
Doppel-Aktienanleihen	×	×	×	
Doppelwährungsanleihen	×	×	×	
Drop-Lock-Floater	×	×	×	
Dual Rate Bonds	×	×	×	
ECU- Anleihen	×	×	×	
Einlagenzertifikate	×	×	×	
Einlagenzinsen, Inland	×	×	×	
Einlagenzinsen, Ausland	×	×	–	

Ertragskomponente/Produkte	Steuerpflichtiger Ertrag Fondsausgangsseite	Erfassung bei Zwischengewinn-ermittlung	Kapitalertrag steuerpflicht. Fondsausgangsseite	Besonder-heiten evtl. möglich
Emissionsdisagio	×	×	×	
Emissionsdisagio-Papier	×	×	×	
Emissionsdiskont	×	×	×	
EROS	–	–	–	×
Eqity Linked Notes	×	×	×	
Euro-Bonds	×	×	×	
Exchangeables	×	×	×	
Exchange Rate Agreements (ERA)	–	–	–	×
Exchequer Bills	×	×	×	
Extendable Issues	×	×	×	
Festgeldanlagen mit vereinbarter Laufzeit	×	×	×	
Festgeldanlagen – täglich fällig	×	×	×	
Festzinsanleihen	×	×	×	
Festzinsanleihen mit getrennt handelbaren Zinsscheinen	×	×	×	
Financial Futures	–	–	–	×
Finanzierungsschätze	×	×	×	
Flat gehandelte Wertpapiere	×	×	×	
Floater	×	×	×	
Floater mit Zinssatzbeschränkung	×	×	×	
Floater mit Zu- oder Abschlägen	×	×	×	
Floating Rate Notes (FRN)/Floater	×	×	×	
Floor-Floater	×	×	×	
Floor-Zertifikate	–	–	–	×
Floors (isolierte Zinssatz-Floors)	–	–	–	×
Fondserträge aus (anderen) inländischen Fondsanteilen	×	×	×	×
Fondserträge aus (anderen) ausländischen Fondsanteilen	×	×	×	×
Forward Exchange Agreement (FXA)	–	–	–	×
Forward Rate Agreement (FRA)	–	–	–	×
Freiaktien	–	–	–	×
Fremdwährungsguthaben bei inländischen Kreditinstituten	×	×	×	
Fremdwährungsguthaben bei ausländischen Kreditinstituten	×	×	–	
Full-Index-Link-Anleihen	–	–	–	
Fund Linked Notes	×	×	×	

219

Ertragskomponente/Produkte	Steuerpflichtiger Ertrag Fondsausgangsseite	Erfassung bei Zwischengewinn-ermittlung	Kapitalertrag steuerpflicht. Fondsausgangsseite	Besonder-heiten evtl. möglich
Fundierungsschuldverschreibungen	×	×	×	
Futures	–	–	–	×
Futures-Optionsscheine	–	–	–	×
Garantiezertifikate	×	×	×	
Gedeckte Optionsscheine	–	–	–	×
Gekappte Optionsscheine	×	×	×	
Geldmarktpapiere (Liquiditätstitel)	×	×	×	
Genussscheine				
rentenähnliche Genussscheine	×	×	×	
aktienähnliche Genussscheine	×	–	×	
Gewinne aus Termingeschäften	×	×	×	×
Gewinnobligationen	×	×	×	
Gewinnschuldverschreibungen	×	×	×	
Giros	×	×	×	
Gleitzinsanleihen	×	×	×	
GOAL	×	×	×	
Graduated Rate Coupon Bonds	×	×	×	
Gratisaktien	–	–	–	×
Grois	×	×	×	
Guthaben bei inländischen Kreditinstituten	×	×	×	
Guthaben bei ausländischen Kreditinstituten	×	×	–	
Hamster-Optionsscheine	–	–	–	×
Hintereinandergeschaltete Zero-Bonds	×	×	×	
Hochzinsanleihen	×	×	×	
IGLU (Index Groth Linked Units)	×	×	×	
Income Bonds	×	×	×	
Indexaktien	×	×	–	–
Indexanleihen	×	×	×	
Indexfonds	×	×	×	
Indexzertifikate	–	–	–	×
Indexoptionsscheine/ Index Warrants	–	–	–	×
Industrieobligationen/ Industrieanleihen	×	×	×	
Inhaberschuldverschreibungen	×	×	×	
Inlandsanleihen	×	×	×	

Ertragskomponente/Produkte	Steuerpflichtiger Ertrag Fondsausgangsseite	Erfassung bei Zwischengewinn-ermittlung	Kapitalertrag steuerpflicht. Fondsausgangsseite	Besonder-heiten evtl. möglich
Interest-Rate-Swaps	–	–	–	×
Interest-Rate-Warrants	–	–	–	×
Inverse Floater	×	×	×	
Junk Bonds	×	×	×	
Kapitalforderungen	×	×	×	
Kapitalherabsetzung	–	–	–	×
Kassenobligationen	×	×	×	
Knock-in-Anleihe	×	×	×	
Kombizinsanleihen	×	×	×	
Kommunalanleihen	×	×	×	
Kommunalobligationen	×	×	×	
Kommunalschatzanweisungen	×	×	×	
Kommunalschuldverschreibungen	×	×	×	
Kontokorrentzinsen	×	×	×	
Kursausgleichsbeträge (Frankreich)	–	–	–	×
Kursdifferenzpapiere	×	×	×	
Kursgewinne/ -verluste	–	–	–	×
Länderanleihen	×	×	×	
Liquidationsrate Frankreich	–	–	–	
Liquiditätstitel	×	×	×	
Liquid Yield Option Notes	×	×	×	
Listed Diversified Return Securities	×	×	–	
Low Coupon Bonds	×	×	×	
Medium Term Notes	×	×	×	
Mega-Zertifikate	×	×	×	
Minimax-Floater	×	×	×	
Mini-Max-Zertifikate	×	×	×	
Minus-Stückzinsen	×	×	×	
Money-Back-Zertifikate	×	×	×	
Mortgage Backed Securities	×	×	×	
Naked Warrants	–	–	–	×
Namensschuldverschreibungen	×	×	×	
Niedrig verzinsliche Anleihen/ Wertpapiere	×	×	×	
Null-Coupon-Anleihen	×	×	×	
Null-Coupon-Optionsanleihen	×	×	×	
Obligationen	×	×	×	
Öffentliche Anleihen	×	×	×	

Ertragskomponente/Produkte	Steuerpflichtiger Ertrag Fondsausgangsseite	Erfassung bei Zwischengewinn-ermittlung	Kapitalertrag steuerpflicht. Fondsausgangsseite	Besonder-heiten evtl. möglich
Optionen auf Aktien	–	–	–	×
Optionen auf Swaps	–	–	–	×
Optionsanleihen (Warrant Bonds)	×	×	×	
Optionsgenussscheine	×	×	×	
Optionsscheine	–	–	–	×
Partizipationsscheine	–	–	–	×
Participating Bonds	×	×	×	
Partly-Paid-Issues	×	×	×	
PEP (Protected Equity Participation)	×	×	×	
PERLES	–	–	–	×
Pfandbriefe	×	×	×	
Plain Vanilla Convertibles	×	×	×	
PIP (Protected Index Participation)	×	×	×	
Put Optionsschein	–	–	–	×
Range Warrants	×	×	×	
Repackaged Bonds	×	×	×	
Retractable Issues	×	×	×	
Reverse Convertibles	×	×	×	
Reverse Floating Rate Notes	×	×	×	
Reverse Participations	–	–	–	×
ROUND	–	–	–	×
Saros	×	×	×	
Schatzanweisungen	×	×	×	
Schuldscheindarlehen	×	×	×	
Schuldverschreibungen	×	×	×	
Sichteinlagen, inländische	×	×	×	
Sichteinlagen, ausländische	×	×	–	
SMILE (Swiss Market Index Liierte Emission)	×	×	×	
Sparkassenbriefe	×	×	×	
Sparkassenobligationen	×	×	×	
Spekulationsgewinne	–	–	–	×
Spezialanleihen	×	×	×	
Spreads	×	×	×	
Spiders	×	×	–	
Staffelanleihen	×	×	×	
Step-down-Anleihen	×	×	×	
Step-up-Anleihen	×	×	×	

Ertragskomponente/Produkte	Steuerpflichtiger Ertrag Fondsausgangsseite	Erfassung bei Zwischengewinn- ermittlung	Kapitalertrag steuerpflicht. Fondsausgangsseite	Besonder- heiten evtl. möglich
Stillhalterprämien	×	–	–	×
Stock Dividends	×	–	–	
Straight Bonds	×	×	×	
Stripped-Bonds	×	×	×	
Stückzinsen	×	×	×	
Strukturierte Anleihen mit Aktienbezug	×	×	×	×
Subscription Rights	–	–	–	×
Swaps	–	–	–	×
Synthetische Devisen-Swap-Geschäfte	–	–	–	×
Teilschuldverschreibungen	×	×	×	
Termineinlagen, inländische	×	×	×	
Termineinlagen, ausländische	×	×	–	
Termingeschäfte	–	–	–	×
Tilgungsanleihen	×	×	×	
Tilgungsanleihe mit aufgeschobener, endfälliger Zinszahlung	×	×	×	
TORO	–	–	–	×
TRACER	–	–	–	×
Turbo-Optionsscheine	–	–	–	×
U- Schätze	×	×	×	
Über-Pari-Emissionen	–	–	–	
Überverzinsliche Anleihen	×	×	×	
Umtauschanleihen	×	×	×	
Veräußerungsgewinne	–	–	–	×
Vortrag ordentliche Erträge	×	–	–	×
Währungs-Swaps	–	–	–	×
Währungs-Optionsscheine	–	–	–	×
Währungsterminkontrakte	–	–	–	×
Währungszertifikat	–	–	–	×
Wandelanleihen	×	×	×	
Wandelgenussrechte	×	×	×	
Wandelschuldverschreibungen	×	×	×	
Warrant Bonds	×	×	×	
Warrant Issues	×	×	×	
Warrants	–	–	–	×
Weltbankanleihen	×	×	×	

Ertragskomponente/Produkte	Steuerpflichtiger Ertrag Fondsausgangsseite	Erfassung bei Zwischengewinn- ermittlung	Kapitalertrag steuerpflicht. Fondsausgangsseite	Besonder- heiten evtl. möglich
Wertberichtigungsaktien	–	–	–	
Wertpapierdarlehen (= Wertpapierleihe)	×	–	–	×
Wertpapierpensionsgeschäfte echte Wertpapierpensionsgeschäfte	×	×	×	×
unechte Wertpapierpensionsgeschäfte	×	–	–	×
Wertpapier-Termingeschäfte	–	–	–	×
Wertrechtsanleihen	×	×	×	
YES	×	×	×	
Zero-Bonds	×	×	×	
Zero Coupon Convertzibles	×	×	×	
Zero-Floater	×	×	×	
Zertifikate	–	–	–	×
Zins-Optionsscheine	–	–	–	×
Zins-Swaps	–	–	–	×
Zinsscheine	×	×	×	
Zinstermingeschäfte	–	–	–	×
Zusatzaktien	–	–	–	×

II. Behandlung von Zins-, Dividenden- und ausländischen Investmenterträgen eines Fonds nach den Doppelbesteuerungsabkommen

Tabellen siehe nachfolgende Seiten.

Doppelbesteuerungs-Abkommen	Zinsen			Dividenden (Streubesitz)			Ausländische Investmenterträge		
	innerstaatl. Quellensteuersatz %	Quellensteuerermäßigung im Abzugsstaat gem. DBA %	Nach Ermäßigung verbleibende anrechenbare ausländische Quellensteuer %	innerstaatl. Quellensteuersatz %	Quellensteuerermäßigung im Abzugsstaat gem. DBA %	Nach Ermäßigung verbleibende anrechenbare ausländische Quellensteuer %	Qualifikation der Investmenterträge nach DBA	DBA-Höchstsatz für Quellensteuer Zinsen %	DBA-Höchstsatz für Quellensteuer Dividende %
Ägypten	32	17	15	0	0	0	Dividenden	15	15
Argentinien	35	20	15	35	20	15	Dividenden	15	15
Australien	10	0	10	15	0	15	nicht geregelt	10	15
Bangladesch[1]	40	30	10	25	10	15	Dividenden	10	15
Belgien	15	0	15	15	0	15	nicht geregelt	15	15
Bolivien	N.N.	N.N.	N.N.	N.N.	N.N.	N.N.	Dividenden	20	15
Brasilien	10	0	10	0	0	0	nicht geregelt	15	15
Bulgarien	15	15	0	15	0	15	Dividenden	0	15
China (o. Hongkong und Macao)	10	0	10	0	0	0	nicht geregelt	10	10
Cote d'Ivoire	18	3	15	12	0	12	Dividenden	15	15
Dänemark	0	0	0	28	13	15	Dividenden	0	15
Ecuador	33	18	15	0	0	0	Dividenden	15	15
Estland	26	16	10	26	11	15	nicht geregelt	10	15
Finnland	0	0	0	29	14	15	Dividenden	0	15
Frankreich[1]	15	15	0	25	10	15	Dividenden	0	25
Griechenland	20	10	10	0	0	0	Dividenden	10	10
Indien	10	0	10	0	0	0	Dividenden	10	15
Indonesien[1]	20	10	10	20	5	15	Dividenden	10	20
Iran, Islamische R.	N.N	N.N	N.N	N.N	N.N	N.N	Dividenden	15	15
Irland[1]	0	0	0	22	7	15	Dividenden	0	15
Island	0	0	0	10	0	10	Dividenden	0	15
Israel	15	0	15	25	0	25	Dividenden	15	25

1 Stand 01.01.2000

Doppelbesteuerungs-Abkommen	Zinsen			Dividenden (Streubesitz)			Ausländische Investmenterträge		
	innerstaatl. Quellensteuersatz %	Quellensteuerermäßigung im Abzugsstaat gem. DBA %	Nach Ermäßigung verbleibende anrechenbare ausländische Quellensteuer %	innerstaatl. Quellensteuersatz %	Quellensteuerermäßigung im Abzugsstaat gem. DBA %	Nach Ermäßigung verbleibende anrechenbare ausländische Quellensteuer %	Qualifikation der Investmenterträge nach DBA	DBA-Höchstsatz für Quellensteuer Zinsen %	Dividende %
Italien	12,5	2,5	10	27	12	15	Dividenden	10	15
Jamaika	N.N	N.N	N.N	N.N	N.N	N.N	Dividenden	12,5	15
Japan	15	5	10	20	5	15	Dividenden	10	15
Kanada	25	10	15	25	10	15	Dividenden	15	15
Kasachstan	15	5	10	15	0	15	Dividenden	10	15
Kenia	15	0	15	10	0	10	Dividenden	15	15
Korea[1]	22	7	15	0	0	0	Dividenden	15	15
Kuwait	0	0	0	0	0	0	Dividenden	0	15
Lettland[1]	10	0	10	10	0	10	Dividenden	10	10
Liberia	N.N.	N.N.	N.N.	N.N.	N.N.	N.N.	Dividenden	20	15
Litauen	15	5	10	29	14	15	Dividenden	10	15
Luxemburg	0	0	0	25	10	15	nicht geregelt	0	15
Malaysia	15	0	15	0	0	0	Dividenden	15	15
Malta	0	0	0	0	0	0	Dividenden	10	15
Marokko	10	0	10	10	0	10	Dividenden	10	15
Mauritius	0	0	0	0	0	0	Dividenden	0	15
Mexiko[1]	15	0	15	5	0	5	nicht geregelt	15	15
Mongolei	N.N	N.N.	N.N.	N.N.	N.N.	N.N.	Dividenden	10	10
Namibia[1]	0	0	0	10	0	10	Dividenden	0	15
Neuseeland[1]	15	5	10	30	15	15	Dividenden	10	15
Niederlande	0	0	0	25	10	15	Dividenden	0	15
Norwegen	0	0	0	25	10	15	Dividenden	0	15
Österreich	0	0	0	25	10	15	Dividenden	0	15

1 Stand 01.01.2000

Doppelbesteuerungs-Abkommen	Zinsen			Dividenden (Streubesitz)			Ausländische Investmenterträge		
	innerstaatl. Quellensteuersatz %	Quellensteuerermäßigung im Abzugsstaat gem. DBA %	Nach Ermäßigung verbleibende anrechenbare ausländische Quellensteuer %	innerstaatl. Quellensteuersatz %	Quellensteuerermäßigung im Abzugsstaat gem. DBA %	Nach Ermäßigung verbleibende anrechenbare ausländische Quellensteuer %	Qualifikation der Investmenterträge nach DBA	DBA-Höchstsatz für Quellensteuer Zinsen %	DBA-Höchstsatz für Quellensteuer Dividende %
Pakistan	30	10	20	10	0	10	Dividenden	20	15
Philippinen	32	17	15	15	0	15	Dividenden	15	15
Polen[1]	20	20	0	20	5	15	nicht geregelt	0	15
Portugal	20	5	15	25	10	15	Dividenden	15	15
Rumänien[1]	10	0	10	10	0	10	Dividenden	10	15
Russ. Föd.	15	15	0	15	0	15	Dividenden	0	15
Sambia	N.N.	N.N.	N.N.	N.N.	N.N.	N.N.	Dividenden	10	15
Schweden	0	0	0	30	15	15	Dividenden	0	15
Schweiz	35	35	0	35	20	15	Dividenden	0	20
Simbabwe	N.N.	N.N.	N.N.	N.N.	N.N.	N.N.	Dividenden	10	15
Singapur	15	5	10	0	0	0	Dividenden	0	15
Slowak. Republik	25	25	0	15	0	15	Dividenden	10	15
Spanien[1]	25	15	10	25	10	15	Dividenden	10	15
Sri Lanka	10	0	10	15	0	15	Dividenden	10	15
Südafrika[1]	0	0	0	0	0	0	Dividenden	10	15
Thailand	15	0	15	10	0	10	nicht geregelt	15	10
Trinidad u. Tobago[1]	20	5	15	15	0	15	Dividenden	10	15
Tschech. Republ.	15	15	0	15	0	15	Dividenden	0	15
Türkei[1]	15	0	15	15	0	15	Dividenden	15	15
Tunesien	10	0	10	0	0	0	nicht geregelt	10	15
UdSSR	N.N.	N.N.	N.N.	N.N.	N.N.	N.N.	N.N.	N.N.	N.N.
Ukraine	15	10	5	15	5	10	Dividenden	5	10
Ungarn[1]	18	18	0	20	5	15	Dividenden	0	15

1 Stand 01.01.2000

Doppelbesteuerungs-Abkommen	Zinsen			Dividenden (Streubesitz)			Ausländische Investmenterträge		
	innerstaatl. Quellensteuersatz %	Quellensteuer-ermäßigung im Abzugsstaat gem. DBA %	Nach Ermäßigung verbleibende anrechenbare ausländische Quellensteuer %	innerstaatl. Quellensteuersatz %	Quellensteuer-ermäßigung im Abzugsstaat gem. DBA %	Nach Ermäßigung verbleibende anrechenbare ausländische Quellensteuer %	Qualifikation der Investment-erträge nach DBA	DBA-Höchstsatz für Quellensteuer Zinsen %	Dividende %
Uruguay	0	0	0	30	15	15	N.N.	15	15
Venezuela	34	29	5	0	0	0	nicht geregelt	5	15
Ver. Arab. Emirate	0	0	0	0	0	0	Dividenden	0	15
Vereinigtes Königreich	22	22	0	0	0	0	nicht geregelt	0	15
Vereinigte Staaten	30	30	0	30	15	15	Dividenden	0	15
Vietnam	N.N.	N.N.	N.N.	N.N.	N.N.	N.N.	nicht geregelt	10	15
Zypern[1]	20	10	10	20	5	15	Dividenden	10	15

1 Stand 01.01.2000

III. Vertragsstaaten, die mit der Bundesrepublik Deutschland ein Doppelbesteuerungsabkommen, das die Anrechnung fiktiver Steuern vorsieht, abgeschlossen haben

Liste der Länder, bei denen eine fiktive Anrechnung der Quellensteuer möglich ist

	Fiktive Quellensteuer		
	Dividenden	Lizenzen	Zinsen
Ägypten	✕		✕
Argentinien	✕	✕	✕
Bangladesh	✕	✕	✕
Bolivien		✕	✕
Brasilien	✕	✕	✕
China	✕	✕	✕
Ecuador		✕	✕
Elfenbeinküste	✕		✕
Griechenland			✕
Indien			✕
Indonesien			✕
Iran	✕	✕	
Irland	✕		
Israel	✕		✕
Jamaika	✕	✕	✕
Kenia	✕	✕	✕
Korea	✕	✕	✕
Liberia		✕	✕
Malaysia	✕	✕	✕

	Fiktive Quellensteuer		
	Dividenden	Lizenzen	Zinsen
Malta	×	×	×
Marokko	×		×
Mauritius	×		
Mexiko	×	×	
Mongolei	×	×	×
Pakistan			×
Phillipinen	×	×	×
Portugal	×	×	×
Simbabwe		×	
Singapur		×	×
Spanien			×
Sri Lanka (Ceylon)	×	×	×
Trinidad	×	×	×
Tobago	×	×	×
Türkei	×	×	×
Tunesien	×	×	×
Uruguay		×	×
Venezuela	×	×	×
Vietnam	×	×	×
Zypern	×		×

Stand 01.01.2001

D. Fundstellenverzeichnis

I. Literatur

Altfelder: Investmentfonds – endlich verständlich?; in: FR 2000, S. 299

Apel: Anmerkung zu FG Düsseldorf, Urteil vom 26.01.1993 – 6 K 101/88; Realisationszeitpunkt bei Investmentanteilen; in: BB 1994, S. 111 f.

Assmann/Schütze: Handbuch des Kapitalanlagerechts, München 1990

Baranowski: Besteuerung von Auslandsbeziehungen, 2. Auflage, Herne, Berlin 1996

Baur: Das Investmentgeschäft, Köln 1999

Baur: Investmentgesetze, Berlin, New York 1997

Becker: »Phasengleiche Aktivierung« von Erträgnissen aus Wertpapier-Sondervermögen (Fonds) im Sinne des Gesetzes über Kapitalanlagegesellschaften (KAGG); in: Die steuerliche Betriebsprüfung 1996, S. 127 ff.

ders: Lexikon Terminhandel, Finanz- und Rohstoff-Futures, Wiesbaden 1994

Beckmann/Scholz: Investment, Ergänzbares Handbuch für das gesamte Investmentwesen, Berlin, Stand: 10/2000

Beike: Index-Zertifikate, Stuttgart 1999

ders.: Aktien-Anleihen, Stuttgart 2000

Blümich: EStG-KStG-GewStG, Kommentar, München, Stand 07/1999

Brosch: ABC der Wertpapiere; in: NWB Fach 21, S. 837 ff.

Büschgen: Das kleine Börsenlexikon, Düsseldorf 1994

Bullinger: Die französische Körperschaftsteuergutschrift (Avoir Fiscal) für deutsche Direktinvestitionen nach dem StSenkG; in: IStR 2/2001, S. 46

Bullinger/Radke: Handkommentar zum Zinsabschlag, Düsseldorf 1994

Carl: Neuregelung der Zinsbesteuerung durch das StMBG; in: FR 1994, S. 173 ff.

Eisgruber: Unternehmensteuerreform 2001: Das Halbeinkünfteverfahren auf der Ebene der Körperschaft; in: DStR 2000, S. 1493 ff.

Eller: Alles über Finanzinnovationen, München 1995

Fischer: Besteuerung von inländischen Wertpapierinvestmentfonds und ihrer Anteilinhaber; in: WM 2001, S. 1236

Fock/Stoschek: Die Auswirkungen des geplanten Steuersenkungsgesetzes auf die Besteuerung von Investmentfonds und ihrer Anteilinhaber; in: FR 2000, S. 591 ff.

Förster/Hertrampf: Das Recht der Investmentfonds, 3. Auflage, Neuwied 2001

Frotscher: Die körperschaftsteuerliche Übergangsregelung nach dem Steuersenkungsgesetz; in: BB 2000, S. 2280

Giloy: Zur Besteuerung von Kapitalerträgen nach dem Zinsabschlaggesetz; in: FR 1992, S. 605 ff.

Grotherr: Änderungen bei der Besteuerung der Inlandsbeziehungen von Steuerausländern durch das Steuersenkungsgesetz; in: IWB Nr. 24, Gr 1, S. 1721

Häuselmann: Zur Bilanzierung von Investmentanteilen, insbesondere von Anteilen an Spezialfonds; in: BB 1992, S. 312 ff.

Hamacher: Steuerrechtliche Fragen der Geschäfte an der Deutschen Terminbörse; in: WM 1990, S. 1441 ff.

ders.: Innovative Finanzinstrumente – Neue steuerrechtliche Entwicklungen; in: WM 1991, S. 1661 ff.

ders.: Termingeschäfte im privaten Bereich nach neuem Steuerrecht; in: WM 2000, S. 1721

Hansen: Die kräftige Expansion der Kapitalanlagegesellschaften; in: AktG 2001, R3

Harenberg: Besteuerung von Investmenterträgen; in: Gest. StB 1999, S. 267

ders.: Besteuerung von Optionsgeschäften und Financial Futures im Rahmen privater Vermögensverwaltung; in: NWB Fach 3, S. 11695

ders.: Lexikon der Kapitalanlagen, Kapitalerträge und Finanzinnovationen; in: NWB Fach 3, S. 9825

ders.: Kehrtwende des Bundesfinanzministeriums bei der Besteuerung von Aktienanleihen; in: NWB Fach 3, S. 11515

Harenberg/Irmer: Besteuerungsprobleme von Erträgen aus Kursgewinnen bei Floating Rate Notes; in: NWB Fach 3, S. 10731

Hasewinkel: Geldmarkt und Geldmarktpapiere, Frankfurt/Main 1993

Hennig/Bengard: Steuerliche Änderungen des Investmentrechts durch das »Steuerentlastungsgesetz 1999/2000/2002«; in: BB 1999, S. 1901

Herrmann/Heuer/Raupach: Einkommensteuer- und Körperschaftsteuergesetz, Kommentar, Köln, Stand 05/2001

dies.: Sonderdruck Steuerreform 1999/2000/2001, Köln 1999

Holzheimer/K. Laube/P. Laube/Seidel/Müller-Brühl: Steuerpraxis für Kreditinstitute, Berlin, Stand: 02/2001

Hoppen/Pelzer: Geldmarktfonds: Eine Beurteilung unter besonderer Berücksichtigung der potentiellen Risiken und der steuerlichen Behandlung beim Investor; in: DStR 1995, S. 617 ff.

Jacob/Klein: Investmentsteuerrechtliche Fragen des Steuersenkungsgesetzes; in: FR 2000, S. 918

Jasper/Kracht/Schwartzkopff: ABC steuerbegünstigte Geldanlagen 1995; Gestaltungen, Rendite, Risiko, Bonn 1995

Jütte: Anmerkung zum Erlaß der Senatsverwaltung für Finanzen Berlin vom 08.11.1994; III C2 – S 1310 – 1/92; in: IStR 1995, S. 85 f.

Keßler/Appel: Das Wertpapiergeschäft in Recht und Praxis, Frankfurt/Main 1996

Kleeberg/Schlenger: Handbuch Spezialfonds, Bad Soden, 2000

Kohlrust-Schulz: Die Besteuerung privater Veräußerungsgewinne nach dem Steuerentlastungsgesetz 1999/2000/2002; in: NWB Fach 3, S. 10775 ff.

Kümpel: Kapitalmarktrecht – Eine Einführung, Berlin 1995

Kußmaul: Die Dividendenbesteuerung im nationalen und internationalen Kontext; in: DB 2001, S. 608

Lindberg: Die Besteuerung der Kapitaleinkünfte, München 1996

Littmann/Bitz/Pust: Das Einkommensteuerrecht, Kommentar, Stuttgart, Stand 04/2001

Loy: Besteuerung von Kapitaleinkünften, Besteuerung moderner Kapitalanlageformen (Finanzinnovationen) sowie von Investmenterträgen, Stuttgart 1995

ders.: Besteuerung von Investmentverträgen; in: NWB Nr. 5 vom 31.01.1994, Aktuelles, S. 308 ff.

ders.: Neuregelung beim Zinsabschlag ab 01.01.1994; in: NWB Nr. 4 vom 24.01.1994, Aktuelles, S. 226 f.

Mader: Steuervorteile bei Kapitalanlagen in Dachfonds aufgrund gesetzgeberischer Besteuerungslücke; in: StBp 1997, S. 106

Marquard/Hagenbucher: Die Zinsabschlagsteuer – eine Aufgabe und Belastung für die Kreditwirtschaft; in: DB 1992, S. 2265

Merben: Derivate: Riskant, aber profitabel, Regensburg, Bonn 1998

Müssener: Die Kapitalertragsteuern auf Zinsen und Dividenden im internationalen Vergleich; in: IWB Gruppe 10 International, S. 1101 ff.

Philipowski: Verausgabte Stückzinsen und gezahlte Zwischengewinne – Rechtsfolgen und Gestaltungsmöglichkeiten bei ESt und ZASt; in: DStR 1994, S. 1593 ff.

Pöhlmann: Steuern sparen mit Investmentfonds; in: DSWR 2001, S. 13

Roth, Jörg: Steuersenkungsgesetz – Auswirkungen auf die Besteuerung von Erträgen aus Investmentanteilen; in: IStR 7/2001, S. 208

Sagasser/Schlüppen: Änderungen im Ertragsteuerrecht durch das Mißbrauchsbekämpfungs- und Steuerbereinigungsgesetz – Teil I: Einkommen- und Körperschaftsteuer; in: DStR 1994, S. 265 ff.

dies.: Änderungen im Ertragsteuerrecht durch das Mißbrauchsbekämpfungs- und Steuerbereinigungsgesetz – Teil II: Internationales Steuerrecht; in: DStR 1994, S. 311 ff.

Schaumburg/Rödder: Unternehmensteuerreform 2001

Scheurle: Investmentfonds: Änderungen durch das Dritte Finanzmarktförderungsgesetz; in: DB 1998, S. 1099

ders.: Unstimmigkeiten im Besteuerungssystem des Investmentrechts – illustriert an der Besteuerung des Zwischengewinns; in: DStZ 1995, S. 646 ff.

ders.: Besteuerung des Zwischengewinns aus Investmentanteilen; in: NWB Fach 3, S. 9101 ff.

ders.: Die steuerliche Behandlung von Stückzinsen nach dem Mißbrauchsbekämpfungs- und Steuerbereinigungsgesetz; in: NWB Fach 3, S. 8895 ff.

Schlüter: Möglichkeit der Umsatzsteuerbefreiung ausgelagerter Dienstleistungen bei KAG; in: DStR 2000, S. 1587

Schmidt (Hrsg.): Einkommensteuergesetz, Kommentar, München 2001

Schönwald: Halbeinkünfteverfahren-Übergangsregeln; in: SteuerStud 2001, S. 116

Scholtz: Geldmarkt-Sondervermögen; Die steuerliche Behandlung des Sondervermögens und der Anteilscheininhaber, Berlin 1996

ders.: Kapitalanlagegesellschaft und Sondervermögen; in: FR 1991, S. 198 f.

ders.: Zurechnung von Einnahmen aus Kapitalvermögen, insbesondere bei Veräußerung von Kapitalanlagen; in: DStZ 1990, S. 523 ff.

ders.: Das Anrechnungsverfahren bei Investmentgesellschaften; in: FR 1977, S. 105 ff.

Sorgenfrei: Steuerlicher Transparenzgrundsatz und DBA-Berechtigung deutscher offener Investmentfonds; in: IStR 1994, S. 466 ff.

Steibert: Dividendenzahlungen aus Frankreich – Renditewirkungen des »Avoir Fiscal« im Halbeinkünfteverfahren; in: IWB Nr. 1, Gr 2, S. 9

Stotz: Besteuerung von Wertpapier-Investmentfonds, Bielefeld 1998

Strunz: Die steuerliche Behandlung der Erträge aus Luxemburger SICAV-Fonds in der Schweiz; in: RIW 1995, S. 526 ff.

Täske: Die Besteuerung von Investmentfonds; in: IFS 1997, S. 1437

Tibo: StSenkG – Besteuerung von Erträgen aus Wertpapier-Investmentfonds; in: DB 2000, S. 2291

Uszczapowski: Optionen und Futures verstehen, München 1995

Vogel: Doppelbesteuerungsabkommen, Kommentar, München 1996

Warth & Klein (Hrsg.): Die Besteuerung ausländischer Investmentfonds bei privaten Kapitalanlegern, Düsseldorf 1996

Wiechmann: Anrechnung fiktiver ausländischer Quellensteuer aus Investmentfonds durch Versicherungsunternehmen/Anteilscheininhaber; in: ZfVers.w, 06/2001

Witt: Anmerkungen zum BFH-Urteil vom 24.11.1993, X R 49/90; Spekulationsgeschäfte bei Wertpapieren in Girosammelverwahrung; in: DB 1994, S. 1644 ff.

Zahn: Handlexikon zu Futures, Optionen und innovativen Finanzinstrumenten, 1991

II. Rechtsprechung

BFH – Urteil vom 24.10.2000: VIII R 28/99; Wechselkursgewinne bei einfachen Floatern; DStR 2000, S. 2179 ff.

BFH – Urteil vom 11.10.2000: I R 99/96; Zum Verhältnis der Vorschriften des AuslInvestmG zu denen des EStG und des AStG; BStBl 2001 I, S. 22 ff.

BFH – Urteil vom 29.03.2000: I R 15/99; Direkte Zuordnung von Refinanzierungskosten bei der Ermittlung ausländischer Einkünfte von Banken; keine Teilwertabschreibung auf Darlehensforderungen eines Kreditinstituts; DB 2000, S. 1745

BFH – Urteil vom 18.05.1994: I R 59/93; INKA-Urteil; Zeitpunkt der Aktivierung des Anspruches auf Ausschüttungen eines Wertpapierfonds; BStBl 1995 II, S. 54 ff.

BFH – Urteil vom 16.03.1994: I R 42/93; Anrechnung ausländischer Quellensteuern; BStBl 1994 II, S. 799 ff.

BFH – Urteil vom 24.11.1993: X R 49/90; Wertpapierspekulationsgeschäfte bei Verwahrung im Sammeldepot; DB 1994, S. 509 ff.

BFH-Urteil vom 04.05.1993: VIII R 7/91; Gebühren für Wertpapierdepot, Werbungskosten; BStBl 1993 II, S. 832 ff.

BFH – Urteil vom 02.03.1993: VIII R 13/91; Zufluß von Kapitalerträgen; DB 1993, S. 1501 f.

BFH-Urteil vom 07.04.1992: VIII R 79/88; Behandlung der Veräußerungsgewinne nach §§ 17, 18 AuslInvestmG, AfA nach § 18 AuslInvestmG; BStBl 1992 II, S . 786 ff.

BFH-Urteil vom 24.03.1992: VIII – R – 51/89; Höhe der Einnahmen und Zeitpunkt des Zuflusses bei der schweizerischen Verrechnungssteuer unterliegenden Kapitalerträgen; BStBl 1992 II, S. 941 ff.

BFH-Urteil vom 08.10.1991: VIII R 48/88; Besteuerung Zerobonds; BStBl 1992 II, S. 174 ff.

BFH-Urteil vom 25.04.1990: I R 70/88; Zur Behandlung ausländischer Steuer bei der inländischen Gewinnermittlung; BStBl 1990 II, S. 1086 ff.

BFH – Urteil vom 13.10.1988: IV R 220/85; Der Abschluss privater Differenzgeschäfte über Devisen oder Edelmetalle; BStBl 1989 II, S. 39 ff.

BFH – Urteil vom 29.01.1987: V R 53/76; Zur Steuerbarkeit von Umsätzen; BStBl 1987 II, S. 516 ff.

BFH – Urteil vom 28.11.1985: V R 169/82; Die geschäftsmäßige Ausgabe sog. Privatoptionen auf Warenterminkontrakte; BStBl 1986 II, S. 160 f.

BFH – Urteil vom 08.12.1981: VIII R 125/79; Einkünfte aus privaten Devisentermingeschäften; BStBl 1982 II, S. 618 ff.

OLG Frankfurt/Main – Urteil vom 19.12.1996: 16 U 109/96; Zu den Kontrollpflichten und zur Haftung der Depotbank eines Investmentfonds; WM 1996, S. 669

Hessisches FG – Urteil vom 11.10.1994: 4 K 4306/86; Anrechnung ausländischer Quellensteuer; EFG 1995, S. 279 ff.

FG Baden-Württemberg – Urteil vom 18.05.1999: 1 K 63/97; Zwischengewinne aus ausländischen Investmentfonds schon vor 1994 Kapitaleinkünfte; EFG 1999, S. 835

FG Düsseldorf – Urteil vom 30.09.1997: 17 K 6394/93; Zurechnung von Einnahmen aus Kapitalvermögen; DATEV-LEXinform-Nr. 0144716

FG Düsseldorf – Urteil vom 26.01.1993: 6 K 101/88 K, F, G; Investmentanteile: Realisationszeitpunkt; BB 1993, 2124 f.

FG Hamburg – Urteil vom 07.06.2000: II 554/99; Zur Anrechnung ausländischer Quellensteuer; DATEV-LEXinform-Nr. 0554461

FG Köln – Urteil vom 11.05.2000: 13 K 6555/1997; Nachträgliche Änderung der anrechenbaren ausländischen Quellensteuern in einem Körperschaftsteuerbescheid; EFG 2000, S. 793

FG München – Urteil vom 23.03.1999: 13 K 4717/98; Besteuerung von Wechselkursgewinnen bei sog. Floatern; EFG 1999, S. 701

FG Münster – Urteil vom 03.03.1998: 6 K 6/95; Wertsteigerung aus Investmentfonds bis 1993 nicht steuerpflichtig; EFG 1998, S. 1010

III. Finanzverwaltung

BMF-Schreiben vom 02.03.2001: IV C 1 – S 2252 – 56/01; Besteuerung von Hochzins- und Umtauschanleihen; DB 2001, S. 618

BMF-Schreiben vom 07.02.2001: IV C 1 – S 2252 – 26/01; Steuerliche Behandlung von Erträgen aus variabel verzinslichen Schuldverschreibungen; BStBl 2001 I, S. 149

BMF-Schreiben vom 07.10.1999: IV C 1 – S 2252 – 589/99; Besteuerung von Hochzinsanleihen mit Rückzahlungswahlrecht des Emittenten; DB 1999, S. 2342

BMF-Schreiben vom 07.10.1999: IV C 1 – S 2252 – 420/99; Rückzahlung des Kapitalvermögens im Sinne des § 20 Abs. 1 Nr. 7 EStG; BStBl 1999 I, S. 433

BMF-Schreiben vom 16.03.1999: IV C 1 – S 2252 – 87/99; Rückzahlung des Kapitalvermögens im Sinne des § 20 Abs. 1 Nr. 7 EStG; BStBl 1999 I, S. 433

BMF-Schreiben vom 09.02.1999: Erträge eines inländischen Sondervermögens aus Anteilen an inländischen und ausländischen Investmentvermögen; FR 1999, S. 867

BMF-Schreiben vom 21.07.1998: IV B 4 – S 2252 – 116/98; Besteuerung von Kapitalerträgen – Anlageinstrumente mit Optionsgeschäftselementen; DATEV-LEXinform-Nr. 0165953

BMF-Schreiben vom 12.05.1998: IV C 6 – S 1301 – 18/98; Nachweis über das Vorliegen der Voraussetzungen für die Anrechnung fiktiver Quellensteuern bei ausländischen Zinseinkünften nach Doppelbesteuerungsabkommen; BStBl 1998 I, S. 554

BMF-Schreiben vom 30.03.1998: IV C 7 – S 1302 Jap – 5/98; Besteuerung von Einkünften ausländischer Unternehmen aus der Beteiligung an Wertpapiersondervermögen (Aktienfonds) nach dem Gesetz über Kapitalanlagegesellschaften (KAGG) unter Berücksichtigung der Doppelbesteuerungsabkommen (DBA); BStBl 1998 I, S. 367

BMF-Schreiben vom 14.01.1998: IV B 4 – S 2252 – 2/98; Besteuerung von Kapitalerträgen – Anlageinstrumente mit Optionsgeschäftselementen; DB 1998, S. 497

BMF-Schreiben vom 02.01.1996: IV C 5 – S 1300 – 223/95; Stand der Doppelbesteuerungsabkommen und der Doppelbesteuerungsverhandlungen am 01. Januar 1996; BStBl 1996 I, S. 5 ff.

BMF-Schreiben (koordinierter Ländererlaß) vom 24.10.1995: IV B 4 – S 2252 – 289/95; Berechnung des steuerpflichtigen Ertrags nach der Marktrendite bei Anlageinstrumenten in Fremdwährung; DATEV-LEXinform-Nr. 131064

BMF-Schreiben vom 12.12.1994: Steuerliche Behandlung von Anteilen an ausländischen Investmentfonds nach dem StrefG 1993

BMF-Schreiben vom 10.11.1994: IV B 3 – S 2256 – 34/94; Einkommensteuerrechtliche Behandlung von Options- und Finanztermingeschäften; BStBl 1994 I, S. 816 ff.

BMF-Schreiben vom 12.10.1994: VI B 4 – S 2400 – 130/94; Zinsabschlag von Kapitalerträgen aus unverzinslichen Schatzanweisungen des Bundes einschließlich Bundesbank-Liquiditäts-U-Schätzen; BStBl 1994 I, S. 815

BMF-Schreiben vom 15.03.1994: IV B 4 – S 2252 – 173/94; Berücksichtigung von gezahlten Stückzinsen bei Personenverschiedenheit von Käufer und Depotinhaber; BStBl 1994 I, S. 230

BMF-Merkblatt vom 01.03.1994: IV C 5 – S 1300 – 49/94; Entlastung von deutscher Kapitalertragsteuer von Dividenden und bestimmten anderen Kapitalerträgen gemäß § 44d EStG, den Doppelbesteuerungsabkommen (DBA) oder sonstigen zwischenstaatlichen Abkommen; BStBl 1994 I, S. 203 ff.

BMF-Schreiben vom 24.01.1994: IV B 4 – S 2400 – 8/94; Berücksichtigung von gezahlten Stückzinsen bei Ehegatten

BMF-Schreiben vom 20.01.1994: IV B 4 – S 1980 – 5/94; Ermittlung des Zwischengewinns; steuerliche Behandlung verschiedener Anlageformen; FR 1994, S. 206

BMF-Schreiben vom 17.12.1993: IV B 4 – S 1980 – 56/93; Erhebung des Zinsabschlags auf Zwischengewinne; BStBl 1994 I, S. 16

BMF-Schreiben vom 09.11.1992: IV B 4 – S 2102 – 20/92; Erweiterte unbeschränkte Einkommensteuerpflicht gemäß § 1 Abs. 2 und 3 EStG; hier Billigkeitsregelung; BStBl 1992 I, S. 726

BMF-Schreiben vom 26.10.1992: IV B 4 – S 2000 – 252/92; Einzelfragen zur Anwendung des Zinsabschlaggesetzes; BStBl 1992 I, S. 693 ff.

BMF-Schreiben vom 19.12.1989: IV A 3 – S 7160 – 55/89; Umsatzsteuerrechtliche Behandlung verschiedener Finanzmarktinnovationen und der uneigentlichen Wertpapierleihe; WM 1990, S. 1477 f.

BMF-Schreiben vom 20.02.1981: IV B 7 – S 2932 – 1/81/IV B 4 – S 1980 – 6/81; Praktische Probleme bei Investment-Gesellschaften nach der Körperschaftsteuerreform; DB 1981, S. 613 f.

BMF-Schreiben vom 20.03.1975: IV B 4 – S 1980 – 3/75; Aufteilung der Kosten

BMF-Schreiben vom 24.03.1970: IV B/4 – S 1980 – 15/70; Umfang und steuerliche Behandlung der Kosten; Beckmann/Scholtz, Kz 440, Nr. 8

Entwurf BMF-Schreiben vom November 1994: IV B 4 – S 2252 – /94, IV B 2 – S 2136 – /94; Einkommensteuerrechtliche Behandlung von Optionsanleihen

FinMin. Niedersachsen – Erlass vom 20.05.1975: S 1980 a-10-312; Besteuerung der Erträge aus inländischen und ausländischen Investmentanteilen; Aufteilung von Unkosten; DB 1975, S. 1052 f.

FinMin. Niedersachsen – Erlass vom 13.08.1974: S 1980 a-10-312; Besteuerung der Erträge aus inländischen und ausländischen Investmentanteilen; Aufteilung von Unkosten; DB 1974, S. 1649 f.

FinMin. Niedersachsen – Erlass vom 30.10.1970: S 1980 – 9 – 31 2; Auslegungsfragen zum AusIInvestmG; DB 1970, S. 2102 f.

FinMin. NRW – Erlass vom 10.01.1975: S 1980 a – 18 – VB 2; Besteuerung der Erträge aus Investmentanteilen: Ertragsausgleich bei inländischen und ausländischen Investmentvermögen; DB 1975, S. 129

FinMin. NRW – Erlass vom 22.07.1965: S 1301 – 27 – VB 1; Erstattung schweizerischer Quellensteuer an deutsche Investmentfonds; Beckmann/Scholtz, Kz 440, Nr. 4

FinMin. NRW – Erlasse vom 14.12.1964 und 22.07.1965: S 1301 – 27 – VB 1; Erstattung von Kapitalertragsteuer an Investmentfonds auf Grund von Doppelbesteuerungsabkommen; Beckmann/Scholtz, Kz 440, Nr. 3

FinMin. NRW – Erlass vom 17.03.1964: S 2180 – 6 – VB 1; Besteuerung des Ertragsausgleichs

FinMin Sachsen-Anhalt – Erlass vom 14.11.1994: 45 – S 1301 – 29; DBA Frankreich: Ausschüttungen französischer Kapitalgesellschaften (ausgenommen Ausschüttungen auf wesentliche Beteiligungen und sonstige nicht zur Gutschrift berechtigende Dividenden); IStR 1995, S. 34 f.

FinMin. Thüringen – Erlass vom 08.08.1994: S 1301 A – Frankreich – 206, Ausschüttungen französischer Kapitalgesellschaften, Doppelbesteuerungsabkommen zwischen Frankreich und der Bundesrepublik Deutschland; DATEV-LEXinform-Nr. 124049

OFD Bremen – Verfügung vom 06.02.1989: S 2293 – St 2000; Anrechnung ausländischer Quellensteuer nach § 34 c EStG; DATEV-LEXinform-Nr. 90551

OFD Chemnitz – Verfügung vom 28.10.1992: S 2400 – 6 – St 3101; Übersicht über die wichtigsten Änderungen durch das Zinsabschlaggesetz; DATEV-LEXinform-Nr. 106257

OFD Cottbus – Verfügung vom 10.12.1992: S 2293 – 4 St 111; Besteuerung von Zinsen und Dividenden nach DBA; hier: Anrechnung ausländischer Quellensteuer nach § 34c EStG; DATEV-LEXinform-Nr. 106566

OFD Düsseldorf – Verfügung vom 23.03.2001: S 2136 A – St 11; Optionsanleihen im Betriebsvermögen

OFD Erfurt – Verfügung vom 16.08.1999: S 1300 A – 45 – St 01; Fiktive Steueranrechnung, § 34 c Abs. 6 Satz 2 EStG; DB 1999, S. 2443

OFD Frankfurt/Main – Verfügung vom 10.02.1999: S 2293 A – 72 – St II 22; Anrechnung französischer Steuergutschrift (Avoir Fiscal) auf ausgeschüttete Dividenden; IStR, 2/2001, S. 59

OFD Frankfurt/Main – Verfügung vom 24.08.1998: S 2293 A – 55 – St II 2 a / 25; Steuerermäßigung bei ausländischen Einkünften; DATEV-LEXinform-Nr. 0555038

OFD Frankfurt/Main – Verfügung vom 25.06.1997: S 2406 A – 1 – St II 11; Bemessung des Zinsabschlags bei Kursdifferenzpapieren im Sinne des § 20 Abs. 2 Nr. 4 EStG; DStR 1997, S. 1726

OFD Frankfurt/Main – Verfügung vom 17.07.1995: S 2404 A – 12 – St II 11; Zurechnung von Zinsen und Erhebung des Zinsabschlags im Erbfall; BB 1995, S. 2148

OFD Kiel – Verfügung vom 25.09.2000: G 1422 A – St 261; Behandlung von Investment- und Spezialfonds mit Aktienanteilen bei der Ermittlung von Dauerschulden bei Kreditinstituten (§ 19 GewStDV); DATEV-LEXinform-Nr. 0556988

OFD Kiel – Verfügung vom 29.06.2000: S 2830 A – St 261; Steuerbescheinigung bei der Depotverwahrung inländischer Investmentanteile durch ein ausländisches Kreditinstitut; DATEV-LEXinform-Nr. 0556891

OFD Kiel – Verfügung vom 17.06.1999: S 2241 A – St 132; Sonderbetriebsvermögen bei Vermietung an eine Schwester-Personengesellschaft und Verhältnis des § 15 Abs. 1 Nr. 2 EStG zur mitunternehmerischen Betriebsaufspaltung

OFD Kiel – Verfügung vom 29.04.1999, Erträge aus Anteilen an Investmentfonds, die im PV gehalten werden; FR 1999, S. 1015

OFD Koblenz – Verfügung vom 15.05.2001: S 2830 A – St 34 1 / 34 2; Wechsel vom Anrechnungs- zum Halbeinkünfteverfahren; NWB Fach 4, S. 4413

OFD Koblenz – Verfügung vom 26.11.1991: S 2400 A – St 34 3; Einzelfragen zur Anwendung des Zinsabschlaggesetzes; DStR 1993, S. 165 f.

OFD München – Verfügung vom 24.01.1995: S 2400 – 51/2 St 41/42; Zeitpunkt des Zuflusses von Kapitalerträgen bei der Veräußerung von Wertpapieren; DB 1995, S. 953

OFD München – Verfügung vom 26.02.1993: S 2400 – 48/17 St 41; Zinsabschlag auf inländische Kapitalerträge ausländischer diplomatischer und konsularischer Vertretungen und ihrer Mitglieder; FR 1993, S. 345

Senatsverwaltung für Finanzen Berlin – Erlass vom 08.11.1994: III C 2 – S 1310 – 1/92; Einkommensteuerliche Behandlung von Mitgliedern ausländischer Missionen und Vertretungen; IStR 1995, S. 85

**Steuerverfahrensrechtliche Aspekte
der Fondsverwaltung**

A. Verfahrensrechtliche Aspekte der Fondseingangsseite

I. Verfahrensrechtliche Aspekte für vereinnahmte inländische Erträge

Inländische Kapitalerträge der Fondsvermögen, die ihrer Art nach dem Kapitalertragsteuerabzug unterliegen, werden gleichwohl der Depotbank brutto, d.h. ohne Steuerabzug von Kapitalertragsteuer und Solidaritätszuschlag gutgeschrieben.

Bei Zinserträgen, die grundsätzlich der Zinsabschlagsteuer unterliegen, wird von der Besteuerung Abstand genommen (§ 38 Abs. 2 S. 1 KAGG n. F. i. V. m. § 44 a EStG). Bei inländischen Dividendenerträgen der Sondervermögen wird die Kapitalertragsteuer nebst Solidaritätszuschlag vom Bundesamt für Finanzen an das Sondervermögen erstattet (§ 38 Abs. 2 KAGG n. F.).

Dies setzt sowohl für die Abstandnahme der Zinsabschlagsteuer als auch für die Erstattung der Kapitalertragsteuer voraus, dass das steuerbefreite Fondsvermögen (vgl. Teil 1, A.) durch eine Bescheinigung des zuständigen Finanzamtes nachweist (Nichtveranlagungsbescheinigung), dass ein steuerbefreites Sondervermögen vorliegt (§ 44 a Abs. 4 S. 3 EStG i.V.m. § 38 Abs. 2 KAGG n. F.).

Beispiele für den erforderlichen Antrag auf die Erteilung einer Nichtveranlagungsbescheinigung sowie eines Bescheides finden sich im Musterteil unter Teil 4, C. Diese Bescheinigungen werden den Depotbanken (zum Steuerabzug verpflichtete Stellen i.S.d. § 44 Abs. 1 EStG) vorgelegt (§ 44 a Abs. 4 S. 3 EStG). Die Geltungsdauer dieser Bescheinigung ist regelmäßig auf drei Jahre beschränkt.

Vereinnahmt das Sondervermögen inländische Dividendenerträge, die noch ein inländisches Körperschaftsteuer-Guthaben vermitteln, so wird dieses auf Antrag vom Bundesamt für Finanzen an die Depotbank des Sondervermögens vergütet (§ 38 Abs. 2 S. 1 KAGG a. F.). Das Vergütungsverfahren setzt wie die Nichtveranlagungsbescheinigung für Zwecke der Kapitalertragsteuer voraus, dass das Finanzamt die Steuerfreiheit des Sondervermögens bestätigt hat (§ 38 Abs. 2 S. 3 KAGG a. F.) Mit der Abschaffung des körperschaftsteuerlichen Anrechnungsverfahrens durch das Steuersenkungsgesetz wird es keine anrechenbare Körperschaftsteuer mehr geben. Für den Übergangszeitraum bis zur völligen Umsetzung des neuen Rechts (2003) ist mit dem Bezug inländischer Dividenden u. U. noch ein Anspruch auf das Körperschaftsteuer-Guthaben verbunden.

Mit Hilfe der NV-Bescheinigung wird ein sich in der Übergangsphase ergebendes inländisches Körperschaftsteuerguthaben an die Depotbank des jeweiligen Fonds erstattet (§ 38 Abs. 2 KAGG a. F.). Antragsmuster befinden sich in Teil 4, C.

II. Verfahrensrechtliche Aspekte für vereinnahmte ausländische Erträge

1. Erstattung ausländischer Quellensteuer

Teilweise sehen ausländische Rechtsordnungen und die mit Deutschland abgeschlossenen Doppelbesteuerungsabkommen eine Erstattung der das DBA-Niveau übersteigenden ausländischen Quellensteuern auf Zinsen und Dividenden vor. Eine Erstattung erfolgt in aller Regel nur auf gesonderten Antrag des Fondsvermögens. Allerdings entsteht für Kapitalanlagegesellschaften mangels meist fehlender abkommensrechtlicher Spezialregelungen das Problem, dass eine Erstattung von ausländischen Quellensteuern für Rechnung der Fondsvermögen häufig mit dem Hinweis auf die fehlende Abkommensberechtigung der Fondsvermögen abgelehnt wird. Dies resultiert daraus, dass grundsätzlich nur derjenige Rechte aus seinem Doppelbesteuerungsabkommen im eigenen Namen geltend machen kann, dem steuerlich gesehen die Einkünfte auch zuzurechnen sind. Bislang gestehen nur die Staaten Schweiz, Frankreich und Spanien den Fondsvermögen eine Erstattungsberechtigung zu.

Die Anträge werden generell an die für das Fondsvermögen zuständige Depotbank übergeben und von dieser an das ausländische Kreditinstitut weitergeleitet. Dieses wickelt sodann die Formalitäten mit der ausländischen Finanzverwaltung ab.

Das Erstattungsverfahren richtet sich nach den in dem jeweiligen DBA getroffenen Regelungen sowie ergänzenden Richtlinien, Anweisungen und Merkblättern der Finanzverwaltungen. Die Doppelbesteuerungsabkommen sehen regelmäßig auch Antragsfristen vor. Die Anträge sind zumeist bei einer zentralen ausländischen Steuerbehörde anzubringen.

Vergleiche zu den Verwaltungsübereinkommen mit der Schweiz Teil 5, A. VI. und die jeweiligen Erstattungsformulare in Teil 4, C. 3.

2. Gutschrift ausländischer Körperschaftsteuerguthaben

Nach derzeitiger Regelung sieht lediglich das Doppelbesteuerungsabkommen mit Frankreich eine grenzüberschreitende Körperschaftsteuergutschrift vor. Anderes als beim Direktanleger wird das französische Körperschaftsteuerguthaben (Avoir Fiscal) nach einer Verfügung des französischen Finanzministeriums vom 24.11.1971 durch die französische Aktiengesellschaft unter der Voraussetzung erstattet, dass das französische Finanzministerium seine vorherige Einwilligung hierzu erteilt hat. Die Fonds können nach Artikel 25 b Abs. 4 des DBA mit Frankreich eine »globale« Erstattung für Rechnung des Fondsvermögens hinsichtlich desjenigen Anteils der ausländischen Fondseinkünfte beantragen, der rechnerisch auf deutsche Steuerinländer entfällt. Das Antragsformular für das Fondsvermögen ist in Teil 4, C. 4. enthalten.

Die Avoir Fiscal auf Dividenden wird, sofern nicht innerhalb eines Konzernverbundes an die Muttergesellschaft gezahlt, ab dem 01.01.2001 auf 25 % reduziert. Per 01.01.2002 reduziert sich die Steuergutschrift auf 15 %. Hiermit hätte die Beantragung der Erstattung des Avoir Fiscal an Sondervermögen keine praktische Relevanz mehr

Mit Wirkung zum 01.01.2001 wurde im StSenkG der Übergang vom körperschaftsteuerlichen Anrechnungsverfahren zum Halbeinkünfteverfahren vollzogen. Die Abkehr vom körperschaftsteuerlichen Anrechnungsverfahren bewirkt vom Grundsatz her, dass weder inländische noch ausländische Körperschaftsteuer auf die persönliche Steuerschuld angerechnet werden können. Somit wäre auch die grenzüberschreitende Anrechnung des Avoir Fiscal auf die deutsche Steuer nicht mehr möglich. Die Regelungen des DBA haben als völkerrechtliche Vereinbarung Vorrang vor dem nationalen Recht (§ 2 AO). Demzufolge kommt es zu der kuriosen Tatsache, dass im Verhältnis zu Frankreich das Halbeinkünfteverfahren nicht in vollem Umfang anzuwenden ist. Solange das DBA in diesem Punkt nicht nachverhandelt wird, gilt für französische Dividendenerträge das Anrechnungsverfahren.

B. Verfahrensrechtliche Aspekte der Fondsausgangsseite

I. Verfahrensrechtliche Aspekte zur Einbehaltung und Abführung der Kapitalertragsteuer und des Solidaritätszuschlages

Dem Kapitalertragsteuerabzug nebst Solidaritätszuschlag unterliegen Zinseinnahmen (Zinsabschlag) sowie Dividendenerträge von inländischen Aktiengesellschaften.

1. Einbehaltung und Abführung der Kapitalertragsteuer auf Zinsen

Soweit die Anteilsscheine in einem inländischen Depot verwahrt werden und Bestandteile enthalten, die der Zinsabschlagsteuer unterliegen, wird sowohl im Fall der Einlösung von Ertragsscheinen (Ausschüttungsfonds) als auch bei unterjähriger Rückgabe der Investmentfondsanteile (Zwischengewinn) der Einbehalt der Kapitalertragsteuer sowie des Solidaritätszuschlags durch die auszahlende inländische Stelle veranlasst. Dabei handelt es sich regelmäßig um die Depotbank des Sondervermögens bzw. um die Kapitalanlagegesellschaft im Rahmen der von ihr selbst verwalteten Investmentdepots.

Bei thesaurierenden Fonds ist der Kapitalertragsteuerabzug von der Kapitalanlagegesellschaft selbst vorzunehmen (§ 38 b Abs. 2 und Abs. 3 KAGG). Für die insoweit erforderliche Steueranmeldung ist das in Teil 4, C. 1. enthaltenen Formular einschlägig. Die Abstandnahme vom Kapitalertragsteuerabzug durch Freistellungsauftrag bzw. NV-Bescheinigung ist aufgrund § 38 Abs. 3 S. 2 KAGG nicht möglich.

Bei inländischer Depotverwahrung wird die Kapitalertragsteuer und der Solidaritätszuschlag auf Antrag von der Kapitalanlagegesellschaft unter den Voraussetzungen des § 44 b EStG an die jeweilige Depotbank erstattet, welche das Steuerguthaben an Steuerausländer bzw. inländische Anteilsscheininhaber mit NV-Bescheinigung oder Freistellungsauftrag gutschreibt (§ 39 b Abs. 1, 2 KAGG).

Die Kapitalertragsteuer sowie der Solidaritätszuschlag sind innerhalb eines Monats nach Entstehung der Steuer (Ablauf des Geschäftsjahres, vgl. § 39

Abs. 1 S. 2 i. V. m. § 38 b Abs.3 S. 4 KAGG) anzumelden und an das für das Fondsvermögen zuständige Finanzamt abzuführen. Die Fondsgesellschaft hat die Steuer in der Steueranmeldung selbst zu berechnen (§ 38 b Abs. 3 S. 5 KAGG). Die Steueranmeldung steht verfahrensrechtlich einer Steuerfestsetzung unter Vorbehalt der Nachprüfung gleich (§ 168 S. 1 AO). Dies bedeutet, dass innerhalb der gesetzlich geltenden Festsetzungsfrist von vier Jahren (§ 169 Abs. 1 Nr. 2 AO) die Steuerfestsetzung jederzeit aufgehoben oder geändert werden kann. Während dieser Zeit ist es daher auch jederzeit möglich, eine geänderte Steueranmeldung einzureichen (§ 164 Abs. 2 S. 2 AO). Erfolgt während des Laufs der Festsetzungsfrist keine Änderung der Steuerfestsetzung oder wurde der Vorbehalt nicht bereits seitens des Finanzamtes aufgehoben, so entfällt der Nachprüfungsvorbehalt mit Ablauf der Festsetzungsfrist (§ 164 Abs. 4 AO). Nach Ablauf der Festsetzungsfrist ist eine Änderung von Steuerbescheiden nicht mehr möglich.

2. Einbehaltung und Abführung der Kapitalertragsteuer auf Dividenden

Seit dem 01.04.1999 wird sowohl bei ausschüttenden als auch thesaurierenden Investmentfonds auf inländische Dividendenanteile Kapitalertragsteuer nebst Solidaritätszuschlag erhoben. Die Kapitalgesellschaft hat bei Ausschüttung bzw. Thesaurierung die Kapitalertragsteuer auf Dividenden für Rechnung des Sondervermögens einzubehalten und binnen eines Monats nach Geschäftsjahresende des Fonds an das Finanzamt abzuführen (§ 39 Abs. 2 i. V. m § 38 b Abs. 3 KAGG a. F., § 38 b Abs. 5, Abs. 3 S. 4, 5 KAGG n. F.). Eine Abstandnahme vom Kapitalertragsteuerabzug analog der Zinsabschlagsteuer ist nicht möglich.

Mit Einführung des Steuersenkungsgesetzes ist für den zutreffenden Kapitalertragsteuerabzug der Steuersatz auf der Fondsausgangsseite zu unterscheiden. So unterliegen vereinnahmte Dividendenbestandteile, die unter das alte körperschaftsteuerliche Anrechnungsverfahren fallen, einem Kapitalertragsteuerabzug von 25 % zuzüglich 5,5 % Solidaritätszuschlag. Während Dividendenbestandteile, die nach neuem Körperschaftsteuerrecht dem Sondervermögen zuzurechnen sind, auf der Fondsausgangsseite einem reduzierten Steuersatz von 20 % zuzüglich 5,5 % Solidaritätszuschlag unterliegen.

II. Verfahrensrechtliche Aspekte zur Herstellung der körperschaftsteuerlichen Ausschüttungsbelastung

Im Rahmen der Übergangsvorschriften zum Steuersenkungsgesetz, ist es noch bis zum Veranlagungszeitraum 2003 möglich, dass das Sondervermögen noch inländische Dividenden vereinnahmt, die bei der ausschüttenden Kapitalgesellschaft den körperschaftsteuerlichen Vorschriften zum Anrechnungsverfahren unterliegen (Altregelung). Für diese Ertragsbestandteile ist die Ausschüttungsbelastung mit Körperschaftsteuer (Ausgleichssteuer) herzustellen. Vereinnahmt das Sondervermögen inländische Dividendenbestandteile nach den Regeln des Halbeinkünfteverfahrens, so sind auf der Fondsausgangsseite die Vorschriften zur Ausgleichssteuer nicht mehr anwendbar.

Sind in thesaurierten Geschäftsjahresbeträgen bzw. in Ausschüttungen für abgelaufene Geschäftsjahre Ertragsbestandteile enthalten, welche aus inländischen Dividendenerträgen resultieren, für die dem Fondsvermögen das Körperschaftsteuerguthaben gutgeschrieben wurde, so ist insofern die Ausschüttungsbelastung mit Körperschaftsteuer herzustellen. Die Körperschaftsteuer entsteht in dem Zeitpunkt, in dem die Ausschüttungen den Anteilsscheininhabern zufließen oder als zugeflossen gelten (§ 38 a Abs. 1, Abs. 2 KAGG a. F.). Die Körperschaftsteuer (§ 38 a Abs. 1 S. 4, 5 KAGG a. F.) ist innerhalb eines Monats nach der Entstehung anzumelden und zu entrichten. Für die erforderliche Steueranmeldung ist ein Formular der Finanzverwaltung zu verwenden, welches in Kopie unter Teil 4, C. 2. enthalten ist.

Soweit Spitzenbeträge nicht ausgeschüttet werden können, weil sie rechnerisch pro Anteil weniger als einen Cent betragen, kann eine Thesaurierung und damit eine entstandene Steuer am Ende des Geschäftsjahre nicht angenommen werden.

C. Muster und Formulare

I. Fondseingangsseite

1. Antrag auf Erteilung einer NV-Bescheinigung für ein steuerbefreites Sondervermögen.

2. Muster einer NV-Bescheinigung

3. Antrag auf Erstattung von ausländischen Quellensteuern

II. Fondsausgangsseite

1. Anmeldung von Kapitalertragsteuer und Solidaritätszuschlag

2. Anmeldung der Körperschaftsteuer (Ausgleichsseite)

I. Fondseingangsseite

1. Antrag auf Erteilung einer NV-Bescheinigung für ein steuerbefreites Sondervermögen.

An das Finanzamt

ANTRAG
auf Ausstellung einer Bescheinigung gemäß

☐ § 44 a Abs. 4 des Einkommensteuergesetzes (EStG)

☐ § 44 a Abs. 5 EStG

☐ § 44 c Abs. 1 EStG

☐ § 44 c Abs. 2 EStG

☐ § 38 Abs. 2 und 3 des Gesetzes über Kapitalanlage-gesellschaften (KAGG)

☐ § 40 Nr. 2 des Körperschaftsteuergesetzes (KStG)

☐ § 52 Abs. 2 Nr. 2 KStG

Weiße Felder bitte ausfüllen od. ankreuzen ⊠
Bitte in Blockschrift oder mit Schreibma-
schine ausfüllen.

A. Allgemeine Angaben

Zeile	
1	Bezeichnung der Körperschaft, Personenvereinigung oder Vermögensmasse
2	
3	Straße, Hausnummer
4	Postleitzahl Ort — Telefonisch erreichbar unter Nr.
5	Geschäftsleitung Sitz
6	Gesetzlicher Vertreter bzw. Vertretungsberechtigter (mit Anschrift)
7	Telefonisch erreichbar unter Nr.
8	Gegenstand des Unternehmens oder Zweck der Körperschaft, Personenvereinigung oder Vermögensmasse
9	Empfangsbevollmächtigter/Postempfänger (falls von Zeile 1 abweichend), Name und Anschrift
10	
10a	Zustellungsvollmacht ☐ ist beigefügt. ☐ liegt dem Finanzamt vor.
11	Eine Bescheinigung nach ☐ § 44 a Abs. 4 EStG, ☐ § 44 a Abs. 5 EStG, ☐ § 44 c Abs. 1 EStG, ☐ § 44 c Abs. 2 EStG, ☐ § 38 Abs. 2 und 3 KAGG, ☐ § 40 Nr. 2 KStG, ☐ § 52 Abs. 2 Nr. 2 KStG ist erteilt worden am vom Finanzamt unter der Ordnungs-Nummer
12	

B. Angaben zur körperschaftsteuerlichen Behandlung

13	Die Körperschaft, Personenvereinigung oder Vermögensmasse ist	☐ unbeschränkt körperschaftsteuerpflichtig im Sinne des § 1 Abs. 1 Nr. 1 bis 5 KStG
14		☐ eine juristische Person des öffentlichen Rechts
15	und wird	☐ zur Körperschaftsteuer veranlagt
16		beim Finanzamt
17		unter Steuernummer
18		☐ uneingeschränkt ☐ mit dem/den steuerpflichtigen wirtschaftlichen Geschäftsbetrieb(en)
19		☐ mit dem/den Betrieb(en) gewerblicher Art (§ 1 Abs. 1 Nr. 6 KStG)
20		☐ nicht zur Körperschaftsteuer veranlagt.
21		

NV 2 A
Nov. 92 (3)   (OFD Nbg/Mchn-12.92-50000/80000-3 2 1)

248

–2–

Zeile

Falls ein steuerpflichtiger wirtschaftlicher Geschäftsbetrieb einer von der Körperschaftsteuer befreiten Körperschaft, Personenvereinigung oder Vermögensmasse, ein Betrieb gewerblicher Art einer juristischen Person des öffentlichen Rechts vorliegt:

22 Die Kapitalerträge, für die dieser Antrag gestellt wird, entfallen auf Anteile, die gehalten werden
– in einem steuerpflichtigen wirtschaftlichen Geschäftsbetrieb, für den die Befreiung von der Körperschaftsteuer ausgeschlossen ist,
– in einem nicht von der Körperschaftsteuer befreiten Betrieb gewerblicher Art einer juristischen Person des öffentlichen Rechts.

C. Bei einem Antrag nach § 44 a Abs. 5 EStG

23 Die Kapitalerträge sind Betriebseinnahmen.
Die anzurechnende Kapitalertragsteuer und Körperschaftsteuer sind auf Dauer höher als die festzusetzende Körperschaftsteuer.

D. Es werden folgende Bescheinigungen benötigt:

Bescheinigung im Sinne des	Anzahl der benötigten Bescheinigungen
24 § 44 a Abs. 4 EStG	
25 § 44 a Abs. 5 EStG	
26 § 44 c Abs. 1 EStG	
27 § 44 c Abs. 2 EStG	
28 § 38 Abs. 2 und 3 KAGG	
29 § 40 Nr. 2 KStG	
30 § 52 Abs. 2 Nr. 2 KStG	

Ich/Wir versichere(n), die Angaben in diesem Antrag wahrheitsgemäß nach bestem Wissen und Gewissen gemacht zu haben.

Ort, Datum

Bei der Anfertigung dieses Antrags hat mitgewirkt:
(Name, Anschrift, Telefon)

(Unterschrift)

Dieser Antrag muß von dem in Zeile 6 genannten Vertretungsberechtigten eigenhändig unterschrieben sein.

Hinweis nach dem Datenschutzgesetzen: Die mit diesem Antrag angeforderten Daten werden auf Grund der §§ 149 ff. der Abgabenordnung in Verbindung mit § 44 a Abs. 4 u. 5 sowie § 44 c Abs. 1 u. 2 EStG, § 40 Nr. 2 u. § 52 Abs. 2 Nr. 2 KStG sowie § 38 Abs. 2 u. 3 KAGG verlangt.

Merkblatt
zum Vordruck NV 2 A

Vordrucke für die Erstattung von Kapitalertragsteuer
nach § 44 c EStG erhalten Sie beim Bundesamt für Finanzen,
Friedhofstraße 1, 5300 Bonn 1

Gesetzliche Grundlage für die Bescheinigung	Kreis der Gläubiger und Anteilseigner, für die die Ausstellung einer Bescheinigung in Betracht kommt *)	Wirkung der Bescheinigung, wenn auch die übrigen Voraussetzungen der jeweiligen Vorschrift erfüllt sind
§ 44 a Abs. 4 EStG	1. Von der Körperschaftsteuer befreite inländische Körperschaften, Personenvereinigungen oder Vermögensmassen. 2. inländische juristische Personen des öffentlichen Rechts.	Bei Kapitalerträgen im Sinne des § 43 Abs. 1 Satz 1 Nr. 4 u. 7 sowie Satz 2 EStG ist der Steuerabzug nicht vorzunehmen. Das gilt auch, wenn es sich bei den Kapitalerträgen um Gewinnanteile handelt, die der Gläubiger von einer von der Körperschaftsteuer befreiten Körperschaft bezieht.
§ 44 a Abs. 5 EStG	Die Kapitalerträge sind Betriebseinnahmen des Gläubigers. Die anzurechnende Kapitalertragsteuer und Körperschaftsteuer sind auf Dauer höher als die festzusetzende Körperschaftsteuer.	Bei Kapitalerträgen im Sinne des § 43 Abs. 1 Satz 1 Nr. 7 EStG ist der Steuerabzug nicht vorzunehmen. Bei Kapitalerträgen im Sinne des § 43 Abs. 1 Satz 1 Nr. 1 u. 2 EStG wird die Kapitalertragsteuer auf Antrag vom Bundesamt für Finanzen erstattet.
§ 44 c Abs. 1 EStG	1. Inländische Körperschaften, Personenvereinigungen oder Vermögensmassen im Sinne des § 5 Abs. 1 Nr. 9 KStG 2. inländische Stiftungen des öffentlichen Rechts, die ausschließlich und unmittelbar gemeinnützigen oder mildtätigen Zwecken dienen, 3. inländische juristische Personen des öffentlichen Rechts, die ausschließlich und unmittelbar kirchlichen Zwecken dienen.	Das Bundesamt für Finanzen erstattet – außer in den Fällen des § 44 a Abs. 4 EStG (s.o.) – auf Antrag des Gläubigers der Kapitalerträge die einbehaltene und abgeführte Kapitalertragsteuer.
§ 44 c Abs. 2 EStG	1. Körperschaften, Personenvereinigungen oder Vermögensmassen, die nach § 5 Abs. 1 Nr. 1 bis 8 oder 10 bis 16 KStG oder nach anderen Gesetzen von der Körperschaftsteuer befreit sind, 2. inländische juristische Personen des öffentlichen Rechts, die nicht in § 44 c Abs. 1 EStG bezeichnet sind.	Das Bundesamt für Finanzen erstattet auf Antrag des Gläubigers der Kapitalerträge die Hälfte der auf Kapitalerträge im Sinne des § 43 Abs. 1 Satz 1 Nr. 1 EStG einbehaltenen und abgeführten Kapitalertragsteuer.
§ 38 Abs. 2 und 3 KAGG	Wertpapier-Sondervermögen im Sinne des § 8 des Gesetzes über Kapitalanlagegesellschaften (KAGG), Beteiligungs-Sondervermögen (§§ 43 a, 43 b KAGG) und im Rahmen des § 49 KAGG Grundstücks-Sondervermögen.	Auf Antrag werden an die Depotbank gemäß § 38 Abs. 2 KAGG die anrechenbare Körperschaftsteuer vergütet und gemäß § 38 Abs. 3 KAGG die von den Kapitalerträgen des Wertpapier-Sondervermögens einbehaltene und abgeführte Kapitalertragsteuer erstattet. Für die Vergütung sowie für die Erstattung bei Kapitalerträgen i.S. des § 43 Abs. 1 Satz 1 Nr. 1 u. 2 EStG ist das Bundesamt für Finanzen und für die Erstattung bei den übrigen Kapitalerträgen das Finanzamt zuständig, an das die Kapitalertragsteuer abgeführt worden ist.
§ 40 Nr. 2 KStG	Unbeschränkt steuerpflichtige, von der Körperschaftsteuer befreite Anteilseigner (außer juristische Personen des öffentlichen Rechts).	Die Körperschaftsteuer wird nicht nach § 27 KStG erhöht, soweit eine von der Körperschaftsteuer befreite Kapitalgesellschaft Gewinnausschüttungen an einen unbeschränkt steuerpflichtigen, von der Körperschaftsteuer befreiten Anteilseigner vornimmt.
§ 52 Abs. 2 Nr. 2 KStG	Unbeschränkt steuerpflichtige, von der Körperschaftsteuer befreite Anteilseigner (auch von der Körperschaftsteuer befreite Betriebe gewerblicher Art von juristischen Personen des öffentlichen Rechts).	Die nach § 51 KStG nicht anzurechnende Körperschaftsteuer wird auf Antrag vom Bundesamt für Finanzen vergütet, soweit sie sich nach § 27 KStG erhöht, weil Eigenkapital im Sinne des § 30 Abs. 2 Nr. 1 oder 3 KStG als für die Ausschüttung oder für die sonstige Leistung verwendet gilt.

*) Außer im Fall des § 38 Abs. 2 und 3 KAGG und des § 44 a Abs. 5 EStG ist für die Erteilung der Bescheinigung Voraussetzung, daß die Kapitalerträge, für die die Bescheinigung Gültigkeit haben soll, auf Anteile entfallen, die weder in einem wirtschaftlichen Geschäftsbetrieb, für den die Befreiung von der Körperschaftsteuer ausgeschlossen ist, noch in einem nicht von der Körperschaftsteuer befreiten Betrieb gewerblicher Art von juristischen Personen des öffentlichen Rechts gehalten werden.

2. Muster einer NV-Bescheinigung

Finanzamt München f.Körpersch.

Ordnungsnummer:
(Bitte bei Rückfragen angeben)

Fin.Amt München f.Körpersch.
80275 München

Firma
Sondervermögen

80333 München   24.01.2001
Meiserstr. 4
Zi.Nr.: 2227
Tel.: (089)5995-

für Ihre Unterlagen

Bescheinigung

Diese Bescheinigung gilt für Kapitalerträge, die zufließen in der Zeit
vom   1.1.2001   bis   31.12.2003.

**Der/Dem
Sondervermögen**

wird hiermit bescheinigt,
dass sie eine Körperschaft, Personenvereinigung oder Vermögensmasse
im Sinne des

(5)   § 38 Abs.2 und 3 KAGG ist.

Der Widerruf dieser Bescheinigung bleibt vorbehalten.

Diese Bescheinigung ist dem Finanzamt zurückzugeben,
1. wenn das Finanzamt sie zurückfordert,
2. wenn Sie erkennen, dass die Voraussetzungen für die Erteilung weggefallen sind
   (vgl. § 36b Abs.2 Satz 4, § 44a Abs.4 und 5, § 44c Abs.3 des Einkommensteuergesetzes -EStG-, § 38 des Gesetzes über Kapitalanlagegesellschaften (KAGG)).

Form.Nr. 000166 G   / 000106   Rt. 12.01.2001 ESt 2001

Negative Beträge mit   Sprechstunden:
Minuszeichen.   Mo,Di,Do,Fr 8.00-12.00
                              Mittwochs geschlossen

                              Telefax:
                              (089)5995-7777

251

3. Antrag auf Erstattung von ausländischen Quellensteuern

RF 2 **Demande d'exonération**

de l'impôt français à la source sur les intérêts présentée en application de l'article 10 de la convention franco-allemande sur la double imposition du 21 juillet 1959

Antrag auf Befreiung von der französischen Abzugsteuer auf Zinsen nach Artikel 10 des deutsch-französischen Doppelbesteuerungsabkommens vom 21. Juli 1959

2	Für den Antragsteller
	Destiné
	au demandeur

(Produits des obligations, bons, prêts, dépôts et créances de toute nature)
(Einkünfte aus Obligationen, Kassenscheinen, Darlehen, Depots und sonstigen Forderungen)

**Attestation du Finanzamt /
Bestätigung des Finanzamts**

Finanzamt ....

N° d'imposition /

Steuer-Nr.: ....

Original établi à / Le

1. Ausfertigung ausgestellt am / in:

Il est attesté qu'à la date de mise en paiement des revenus, le créancier était résident de la République fédérale d'Allemagne — y compris le Land de Berlin — au sens de la convention susvisée et que les renseignements mentionnés dans la présente demande sont à la connaissance du Finanzamt exacts.
Es wird bestätigt, daß der Gläubiger im Zeitpunkt des Zufließens der Erträge in der Bundesrepublik Deutschland — einschließlich des Landes Berlin — im Sinne des vorgenannten Abkommens ansässig war und daß die Angaben in diesem Antrag — soweit dem Finanzamt bekannt — zutreffen.

Lieu et date / Ort und Datum

(Cachet /
Dienststempel) Signature /
Unterschrift

**Établissement payeur en France /
Auszahlende französische Stelle**

Désignation / Bezeichnung:

Adresse ou lieu de paiement /
Anschrift oder Ort der Auszahlung:

Créancier / Gläubiger

Nom et prénom ou
raison sociale /
Name und Vorname
oder Firma

Domicile ou
siège social /
Wohnsitz oder Sitz

Représentant éventuel / Bevollmächtigter
Nom, Adresse / Name, Anschrift:

Déclaration du demandeur / Erklärung des Antragstellers

Le soussigné certifie
– que le créancier susnommé des revenus désignés ci-dessous, est résident de la République fédérale d'Allemagne;
– que lesdits revenus ne proviennent pas de titres ou valeurs faisant partie de l'actif d'un établissement stable possédé par le créancier en France.

Der Unterzeichnete erklärt,
– daß der genannte Gläubiger nachstehender Erträge in der Bundesrepublik Deutschland ansässig ist;
– daß diese Erträge nicht aus Werten stammen, die zum Vermögen einer vom Gläubiger in Frankreich unterhaltenen Betriebstätte gehören.

Lieu et date / Ort und Datum   Signature du créancier
ou de son représentant /
Unterschrift des Gläubigers oder
seines Bevollmächtigten

Débiteur / Schuldner

Nom et prénom ou raison sociale / Name und Vorname oder Firma:

Domicile ou siège social / Wohnsitz oder Geschäftssitz:

(Die Spalten 1 bis 5 sind vom Gläubiger auszufüllen) (Colonnes 1 à 5 à remplir par le créancier)					(Die Spalten 6 und 7 sind von der auszahlenden Stelle auszufüllen) (Col. 6 et 7 à remplir par l'établissement payeur) Prélèvement à la source à dégrever		
Angaben über die Erträge			Désignation des revenus				Für die französische Verwaltung · Contrôle réservé à l'Administration française
Nature et forme des titres Art der Wertpapiere	Numéro du coupon ou date d'échéance Nummer des Zinsscheins oder Tag der Fälligkeit	Nombre de coupons Anzahl der Zinsscheine	Valeur brute unitaire Bruttowert eines Zinsscheins FF	Valeur globale brute (col. 4 x col. 3) Bruttogesamtwert (Sp. 4 x Sp. 3) FF	Prélèvement à la source selon la législation française		
					Par coupon FF	Globalement (col. 6 x col. 3) FF	
1	2	3	4	5	6	7	8

RF 2   15.000   4.89

Deutsch - Schweizerisches
Doppelbesteuerungsabkommen
vom 11. August 1971
http://www.estv.admin.ch

ANTRAG AUF RÜCKERSTATTUNG
der schweizerischen Verrechnungssteuer
von Dividenden und Zinsen

Formular 85

Dossier-Nummer

Antrag auf Rückerstattung
für die Fälligkeitsjahre

+   +

℗   Referenz

230964

ERTRAGSGLÄUBIGER
Name und Vorname (Firma) / Wohnort (Sitz) / Eventuell Beauftragter / Adresse des
Gläubigers oder seines Beauftragten / Postleitzahl, Ort

Der zurückzuerstattende Betrag ist wie folgt zu vergüten:
- Name des Korrespondenten (Bank in der Schweiz) / Konto-Nummer und/oder
- Name der Bank, Ort, BLZ / Bank-Konto des Ertragsgläubigers
- PC Konto, Ort
- Zu Gunsten von (Name, Ort) [nur ausfüllen, wenn Ertragsgläubiger und Begünstigter nicht identisch sind]

Deutsche Steuernummer: ....

0

Bezeichnung der Guthaben und Wertschriften Name des Schuldners / der Bank / Ort	Datum des Erwerbs	Guthaben Nennwert Anzahl Aktien	Dividenden Zinssatz	Ertrags-fälligkeiten (Tag, Monat, Jahr)	Bruttodividenden		Bruttozinsen
					inkl. Ausschüttungen von Anlagefonds CHF	von Tochtergesellschaften mit mind. 20% Beteiligung/ Grenzkraftwerk CHF	CHF
1	2	3	4	5	6	7	8

Die Beträge sind ausschliesslich in Schweizerfranken anzugeben!

Total der steuerbelasteten Bruttoerträge

20 % vom Total der Kolonne 6 .... CHF

30 % vom Total der Kolonne 7 .... CHF

Unterschrift:

35 % vom Total der Kolonne 8 .... CHF

Rückerstattungsanspruch .... CHF

Ort und Datum:

Kopie für den Gläubiger

Beilagen:

Bitte wenden

5.2000 120 000 32000

253

Erläuterungen:

1. Allgemeines: Der Rückerstattungsantrag ist zweifach auszufertigen und dem für den Ertragsgläubiger zuständigen Wohnsitzfinanzamt einzureichen. Dieses nimmt das 2. Exemplar zu seinen Akten und gibt das 1. Exemplar (**mit den Belegen**), nachdem es die erforderliche Bestätigung erteilt hat, dem Ertragsgläubiger zurück. Unvollständige oder mangelhafte Anträge werden zurückgewiesen.

2. Geltendmachung: Das 1. Exemplar ist innert drei Jahren nach Ablauf des Kalenderjahrs, in dem die Einkünfte fällig geworden sind, der Eidgenössischen Steuerverwaltung, Abteilung Rückerstattung, Eigerstrasse 65, CH-3003 Bern, einzureichen.

3. Belege: Dem 1. Exemplar sind als Beweismittel stets Belege über die erfolgte Auszahlung oder Gutschrift der Kapitalerträge (Bankabrechnungen, Couponsgutschriften, Kassabestätigungen usw.) beizufügen. Das Einholen von weiteren Beweismitteln und Auskünften bleibt vorbehalten.

4. Vollmacht: Wird der Antrag von einem Beauftragten unterzeichnet, so hat er sich mit einer Vollmacht des Ertragsgläubigers auszuweisen.

5. Bei allen Zuschriften und auf jedem Antrag ist jeweils die Dossier-Nummer (soweit bekannt) anzugeben.

6. Auf Dividenden von Tochtergesellschaften (Beteiligungen von mindestens 20%) beträgt der Anspruch für juristische Personen 30%.

7. Grenzkraftwerkdividenden sind ebenfalls in der Spalte 7 (Rückerstattung 30%) aufzuführen.

8. Ansprüche von Anteilen schweizerischer Anlagefonds, deren Erträge mindestens 80% aus nicht schweizerischen Quellen stammen, sind mit Formular 25 A direkt bei der Eidgenössischen Steuerverwaltung, Abteilung Rückerstattung, Eigerstrasse 65, CH-3003 Bern, geltend zu machen.

9. Spalte 2: Sind Wertschriften während des Fälligkeitsjahres erworben worden, ist das genaue Erwerbsdatum anzugeben. Bei früher erworbenen Wertschriften genügt die Angabe: vor 20___.

ANGABEN FÜR DIE STEUERBEHÖRDEN:

1. **Wohnsitz** (Sitz) im Zeitpunkt der Fälligkeit der in Spalte 5 bezeichneten Erträge: ....

2. **Rechtsform** des Ertragsgläubigers (falls nicht natürliche Person): ....

3. Der Ertragsgläubiger erklärt, dass er beim Finanzamt in ....
geführt wird und anerkennt, dass er in der Bundesrepublik Deutschland für die auf der Vorderseite bezeichneten Kapitalerträge steuerpflichtig ist.

4. Bemerkungen: ....

Bitte zutreffendes Feld ankreuzen: ☒

☐ Ja ☐ Nein 1. War der Ertragsgläubiger an den in Spalte 5 (auf der Vorderseite) genannten Ertragsfälligkeiten zur **Nutzung** der Vermögenswerte berechtigt, deren Erträge in den Spalten 6, 7 und 8 enthalten sind, und hat er diese Erträge für eigene Rechnung einkassiert? Wenn nein, in Ziffer 5 begründen.

☐ Ja ☐ Nein 2. Hatte der Ertragsgläubiger an einer in Spalte 5 (auf der Vorderseite) genannten Ertragsfälligkeit eine Betriebsstätte in der Schweiz, oder war er an einer schweizerischen Kollektiv- oder Kommanditgesellschaft oder am unverteilten Nachlass einer Person beteiligt, die ihren letzten Wohnsitz in der Schweiz hatte? Wenn ja, so sind anzugeben: Firma und Adresse der Betriebsstätte oder der Kollektiv- oder Kommanditgesellschaft, Name, letzter Wohnsitz und Todestag des Erblassers: ....

3. Nur von **juristischen Personen** zu beantworten

☐ Ja ☐ Nein a) Ist der Ertragsgläubiger Körperschaftssteuerpflichtig?

☐ Ja ☐ Nein b) Sind an der Gesellschaft des Ertragsgläubigers Personen überwiegend, unmittelbar oder mittelbar, durch Beteiligung oder in anderer Weise interessiert, die nicht in der Bundesrepublik Deutschland ansässig sind?
Wenn ja, erfüllt der Ertragsgläubiger die in Artikel 23 des Abkommens genannten Bedingungen?

☐ Ja ☐ Nein 4. Nur von **OHG** und **Kommanditgesellschaften** zu beantworten
Stehen mindestens 3/4 der Gewinne der Gesellschaft Personen zu, die in der Bundesrepublik Deutschland ansässig sind?

5. Bei **Erbschaften/Nachlässen** sind Todestag des Erblassers/der Erblasserin, sowie Name, Vorname und genaue Adresse der am Nachlass beteiligten Personen sowie deren Anteile (Erbquoten) bekannt zu geben.

6. Bei **Sondervermögen**, Anlagefonds und dergleichen ist die Quote in Prozent der in Deutschland ansässigen Anteilseigner bekannt zu geben: ....
Der Rückerstattungsanspruch ist auf der Antragsvorderseite entsprechend zu kürzen.

5. Bemerkungen: ....

Artikel 23 des schweizerisch-deutschen Doppelbesteuerungsabkommens vom 11. August 1971 (Auszug)

1. Eine in einem Vertragstaat ansässige Gesellschaft, an der nicht in diesem Staat ansässige Personen überwiegend, unmittelbar oder mittelbar, durch Beteiligung oder in anderer Weise interessiert sind, kann die in den Artikeln 10 bis 12 vorgesehenen Entlastungen von den Steuern, die auf den aus dem anderen Staat stammenden Dividenden, Zinsen und Lizenzgebühren erhoben werden, nur beanspruchen, wenn

a) die auf nicht im ersten Staat ansässige Personen lautenden verzinslichen Schuldkonten nicht mehr als das Sechsfache des Grund- oder Stammkapitals und der offenen Reserven ausmachen; bei Banken und bankähnlichen Institutionen gilt diese Bedingung nicht;

b) die gegenüber den gleichen Personen eingegangenen Schulden nicht zu einem den normalen Satz übersteigenden Zinssatz verzinst werden; als normaler Satz gilt:
aa) für die Bundesrepublik Deutschland: der um zwei Punkte erhöhte Satz der Umlaufrendite festverzinslicher Wertpapiere inländischer Emittenten;
bb) für die Schweiz: der um zwei Punkte erhöhte Satz der durchschnittlichen Rendite der von der Schweizerischen Eidgenossenschaft ausgegebenen Obligationen;

c) höchstens 50 vom Hundert der in Rede stehenden und aus dem anderen Vertragstaat stammenden Einkünfte zur Erfüllung von Ansprüchen (Schuldzinsen, Lizenzgebühren, Entwicklungs-, Werbe-, Einführungs- und Reisespesen, Abschreibungen auf Vermögenswerten jeder Art, einschliesslich immaterieller Güterrechte, Verfahren usw.) von nicht im ersten Staat ansässigen Personen verwendet werden;

d) Aufwendungen, die mit den in Rede stehenden und aus dem anderen Vertragstaat stammenden Einkünften zusammenhängen, ausschliesslich aus diesen Einkünften gedeckt werden; und

e) die Gesellschaft mindestens 25 vom Hundert der in Rede stehenden und aus dem anderen Vertragstaat stammenden Einkünften ausschüttet.

Weitergehende Massnahmen, die ein Vertragstaat zur Vermeidung der missbräuchlichen Inanspruchnahme von Entlastungen von den im anderen Vertragstaat an der Quelle erhobenen Steuern ergriffen hat oder noch ergreifen wird, bleiben vorbehalten.

| 3 Durchschrift für den Antragsteller | **EE-RFA**
DEVOLUCION |

ANTRAG AUF ERSTATTUNG
der Spanischen Steuer auf Erträge nach Artikel 10 und 11 des deutsch-spanischen Abkommens vom
5 Dezember 1966

Vorname und Name (1) oder Firmenname des inhabers (2) Nutzungsberechtigten (2) der Wertpapiere ....

Vollständige Anschrift...........

Der Unterzeichnete erklärt, dass der Inhaber (2) Nutzungsberechtigte (2) der nachstehend bezeichneten Wertpapiere:
- Im Sinne des deutsch-spanischen Doppelbesteuerungsabkommens in Deutschland ansässig ist.
- In Spanien keine Betriebstätte hat, zu der die Beteiligung oder Forderung, für die die in Frage stehenden Erträge gezahlt werden, tatsächilich gehören, und die Erstattung der zuviel gezahlten spanischen Steuer auf die nachstehend angegebenen Erträge aus den von folgenden Emittenten (3) ausgegebenen Wertpapieren beantragt ....

Art der Wertpapiere (4)	Zeitpunkt des Erwerbs	Anzahl der Wert-papiere	Serien Nr. der Wert-papiere	Serien Nr. (oder-Zeitpunkt d. Fälligkeit) der Koupons (5)	Anzahl der Koupons	Wert je Koupon in Ptas (5)	Gesamtwert (Spalte F. multipliziert mit Spalte G)
A	B	C	D	E	F	G	H
				Anzahl d. Koupons insgesamt		Gesamtwert in Ptas.	

(MOHDA)m. N° 22

An der Quelle abgezogene Steuer .... v.H. (6) ....Ptas. (7)
Höchstsatz laut Abkommen .... v.H. (8) ....Ptas. (9)
Erstattungsbetrag (Differenz zwischen (7) un (9) ....Ptas.

Nummer und Datum des Gutschriftbelegs (Quittung) als Nachweis für die Einzahlung der Steuer beim Finanzamt, für die Erstattung des zuviel gezahlten Betrages beantragt wird (10)...................

Bank oder Beauftragter des Antragstellers in Spanien, an die/den der Erstattungsbetrag zu zahlen ist (11)...................

Name, Stellung und Anschrift des Bevollmächtigten................... Ort................... Datum...................

Unterschrift des Inhabers (2)
Nutzungsberechtigten(2) oder seines
Bevollmächtigten (3)

(1) *Familiennamen unterstreichen.*
(2) *Nichzutreffendes streichen.*
(3) *Name und Sitz des in Spanien ansässigen Emittenten (oder des Schuldners der Zinsen).*
(4) *Wenn es sich um Zinsen für nicht in Schuldverschreibungen verbriefte Darleben handelt, ist dies in Spalte A zu vermerken. In Spalte B ist der Zeitpunkt des Vertragsabschlusses für das Darlehen anzugeben und in Spalte H der Betrag der Zinsen, für die die Erstattung der zuviel gezahlten Steuern beantragt wird. Die übrigen Spalten sind freizulassen.*
(5) *Bei Aktien ohne Koupons ist in Spalte E der Zeitpunkt der Ausschüttung der Dividenden und in Spalte G die Höhe der Dividenden je Aktie anzugeben.*
(6) *Prozentsatz angeben.*
(7) *Gesamtbetrag der an der Quelle Abgezogenen Steuer angeben.*
(8) *Den Höchstsatz (Prozent) nach Artikel 10 und 11 Abs. 2 des Abkommens angeben.*
(9) *Gesamtsteuerbetrag angeben, der sich unter Zugrundelegung der Höchsteätze nach Artikel 10 und 11 Abs. 2 des Abkommens ergibt.*
(10) *Angeben, soweit dem Antragsteller bekannt. Anderenfalls ist von der Spanien ansässigen Person oder Körperschaft, die die Dividenden oder Zinsen gezahlt hat, eine Bescheinigung anzufordern, aus der Datum und Nummer des Gutschriftbeleges für die Zahlung den Steuer hervorgehen. Wird die Bescheinigung anzufordern, aus der Datum und Nummer des Gutschriftbeleges für Zahlung der Seuer hervorgehen. Wird die Bescheinigung nicht zugleich mit diesem Vordruck eingereicht, so erfolgt die Erstattung der zuviel gezahlten.*
(11) *Wünscht der Erstattungsbere chtigte die Auszahlung des an der Quelle zuviel abgezogenen Steuerbetrages an eine in Spanien ansässige Person oder Körperschaft, die Keine Bank ist, so ist dies in dem Vordruck unter Angabe des Vollständigen Namens oder Firmennamens usw sowie des steuerlichen Wohnsitzes dieser Person oder Körperschaft in Spanien zu vermerken.*

255

BESTÄTIGUNG DER DEUTSCHEN STEUERVERWALTUNG

Die deutschen Steuerbehörden bestätigen zu dem umseitigen Antrag, dass, soweit bekannt, der vorgenannte Herr ....

die vorgenannte Gesellschaft ....

im Sinne des deutsch-spanischen Doppelbesteuerungsabkommens in Deutschland ansässig ist.

Ort .... Datum ....

Dienststelle oder Behörde ....

Unterschrift ....

Stempel:

ERLÄUTERUNGEN

Nach dem am 5. Dezember 1966 unterzeichneten Doppelbesteuerungsabkommen zwischen Deutschland und Spanien (Artikel 10) bedeutet der Ausdruck Dividenden Einkünfte aus Aktien, Genussrechten oder Genussscheinen, Kuxen, Gründeranteilen oder anderen Rechten -ausgenommen Forderungenmit Gewinnbeteiligung sowie aus sonstigen Gesellschaftsanteilen stammende Einkünfte, die nach dem Steuerrecht des Staates, in dem die ausschüttende Gesellschaft ansässig ist, den Einkünften aus Aktien gleichgestellt sind.

Auf diese Einkünfte werden in Spanien zur Zeit die Vorsteuer sowie die Einkommensteuer der natürlichen Personen bzw. die Körperschaftsteuer arhoben. Nach Artikel 10 des Abkommens beschränkt Spanien die Steuer auf 15 vom Hundert und, wenn der Empfänger eine Gesellschaft (ausgenommen eine Personengesellschaft) ist, die über mindestens 25 vom Hundert des Kapitals der die Dividenden zahlenden Gesellschaft verfügt, auf 10 vom Hundert.

Artikel 11 des Abkommens betrifft Zinsen; dieser Ausdruck bedeutet hier Einkünfte aus öffentlichen Anleihen, aus Schuldverschreibungen, auch wenn sie durch Pfandrecht an Grundstücken gesichert oder mit einer Gewinnbeteiligung ausgestattet sind, und aus Forderungen jeder Art. sowie alle anderen Einkünfte, die nach dem Steuerrecht des Staates, aus dem sie stammen, den Einkünften aus Darlehen gleichgestellt sind. Auf Zinsen werden in Spanien ebenfalls die Vorsteuer sowie die Einkommensteuer der natürlichen Personen bzw. die Körperschaftsteuer erhoben. Nach Artikel 11 Absatz 2 des Abkommens beschränkt Spanien diese Steuer auf 10 vom Hundert.

In Deutschland ansässige Personne, die Dividenden oder Zinsen aus spanischen Quellen bezogen haben un denen Keine Ermässigung der spanischen Steuer an der Quelle gewährt worden ist, können unter Verwendung dieses Vordrucks (bestehend aus drei Ausfertigungen, einer in spanischer und zwei in deutscher Sprache) die Erstattung der zuviel einbeihaltenen Steuer beantragen.

Das für die Veranlagung des Empfängers zu den Steuern vom Einkommen und vom Vermögen zuständige deutsche Finanzamt erteilt die auf diesem Vordruck vorgesehene Bestätigung; anschliessend leitet der Empfänger (oder ggf. sein Vetreter) die Ausfertigung in spanischer Sprache dem Finanzamt der sepanischen Provinz zu, in der die Person oder Körperschaft, die die Dividenden oder Zinsen zahlt, ihren steuerlichen Wohnsitz hat. Die zweite Ausfertigung des Vordrucks in deutscher Sprache ist für die deuschen Steuerbehörden bestimmt und die dritte für den Antragsteller.

Der Erstattungsantrag ist beim Finanzamt innerhalbeines Jahres gerechnet a) im Falle von Dividenden nach Ablauf von zwei Monaten nach dem Tag der Fälligkeit dieser Erträge und b) im Falle von Zinsen vom letzten Tage des ersten Monats nach Ablauf des Kalenderquartals, in dem die Zinsen Fällig waren, zu stellen.

Es Können verschiedene Erstattungsansprüche für Dividenden und Zinsen in einem Antrag geltend macht werden, wenn die Erträge innerhalb eines Jahres von derselben in Spanien ansässigen Person oder Körperschaft gezahlt worden sind.

II. Fondsausgangsseite

1. Anmeldung von Kapitalertragsteuer und Solidaritätszuschlag

2. Anmeldung der Körperschaftsteuer (Ausgleichsseite)

Finanzamt _____

Steuernummer _____

Die Steuererklärung ist innerhalb eines Monats nach der Ausschüttung abzugeben. Wurden Einnahmen i.S. des § 20 EStG nicht zur Kostendeckung oder Ausschüttung verwendet – Thesaurierung von Erträgen (§§ 37 n, 38 a Abs. 2, 38 b Abs. 3, 38 b Abs. 5, 39 Abs. 1, 43 a, 43 c, 45, 49, 50 a, 50 c KAGG) –, so ist die Steuererklärung innerhalb eines Monats nach Ablauf des Geschäftsjahres des Sondervermögens abzugeben.

Zutreffendes bitte ausfüllen oder ankreuzen ☒

Zeile	

Steuererklärung

für Sondervermögen i.S. von §§ 37 n, 38 Abs. 1, 43 a, 43 c, 44, 49, 50 a und 50 c KAGG

betreffend die

☐ Ausschüttung der Erträge

1   – Endausschüttung für das Geschäftsjahr _____ am _____

2   – Zwischenausschüttung für die Zeit vom _____ bis _____ am _____

3   ☐ Thesaurierung von Erträgen für das Geschäftsjahr _____

A. Allgemeine Angaben

1. **Bezeichnung des Sondervermögens**

4 _____

5 _____

2. **Bezeichnung der Kapitalanlagegesellschaft**

6 _____

7 _____

3. **Bezeichnung der Depotbank**

8 _____

9 _____

10   4. Geschäftsjahr des Sondervermögens vom _____ bis _____

5. Dieser Erklärung sind folgende Unterlagen beigefügt:

11   ☐ Der Rechenschaftsbericht für den Schluss des Geschäftsjahres [1])

12   ☐ Der für die Mitte des Geschäftsjahres erstattete Rechenschaftsbericht bzw. Halbjahresbericht i.S. von § 24 a Abs. 2 KAGG [2])

---

1) Ist der Rechenschaftsbericht noch nicht durch einen Prüfungsvermerk bestätigt, so genügt die Vorlage der vorläufigen Fassung.
2) Nur beizufügen, wenn sich die Erklärung auf eine Zwischenausschüttung während der zweiten Hälfte des Geschäftsjahres bezieht.

KAGG 1 (01)   OFD Mü/Nbg - 2/1000 - 5.01-15/2953
Jan. 2001

– 2 –

Zeile		DM / € [3]
	B. Körperschaftsteuer-Ausschüttungsbelastung (§§ 37 n, 38 a, 43 a, 43 c, 49, 50 a, 50 c KAGG i. d. F. des Steuerbereinigungsgesetzes[2e])	
	Bemessungsgrundlage	
13	Erträge aus Anteilen an unbeschränkt steuerpflichtigen Kapitalgesellschaften, bei denen die hierauf lastende Körperschaftsteuer an die Depotbank zu vergüten ist [4]	
14	Vergütete Körperschaftsteuer für die in Zeile 13 einzutragenden Erträge	+
15	Erstattete Kapitalertragsteuer für die in Zeile 13 einzutragenden Erträge	+
16	Zwischensumme	
17	Ertragsausgleich (§ 39 a Abs. 1 Nr. 2 KAGG) für die in Zeilen 13 bis 15 genannten Erträge für die Zeit bis zum Schluss des Geschäftsjahres bzw. bis zum Zwischenabschluss	+/–
18	Zwischensumme	
19	davon ab: anteilige Kosten [5]	–
20	Bemessungsgrundlage für die Ausschüttungsbelastung zum Schluss des Geschäftsjahres bzw. zum Zeitpunkt des Zwischenabschlusses	
	Sondervermögen, dessen Erträge ausgeschüttet werden (§ 38 a Abs. 1 KAGG)	
21	Bemessungsgrundlage lt. Zeile 20 (ggf. anteilig)	
22	Ertragsausgleich (§ 39 a Abs. 1 Nr. 2 KAGG) für die in Zeile 21 genannten Erträge in der Zeit **nach** dem Schluss des Geschäftsjahres bzw. nach dem Zeitpunkt des Zwischenabschlusses bis zum Ausschüttungstag	+/–
23	Bemessungsgrundlage für die Ausschüttungsbelastung zum Ausschüttungstag	
24	darauf entfallende Körperschaftsteuer (30 % des Betrages aus Zeile 23)	
25	abzüglich: bereits erklärte Körperschaftsteuer auf Zwischenausschüttungen lt. Erklärung vom _____	–
26	verbleiben	
	Sondervermögen, dessen Erträge thesauriert werden (§ 38 a Abs. 2 KAGG)	
27	Bemessungsgrundlage lt. Zeile 20 (ggf. anteilig)	
28	darauf entfallende Körperschaftsteuer (30 % des Betrages aus Zeile 27)	
29	**Summe** (Zeilen 26 und 28)	

C. Kapitalertragsteuer

Zeile		DM / € [3]
	I. Kapitalertragsteuer nach §§ 38 b, 44 Satz 2 KAGG i. d. F. des Steuerbereinigungsgesetzes [2e] bzw. nach §§ 38 b Abs. 1 bis 4, 44 Satz 2 KAGG i. d. F. des Steuersenkungsgesetzes [2b] (Zinsabschlag)	
	Bemessungsgrundlage	
30	Kapitalerträge des Sondervermögens, bei denen nach § 38 Abs. 3 KAGG i.V.m. § 44 a EStG vom Steuerabzug Abstand zu nehmen ist	
31	Kapitalerträge des Sondervermögens im Sinne des § 43 Abs. 1 Satz 1 Nr. 2 EStG, bei denen die hiervon einbehaltene Kapitalertragsteuer nach § 38 Abs. 3 KAGG an die Depotbank zu erstatten ist [4]	+
32	Ausländische Erträge des Sondervermögens im Sinne des § 43 Abs. 1 Satz 1 Nr. 7 und 8 sowie Satz 2 EStG	+
33	Gewinne im Sinne des § 23 Abs. 1 Satz 1 Nr. 4, Abs. 2 und 3 EStG [6]	+
34	Kapitalerträge im Sinne des § 44 Satz 2 i.V.m. § 45 KAGG [6]	+
35	Ertragsausgleich für die in den Zeilen 30 bis 34 genannten Erträge für die Zeit bis zum Schluss des Geschäftsjahres	+/–
36	Davon ab: anteilige Kosten [5]	–
37	Bemessungsgrundlage zum Schluss des Geschäftsjahres	

Fußnoten siehe Seite 4.

– 3 –

Zeile		DM / € 3)
38	Bemessungsgrundlage lt. Zeile 37 für die Kapitalertragsteuer	
39	Davon zu erhebende Kapitalertragsteuer (30 % des Betrages lt. Zeile 38)	
40	Davon ab: Kapitalertragsteuer, für die Erstattungsanträge nach § 39 b KAGG vorliegen	–
41	**Abzuführende Kapitalertragsteuer** (30 %)	

II. Kapitalertragsteuer nach § 39 Abs. 2 KAGG i. d. F. des Steuerbereinigungsgesetzes 2a)

42	Bemessungsgrundlage (7/10 des Betrages lt. Zeile 23 und / oder 27 ggfs. anteilig7))	
43	Davon zu erhebende und abzuführende Kapitalertragsteuer (25 % des Betrages lt. Zeile 42)	
44	Davon ab: bereits erklärte Kapitalertragsteuer auf Zwischenausschüttungen lt. Erklärung vom _____	
45	Verbleiben	

III. Kapitalertragsteuer nach § 38 b Abs. 5 KAGG i. d. F. des Steuersenkungsgesetzes 2b)
Bemessungsgrundlage

46	Erträge des Sondervermögens i. S. d. § 43 Abs. 1 Satz 1 Nr. 1 sowie Satz 2 EStG	
47	Davon ab: anteilige Kosten 5)	–
48	Bemessungsgrundlage	
49	Davon zu erhebende und abzuführende Kapitalertragsteuer (20% des Betrags lt. Zeile 48)	
50	Davon ab: bereits erklärte Kapitalertragsteuer auf Zwischenausschüttungen laut Erklärung vom _____	
51	verbleiben	
52	**Insgesamt abzuführende Kapitalertragsteuer** (Summe der Beträge aus Zeilen 41, 45 und 51)	

D. Solidaritätszuschlag

**I. Solidaritätszuschlag zur Kapitalertragsteuer nach §§ 38 b, 44 Satz 2 KAGG
(Zinsabschlag)**

DM / € 3)

53	Bemessungsgrundlage lt. Zeile 39 für den Solidaritätszuschlag	
54	Davon zu erhebender Solidaritätszuschlag (5,5 % des Betrags lt. Zeile 53)	
55	Solidaritätszuschlag, der aufgrund von Anträgen nach § 39 b KAGG i.V.m. § 51 a Abs. 1 EStG zu erstatten ist (vgl. Zeile 40)	–
56	**Abzuführender Solidaritätszuschlag**	

II. Solidaritätszuschlag zur Kapitalertragsteuer nach § 39 Abs. 2 KAGG i. d. F. des Steuerbereinigungsgesetzes 2a)

57	Bemessungsgrundlage lt. Zeile 43	
58	Davon zu erhebender und abzuführender Solidaritätszuschlag (5,5 % des Betrags lt. Zeile 57)	
59	Davon ab: bereits erklärter Solidaritätszuschlag auf Zwischenausschüttungen lt. Erklärung vom _____	
60	Verbleiben	

III. Solidaritätszuschlag zur Kapitalertragsteuer nach § 38 b Abs. 5 KAGG i. d. F. des Steuersenkungsgesetzes 2b)

61	Bemessungsgrundlage lt. Zeile 49	
62	Davon zu erhebender und abzuführender Solidaritätszuschlag (5,5% des Betrags lt. Zeile 61)	
63	Davon ab: bereits erklärter Solidaritätszuschlag auf Zwischenausschüttungen lt. Erklärung vom _____	–
64	Verbleiben	
65	**Insgesamt abzuführender Solidaritätszuschlag** (Summe der Beträge aus Zeilen 56, 60 und 64)	

Fußnoten siehe Seite 4.

– 4 –

E. Versicherung

Ich versichere, die Angaben in dieser Steuererklärung wahrheitsgemäß nach bestem Wissen und Gewissen gemacht zu haben.

Ort, Datum

⌐ Bei der Anfertigung dieser Erklärung hat mitgewirkt:
(Name, Anschrift, Tel.-Nr.)   ⌐

_____

_____
(Unterschrift)

Die Steuererklärung muss vom gesetzlichen Vertreter bzw. vom Vertretungsberechtigten der Kapitalanlagegesellschaft eigenhändig unterschrieben sein.

Hinweis nach den Vorschriften der Datenschutzgesetze: Die mit der Steuererklärung angeforderten Daten werden auf Grund der §§ 149 ff. AO i.V. mit §§ 37 n, 38 a Abs. 1, 38 b Abs. 3, 43 a, 43 c, 44, 50 a, 50 c KAGG verlangt.

Nur vom Finanzamt auszufüllen!

Erledigungsvermerke

	Erledigt Datum/Namenszeichen

1. Geprüft

   ☐ ohne Beanstandung . . . .

   ☐ mit Beanstandung. Es ist ein Festsetzungsbescheid nach

   Muster _____ zu fertigen. . . . .

   Fälligkeitstag: _____

2. Verspätungszuschlag nach § 152 AO ist durch besonderen Bescheid festzusetzen: · . . . .

3. Der Berechtigungsbogen ist über die Finanzkasse der Datenerfassung (Erhebung) zuzuleiten .

Steuernummer		**Progr.-Nr. 500**		Datenerfassung
Zeitraum	Abg.-Art	Betrag	Fälligkeit *	BT
	0610			
	0020			
	0390			
MPS		* vg. Fach 3 Teil 2 Tz 8 AL-ERH		

4. In die K-Liste eingetragen. K-Liste Nr. _____

5. Ggf. Grundinformationsdienst durchführen (Grundkennbuchstaben KE und/oder KF setzen) .

6. Z. d. A.

_____   _____   _____
(Sachgebietsleiter/in)   (Datum)   (Bearbeiter/in)

2 a) Nur soweit nicht bereits das KAGG i. d. F. des Steuersenkungsgesetzes anzuwenden ist, vgl. § 43 Abs. 14 KAGG i. d. F. des Steuersenkungsgesetzes.
2 b) Wegen des Anwendungszeitraumes vgl. § 43 Abs. 14 KAGG i. d. F. des Steuersenkungsgesetzes.
3) Für Anmeldungszeiträume **vor 2002** sind die Betragsangaben nur in DM zulässig; für Anmeldungszeiträume **ab 2002** sind die Betragsangaben nur in Euro zulässig.
4) Bitte die der Ausschüttungsbelastung bzw. Kapitalertragsteuerberechnung nach § 38 b Abs. 3 KAGG zugrunde zu legenden Erträge des in den Zeilen 1 bis 3 bezeichneten Zeitraums angeben. Es sind jeweils die Erträge vor Abzug der damit zusammenhängenden Kosten einzutragen.
5) Aufteilung bitte auf besonderem Blatt erläutern, falls sie nicht aus dem beigefügten Rechenschaftsbericht ersichtlich ist.
6) Anzuwenden auf Kapitalerträge, in denen die Gewinne aus privaten Veräußerungsgeschäften enthalten sind, die nach dem 31. 03. 1999 getätigt werden (§ 43 Abs. 12 i.V.m. § 38 b Abs. 1 Nr. 4 KAGG).
7) Nur soweit die Kapitalerträge aus den Anteilscheinen nach dem 31. 03. 1999 zufließen oder zugeflossen gelten (§ 43 Abs. 12 i.V.m. § 39 Abs. 2 KAGG).
8) Anzuwenden auch auf Kapitalerträge, in denen die Gewinne aus privaten Veräußerungsgeschäften enthalten sind, die nach dem 31. 03. 1999 getätigt werden (§ 50 Abs. 5 i.V.m. § 43 Abs. 12 KAGG).

D. Fundstellenverzeichnis

I. Literatur

Baur: Das Investmentgeschäft, Köln 1999

Baur: Investmentgesetze, Berlin, New York 1997

Beckmann/Scholz: Investment, Ergänzbares Handbuch für das gesamte Investmentwesen, Berlin, Stand: 10/2000

Blümich: EStG-KStG-GewStG, Kommentar, München, Stand: 07/1999

Bullinger: Die französische Körperschaftsteuergutschrift (Avoir Fiscal) für deutsche Direktinvestitionen nach dem StSenkG; in: IStR 2/2001, S. 46

Bullinger/Radke: Handkommentar zum Zinsabschlag, Düsseldorf 1994

Förster/Hertrampf: Das Recht der Investmentfonds, 3. Auflage, Neuwied 2001

Hübschmann/Hepp/Spitaler: Abgabenordnung, Finanzgerichtsordnung, Kommentar, Köln, Stand: 04/2001

Loy: Besteuerung von Kapitaleinkünften, Besteuerung moderner Kapitalanlageformen (Finanzinnovationen) sowie von Investmenterträgen, Stuttgart 1995

Schmidt (Hrsg.): Einkommensteuergesetz, Kommentar, München 2001

Sorgenfrei: Steuerlicher Transparenzgrundsatz und DBA-Berechtigung deutscher offener Investmentfonds; in: IStR 1994, S. 466 ff.

Steibert: Dividendenzahlungen aus Frankreich – Renditewirkungen des »Avoir Fiscal« im Halbeinkünfteverfahren; in: IWB Nr. 1, Gr 2, S. 9

Stotz: Besteuerung von Wertpapier-Investmentfonds, Bielefeld 1998

Tipke/Kruse: Abgabenordnung, Finanzgerichtsordnung, Kommentar, Köln, Stand: 04/2001

Vogel: Doppelbesteuerungsabkommen, Kommentar, München 1996

II. Finanzverwaltung

BMF-Schreiben vom 12.05.1998: IV C 6 – S 1301 – 18/98: Nachweis über das Vorliegen der Voraussetzungen für die Anrechnung fiktiver Quellensteuern bei ausländischen Zinseinkünften nach Doppelbesteuerungsabkommen; BStBl 1998 I, S. 554

BMF-Schreiben vom 30.03.1998: IV C 7 – S 1302 Jap – 5/98: Besteuerung von Einkünften ausländischer Unternehmen aus der Beteiligung an Wertpapiersondervermögen (Aktienfonds) nach dem Gesetz über Kapitalanlagegesellschaften (KAGG) unter Berücksichtigung der Doppelbesteuerungsabkommen (DBA); BStBl 1998 I, S. 367

BMF-Schreiben vom 02.01.1996: IV C 5 – S 1300 – 223/95: Stand der Doppelbesteuerungsabkommen und der Doppelbesteuerungsverhandlungen am 01. Januar 1996; BStBl 1996 I, S. 5 ff.

BMF-Merkblatt vom 01.03.1994: IV C 5 – S 1300 – 49/94: Entlastung von deutscher Kapitalertragsteuer von Dividenden und bestimmten anderen Kapitalerträgen gemäß § 44d EStG, den Doppelbesteuerungsabkommen (DBA) oder sonstigen zwischenstaatlichen Abkommen; BStBl 1994 I, S. 203 ff.

OFD Frankfurt/Main – Verfügung vom 10.02.1999: S 2293 A – 72 – St II 22; Anrechnung französischer Steuergutschrift (Avoir Fiscal) auf ausgeschüttete Dividenden; IStR, 2/2001, S. 59

5 Dokumentation einschlägiger Erlasse und Verfügungen

A. Steuerfragen der Verwaltung des Fondsvermögens

I. Ertragsausgleichsverfahren

1. Besteuerung der Erträge aus Investmentanteilen: Ertragsausgleich bei inländischen und ausländischen Investmentvermögen (FinMin. NRW, Erlass vom 10.01.1975, S 1980 a – 18 – V B 2)

Erwirbt ein Steuerpflichtiger im Laufe eines Geschäftsjahres Investmentanteile, muß er die bis zum Erwerbszeitpunkt angefallenen anteiligen Fondserträge (Ausgleichsbeträge) im Ausgabepreis des Investmentanteils mitbezahlen. Sie werden ihm regelmäßig nicht gesondert in Rechnung gestellt. Gibt ein Steuerpflichtiger im Laufe eines Geschäftsjahres Investmentanteile zurück, so werden ihm die bis zu diesem Zeitpunkt angefallenen anteiligen Fondserträge (Zwischengewinne) im Rücknahmepreis vergütet.

Neue Anteilinhaber nehmen an den Ausschüttungen eines Investmentvermögens, die nach ihrem Eintritt erfolgen, teil. Die Form der Bemessung der Ausschüttung ist unterschiedlich. Überwiegend halten die Investmentgesellschaften die im Ausgabepreis mitbezahlten Ausgleichsbeträge buchmäßig fest, um sie später zur Ausschüttung zu verwenden (Ertragsausgleich). Durch diese Handhabung sollen in erster Linie die Ausschüttungen an die Altanleger nicht dadurch geschmälert werden, daß die im Laufe des Geschäftsjahrs hinzugekommenen Neuanleger ebenfalls einen Anspruch auf Ausschüttungen erworben haben.

Andere Investmentgesellschaften berücksichtigen die Ausgleichsbeträge bei Bemessung der Ausschüttungen dagegen nicht. Beide Formen der Bemessung der Ausschüttungen sind zivil- und aufsichtsrechtlich als zulässig anzusehen.

Bei der Rückgabe von Investmentanteilen wird ein entsprechender Ertragsausgleich in der Praxis nur in eingeschränktem Umfang vorgenommen.

Zur einkommensteuerrechtlichen Behandlung der Ausgleichsbeträge ist die folgende Auffassung zu vertreten:

1. Sind in den Ausschüttungen Ausgleichsbeträge enthalten, so handelt es sich um Kapitalerträge, die sowohl nach den §§ 39 und 45 KAGG als auch nach den §§ 17 und 18 AuslInvestmG der Besteuerung zu unterwerfen sind.

2. Ausgleichsbeträge, die dem Anteilsinhaber als thesaurierte Erträge zugerechnet werden, sind ebenfalls steuerpflichtige Kapitalerträge, weil ausgeschüttete und thesaurierte Erträge nach dem Sinn und Zweck des KAGG und des AuslInvestmG einkommensteuerrechtlich grundsätzlich gleich behandelt werden.

3. Schüttet die Investmentgesellschaft die Ausgleichsbeträge nicht aus oder rechnet sie die Ausgleichsbeträge den Anteilsinhabern nicht als thesaurierte Erträge zu, so ist die wirtschaftsrechtliche Gestaltung auch für die einkommensteuerrechtliche Behandlung maßgebend. Ein Ertragsausgleich ausschließlich für steuerliche Zwecke ist nicht durchzuführen. Die Ausgleichsbeträge unterliegen in diesen Fällen nicht der Einkommensteuer. Die Vorschrift des § 23 EStG und die Vorschriften über die Gewinnermittlung bleiben unberührt.

4. Der Ertragsausgleich kann mit steuerlicher Wirkung auch beim Ausscheiden eines Anteilsinhabers durchgeführt werden.

Ausgleichsbeträge, die auf steuerfreie Erträge entfallen, unterliegen nicht der Besteuerung (§§ 40, 46 KAGG, § 17 Abs. 2 AuslInvestmG).

Dieser Erlaß ist im Einvernehmen mit dem Bundesminister der Finanzen und den obersten Finanzbehörden der anderen Länder ergangen.

2. Besteuerung des Ertragsausgleiches
(Finanzministerium Nordrhein-Westfalen, Erlass vom 17.03.1964, S 2180 – 6 – VB 1)

Den Erwerbern von Anteilen an Kapitalanlagegesellschaften wird für den während des laufenden Geschäftsjahres bereits angewachsenen Fondsertrag ein Aufgeld berechnet, das jedoch nicht gesondert in Rechnung gestellt wird, sondern in den jeweiligen Tagespreisen der Zertifikate enthalten ist. Diese Ausgleichsbeträge sind als zusätzliche Erwerbspreise für die Zertifikate anzusehen. Mit der Zahlung der Ausgleichsbeträge erwerben die Anteilsinhaber eine mit ihren Anteilen verbundene gesteigerte Ertragsaussicht. Die in den Ausschüttungen auf diese Zertifikate enthaltenen Ausgleichsbeträge sind deshalb steuerpflichtige Erträge.

II. Aufwendungen (Spesen) des Fondsvermögens

1. Zur Frage der Kostenaufteilung
(BMF-Schreiben vom 20.03.1975, IV B 4 – S 1980 – 3/75, an den Bundes-
verband Deutscher Investmentgesellschaften, vgl. auch DB 1975, 1052)

I. Aufteilung der Unkosten

1. Inländische Wertpapier-Sondervermögen (§ 38 KAAG)

An der Rechtsauffassung, die ich Ihnen mit meinem Schreiben vom 22. Juli 1974 – IV B 4 – S. 1980a – 5/74 – mitgeteilt habe, daß die Unkosten auf steuerpflichtige und steuerfreie Einnahmen aufzuteilen sind, wird festgehalten. Bei der Aufteilung ist nach folgenden Grundsätzen zu verfahren:

Das Wesen eines inländischen Wertpapier-Sondervermögens als (steuerbefreites) Zweckvermögen i. S. des § 1 Abs. 1 Ziff. 5 des Körperschaftsteuergesetzes, der das Kapitalanlagegesetz beherrschende Transparenzgedanke sowie die Vorschriften des § 39 Abs. 1 KAGG legen es nahe, den gesetzlich nicht definierten Begriff »Unkosten« nach Art und Umfang in Anlehnung an den im Einkommensteuerrecht für Aufwendungen maßgeblichen Werbungskostenbegriff bei Einkünften aus Kapitalvermögen abzugrenzen. Danach rechnen zu den Werbungskosten alle Aufwendungen, die mit den einzelnen Einnahmen unmittelbar zusammenhängen. Ein solcher unmittelbarer Zusammenhang mit den Kapitaleinnahmen ist auch bei Aufwendungen für die einzelne Kapitalanlage und für die Gesamtheit der Kapitalanlagen (allgemeine Verwaltungskosten) insoweit gegeben, als sie zur Erwerbung, Sicherung und Erhaltung der Kapitaleinnahmen dienen. Derartige Aufwendungen werden deshalb, auch wenn sie gleichzeitig der Sicherung und Erhaltung des Kapitalstamms dienen, insoweit als Werbungskosten anerkannt.

Aufwendungen, die vorwiegend der Beschaffung oder Veräußerung von Vermögenswerten dienen, sowie Wertverluste am Stammrecht sind keine Werbungskosten (vgl. OFH-Urteil vom 26.3.1947 – MinBIFin 1949/50 S. 323 sowie BFH-Urteile vom 25.1.1957 – BStBl. III S. 75 und vom 15.9.1961 – BStBl. III S. 547).

Die vorstehenden Grundsätze gelten sowohl für ausschüttende als auch für thesaurierende Wertpapier-Sondervermögen.

2. Inländische Grundstücks-Sondervermögen (§ 44 KAGG)

Die Grundsätze unter Nr. 1 gelten für inländische Grundstücks-Sondervermögen entsprechend mit der Maßgabe, daß auch die Absetzungen für Abnutzung oder Substanzverringerung im Rahmen des § 7 EStG von den steuerpflichtigen Erträgen abgezogen werden können.

3. Ausländische Investmentvermögen

a) Registrierte ausländische Investmentvermögen (§ 17 AuslInvestmG)
Bei ausländischen Investmentvermögen, die beim Bundesaufsichtsamt für das Kreditwesen registriert sind, sind bei der Ermittlung der Erträge die unter Nr. 1. und 2. dargestellten Grundsätze maßgebend.

b) Nicht registrierte ausländische Investmentvermögen (§ 18 AuslInvestmG)
Bei ausländischen Investmentvermögen, die nach § 18 AuslInvestmG zu behandeln sind, ist eine Aufteilung der Unkosten in der Regel nicht erforderlich, da in diesen Fällen auch die Gewinne aus der Veräußerung von Wertpapieren oder Grundstücken (grundstücksgleichen Rechten) und sonstige Erträge steuerpflichtig sind.

Die in Ihrem Schreiben vom 13. Dezember 1974 vorgenommene Gruppierung der Unkosten in Aufwendungen, die von den steuerpflichtigen Einnahmen abgezogen werden können, und in Aufwendungen, die nicht von den steuerpflichtigen Einnahmen abgezogen werden können, weil sie nicht unmittelbar mit den einzelnen steuerpflichtigen Einnahmen zusammenhängen und ihrem Wesen nach auch nicht den allgemeinen Verwaltungskosten zugeordnet werden können, kann, vorbehaltlich der Nachprüfung im Einzelfall, als eine brauchbare Grundlage zur zutreffenden Abgrenzung angesehen werden.

Soweit die Abgrenzung von abzugsfähigen und nicht abzugsfähigen Aufwendungen nur im Wege der Schätzung möglich ist, kommt es nach der Rechtsprechung entscheidend darauf an, welche Aufwendungen erforderlich sind, um die Kapitaleinkünfte zu erzielen. Sind bei Aufwendungen verschiedenartige Zwecke vereinigt, so entscheidet der überwiegende Zweck, ggf. ist der Betrag nach Billigkeit im Wege der Schätzung aufzuteilen.

II. Erstmalige Aufteilung

In Abweichung von dem Beschluß der Vertreter der obersten Finanzbehörden der Länder, den ich Ihnen mit meinem Schreiben vom 22.7.1974 – IV B 4 – S 1980a – 5/74 – mitgeteilt habe, sind die Unkosten auf steuerpflichtige und steuerfreie Einnahmen erstmals für Wirtschaftsjahre aufzuteilen, die nach dem 31. Dezember 1974 beginnen.

Anmerkung zu vorstehendem Erlaß:

In dem vorletzten Absatz des ersten Abschnittes seines Schreibens hat der BMF die Aufteilung der Kosten in nicht abzugsfähige und abzugsfähige Kosten, die vom Bundesverband Deutscher Investmentgesellschaften vorgenommen worden ist, als »eine brauchbare Grundlage zur zutreffenden Abgrenzung« bezeichnet. Nachstehend wird diese Kostenaufteilung wiedergegeben:

1. Generalkosten, die im Rahmen der laufenden Geschäftätigkeit für die Sondervermögen unabhängig davon entstehen, ob und in welcher Höhe sich Einnahmen ergeben.

   Zu diesen Generalkosten zählen insbesondere

   Verwaltungsvergütung

   Depotbankvergütung und Depotgebühren

   Veröffentlichungskosten (Kosten für den Druck, den Versand und die Veröffentlichung der Rechenschafts-Zwischenberichte)

   Kosten der Veröffentlichung der Ausgabe- und Rücknahmepreise und der Ausschüttungsbekanntmachungen

   Kosten für die Einlösung der Ertragsscheine

   Kosten für die Prüfung des Sondervermögens

   Kosten für den Druck und die Ausgabe neuer Ertragsscheinbogen

   Kosten einer etwaigen Börsennotierung sowie einer etwaigen Registrierung der Anteilsscheine

2. Kosten, bei denen eine direkte Zuordnung zu bestimmten Einnahmen möglich ist.

   Zu diesen Kosten können gezählt werden

   Erwerbsnebenkosten des Ankaufs oder Verkaufs von Wertpapieren

   Kosten bei der Ausübung von Bezugsrechten auf Schuldverschreibungen

   Kosten bei der Ausübung von Bezugsrechten auf Freianteile, soweit Börsenumsatzsteuer und andere Abgaben, bei denen eine Zuordnung möglich ist

   Währungs-Kurssicherungskosten

   Kosten des Ankaufs oder Verkaufs von Liegenschaften (Notargebühren, Grundbuchgebühren, Grunderwerbsteuer, Maklergebühren, Reisekosten zu Beurkundungen)

Kosten einer Belastung von Liegenschaften

Bewirtschaftungskosten bei Liegenschaften (Verwaltungs-, Instandhaltungs-, Betriebs- und Rechtsverfolgungskosten)

Ursprünglich war es allgemeine Praxis der inländischen Kapitalanlagegesellschaften und war von der Finanzverwaltung aufgrund von Erlassen aus den Jahren 1962/63 auch unbeanstandet geblieben, die Unkosten eines Sondervermögens nur bei den steuerpflichtigen Einnahmen abzuziehen. Diese früheren Verwaltungserlasse wurden erstmals durch Erlasse im Jahre 1974 widerrufen (vgl. DB 1974, 1649, 2230). Nach der darin getroffenen Anordnung sollten die Unkosten erstmals für Geschäftsjahre, die nach dem 31.12.1973 beginnen, sowohl für ausschüttende als auch für thesaurierende Sondervermögen auf steuerpflichtige und steuerfreie Einnahmen aufzuteilen sein. Das oben wiedergegebene detaillierte BdF-Schreiben vom 20.3.1975 hat den Zeitpunkt der erstmaligen Anwendung der Kostenaufteilungsregelung um ein Jahr hinausgeschoben, so daß es für Geschäftsjahre, die im Jahre 1974 begonnen haben, noch einmal bei der ursprünglichen Handhabung bleiben konnte.

2. Besteuerung der Erträge aus inländischen und ausländischen Investmentanteilen; Aufteilung von Unkosten
(FinMin. Niedersachsen, Erlass vom 20.05.1975, S 1980 a – 10 – 312)

Nach dem Erlaß vom 13.8.1974 – S. 1980 a – 10 – 31 2 (DB 1974 S. 1649) – sind die Unkosten eines Sondervermögens i. S. des Gesetzes über Kapitalanlagegesellschaften auf steuerpflichtige und steuerfreie Einnahmen aufzuteilen. Bei der Aufteilung ist nach folgenden Grundsätzen zu verfahren:

1. Inländische Wertpapier-Sondervermögen (§ 38 KAGG)

Das Wesen eines inländischen Wertpapier-Sondervermögens als (steuerbefreites) Zweckvermögen i. S. des § 1 Abs. 1 Ziff. 5 des Körperschaftsteuergesetzes, der das Kapitalanlagegesetz beherrschende Transparenzgedanke sowie die Vorschriften des § 39 Abs. 1 KAGG legen es nahe, den gesetzlich nicht definierten »Unkosten« nach Art und Umfang in Anlehnung an den im Einkommensteuerrecht für Aufwendungen maßgeblichen Werbungskostenbegriff bei Einkünften aus Kapitalvermögen abzugrenzen. Danach rechnen zu den Werbungskosten alle Aufwendungen, die mit den einzelnen Einnahmen unmittelbar zusammenhängen. Ein solcher unmittelbarer Zusammenhang mit den Kapitaleinnahmen ist auch bei Aufwendungen für die einzelne Kapitalanlage und für die Gesamtheit der Kapitalanlagen (allgemeine Verwaltungskosten) insoweit gegeben, als sie zur Erwerbung, Sicherung und Erhaltung der Kapitaleinnahmen dienen. Derartige Aufwendungen werden deshalb, auch wenn sie gleichzeitig der Sicherung und Erhaltung des Kapitalstamms dienen, insoweit als Werbungskosten anerkannt.

Aufwendungen, die vorwiegend der Beschaffung oder Veräußerung von Vermögenswerten dienen, sowie Wertverluste am Stammrecht sind keine Werbungskosten (vgl. OFH-Urteil vom 26.3.1974 – MinBlFin. 1949/50 S. 323 sowie BFH-Urteil vom 25.1.1957 – BStBl. III S. 75 = DB 1958 S. 40 und vom 15.9.1961 – BStBl. III S. 547 = DB 1961 S. 1537).

Die vorstehenden Grundsätze gelten sowohl für ausschüttende als auch für thesaurierende Wertpapier-Sondervermögen.

2. Inländische Grundstücks-Sondervermögen (§ 44 KAGG)

Die Grundsätze unter Nr. 1 gelten für inländische Grundstücks-Sondervermögen entsprechend, mit der Maßgabe, daß auch die Absetzungen für Abnutzung oder Substanzverringerung im Rahmen des § 7 EStG von den steuerpflichtigen Erträgen abgezogen werden können.

3. Ausländische Investmentvermögen

a) Registrierte ausländische Investmentvermögen (§ 17 AuslInvestmG)

Bei ausländischen Investmentvermögen, die beim Bundesaufsichtsamt für das Kreditwesen registriert sind, sind bei der Ermittlung der Erträge die unter Nr. 1. und 2. dargestellten Grundsätze maßgebend.

b) Nicht registrierte ausländische Investmentvermögen (§ 18 AuslInvestmG)

Bei ausländischen Investmentvermögen, die nach § 18 AuslInvestmG zu behandeln sind, ist eine Aufteilung der Unkosten in der Regel nicht erforderlich, da in diesen Fällen auch die Gewinne aus der Veräußerung von Wertpapieren oder Grundstücken (grundstücksgleichen Rechten) und sonstige Erträge steuerpflichtig sind.

Die in dem Schreiben des Bundesverbandes Deutscher Investmentgesellschaften e. V. vom 13.12.1974 vorgenommene Gruppierung der Unkosten in Aufwendungen, die von den steuerpflichtigen Einnahmen abgezogen werden können, und in Aufwendungen, die nicht von den steuerpflichtigen Einnahmen abgezogen werden können, weil sie nicht unmittelbar mit den einzelnen steuerpflichtigen Einnahmen zusammenhängen und ihrem Wesen nach auch nicht den allgemeinen Verwaltungskosten zugeordnet werden können, kann vorbehaltlich der Nachprüfung im Einzelfall, als eine brauchbare Grundlage zur zutreffenden Abgrenzung angesehen werden.

Soweit die Abgrenzung von abzugsfähigen und nicht abzugsfähigen Aufwendungen nur im Wege der Schätzung möglich ist, kommt es nach der Rechtsprechung entscheidend darauf an, welche Aufwendungen erforderlich sind, um die Kapitaleinkünfte zu erzielen. Sind bei Aufwendungen verschiedenartige Zwecke vereinigt, so entscheidet der überwiegende Zweck, ggf. ist der Betrag nach Billigkeit im Wege der Schätzung aufzuteilen. Abweichend vom Erlaß vom 13.8.1974 – Az. w. o. – sind die Unkosten auf steuerpflichtige und steuerfreie Einnahmen erstmals für Wirtschaftsjahre aufzuteilen, die nach dem 31.12.1974 beginnen.

Dieser Erlaß ist im Einvernehmen mit dem BMF und den obersten Finanzbehörden der anderen Länder ergangen.

3. BMF-Schreiben vom 24.03.1970, IV B/4 – S 1980 – 15/70 – an ein Kreditinstitut

Zu der von Ihnen vorgetragenen Frage nehme ich wie folgt Stellung: Die Vorschrift des § 45 Abs. 1 des Gesetzes über Kapitalanlagegesellschaften soll sicherstellen, daß bei den Anteilscheininhabern alle Erträge, die von einem inländischen Grundstücks-Sondervermögen vereinnahmt und nicht zur Kostendeckung oder Ausschüttung verwendet worden sind, zur Besteuerung herangezogen werden können. Der Begriff »Kostendeckung«, der mit der im Einkommensteuerrecht üblichen Terminologie nicht übereinstimmt, ist im Gesetz nicht erläutert. Man wird aber davon ausgehen können, daß zu den abziehbaren Kosten neben den allgemeinen Verwaltungskosten des Sondervermögens auch alle Aufwendungen, die bei den Einkünften aus Vermietung und Verpachtung Werbungskosten sind, berücksichtigt werden können. Zu den Kosten gehören auch Absetzungen für Abnutzung oder Substanzverringerung, soweit sie die nach § 7 des Einkommensteuergesetzes zulässigen Beträge nicht übersteigen. Das bedeutet, daß erhöhte Absetzungen (Sonderabschreibungen) z. B. im Rahmen der Berlinpräferenzen oder sog. 7b-Abschreibungen, bei der Ermittlung der thesaurierten Erträge nicht geltend gemacht werden können.

Aus der Tatsache, daß der Gesetzgeber die Erträge auf Anteilscheine an einem inländischen Grundstücks-Sondervermögen, soweit sie nicht Betriebseinnahmen des Steuerpflichtigen sind, den Einkünften aus Kapitalvermögen im Sinne des § 20 Abs. 1 Ziff. 1 des Einkommensteuergesetzes zugeordnet hat, kann m. E. nicht etwa gefolgert werden, daß bei einem Anteilscheininhaber auch positive Erträge berücksichtigt werden dürfen. Auch bei dieser Einkunftsart kann nämlich, falls sich bei der Ermittlung dieser Einkünfte ein Überschuß der Werbungskosten über die Einnahmen ergibt, dieser Verlust innerhalb derselben Einkunftsart verrechnet oder mit positiven Einkünften aus anderen Einkunftsarten innerhalb des gleichen Veranlagungszeitraums ausgeglichen werden (§ 2 Abs. 2 EStG). Ich stimme deshalb Ihrer Auffassung zu, daß die in Frage stehenden Verluste unabhängig davon, bei welcher Einkunftsart sie bei der Veranlagung angesetzt werden, bei der Ermittlung des Gesamtbetrages der Einkünfte ausgeglichen werden können.

III. Zwischengewinnbesteuerung

BMF-Schreiben vom 20.01.1994, IV B 4 – S 1980 – 5/94

1. Für die Ermittlung des Zwischengewinns kommt es nicht auf den Zeitpunkt des Zuflusses der Erträge beim Investmentfonds an. Bei einem abweichenden Geschäftsjahr (Wirtschaftsjahr) 1993/1994 sind auch die von einem Investmentfonds im Jahr 1993 erzielten Einnahmen und dem Fonds angewachsene Ansprüche im Zwischengewinn enthalten. Dies bedeutet aber auch, daß in demselben Geschäftsjahr (Wirtschaftsjahr) gezahlter Zwischengewinn als negative Einnahmen gegengerechnet werden kann, wenn er vor dem 1.1.1994 verausgabt wurde.

2. Es gibt nur einen einheitlichen Zwischengewinn, der sich aus Einnahmen des Sondervermögens im Sinne des § 20 Abs. 1 Nr. 7 und Abs. 2 (mit Ausnahme der Nr. 2a) EStG sowie aus angewachsenen Ansprüchen auf derartige Einnahmen des Fonds zusammensetzt. Die Ansprüche sind auf der Grundlage des § 20 Abs. 2 EStG und § 21 Abs. 2 und 3 KAGG zu bewerten. Dieser Zwischengewinn gilt einheitlich sowohl für die Einkommensteuer als auch für den Zinsabschlag. Dies gilt entsprechend für die im Zwischengewinn enthaltenen Erträge aus Finanzinnovationen und Ansprüche darauf.

3. Erträge aus der Veräußerung von Genußscheinen unterliegen nach § 20 Abs. 2 Nr. 4 Satz 5 EStG nicht der Einkommensteuer, daher unterliegt ein solcher Kapitalertrag auch nicht der Zwischengewinnbesteuerung.

4. Sog. »floater« fallen nach dem Wortlaut der Vorschrift unter § 20 Nr. 4 EStG, weil die Höhe der Erträge von einem ungewissen Ereignis – der Entwicklung des LIBOR oder FIBOR – abhängt (§ 20 Abs. 2 Nr. 4c EStG) und aufgrund der regelmäßigen Anpassung der Verzinsung an diese Geldmarktsätze Kapitalerträge in unterschiedlicher Höhe gezahlt werden (§ 20 Abs. 2 Nr. 4d EStG). Bei der einfachsten Form der floater, bei der die Verzinsung ausschließlich mit dem jeweiligen LIBOR oder FIBOR identisch ist, habe ich jedoch keine Bedenken, wenn die steuerliche Erfassung der Kapitalerträge aus der Veräußerung nicht nach § 20 Abs. 2 Nr. 4 EStG, sondern nach § 20 Abs. 2 Nr. 3 EStG erfolgt. Dies läßt sich damit rechtfertigen, daß sich im Erwerbspreis für das Papier keine künftigen Ertragserwartungen niederschlagen. Infolgedessen fallen Kapitalerträge aus der Veräußerung sog. »reverse floater« stets unter § 20 Abs. 2 Nr. 4 EStG, auch wenn daneben Stückzinsen besonders in Rechnung gestellt werden.

5. Die Bewertung von Ansprüchen auf Kapitalerträge aus Zero-Bonds, die Bestandteil des Zwischengewinns sind, richtet sich nach § 20 Abs. 2 EStG (vgl. § 39 Abs. 1 a Satz 2 KAGG).

IV. Körperschaftsteuer-Ausschüttungsbelastung

Praktische Probleme bei Investment-Gesellschaften nach der Körperschaftsteuerreform

Nach Abstimmung mit den obersten Finanzbehörden der Länder hat das BMF mit Schreiben vom 20.02.1981, IV B 7 – S. 2932 – 1/81/IV B 4 – S 1980 – 6/81, zu Fragen Stellung genommen, die nach der Körperschaftsteuerreform bei Investment-Gesellschaften aufgetreten sind.

1. Ausweis von Körperschaftsteuer-Erhöhungsbeträgen in Steuerbescheinigungen

Für Steuerbescheinigungen, die nach § 39a KAGG bei Ausschüttungen auf Anteilscheine an einem Wertpapier-Sondervermögen auszustellen sind, gilt § 45 KStG entsprechend. Dies bedeutet u. a., daß in den Steuerbescheinigungen für die Anteilscheininhaber anteilig die zu vergütende Körperschaftsteuer i. S. des § 52 KStG anzugeben ist, die auf Ausschüttungen unbeschränkt steuerpflichtiger Kapitalgesellschaften an das Sondervermögen entfällt.

2. Steuerliche Behandlung von Spitzenbeträgen bei der Herstellung der Ausschüttungsbelastung

Nach § 38a KAGG ist für den Teil der Ausschüttungen auf Anteilscheine an einem Wertpapier-Sondervermögen, der nach § 39a Abs. 1 KAGG bei den Anteilscheininhabern zur Anrechnung oder Vergütung von Körperschaftsteuer berechtigt, die Ausschüttungsbelastung mit Körperschaftsteuer herzustellen. Dieser Teil der Ausschüttungen stimmt nicht mit dem Betrag überein, der sich ergibt, wenn der auf einen Anteilschein entfallende Dividendenanteil (§ 41 Abs. 1 Nr. 3 KAGG) mit der Zahl der ausgegebenen Anteile vervielfältigt wird. Abweichungen entstehen dadurch, daß der auf den einzelnen Anteilschein entfallende Dividendenanteil nach kaufmännischen Grundsätzen auf volle Pfennige gerundet wird. Wegen dieser Abweichungen ist nicht gewährleistet, daß die von dem Wertpapier-Sondervermögen zu entrichtende Körperschaftsteuer ebenso hoch ist wie die Summe der Steuerbeträge, die bei den Anteilscheininhabern auf die Einkommensteuer angerechnet oder an die Anteilscheininhaber vergütet wird.

Um solche Abweichungen zu vermeiden, ist vorgeschlagen worden, als Bemessungsgrundlage für die Körperschaftsteuer des Sondervermögens den Betrag anzusetzen, der sich durch Vervielfältigung des Dividendenanteils je Anteilschein mit der Zahl der ausgegebenen Anteile ergibt. Soweit dieser Betrag geringer ist als die vereinnahmten weiter ausgeschütteten Dividenden zuzüglich des hierauf entfallenden Teils des Ausgabepreises für ausgegebene Anteilscheine (§ 39a Abs. 1 Nr. 2 KAGG), soll der Unterschied erst im folg. Veranlagungszeitraum versteuert werden.

Diesem Vorschlag hat das BMF nicht entsprochen, weil eine gesetzliche Grundlage hierfür nicht besteht. Wie sich aus dem Sinnzusammenhang der §§ 38a und 39a KAGG ergibt, bemißt sich die Körperschaftsteuer für das Sondervermögen nach der Summe der in § 39a Abs. 1 Nr. 1 und 2 KAGG bezeichneten Erträge, soweit sie nicht zur Kostendeckung verwendet werden. Je nachdem, ob bei der Ermittlung des Dividendenanteils je Anteilschein nach oben oder nach unten gerundet wird, kann die im Gesetz festgelegte Bemessungsgrundlage höher oder niedriger sein als der vorgeschlagene Betrag. Eine einseitige steuerliche Benachteiligung der Investmentunternehmen oder der Anteilsinhaber tritt hierdurch nicht ein.

3. Ermittlung der anrechenbaren KöSt bei Ausschüttungen auf Anteilscheine an einem Wertpapier-Sondervermögen

Es ist beantragt worden, die beim Anteilscheininhaber anrechenbare Körperschaftsteuer in der Weise zu ermitteln, daß das Körperschaftsteuerguthaben je Anteil mit der Zahl der vom Anteilscheininhaber gehaltenen Anteile vervielfältigt wird.

Zu dieser schon in anderem Zusammenhang angesprochenen Frage hat das BMF bereits mit Schreiben vom 21.10.1977 IV C 2 – O 2085 – 116/77 Stellung genommen. Es hat darin die

273

Auffassung vertreten, daß die im Sammelantragsverfahren zu vergütende Körperschaftsteuer sich auf 9/16 des Betrages beläuft, der sich ergibt, wenn der Dividendenanteil je Anteilschein mit der Zahl der vom Anleger gehaltenen Anteile vervielfältigt wird. An dieser Auffassung, die sich auf § 36 Abs. 2 Nr. 3 EStG stützt, wird auch nach erneuter Prüfung festgehalten. Bei der Ausstellung von Steuerbescheinigungen über Ausschüttungen auf Anteilscheine an einem Wertpapier-Sondervermögen ist in gleicher Weise zu verfahren.

V. Kapitalertragsteuer – Zinsabschlagsteuer – Stückzinstopf

1. Einzelfragen zur Anwendung des Zinsabschlaggesetzes
(BMF-Schreiben vom 26.10.1992, IV B 4 – S 2000, 252/92)

Aufgrund der Erörterungen mit den obersten Finanzbehörden der Länder nehme ich zu Einzelfragen zur Anwendung des Zinsabschlaggesetzes ab 1. Januar 1993 wie folgt Stellung:

1 Zufluß von Kapitalerträgen

Zinsen fließen als regelmäßig wiederkehrende Einnahmen dem Steuerpflichtigen nach § 11 Abs. 1 Satz 2 EStG in dem Jahr zu, zu dem sie wirtschaftlich gehören. Die wirtschaftliche Zugehörigkeit bestimmt sich nach dem Jahr, in dem sie zahlbar, d. h. fällig sind, unabhängig davon, für welchen Zeitraum die Zinsen gezahlt werden oder wann die Gutschrift tatsächlich vorgenommen wird. Auch bei auf- und abgezinsten Kapitalforderungen ist für den Zufluß nicht der Zeitraum maßgebend, für den die Zinsen gezahlt werden, sondern der Zeitpunkt der Fälligkeit.

Das Jahr der wirtschaftlichen Zugehörigkeit ist bei allen Zinsen, die zu Beginn des Jahres 1993 fällig sind, das Jahr 1993, auch wenn diese Zinsen bereits im Jahr 1992 gutgeschrieben werden. Umgekehrt ist kein Steuerabzug von Zinsen vorzunehmen, die Ende 1992 fällig sind und erst in den ersten Tagen des Jahres 1993 gutgeschrieben werden.

Vor dem 1. Januar 1993 fällige Zinsen aus festverzinslichen Wertpapieren sind auch dann im Jahr 1992 dem Gläubiger zugeflossen, wenn der Zinsschein erst im Jahr 1993 oder später zur Einlösung vorgelegt wird. Nach § 44 Abs. 1 i. V. m. § 52 Abs. 28 EStG ist deshalb in diesen Fällen von den Zinsen der Zinsabschlag einzubehalten.

2 Auszahlende Stelle im Sinne des § 44 Abs. 1 EStG

2.1 Mehrstufige Verwahrung von Wertpapieren

Wertpapiere werden vielfach nicht nur von dem Kreditinstitut verwahrt, bei dem der Steuerpflichtige sein Depot unterhält, sondern auch – z. B. im Falle der Girosammelverwahrung – bei der Wertpapiersammelbank (Deutscher Kassenverein). Auszahlende Stelle im Sinne des § 44 Abs. 1 EStG ist bei mehrstufiger Verwahrung das depotführende Kreditinstitut, das als letzte auszahlende Stelle die Wertpapiere verwahrt und allein die individuellen Verhältnisse des Steuerpflichtigen (z. B. Freistellungsauftrag, NV-Bescheinigung) berücksichtigen kann.

2.2 Einlösung von auf- oder abgezinsten Wertpapieren im Tafelgeschäft

Auf- und abgezinste Wertpapiere kennen keine Zinsscheine; Stammrecht und Zinsansprüche werden in einer Urkunde verkörpert. Der Zinsabschlag beträgt ab Veranlagungszeitraum 1993 bei Fälligkeit (Einlösung) in den Fällen des § 44 Abs. 1 Satz 4 Nr. 1 Buchstabe a Doppelbuchstabe aa EStG (Depotverwahrung) 30 v. H. und in den Fällen des § 44 Abs. 1 Satz 4 Nr. 1 Buchstabe a Doppelbuchstabe bb EStG (Tafelgeschäft) 35 v. H. (§ 43 a Abs. 1 Nr. 4 EStG).

Nur bei Veräußerung oder Abtretung von auf- oder abgezinsten Wertpapieren im Sinne des § 20 Abs. 2 Nr. 4 EStG vor Fälligkeit unterliegen die dabei vereinnahmten »Stückzinsen« erst ab 1. Januar 1994 dem Zinsabschlag (§ 52 Abs. 28 Satz 2 EStG).

2.3 Steuerliche Behandlung von Stückzinsen im Rahmen von Tafelgeschäften

Einnahmen aus der Veräußerung von Zinsscheinen (Stückzinsen) unterliegen unabhängig davon, ob sie mit (§ 20 Abs. 2 Nr. 3 EStG) oder ohne (§ 20 Abs. 2 Buchstabe b EStG)

275

Stammrecht veräußert werden, nur dann erst ab 1. Januar 1994 dem Zinsabschlag (§ 52 Abs. 28 Satz 2 EStG), wenn sie vor Fälligkeit der Zinsscheine veräußert werden.

2.4 Gutschriften zugunsten von ausländischen Personengesellschaften

Gläubiger der Kapitalerträge bei einem auf den Namen einer Personengesellschaft geführten Konto sind die Gesellschafter. Vom Zinsabschlag kann deshalb nur dann abgesehen werden, wenn es sich bei allen Gesellschaftern um Steuerausländer handelt.

Wird dagegen im Inland ein auf den Namen einer Personenhandelsgesellschaft lautendes Konto geführt, die weder Sitz, Geschäftsleitung noch Betriebsstätte im Inland hat, ist der Zinsabschlag wegen der Ausländereigenschaft nicht vorzunehmen.

3 Umfang und Zeitpunkt des Steuerabzugs

3.1 Bundesschatzbriefe Typ B

Bei Bundesschatzbriefen Typ B fließen die Erträge dem Steuerpflichtigen in dem Zeitpunkt zu, in dem entweder die Endfälligkeit erreicht ist oder die Titel an die Bundesschuldenverwaltung zurückgegeben werden. Dem Zinsabschlag unterliegt demnach am Ende der Laufzeit oder bei Rückgabe des Titels der gesamte Kapitalertrag. Dem steht die Übergangsregelung des BMF-Schreibens vom 30. Oktober 1989 – IV B 4 – S 2252 – 310/89 – (BStBl I S. 428) nicht entgegen, nach der dem Steuerpflichtigen für vor dem 1. Januar 1989 erworbene Bundesschatzbriefe das Wahlrecht eingeräumt worden ist, bei der Veranlagung zur Einkommensteuer entsprechend der früheren Verwaltungsregelung weiter die jährliche Besteuerung zu wählen.

Bei Bundesschatzbriefen Typ B, bei denen der Zinslauf am 1. Januar beginnt, ist der Zinsabschlag ebenfalls bei Fälligkeit, d. h. am 1. Januar, abzuziehen. Auf Antrag kann der Steuerpflichtige jedoch im Rahmen der Veranlagung zur Einkommensteuer bei Erträgen aus vor dem 1. Januar 1993 erworbenen Bundesschatzbriefen Typ B mit Zinsablauf ab 1. Januar die Besteuerung entsprechend der Verwaltungsregelung vom 9. Februar 1981 – IV B 4 – S 2252 – 6/81 – wählen. Danach kann in Verbindung mit der Verwaltungsregelung in Tz. 2.4 des BMF-Schreibens vom 20. Dezember 1988 (BStBl I S. 540) der Zufluß des gesamten Kapitalertrags bereits am 31. Dezember des siebten Kalenderjahres angenommen werden. In diesem Fall wird der im achten Kalenderjahr erhobene Zinsabschlag auf die Einkommensteuer des siebten Kalenderjahres angerechnet.

3.2 Höhe des steuerpflichtigen Ertrags bei Finanzierungsschätzen und unverzinslichen Schatzanweisungen

Dem Zinsabschlag ist der Brutto-Kapitalertrag zugrunde zu legen; er ist in der Steuerbescheinigung auszuweisen. Dies ist z. B. nicht möglich bei Finanzierungsschätzen und unverzinslichen Schatzanweisungen des Bundes, die bei einer Emission während einer gewissen Zeitdauer mit unterschiedlichen Ausgabepreisen begeben werden und deshalb beim Anleger entsprechend dem Kaufdatum zu einem unterschiedlichen Ertrag führen. In diesen Fällen muß deshalb für jede Emission eine einheitliche Bemessungsgrundlage für die Erhebung der Kapitalertragsteuer bestimmt werden. Aus Vereinfachungsgründen ist es nicht zu beanstanden, wenn für die Erhebung des Zinsabschlags und die Ausstellung der Steuerbescheinigungen bei Erträgen aus Finanzierungsschätzen der höchste Ausgabekurs (= der niedrigste Ausgabeabschlag) je Begebungsmonat und bei unverzinslichen Schatzanweisungen der höchste Ausgabekurs (= der niedrigste Ausgabeabschlag) je Emission zugrunde gelegt wird.

3.3 Vorschußzinsen nach § 22 Abs. 3 KWG

Nach § 22 Abs. 1 Satz 2 KWG können von Spareinlagen mit gesetzlicher Kündigungsfrist ohne Kündigung bis zu 2000 DM für jedes Sparkonto innerhalb von 30 Zinstagen zurückgefordert werden. Werden darüber hinaus Spareinlagen ausnahmsweise vorzeitig zurückgezahlt, so ist nach § 22 Abs. 3 Satz 1 KWG der zurückgezahlte Betrag als Vorschuß zu verzinsen. In derartigen Fällen kann der Zinsabschlag von dem saldierten Zinsbetrag (Habenzinsen abzüglich Vorschußzinsen) erhoben werden, weil es sich bei der vorzeitigen Rückzahlung einer Spareinlage nicht um ein Darlehen des Kreditinstituts an den Sparer handelt. Das ergibt sich daraus, daß die Mindesthöhe der Vorschußzinsen in § 22 Abs. 3 Satz 2 KWG vorgeschrieben ist, daß die Vorschußzinsen nach einer seit 1972 vom Bundesaufsichtsamt für das Kreditwesen gebilligten Handhabung weder den Betrag der Habenzinsen übersteigen dürfen noch für einen längeren Zeitraum als 2 1/2 Jahre berechnet werden und daß die Spareinlage in jedem Fall unangetastet bleibt, weil von ihr keine Zinsbeträge abgezogen werden.

3.4 Zinsabschlag bei Zinsen aus Kontokorrentkonten

Bei Zinsen aus Kontokorrentkonten ist der Zinsabschlag nicht auf der Grundlage des Saldos am Ende des jeweiligen Abrechnungszeitraums, sondern von den einzelnen Habenzinsbeträgen vor der Saldierung zu erheben.

3.5 Umrechnung von Währungsbeträgen

Bei in Fremdwährung bezogenen Kapitalerträgen aus Fremdwährungsanleihen und Fremdwährungskonten ist sowohl für die Gutschrift als auch für den Zinsabschlag der Devisengeldkurs der jeweiligen Fremdwährung zugrunde zu legen, der am Tag des Zuflusses der Kapitalerträge gilt. Fließen derartige Kapitalerträge in Deutscher Mark zu, ist dieser Betrag Grundlage des Zinsabschlags.

4 Freistellungsauftrag/NV-Bescheinigung

4.1 Freistellungsvolumen

Für die Frage, in welchem Umfang vom Steuerabzug nach § 44 a Abs. 1 EStG Abstand genommen werden darf, sind auch Kapitalerträge im Sinne des § 43 Abs. 1 Nr. 2 EStG und solche, für die eine Vergütung von Körperschaftsteuer nach §§ 36 b oder 36 c EStG in Betracht kommt, in das Freistellungsvolumen einzubeziehen.

4.2 NV-Bescheinigung und Freistellungsauftrag

Von der Finanzverwaltung bereits nach geltendem Recht ausgestellte NV-Bescheinigungen sind von den Kreditinstituten auch im Hinblick auf den ab 1993 zu erhebenden Zinsabschlag zu berücksichtigen, solange ihre Geltungsdauer nicht abgelaufen ist oder sie nicht widerrufen worden sind.

Nach § 36 b Abs. 2 EStG ist die NV-Bescheinigung unter dem Vorbehalt des Widerrufs mit einer Geltungsdauer von höchstens drei Jahren auszustellen; sie muß am Schluß eines Kalenderjahres enden.

Der Widerruf einer NV-Bescheinigung dürfte in der Regel mit Wirkung ab Beginn des folgenden Kalenderjahres ausgesprochen werden. Sollte die Geltungsdauer in Widerrufsfällen ausnahmsweise während des Jahres enden und der Steuerpflichtige im Anschluß daran einen Freistellungsauftrag erteilen, muß im Hinblick auf das noch zur Verfügung stehende Freistellungsvolumen (Sparer-Freibetrag) berücksichtigt werden, in welcher Höhe zuvor während des Kalenderjahres der Zinsabschlag unterblieben ist und etwaige Anträge auf Erstattung von Kapitalertragsteuer und Vergütung von Körperschaftsteuer gestellt worden sind oder noch gestellt werden.

Wird dagegen neben einem Freistellungsauftrag oder nach dessen Widerruf eine NV-Bescheinigung vorgelegt, ist es unerheblich, in welchem Umfang zuvor eine Abstandnahme vom Zinsabschlag vorgenommen wurde und Anträge auf Erstattung/Vergütung gestellt worden sind.

4.3 Errichtung von Konten auf den Namen eines nicht verfügungsberechtigten Gläubigers

Nach § 44 a Abs. 6 EStG ist u. a. Voraussetzung für die Abstandnahme vom Steuerabzug, daß Einlagen und Guthaben beim Zufluß von Einnahmen unter dem Namen des Gläubigers der Kapitalerträge bei der auszahlenden Stelle verwaltet werden. Die Abstandnahme setzt also Identität von Gläubiger und Kontoinhaber voraus. Auf die Verfügungsberechtigung kommt es nicht an; denn Gläubiger von Kapitalerträgen kann auch sein, wer nicht verfügungsberechtigt ist.

4.4 Freistellungsaufträge für mehrere rechtlich selbständige Kreditinstitute

Bei Kreditinstituten ist es teilweise üblich, Geldkonten von Kunden bei den Ortsbanken zu führen, Depotkonten derselben Kunden aber aus Gründen der Rationalisierung bei anderen rechtlich selbständigen Einrichtungen (Zentralinstitute). In diesen Fällen muß jeder der beiden auszahlenden Stellen ein Freistellungsauftrag erteilt werden, um die Abstandnahme vom Steuerabzug zu erreichen.

4.5 Freistellungsauftrag bei Ehegatten

Ehegatten, die unbeschränkt einkommensteuerpflichtig sind und nicht dauernd getrennt leben, können nur gemeinsam Freistellungsaufträge erteilen. Der gemeinsame Freistellungsauftrag kann sowohl für Gemeinschaftskonten als auch für auf den Namen nur eines der Ehegatten geführte Konten oder Depots erteilt werden.

Die Kreditinstitute können bei Entgegennahme eines gemeinsamen Freistellungsauftrags von Ehegatten auf die Richtigkeit der gemachten Angaben grundsätzlich vertrauen, sofern ihnen nichts Gegenteiliges bekannt ist; bei grob fahrlässiger Unkenntnis ergeben sich Haftungsfolgen. Die Kreditinstitute müssen jedoch darauf achten, daß der Freistellungsauftrag korrekt ausgefüllt, insbesondere die Unterschrift des Ehegatten geleistet wird.

5 Freistellungsaufträge von Vereinen usw.

Unbeschränkt körperschaftsteuerpflichtigen Körperschaften, Personenvereinigungen und Vermögensmassen steht bei Einkünften aus Kapitalvermögen der Werbungskosten-Pauschbetrag von 100 DM (§ 9 a Nr. 2 EStG) und der Sparer-Freibetrag von 6000 DM (§ 20 Abs. 4 EStG) zu. Sie können deshalb auf demselben Vordruck wie natürliche Personen einen Freistellungsauftrag erteilen, wenn das Konto auf ihren Namen lautet. Dies gilt u. a. auch für nichtrechtsfähige Vereine (§ 1 Abs. 1 Nr. 5 KStG), nicht aber für Gesellschaften des bürgerlichen Rechts.

Ein nichtrechtsfähiger Verein liegt vor, wenn die Personengruppe

– einen gemeinsamen Zweck verfolgt,

– einen Gesamtnamen führt,

– unabhängig davon bestehen soll, ob neue Mitglieder aufgenommen werden oder bisherige Mitglieder ausscheiden,

– einen für die Gesamtheit der Mitglieder handelnden Vorstand hat.

Das Kreditinstitut hat sich anhand einer Satzung der Personengruppe zu vergewissern, ob die genannten Wesensmerkmale gegeben sind.

6 Zinsen aus Mietkautionen

Mit der Vereinbarung im Mietvertrag, dem Vermieter für dessen etwaige nachvertragliche Ansprüche eine Geldsumme als Sicherheit zu leisten, trifft der Mieter eine Vorausverfügung über die Zinsen, die ihm nach § 550 b Abs. 2 Satz 2 BGB zustehen und die Sicherheit erhöhen. Die Zinsen fließen dem Mieter deshalb zu dem Zeitpunkt zu, zu dem sie vom Kreditinstitut auf dem vom Vermieter für die Sicherheit eingerichteten Konto fällig werden, und sind vom Mieter zu versteuern.

278

Für das Verfahren zur Bescheinigung des von den Zinsen einbehaltenen Zinsabschlags gilt folgendes:

1. Hat der Vermieter ein für das Kreditinstitut als Treuhandkonto erkennbares Sparkonto eröffnet, wie es seinen Verpflichtungen nach § 550 b Abs. 2 BGB entspricht, und weiß das Kreditinstitut, wer der Treugeber ist, hat es die Steuerbescheinigung auf den Namen des Treugebers auszustellen. Der Vermieter hat dem Mieter die Steuerbescheinigung zur Verfügung zu stellen (§ 34 Abs. 1 und 3 AO), damit er die Zinsen versteuern und den einbehaltenen Zinsabschlag auf seine Einkommensteuer anrechnen lassen kann.

2. Hat das Kreditinstitut von dem Treuhandverhältnis Kenntnis, ohne zu wissen, ob der Kontoinhaber Anspruch auf die Zinsen hat, ist die Steuerbescheinigung auf den Namen des Kontoinhabers auszustellen und mit dem Vermerk »Treuhandkonto« zu versehen. Auch in diesem Fall hat der Vermieter dem Mieter die Steuerbescheinigung zur Verfügung zu stellen.

3. Werden die Mietkautionen mehrerer Mieter auf demselben Konto angelegt, ohne daß dem Kreditinstitut die Treugeber (= Mieter) bekannt sind, ist die Steuerbescheinigung auf den Namen des Kontoinhabers (= Treuhänders) auszustellen und mit dem Vermerk »Treuhandkonto« zu versehen. Der Vermieter als Vermögensverwalter im Sinne des § 34 AO ist verpflichtet, gegenüber seinem Finanzamt eine Erklärung zur einheitlichen und gesonderten Feststellung der Einkünfte aus Kapitalvermögen der Mieter (§ 180 AO) abzugeben.

7 Zinsen aus der Anlage von Instandhaltungsrücklagen von Wohnungseigentümergemeinschaften

Die Beteiligten einer Wohnungseigentümergemeinschaft erzielen mit den Zinsen aus der Anlage der Instandhaltungsrücklage gemeinschaftliche Einnahmen aus Kapitalvermögen. Diese sind grundsätzlich nach § 180 Abs. 1 Nr. 2 Buchst. a AO einheitlich und gesondert festzustellen.

Der Verwalter ist aufgrund der Verpflichtungen, die ihm das Wohnungseigentumsgesetz auferlegt, als Vermögensverwalter i. S. des § 34 AO anzusehen. Die obersten Finanzbehörden halten es deshalb im allgemeinen für vertretbar, gem. § 180 Abs. 3 Satz 1 Nr. 2 AO von einer gesonderten Feststellung der von der Wohnungseigentümergesellschaft erzielten Zinsen aus der Anlage der Instandhaltungsrücklage abzusehen, es reicht vielmehr aus, daß der Verwalter die anteiligen Einnahmen aus Kapitalvermögen nach dem Verhältnis der Miteigentumsanteile aufteilt und dem einzelnen Wohnungseigentümer mitteilt.

Soweit Kapitalerträge erzielt wurden, von denen der Zinsabschlag einbehalten und abgeführt wurde, gilt folgendes:

Die Anrechnung des Zinsabschlags bei dem einzelnen Beteiligten ist nur möglich, wenn neben der Mitteilung des Verwalters über die Aufteilung der Einnahmen und des Zinsabschlags eine Ablichtung der Steuerbescheinigung des Kreditinstituts vorgelegt wird.

Bedeutet dieses Verfahren allerdings für die Wohnungseigentümer und den Verwalter keine beachtliche Erleichterung, so muß im Einzelfall in Erwägung gezogen werden, die Kapitalerträge nach § 180 Abs. 1 Nr. 2 a AO einheitlich und gesondert festzustellen. Dabei wird das für die gesonderte Feststellung zuständige Finanzamt auch den entrichteten und anzurechnenden Zinsabschlag ermitteln und den Wohnsitz-Finanzämtern die auf den einzelnen Wohnungseigentümer entfallenden Steuerbeträge mitteilen. In diesem Fall sind die Original-Steuerbescheinigungen dem Feststellungs-Finanzamt einzureichen; Ablichtungen der Steuerbescheinigungen für die Wohnungseigentümer sind nicht erforderlich.

8 **Zinsabschlag bei Erträgen aus Notaranderkonten**

Zu der Frage, ob die Bescheinigung über den Zinsabschlag bei Notaranderkonten auf den Namen des formell berechtigten Notars oder auf den Namen des materiell berechtigten Beteiligten ausgestellt werden soll und wie bei mehreren Berechtigten zu verfahren ist, gilt folgendes:

1. Für ab 1. Januar 1993 dem Zinsabschlag unterliegende Kapitalerträge aus Notaranderkonten ist die Steuerbescheinigung vom Kreditinstitut auf den Namen des Kontoinhabers auszustellen und durch den Hinweis »Anderkonto« zu kennzeichnen.

2. Der Notar leitet das Original dieser Steuerbescheinigung an den Berechtigten weiter. In den Fällen, in denen auf der Steuerbescheinigung des Kreditinstituts der Hinweis »Anderkonto« fehlt, erteilt der Notar dem Berechtigten zusätzlich eine Bestätigung dafür, daß er für ihn treuhänderisch tätig war. Der Berechtigte hat die Steuerbescheinigung und die Bestätigung dem für ihn zuständigen Finanzamt vorzulegen.

3. Wenn die auf dem Notaranderkonto erzielten zinsabschlagpflichtigen Zinsen zeitanteilig auf Verkäufer und Käufer entfallen, stellt der Notar eine der Anzahl der Beteiligten entsprechende Anzahl beglaubigter Abschriften der Originalbescheinigung her und vermerkt auf der an den jeweiligen Beteiligten auszuhändigenden Abschrift, in welcher Höhe er diesem Zinsen gutgeschrieben hat. Die Berechtigten haben diese beglaubigte Abschrift dem für sie zuständigen Finanzamt vorzulegen.

4. Wenn die auf einem Notaranderkonto erzielten zinsabschlagpflichtigen Zinsen an mehrere Beteiligte auszukehren sind, die nicht zusammen veranlagt werden, gilt folgendes:

a) Sind dem Notar die Anteilsverhältnisse bekannt, teilt er die Kapitalerträge und den Zinsabschlag auf die Berechtigten auf; die Ausführungen unter Nr. 3 gelten entsprechend.

b) Sind dem Notar die Anteilsverhältnisse nicht bekannt, sind die Kapitalerträge und der hierauf entfallende Zinsabschlag einheitlich und gesondert nach § 180 Abs. 1 Nr. 2 Buchstabe a AO festzustellen.

9 **Erstattung des Zinsabschlags in besonderen Fällen**

Ist der Zinsabschlag bei Kapitalerträgen, die steuerbefreiten inländischen Körperschaften, Personenvereinigungen und Vermögensmassen oder inländischen juristischen Personen des öffentlichen Rechts zufließen, deswegen einbehalten worden, weil dem Schuldner der Kapitalerträge die Bescheinigung nach § 44 a Abs. 4 Satz 3 EStG nicht vorlag und der Schuldner von der Möglichkeit der Änderung der Steueranmeldung nach § 44 b Abs. 4 EStG keinen Gebrauch macht, gilt folgendes:

Bei den genannten Einrichtungen ist die Körperschaftsteuer grundsätzlich durch den Steuerabzug vom Kapitalertrag abgegolten (§ 50 Abs. 1 KStG). Eine Veranlagung findet nicht statt. Zur Vermeidung von sachlichen Härten wird der Zinsabschlag auf Antrag der betroffenen Organisation von dem für sie zuständigen Betriebsstättenfinanzamt erstattet.

10 **Ausgestaltung der Steuerbescheinigung bei der Gutschrift von Ausschüttungen auf inländische Investment-Anteilscheine**

Bei Steuerbescheinigungen für Gutschriften von Investmenterträgen ist der Zinsabschlag nach demselben Rechenschema zu ermitteln und auszuweisen, das bereits für die nach bisher geltendem Recht anrechenbare Kapitalertragsteuer anzuwenden ist. Danach wird der veröffentlichte zinsabschlagpflichtige Teil der Ausschüttung je Anteilschein mit der Zahl der Anteilscheine vervielfacht, davon wird ein Betrag von 30 v. H. berechnet und dieser kaufmännisch gerundet.

2. Einzelfragen zur Anwendung des Zinsabschlaggesetzes
(Vfg. OFD Koblenz vom 26.11.1991, S. 2400 A – St. 34 3)

Der BMF hat in einem Schreiben vom 26.10.1992 (DStR 1992, 1687) zu Einzelfragen zur Anwendung des Zinsabschlaggesetzes Stellung genommen; dieses Schreiben entspricht dem mit meiner Bezugsverfügung bekanntgegebenen FM-Erlaß v. 26.10.1992 (S 2000/S 2400 A – 442/443).

In einem Schreiben v. 27.10.1992 (IV B 4 – S 2000 – 216/92) an die Deutsche Bundesbank hat der BMF ergänzend hierzu folgendes bemerkt:

1. Kapitalerträge aus Dispositionsdepots

Ihrem Vorschlag, bei echten Pensionsgeschäften im Interesse der technischen Abwicklung des Zinsabschlags den Pensionsgeber als Gläubiger der Kapitalerträge anzusehen, steht der Beschluß des Großen Senats des BFH v. 29.11.1982 (BStBl. II 1983, 272) entgegen. Danach stehen bei echten entgeltlichen Pensionsgeschäften dem Pensionsnehmer die Wertpapiererträge (Zinsen) originär zu. Dabei kommt es nicht darauf an, wem die Wertpapiere wirtschaftlich zuzurechnen sind und wer sie in der Bilanz zu aktivieren hat. Auch die Regelung, daß Zinszahlungen weiterzuleiten sind, ändert an dieser Beurteilung nichts, da es sich hierbei insoweit um eine Einkommensverwendung handelt.

2. Kapitalerträge aus Interventionserträgen und aus Eigenbeständen

Soweit die Deutsche Bundesbank Bestände an festverzinslichen Wertpapieren öffentlicher Schuldner verwahrt und verwaltet, sind darauf entfallende Kapitalerträge nicht dem Zinsabschlag zu unterwerfen (§ 43 Abs. 2 EStG).

Bei Kapitalerträgen i. S. d. § 43 Abs. 1 Nr. 7 EStG, die der Deutschen Bundesbank zufließen, ist der Zinsabschlag nicht vorzunehmen, wenn dem Schuldner oder der die Kapitalerträge auszahlenden Stelle eine Bescheinigung nach § 44a Abs. 4 EStG vorliegt.

3. Steuerpflichtige Erträge bei Finanzierungsschätzen und unverzinslichen Schatzanweisungen

Für die Erhebung des Zinsabschlags gilt die Regelung zu Tz. 2.3.1 des BMF-Schreibens v. 20.12.1988 (BStBl. I, 540). Danach ist bei Erträgen aus Finanzierungsschätzen der höchste Ausgabekurs (= der niedrigste Ausgabeabschlag) je Begebungsmonat und bei unverzinslichen Schatzanweisungen der höchste Ausgabekurs (= der niedrigste Ausgabeabschlag) je Emission zugrunde zu legen.

4. Stückzinsen bei Emissionen

Bei Minusstückzinsen (Defektivzinsen) handelt es sich um Zinsen aus einer Kapitalforderung i. S. d. § 43 Abs. 1 Nr. 7 Buchst. a EStG, die dem Zinsabschlag ab 1993 unterliegen.

Plusstückzinsen können nach geltendem Recht bei Fälligkeit von Kapitalerträgen i. S. d. § 20 Abs. 1 Nr. 1 i. V. m. § 43 Abs. 1 Nr. 7 und § 43 a Abs. 2 EStG nicht berücksichtigt werden, vgl. aber Tz. 5.

5. Nettoprinzip

Kapitalerträge aus der Veräußerung von Zinsscheinen vor Fälligkeit unterliegen unter Berücksichtigung gezahlter Stückzinsen ab 1994 dem Zinsabschlag (§ 20 Abs. 2 Nr. 2 Buchst. b und § 20 Abs. 2 Nr. 3 EStG i. V. m. § 43 Abs. 1 Satz 2 EStG).

Kapitalerträge i. S. d. § 20 Abs. 1 Nr. 7 EStG unterliegen bei Fälligkeit dem Zinsabschlag nach § 43 Abs. 1 Nr. 7 EStG. Dem Steuerabzug unterliegen die vollen Kapitalerträge ohne jeden Abzug (§ 43 a Abs. 2 EStG). Gezahlte Stückzinsen sind deshalb in diesen Fällen nicht zu berücksichtigen. Es wird jedoch geprüft, ob das geltende Recht insoweit mit Wirkung ab 1994 geändert werden sollte.

6. Zinszahlungen im Rahmen von Devisenpensionsgeschäften

Kapitalerträge i. S. d. § 43 Abs. 1 Nr. 7 Buchst. b EStG, die die Deutsche Bundesbank an inländische Kreditinstitute zahlt, unterliegen nicht dem Zinsabschlag. Die Deutsche Bundesbank ist insoweit kein Kreditinstitut (§ 43 Abs. 1 Nr. 7 Buchst. b EStG) und damit auch keine auszahlende Stelle (§ 44 Abs. 1 Nr. 2 EStG).

7. Zinszahlungen bei vorzeitiger Rücknahme von Geldmarktpapieren

Als Schuldner von Kapitalerträgen i. S. d. § 43 Abs. 1 Nr. 7 Buchst. a EStG ist die Deutsche Bundesbank grundsätzlich zum Steuerabzug vom Kapitalertrag (Zinsabschlag) verpflichtet (§ 44 Abs. 1 Nr. 1 Buchst. b EStG).

In einem weiteren Schreiben v. 27.10.1992 (IV V 4 – S 2000 – 207/92) an den Bundesverband deutscher Banken e. V. hat der BMF folgendes aufgeführt:

1. Erstattung von Kapitalertragsteuer und Vergütung von Körperschaftsteuer durch das Bundesamt für Finanzen

Bei der Erstattung von Kapitalertragsteuer und der Vergütung von Körperschaftsteuer bei Dividenden ist es bisher schon möglich, den Wohnsitzfinanzämtern die Höhe der Kapitalerträge mitzuteilen. Die Zulässigkeit der Übermittlung ergibt sich aus § 30 Abs. 4 Nr. 1 AO. Sie dient der Durchführung eines Verwaltungsverfahrens oder eines gerichtlichen Verfahrens in Steuersachen.

Die Bundesregierung hat immer wieder deutlich gemacht, daß bisher mögliche Überprüfungsmöglichkeiten der Einkünfte aus Kapitalvermögen durch das Zinsabschlaggesetz nicht entfallen. Zur Überprüfung und Erstattung der Kapitalertragsteuer und Vergütung der Körperschaftsteuer sind daher weiterhin die dem Bundesamt für Finanzen bekanntwerdenden Kapitalerträge ab einer bestimmten Höhe den Wohnsitzfinanzämtern zu übermitteln. Würde hinsichtlich des Umstandes, ob die Erstattung bzw. Vergütung auf der Grundlage einer NV-Bescheinigung oder eines Freistellungsauftrages erfolgt, differenziert werden müssen, hieße das, daß bei Dividenden die vor Inkrafttreten des Zinsabschlaggesetzes vorhandene Überprüfungsmöglichkeit durch die Finanzverwaltung aufgrund des Zinsabschlaggesetzes weitgehend entfiele. Es würde also bei Dividenden in vielen Fällen eine Kontrollmöglichkeit entfallen, die bisher bestand. Dies war nicht beabsichtigt. Auch nach Inkrafttreten des Zinsabschlaggesetzes darf daher das Bundesamt für Finanzen die ihm aufgrund von Erstattungs- oder Vergütungsanträgen bekanntgewordenen Kapitalerträge grundsätzlich den zuständigen Wohnsitzfinanzämtern übermitteln.

2. Geltungsdauer des Freistellungsauftrags

Kapitalerträge sind einem Steuerpflichtigen steuerlich grundsätzlich nur bis zu seinem Tode zuzurechnen. Nach seinem Tode sind Gläubiger der Kapitalerträge seine Erben. Sofern der Kontoinhaber einen Freistellungsauftrag erteilt hatte, hat das Kreditinstitut diesen nur bis zum Todestag des Kontoinhabers zu berücksichtigen. Erfährt das Kreditinstitut erst später vom Tod des Kontoinhabers, hat es ggf. den Zinsabschlag nachzuholen, soweit im Zeitpunkt der Kenntniserlangung noch ein Guthaben vorhanden ist. Grob fahrlässige Unkenntnis führt zur Haftung.

In den Fällen, in denen ein Kreditinstitut Kenntnis davon erlangt, daß für Kunden, die als Ehegatten einen gemeinsamen Freistellungsauftrag erteilt haben, die Voraussetzungen für eine Zusammenveranlagung nicht mehr vorliegen, hat es den Freistellungsauftrag nicht mehr zu berücksichtigen, sondern den Steuerabzug vorzunehmen. Es hat den Freistellungsauftrag nach § 671 BGB zu kündigen. Dies kann konkludent durch Nichtberücksichtigung des Freistellungsauftrages geschehen. Für die Nachholung des Zinsabschlags gilt das für den Todesfall Gesagte entsprechend.

3. Echtheitskontrolle bei NV-Bescheinigungen

Aus verfahrensrechtlicher Sicht bestehen keine Bedenken dagegen, daß bei NV-Bescheinigungen, die mittels automatischer Einrichtungen erlassen werden, Unterschrift und Namenswiedergabe des Behördenleiters, seines Vertreters oder seines Beauftragen fehlen (§ 119 Abs. 4 Satz 1 AO). Die Verwendung bzw. der Abdruck eines Dienstsiegels ist für die Wirksamkeit des Verwaltungsaktes unerheblich. Auch ohne ein solches Dienstsiegel ist die erlassende Behörde erkennbar. Dies ist nach § 119 Abs. 4 AO ausreichend (Tipke/Kruse, AO/FGO, § 119 AO Tz. 9). Ob aber auch formularmäßige Bescheide und EDV-Bescheide mit faksimilierten Dienststempeln versehen werden sollten, werden die für die Organisation zuständigen Referatsleiter entscheiden.

Im Bereich des Landes Nordrhein-Westfalen werden bereits NV-Bescheinigungen mit Wasserzeichen erteilt.

...

5. Ausstellung von Steuerbescheinigungen

In den Fällen, in denen durch eine Zinsgutschrift der im Freistellungsauftrag ausgewiesene Betrag überschritten wird, ist in der auf Verlangen des Steuerpflichtigen zu erteilenden Steuerbescheinigung u. a. der gesamte Bruttoertrag der Zinsgutschrift zu bescheinigen, also nicht nur der Kapitalertrag, der dem Zinsabschlag unterworfen worden ist.

(Zum Zinsabschlaggesetz s. auch BMF v. 18.12.1992, DStR 1992, 131 und v. 27.11.1992, DStR 1993, 18 sowie Vfg. OFD Erfurt v. 3.11.1992, DStR 1993, 16)

3. Erhebung des Zinsabschlags auf Zinsgewinne (BMF-Schreiben vom 17.12.1993, IV B 4 – S. 1980 – 56/93)

Unter Bezugnahme auf das Ergebnis der Erörterungen mit den obersten Finanzbehörden der Länder nehme ich zur Erhebung des Zinsabschlags auf Zwischengewinne ab 1. Januar 1994 wie folgt Stellung:

Im Vorgriff auf eine gesetzliche Regelung wird die Verpflichtung zur Veröffentlichung der Zwischengewinne nach § 41 Abs. 4 KAGG und § 17 Abs. 3 Nr. 3 AuslInvestmG bis längstens zum 31. März 1994 ausgesetzt.

Bis zur Veröffentlichung der Zwischengewinne bemessen sich die Einkommensteuer und der Steuerabzug vom Kapitalertrag nach 20 vom Hundert des Rücknahmepreises. Weist der Steuerpflichtige bei der Veranlagung zur Einkommensteuer den Zwischengewinn nach, ist dieser der Besteuerung zugrunde zu legen.

4. § 43 a Abs. 2 EStG (StMBG); hier: Übergangsregelung für die Bemessung des Zinsabschlags bei Kapitalerträgen aus bestimmten Anlagen (BMF-Schreiben vom 17.12.1993, IV B 4 – S 2252 – 797/93)

Unter Bezugnahme auf das Ergebnis der Erörterungen mit den obersten Finanzbehörden der Länder nehme ich zur Bemessungsgrundlage für den Zinsabschlag ab 1. Januar 1994 wie folgt Stellung:

Abweichend von § 43 a Abs. 2 Satz 3 EStG bemißt sich im Vorgriff auf eine gesetzliche Regelung der Steuerabzug bei der Veräußerung oder Einlösung von Wertpapieren und Kapitalforderungen,

a) die vor dem 1. Januar 1994 von der die Kapitalerträge auszahlenden Stelle für den Gläubiger erworben oder an ihn veräußert und seitdem verwahrt oder verwaltet worden sind, nach dem Unterschied zwischen dem Entgelt für den Erwerb und den Einnahmen aus der Veräußerung oder Einlösung der Wertpapiere und Kapitalforderungen, wenn die Laufzeit der Wertpapiere oder Kapitalforderungen nicht länger als ein Jahr ist oder ein Fall des § 43 Abs. 1 Nr. 7 Buchstabe b EStG vorliegt;

oder

b) die vor dem 1. Januar 1994 emittiert worden sind, nach den bis zum 31. Dezember 1993 geltenden Vorschriften, wenn es sich um Wertpapiere oder Kapitalforderungen handelt, die von der Bundesschuldenverwaltung oder einer Landesschuldenverwaltung verwahrt oder verwaltet werden können; dies gilt nicht für besonders in Rechnung gestellte Stückzinsen.

5. Berücksichtigung von gezahlten Stückzinsen bei Personenverschiedenheit von Käufer und Depotinhaber
(BMF-Schreiben vom 15.03.1994, IV B 4 – S 2252 – 173/94)

Zu der Frage, ob und wie gezahlte Stückzinsen zu berücksichtigen sind, wenn Wertpapiere entgeltlich erworben und anschließend auf einen Dritten übertragen werden, nehme ich im Einvernehmen mit den obersten Finanzbehörden der Länder wie folgt Stellung:

Nach § 43 a Abs. 2 EStG in der Fassung des Mißbrauchsbekämpfungs- und Steuerbereinigungsgesetzes vom 21. Dezember 1993 (BGBl. I S. 2310) kann die auszahlende Stelle Stückzinsen, die ihr der Gläubiger gezahlt hat, von bestimmten, dem Zinsabschlag unterliegenden Kapitalerträgen abziehen.

Stückzinsen sind beim Kauf von Wertpapieren stets vom Käufer zu zahlen. Sie sind bei ihm allerdings steuerlich nur als negative Einnahmen zu berücksichtigen, soweit er die Absicht hat, aus den Wertpapieren Einkünfte zu erzielen; dies gilt unabhängig davon, ob der Käufer die Wertpapiere kurze Zeit vor dem Zinstermin erwirbt oder früher.

Bei dem Dritten, auf den die vom Käufer erworbenen Wertpapiere übertragen und für den sie verwahrt und verwaltet werden, sind insoweit keine Stückzinsen zu berücksichtigen.

6. Berücksichtigung von gezahlten Stückzinsen bei Ehegatten
(BMF-Schreiben vom 24.01.1994, IV B 4 – S 2400 – 8/94)

Zu der Frage, ob die auszahlenden Stellen bei Ehegatten, die einen gemeinsamen Freistellungsauftrag erteilt haben, die von einem Ehegatten gezahlten Stückzinsen bei Kapitalerträgen des anderen Ehegatten berücksichtigen dürfen, vertreten die obersten Finanzbehörden der Länder die Auffassung, daß gezahlte Stückzinsen des einen Ehegatten bei Kapitalerträgen des anderen Ehegatten nur bei auf den Namen beider Ehegatten lautenden Konten (Gemeinschaftskonten) berücksichtigt werden können, ein gemeinsamer »Stückzinstopf« also nicht zugelassen wird, soweit Ehegatten jeweils auf ihren Namen lautende Einzelkonten führen.

7. Zinsabschlag: Ausnahmen bei natürlichen Personen
(OFD Kiel vom 21.04.1999, S 2404 A – St 141)

1. NV-Bescheinigung und Freistellungsauftrag

Eine Abstandnahme vom Zinsabschlag ist bei natürlichen, unbeschränkt steuerpflichtigen Personen ausschließlich in den Fällen des § 44 a Abs. 1 EStG möglich. Erteilt der Gläubiger von Kapitalerträgen dem zum Steuerabzug Verpflichteten einen Freistellungsauftrag, so wird von Kapitalanträgen bis zu 6.100/12.200 DM (Alleinstehende/Verheiratete) ein Steuerabzug nicht vorgenommen (§ 44 a Abs. 1 Nr. 1 EStG). Legt der Gläubiger eine Nichtveranlagungs-Bescheinigung (NV-Bescheinigung) vor, so sind auch darüber hinausgehende Kapitalerträge vom Zinsabschlag befreit (§ 44 a Abs. 1 Nr. 2 EStG).

Da die gesetzlichen Regelungen zum Freistellungsauftrag nach § 44 a Abs. 1 Nr. 1 und Abs. 2 Nr. 1 EStG und zur NV-Bescheinigung nach § 44 a Abs. 1 Nr. 2 und Abs. 2 Nr. 2 EStG gleichrangig nebeneinander stehen, ist einem Stpfl. auf Antrag bei Vorliegen der Voraussetzungen auch dann eine NV-Bescheinigung zu erteilen, wenn dieser die Möglichkeit hat, mit einem Freistellungsauftrag eine Freistellung der Kapitalerträge zu erreichen. Das NV-Bescheinigungsverfahren hat insbesondere, in den Fällen Bedeutung, in denen die Einnahmen aus Kapitalvermögen zwar das Freistellungsvolumen i.S.d. § 44 a Abs. 1 Nr. 1 EStG i.H.v. 6.100 DM/12.200 DM überschreiten, die Kapitaleinkünfte oder andere Gründe jedoch nicht zu einer Veranlagung führen.

Weitere Möglichkeiten für eine Abstandnahme vom Zinsabschlag bestehen nicht. Insbesondere läßt es die Vorschrift des § 44 a EStG nicht zu, aufgrund eines unter dem 30%igen Zinsabschlag liegenden individuellen Steuersatzes oder einer hohen Fremdfinanzierungsbelastung des Steuerpflichtigen auf den Einbehalt des Zinsabschlags zu verzichten. Eine Berücksichtigung solcher persönlicher, individueller Verhältnisse des Steuerpflichtigen kann, bedingt durch die besondere Erhebungsform des Zinsabschlags, im Rahmen eines Steuerabzugsverfahrens erst im Veranlagungsverfahren erfolgen. Eine (analoge) Anwendung des § 44 a Abs. 5 EStG auf nichtbetriebliche Kapitalerträge kommt nicht in Betracht.

2. Laufzeit von NV-Bescheinigungen

Die Gültigkeitsdauer der NV-Bescheinigungen darf drei Jahre nicht überschreiten; sie muß am Schluß eines Kalenderjahres enden (vgl. § 36 b Abs. 2 Satz 3 EStG). Eine kürzere Befristung kann in Fällen geboten sein, in denen Anzeichen dafür vorliegen, daß sich die Einkünfte des Antragstellers erhöhen werden (z.B. Beendigung des Schul- bzw. Hochschulausbildung oder des Wehr- bzw. Ersatzdienstes) oder daß die Gründe für die Nichtveranlagung zur Einkommensteuer voraussichtlich bald entfallen werden (z.B. durch Übersteigen der Veranlagungsgrenzen).

3. Fälle, in denen eine NV-Bescheinigung nicht zu erteilen ist

Für unbeschränkt Einkommensteuerpflichtige ist eine NV-Bescheinigung nicht zu erteilen, wenn der Antragsteller voraussichtlich von Amts wegen oder auf Antrag zur Einkommensteuer veranlagt wird; das gilt auch, wenn die Veranlagung voraussichtlich nicht zur Festsetzung einer Steuer führt (R 213 k Abs. 2 EStR). Eine Veranlagung zur Einkommensteuer wird voraussichtlich durchgeführt werden, wenn aufgrund der Verhältnisse in den Vorjahren oder aufgrund von Anhaltspunkten für das laufende Jahr zu erwarten ist, daß,

a) a) wenn das Einkommen ganz oder teilweise aus Einkünften aus nichtselbständiger Arbeit besteht,

   – die Voraussetzungen des § 46 Abs. 1 (bis einschließlich VZ 1995) und Abs. 2 Nr. 1 bis 7 EStG für eine Veranlagung von Amts wegen oder

– die Voraussetzungen für eine Veranlagung auf Antrag nach § 46 Abs. 2 Nr. 8 EStG gegeben sein werden oder,

b) b) wenn keine Einkünfte aus nichtselbständiger Arbeit vorliegen,

– bei Anwendung der Grundtabelle bzw. der Splittingtabelle eine Einkommensteuer festzusetzen sein wird.

Sofern Zweifel bestehen, ob diese Voraussetzungen gegeben sind, hat die Erteilung einer NVBescheinigung zu unterbleiben, und der Antragsteller ist zur Abgabe einer Einkommensteuer-Erklärung aufzufordern. Da die auf Antrag mögliche Veranlagung einer Veranlagung von Amts wegen gleichzustellen ist (vgl. auch R 213 k Abs. 2 EStR), kommt die Erteilung von NV-Bescheinigungen bei Arbeitnehmern nicht in Betracht. Bisher ausgestellte NV-Bescheinigungen bleiben bis zum Fristablauf bzw. Widerruf gültig. Für Gemeinschaften und Gesellschaften bürgerlichen Rechts (z.B. Erbengemeinschaften, Wohnungseigentümergemeinschaften, Hausgemeinschaften) ist die Erteilung von NV-Bescheinigungen unzulässig. Für beschränkt Einkommensteuerpflichtige darf keine NV-Bescheinigung erteilt werden (vgl. § 36 b Abs. 2, § 44 a Abs. 1 und § 44 b Abs. 1 EStG)

4. Ablehnung des Antrags auf Erteilung einer NV-Bescheinigung

Für die Ablehnung des Antrags auf Erteilung einer NV-Bescheinigung ist bei natürlichen Personen der Vordruck NV 1 C zu verwenden. Gegen die Ablehnung des Antrags auf Erteilung einer NV-Bescheinigung ist der Rechtsbehelf des Einspruchs gegeben.

8. Betriebliche Kapitalerträge: Abstandnahme vom Zinsabschlag
(OFD Kiel vom 30.06.1998, S 2410 A – St 141)

1. Allgemeines

Nach § 44 a Abs. 5 EStG ist der Zinsabschlag bei betrieblichen Kapitalerträgen nicht einzubehalten, wenn die Kapitalertragsteuer und die anrechenbare Körperschaftsteuer bei dem Gläubiger der Kapitalerträge aufgrund der Art seiner Geschäfte auf Dauer höher wären als die gesamte festzusetzende Einkommensteuer oder Körperschaftsteuer. Dies ist durch eine Bescheinigung des für den Gläubiger der Kapitalerträge zuständigen Finanzamts nachzuweisen. Mit dieser Regelung wird eine zeitweilige Oberbesteuerung bei solchen Unternehmen vermieden, die-große Wertpapierbestände besitzen, aufgrund der Art ihrer Geschäfte aber auf Dauer weniger Einkommen- bzw. Körperschaftsteuer zu zahlen haben, als ihnen in Gestalt des Zinsabschlags und/oder der Kapitalertragsteuer von den Wertpapiererträgen einbehalten wird.

Als typischer Beispielsfall für einen derartigen Sachverhalt wird in der Begründung des Gesetzentwurfs der Bundesregierung (BT-Drucks. 1212501) der Abzug des Zinsabschlags von Wertpapiererträgen der Lebensversicherungsunternehmen angeführt. Diese Wertpapiererträge werden größtenteils an die Versicherten weitergegeben. Die Vorbelastung der Versicherungsunternehmen durch den Zinsabschlag wäre folglich ständig höher als die letztlich für die Gewinne zu zahlende Körperschaftsteuer. Eine ähnliche Überbesteuerungsproblematik besteht bei Zinserträgen von Verwertungsgesellschaften gemäß Urheberrechtswahrnehmungsgesetz. Diese ausdrückliche Benennung von Unternehmen aus Bereichen, in denen regelmäßig Gewinn erzielt wird, zeigt, daß der Gesetzgeber mit der Regelung des § 44 a Abs. 5 EStG »Verlustbranchen« oder Unternehmen, die – auch für längere Zeit – Verluste erzielen, nicht generell vom Zinsabschlag befreien wollte.

Eine großzügige Auslegung der Tatbestandsmerkmale »aufgrund der Art seiner Geschäfte« und »auf Dauer« steht mit dem Sinn und Zweck dieser Vorschrift nicht im Einklang. Während

»auf Dauer« einen zum Zeitpunkt der Beurteilung nicht feststehenden und nicht absehbaren Zeitraum bezeichnet, ist das Tatbestandsmerkmal »aufgrund der Art seiner Geschäfte« jedenfalls dann nicht erfüllt, wenn die längerfristige Verlustsituation des Gläubigers von Kapitalerträgen, die zu einer niedrigeren Einkommen- oder Körperschaftsteuer als der einbehaltene Zinsabschlag führt, auf der jeweiligen Marktsituation bzw. auf individuellen rechtlichen Gestaltungen beruht.

Die Erteilung einer Bescheinigung nach § 44 a Abs. 5 EStG kommt daher in derartigen Fällen nicht in Betracht.

2. Anwendung des § 44 a Abs. 5 EStG auf Holdinggesellschaften

Zu der Frage, ob bei Holdinggesellschaften aufgrund der Art der Geschäfte vom Steuerabzug nach § 44 a Abs. 5 EStG Abstand genommen werden kann, bitte ich folgende Auffassung zu vertreten:

Nach § 44 a Abs. 5 EStG ist ein Kapitalertragsteuerabzug von Zinserträgen i.S.d. § 43 Abs. 1 Satz 1 Nr. 7 und Satz 2 EStG nicht vorzunehmen, wenn die Kapitalerträge Betriebseinnahmen des Gläubigers sind und die Kapitalertragsteuer und die anrechenbare Körperschaftsteuer bei ihm aufgrund der Art seiner Geschäfte auf Dauer höher wären als die gesamte festzusetzende Körperschaftsteuer. Wenngleich die Kapitalerträge der Holdinggesellschaften im betrieblichen Einkünftebereich anfallen und die auf vereinnahmte Dividendenerträge einbehaltene Kapitalertragsteuer und die anrechenbare Körperschaftsteuer regelmäßig höher als die festzusetzende Körperschaftsteuer sind, wird die Überbesteuerung doch nicht durch die »Art der Geschäfte« erfüllt.

Eine Überbesteuerung aufgrund der Art der Geschäfte des Unternehmens liegt nur dann vor, wenn sie durch die Geschäftsstruktur begründet wird und die Kapitalerträge das Unternehmen auch steuerlich erfolgswirksam als Betriebsausgaben wieder verlassen (vgl. BT-Drucks. 1212501 S. 20). Die engen Voraussetzungen des § 44 a Abs. 5 EStG nehmen deshalb auch bewußt Liquiditätsnachteile bei solchen Unternehmen in Kauf, bei denen die Überbesteuerung auf andere Gründe zurückzuführen ist. Bei Holdinggesellschaften sind die mit Körperschaftsteuer und Kapitalertragsteuer belasteten Dividendeneinnahmen im Rahmen der Veranlagung wieder anrechenbar. Jedoch liegen keine erfolgswirksamen Betriebsausgaben vor, da die Erträge im Rahmen von Ausschüttungen als Dividenden weitergegeben werden.

Daneben ist auch zweifelhaft, ob der Tatbestand einer dauerhaften Überzahlung erfüllt ist. Zwar führt selbst bei Thesaurierung der Beteiligungserträge die Veranlagung regelmäßig zu einer Erstattung von 2,5 ProzentPunkten (Steuersatz 45 %, Vorbelastung durch anrechenbare Körperschaftsteuer und Kapitalertragsteuer 47,5 %), die sich bei Weiterausschüttung und in Fällen der Refinanzierung entsprechend erhöhen können. Bei dieser Betrachtung werden jedoch etwaige Veräußerungsgewinne nicht berücksichtigt.

Darüber hinaus bestand die Überbesteuerung bei Holdinggesellschaften bereits vor Inkrafttreten des Zinsabschlaggesetzes. Im Hinblick auf den durch dieses Gesetz neu eingeführten Kapitalertragsteuerabzug von Zinserträgen i.S.d. § 43 Abs. 1 Satz 1 Nr. 7 und Satz 2 EStG und die gleichzeitig eingeführte Regelung der Abstandnahme vom Kapitalertragsteuerabzug nach § 44 a Abs. 5 EStG ist erkennbar, daß der Gesetzgeber lediglich die durch die Einführung dieses Zinsabschlags entstehenden Nachteile bei bestimmten Steuerpflichtigen beseitigen, nicht jedoch den bereits vor Geltung des Zinsabschlaggesetzes bestehenden Rechtszustand verbessern wollte.

Eine Abstandnahme vom Steuerabzug nach § 44 a Abs. 5 EStG kommt bei Holdinggesellschaften aufgrund der Art der Geschäfte somit nicht in Betracht.

3. Anwendung des § 44 a Abs. 5 EStG bei Versicherungsunternehmen, die Organgesellschaften sind

Ich bitte zu der Frage, ob Versicherungsunternehmen, die Organgesellschaften sind, gleichwohl die Voraussetzungen für die Abstandnahme vom Zinsabschlag gern. § 44 a Abs. 5 EStG erfüllen, folgende Auffassung zu vertreten:

Die subjektive persönliche Steuerpflicht der Organgesellschaft wird durch die Organschaft zwar nicht beeinträchtigt. Die Organgesellschaft bleibt eine unbeschränkt steuerpflichtige Kapitalgesellschaft, deren eigenes Einkommen getrennt vom Einkommen des Organträgers zu ermitteln ist und diesem lediglich zugerechnet wird, soweit nicht die Organgesellschaft Ausgleichszahlungen an außenstehende Aktionäre oder Minderheitsgesellschafter nach § 16 KStG selbst zu versteuern hat. Die Organgesellschaft bleibt auch Gläubiger der Kapitalerträge. Da jedoch die Versteuerung des zugerechneten Einkommens beim Organträger erfolgt, kann es bei der Organgesellschaft zu keiner Überzahlung i.S. des § 44 a Abs. 5 EStG kommen. Der Organgesellschaft kann daher keine Bescheinigung i.S. des § 44 a Abs. 5 EStG erteilt werden.

Bei Begründung eines Organschaftsverhältnisses ist die Überzahlungssituation bei der Organgesellschaft zivilrechtlich mit der Wirksamkeit des Beherrschungs- und Gewinnabführungsvertrags durch Eintragung in das Handelsregister entfallen. Sobald das FA Kenntnis vom Handelsregistereintrag erhalten hat, ist eine ggf. vorher bereits erteilte Bescheinigung i.S.d. § 44 a Abs. 5 EStG nach § 131 Abs. 2 Satz 1 Nr. 1 AO mit Wirkung für die Zukunft zu widerrufen.

4. Anwendung des § 44 a Abs. 5 EStG bei kommunalen Verkehrs- und Versorgungsunternehmen

Ich bitte zu der Frage, ob kommunale Verkehrs- und Versorgungsbetriebe die Voraussetzungen für die Abstandnahme vom Zinsabschlag gern. § 44 a Abs. 5 EStG erfüllen, folgende Auffassung zu vertreten:

Die dauernde Überbesteuerung, die ‚darauf beruht, daß Kapitalerträge der mit Dauerverlusten arbeitenden kommunalen Verkehrs- und Versorgungsbetriebe mit Zinsabschlag belastet werden, erfüllt nicht die Voraussetzungen des § 44 a Abs. 5 EStG.

Die Gründe für die Verlustsituation der kommunalen Verkehrs- und Versorgungsbetriebe sind nicht in der Art der Geschäfte zu sehen, sondern in der Person ihrer Gesellschafter.

5. Anwendung des § 44 a Abs. 5 EStG bei Kreditinstituten ohne eigenes Depotgeschäft

Bei Kreditinstituten ohne eigenes Depotgeschäft bitte ich die Auffassung zu vertreten, daß Überbesteuerungssituationen, die bei diesen Unternehmen durch Anrechnung des einzubehaltenden Zinsabschlags und anrechenbarer KSt entstehen, nicht in der Art der Geschäfte dieser Unternehmen begründet sind.

Nach § 43 Abs. 2 EStG ist die auszahlende Stelle nicht zur Einbehaltung von KapESt verpflichtet, wenn sie zugleich Gläubigerin der Kapitalerträge ist.

Bei Kreditinstituten, die ihre eigenen Wertpapierbestände nicht selbst verwahren, also insoweit nicht »auszahlende Stelle« sind, kann die Nichtanwendbarkeit des § 43 Abs. 2 EStG zu einer dauernden Überbesteuerung führen. Die Verwahrung der eigenen Wertpapierbestände stellt hier eine Besonderheit des Geschäftsgebarens dar, die nicht auf die Art der Geschäfte dieses Unternehmens zurückzuführen ist.

In derartigen Fällen ist daher die Ausstellung einer Bescheinigung nach § 44 a Abs. 5 EStG zu versagen.

Zusatz der OFD zu Tz. 3:

Bei einer nach den §§ 319 bis 327 Aktiengesetz eingegliederten Aktiengesellschaft oder Kommanditgesellschaft auf Aktien tritt die zivilrechtliche Wirksamkeit des Gewinnabführungsvertrags schon dann ein, sobald er in Schriftform, abgeschlossen ist (vgl. § 324 Abs. 2 Aktiengesetz, Abschn. 55 Abs. 1 Satz 3 KStR).

VI. Erstattung schweizerischer Quellensteuer

1. Erstattung schweizerischer Quellensteuer an deutsche Investmentfonds
(Erlass FinMin Nordrhein-Westfalen vom 22.07.1965, S 1301 – 27 – VB 1)

Das in den Erlassen v. 14. Dezember 1964 und 2. Juli 1965 – Nr. 3 – dargestellte Verfahren betreffend die Erstattung schweizerischer Quellensteuer an deutsche Investmentfonds konnte bisher noch nicht angewendet werden, weil noch Fragen über die für den Nachweis zu fordernden Unterlagen zu klären waren.

Nunmehr ist darüber Einvernehmen mit der Eidgenössischen Steuerverwaltung erzielt worden. Die deutschen Investmentfonds sollen die Anteilsplacierungsquote nach dem Verhältnis der von deutschen und von ausländischen Banken eingelösten Kupons ermitteln. Diese Kupons werden von den Banken für die alljährliche Fondsausschüttung eingereicht, so daß die Ermittlung des Anteilsplacierungsverhältnisses jeweils dem neuesten Stand entspricht.

Die Finanzämter überprüfen die entsprechenden Angaben der deutschen Investmentfonds und bestätigen sie auf den einzureichenden Erstattungsanträgen. Soweit erforderlich, sollen dabei die für statistische Untersuchungen zuständigen Behörden beteiligt werden.

Die Investmentfonds sind aufzufordern, dem Erstattungsantrag die sachdienlichen Unterlagen über die statistischen Feststellungen beizufügen. Der Bestätigungsvermerk soll nur bei begründeten Zweifeln versagt werden. Nach Rücksendung ist der Erstattungsantrag dann von dem Investmentfonds unmittelbar bei den Schweizer Behörden einzureichen.

Dieser Erlaß ergeht im Einvernehmen mit dem BdF.

2. Erstattung von Kapitalertragsteuer an Investmentfonds auf Grund von Doppelbesteuerungsabkommen
(Erlasse FinMin Nordrhein-Westfalen vom 14.12.1964 und 22.07.1965, S 1301 – 27 – VB 1)

In der vorbezeichneten Angelegenheit ist bisher nur im Verhältnis zur Schweiz eine Übereinkunft erzielt worden.

Die Eidgenössische Steuerverwaltung vertritt die Auffassung, daß das Fondsvermögen deutscher Kapitalanlagegesellschaften nicht den Gesellschaften, sondern den Anteilsinhabern als Miteigentümern gehöre. Die Erträge des Fondsvermögens seien deshalb den Anteilsinhabern zuzurechnen (transparente Fonds). Die schweizerische Abzugsteuer auf Kapitalerträge könne somit nur insoweit auf Grund des deutsch-schweizerischen Doppelbesteuerungsabkommens an deutsche Kapitalanlagegesellschaften erstattet werden, als die Anteilsinhaber nach dem Abkommen erstattungsberechtigt sind. Die gleiche Auffassung wurde deutscherseits zur Erstattungsberechtigung der schweizerischen Anlagefonds hinsichtlich der deutschen Kapitalertragsteuer vertreten. Es ist demgemäß folgende Regelung vereinbart worden.

Jeder Staat erstattet seine Abzugsteuer auf Erträgnisse, die einem Fonds in dem anderen Staat zufließen, nach den Bestimmungen des Abkommens, soweit die Anteilseigner des Fonds in diesem anderen Staat ansässig sind. Anträgen Schweizer Investmentgesellschaften auf Erstattung der deutschen Kapitalertragsteuer ist somit nur in dem Umfang zu entsprechen, als die Anteile auf in der Schweiz ansässige Inhaber entfallen. Die Schweizer Investmentgesellschaften sollen in der Lage sein, den dazu erforderlichen Nachweis zu erbringen.

Da es den deutschen Fonds dagegen nicht möglich ist, die Anzahl ihrer im Inland ansässigen Anteilseigner genau zu ermitteln, sollen sie hierüber auf Grund statistischer Unterlagen eine annäherungsweise Ermittlung durchführen, die nach amtlicher Bestätigung deutscherseits von der Eidgenössischen Steuerverwaltung anerkannt wird. Es reicht aus, wenn der Eidgenössischen Steuerverwaltung Angaben über die Plazierung der Anteile im Zeitpunkt der Ausgabe eingereicht werden. Die vorgesehene amtliche Bestätigung ist durch das für die Kapitalanlagegesellschaft zuständige Finanzamt zu erteilen. Es ist dabei sicherzustellen, daß im Innenverhältnis die für statistische Untersuchungen zuständigen Ämter beteiligt werden. Da die Ermittlungen sich auf Annäherungswerte beschränken müssen, ist die Bestätigung nur zu versagen, wenn begründete Zweifel an dem angegebenen Anteilsverhältnis bestehen. Die Erstattungsanträge sind von den deutschen Kapitalanlagegesellschaften unmittelbar bei der Eidgenössischen Steuerverwaltung einzureichen.

Der BdF ist bemüht, auch mit anderen Staaten eine entsprechende Übereinkunft zu erreichen. Bis dahin sind Erstattungen im Rahmen des jeweiligen Doppelbesteuerungsabkommens vorzunehmen. Das gilt zunächst nicht für die in Frankreich und Großbritannien ansässigen Fonds; mit diesen beiden Staaten schweben noch Verhandlungen über eine Gegenseitigkeitsvereinbarung.

Diese Erlasse ergehen im Einvernehmen mit dem BdF und den FinM (-senatoren) der anderen Bundesländer.

VII. Unbeschränkte und beschränkte Steuerpflicht – Sonderfragen

1. Betr.: Erweiterte unbeschränkte Einkommensteuerpflicht gemäß § 1 Abs. 2 und 3 EStG; hier: Billigkeitsregelung
   (BMF-Schreiben vom 09.11.1992, IV B 4 – S 2102 – 20/92)

Nach § 1 Abs. 2 EStG sind insbesondere von der Bundesrepublik Deutschland ins Ausland entsandte deutsche Staatsangehörige, die Mitglied einer diplomatischen Mission oder konsularischen Vertretung sind und Arbeitslohn aus einer inländischen öffentlichen Kasse beziehen – einschließlich der zu ihrem Haushalt gehörenden Angehörigen, die entweder die deutsche Staatsangehörigkeit besitzen oder keine Einkünfte oder nur Einkünfte beziehen, die ausschließlich im Inland einkommensteuerpflichtig sind –, unbeschränkt einkommensteuerpflichtig, auch wenn sie im Inland weder einen Wohnsitz noch ihren gewöhnlichen Aufenthalt haben.

Bedienstete der öffentlichen Hand sowie ihr nicht dauernd getrennt lebender Ehegatte, die im Inland weder einen Wohnsitz noch ihren gewöhnlichen Aufenthalt haben und die nicht gemäß § 1 Abs. 2 EStG unbeschränkt einkommensteuerpflichtig sind, gelten als unbeschränkt einkommensteuerpflichtig gemäß § 1 Abs. 3 EStG, sofern die übrigen Voraussetzungen dieser Vorschrift erfüllt sind. In diesen Fällen ist § 32 Abs. 2 EStG für zum Haushalt des Steuerpflichtigen gehörende Kinder nicht anzuwenden. Dies bedeutet u. a., daß die Einkommensteuer nach dem Splitting-Verfahren (Lohnsteuerklasse III) berechnet werden kann und für die betreffenden Kinder Kinderfreibeträge abgezogen werden können.

Wird ein Bediensteter in das Inland versetzt und begründet er im Inland einen Wohnsitz oder einen gewöhnlichen Aufenthalt, so ist § 1 Abs. 2 bzw. Abs. 3 EStG nicht mehr anzuwenden. Der Bedienstete ist vielmehr gemäß § 1 Abs. 1 EStG unbeschränkt einkommensteuerpflichtig. Verbleibt der nicht dauernd getrennt lebende Ehegatte des Bediensteten im Ausland, wird dieser mit der Versetzung des Bediensteten nicht unbeschränkt einkommensteuerpflichtig. Dies gilt grundsätzlich auch dann, wenn dem Umzug des nicht dauernd getrennt lebenden Ehegatten des Bediensteten vom Ausland ins Inland Hinderungsgründe entgegenstehen, für die gemäß § 12 Abs. 3 des Bundesumzugskostengesetzes in der Fassung vom 11. Dezember 1990 (BGBl. I S. 2688 ff.) Trennungsgeld gewährt wird. Da der im Ausland verbliebene, von dem ins Inland versetzten Bediensteten nicht dauernd getrennt lebende Ehegatte nicht unbeschränkt einkommensteuerpflichtig ist, wird den Ehegatten die Zusammenveranlagung unter Anwendung des Splitting-Verfahrens (bzw. der Steuerklasse III) versagt. Verbleiben auch die Kinder im Haushalt des im Ausland lebenden Ehegatten, so ist § 32 Abs. 2 EStG anzuwenden mit der Folge, daß keine Kinderfreibeträge abgezogen werden.

Im Einvernehmen mit den obersten Finanzbehörden der Länder sind jedoch in Fällen, in denen ein Steuerpflichtiger und sein nicht dauernd getrennt lebender Ehegatte zunächst unter den Voraussetzungen des § 1 Abs. 2 EStG unbeschränkt steuerpflichtig sind bzw. unter den Voraussetzungen des § 1 Abs. 3 EStG als unbeschränkt einkommensteuerpflichtig gelten,

– der Steuerpflichtige dann aus dienstlichen Gründen in das Inland versetzt wird und
– der nicht dauernd getrennt lebende Ehegatte aus persönlichen Gründen noch für kurze Zeit im Ausland verbleibt

aus sachlichen Billigkeitsgründen der Steuerpflichtige und sein Ehegatte weiterhin zu dem nach § 1 Abs. 2 bzw. Abs. 3 EStG begünstigten Personenkreis zu rechnen.

Voraussetzung hierfür ist jedoch, daß dem Umzug in das Inland ein in § 12 Abs. 2 und 3 des Bundesumzugskostengesetzes in der Fassung vom 11. Dezember 1990 (BGBl. I S. 2688 ff.) genannter Hinderungsgrund entgegensteht.

Voraussetzung ist weiter
- in Fällen des § 1 Abs. 2 EStG, daß der im Ausland verbleibende Ehegatte dort einkommensteuerpflichtige Einnahmen von nicht mehr als 5000 DM bezieht. Es ist nicht erforderlich, daß er die Voraussetzungen des § 1 Abs. 2 Satz 1 und Satz 2 EStG erfüllt;
- in den Fällen des § 1 Abs. 3 EStG, daß der im Ausland verbleibende Ehegatte die übrigen Voraussetzungen des § 1 Abs. 3 EStG erfüllt.

Bei den von dieser Billigkeitsmaßnahme begünstigten Personen können daher die Einkommensteuer nach dem Splitting-Verfahren (Lohnsteuerklasse III) berechnet und für zu ihrem Haushalt gehörende Kinder Kinderfreibeträge abgezogen werden. Die Eintragungen auf der Lohnsteuerkarte werden vom zuständigen Finanzamt auf Antrag entsprechend geändert.

2. Einkommensteuerliche Behandlung von Mitgliedern ausländischer Missionen und Vertretungen
(Senatsverwaltung für Finanzen Berlin, Erlass vom 08.11.1994, III C 2 – S 1310 – 1/92)

1. Gehälter und Bezüge der ausländischen Diplomaten und Berufskonsule sowie des Personals ausländischer Missionen und konsularischer Vertretungen können nach folgenden Vorschriften steuerfrei sein:

   a) Wiener Übereinkommen
      - über diplomatische Beziehungen (WÜD) vom 18.4.1961,
      - über konsularische Beziehungen (WÜK) vom 24.4.1963;
      zum Inhalt vgl. H6 Nr. 29 (Wiener Übereinkommen) EStH 1993; Verzeichnisse der den Wiener Übereinkommen beigetretenen Staaten nach dem Stand 1.1.1993 in BGBl. II 1993, S. 355, 366.

   b) Verwaltungsanordnung der Bundesregierung über die steuerliche Behandlung der diplomatischen und berufskonsularischen Vertretungen ausländischer Staaten in der Bundesrepublik Deutschland ... vom 13.10.1950 (MinBl Fin 1950, S. 631); die Verwaltungsanordnung ist nach dem Inkrafttreten des WÜD und des WÜK nur anzuwenden, wenn der Entsendestaat dem WÜD oder dem WÜK noch nicht rechtswirksam beigetreten ist.

   c) Doppelbesteuerungsabkommen (DBA)
      Die DBA lassen i. d. R. die steuerlichen Vorrechte der Diplomaten und Berufskonsule nach a) und b) unberührt (Art. 27 OECD-MA); selbständige Regelungen über die Besteuerung des ausländischen diplomatischen oder konsularischen Personals enthalten die DBA Frankreich, Italien 1925 und Österreich. Es kann jedoch auch die Vorschrift über Vergütungen für im öffentlichen Dienst erbrachte Leistungen (Art. 19 OECD-MA) in Betracht kommen.

   d) § 3 Nr. 29 EStG
      Hier ist die Neufassung ab Veranlagungszeitraum 1994 zu beachten (vgl. 2. b).

2. Soweit in den Vorschriften der Begriff »ständig ansässig« gebraucht wird, gilt folgendes:

   a) Der Begriff »ständig ansässig« ist nicht mit der unbeschränkten Steuerpflicht nach nationalem Steuerrecht identisch.
      Nach völkerrechtlichem Verständnis stellt der Tatbestand der ständigen Ansässigkeit einer Person neben ihrem Aufenthalt auch auf den Aufenthaltsgrund ab. So ist u. a. zu prüfen, ob über das Arbeitsverhältnis des Steuerpflichtigen mit dem fremden Staat hinaus weitere Gründe für seinen Aufenthalt im Inland vorliegen.
      Wir bitten, den Begriff »ständig ansässig« deshalb wie folgt auszulegen:

293

Alle von den ausländischen Vertretungen am Ort eingestellten Bediensteten (Ortskräfte) werden ohne Rücksicht auf ihre Staatsangehörigkeit als in der Bundesrepublik Deutschland »ständig ansässig« angesehen. Dies gilt nur dann nicht, wenn der Leiter der ausländischen Mission im Einzelfall ausdrücklich darlegt, daß und aus welchen Gründen die betreffende Ortskraft sich nur vorübergehend in der Bundesrepublik Deutschland aufhält und die Absicht hat, später in den Entsendestaat oder in ein drittes Land auszuwandern.

Für den umgekehrten Fall, daß ein von einem Entsendestaat in die Bundesrepublik Deutschland entsandter Bediensteter die Absicht bekundet, ständig hier zu bleiben, wird der Leiter der ausländischen Vertretung dem Auswärtigen Amt eine entsprechende Mitteilung machen, so daß der betreffende Bedienstete von diesem Zeitpunkt an als »ständig ansässig« geführt werden kann.

b) durch das StMBG ist die Vorschrift des § 3 Nr. 29 EStG neu gefaßt worden. Ab dem 1.1.1994 sind auch die im Inland ständig ansässigen Personen wie schon zuvor die deutschen Staatsangehörigen von der Steuerbefreiung ausgenommen worden.

Mit dem Begriff »im Inland ständig ansässige Personen« soll ausdrücklich an den Begriff »ständig ansässig« gem. Art. 37, 38 WÜD, Art. 71 WÜK angeknüpft werden. In der Begründung zur Gesetzesänderung heißt es hierzu, daß eine Annäherung an die Steuerbefreiungen der den internationalen Maßstab setzenden Wiener Übereinkommen über diplomatische und konsularische Beziehungen beabsichtigt wurde.

Anmerkung:

Berlin aktualisiert eine frühere Anweisung zum Begriff »ständig ansässig« (vgl. Erl. FinMin. NW v. 5.7.1973; Korn/Debatin, Doppelbesteuerung, Anhang B I 30 d). Zur Fiskalimmunität noch einige ergänzende Hinweise:

1. WÜD/WÜK als Völkergewohnheitsrecht?

Kruse in: (Tipke/Kruse, AO, § 2 Tz. 4, 6 – Lfg. 74 Sept. 1994 –) geht davon aus, daß die steuerlichen Regelungen in WÜD/WÜK inzwischen Völkergewohnheitsrecht geworden sind. Sie können als allgemeine Regeln des Völkerrechts i. S. v. Art. 25 GG Vorrang vor den innerstaatlichen Gesetzen beanspruchen. Die Finanzverwaltung schwankt in ihrem Urteil:

Die amtlichen Hinweise zu den EStR 1993 – H 6 (Wiener Übereinkommen) – wenden WÜD/WÜK nur im Verhältnis zu den Staaten an, die den Verträgen beigetreten sind. Gegenüber den übrigen Staaten wird die Steuerbefreiung weiter aus der Verwaltungsanordnung der Bundesregierung vom 13.10.1950 bzw. § 3 Nr. 29 EStG hergeleitet.

Nach Abschn. 90 Abs. 1 Satz 2 VStR 1993 sind WÜD/WÜK dagegen nicht nur im Verhältnis zu den beigetretenen Vertragsstaaten zu beachten. Der noch in Abschn. 107 Abs. 1 Satz 2 VStR 1989 enthaltene Hinweis auf die Verwaltungsanordnung vom 13.10.1950 ist entfallen.

Wenn WÜD/WÜK als Völkergewohnheitsrecht anzusehen sind, besteht wegen Art. 25 GG kein Bedarf mehr an innerstaatlichen Steuerbefreiungsvorschriften. Statt § 3 Nr. 29 EStG anzupassen, hätte der Gesetzgeber die Vorschrift gleich ganz streichen können.

2. Unbeschränkte oder beschränkte Steuerpflicht?

Die Frage nach der Art der Steuerpflicht der unter WÜD/WÜK fallenden Personen hat durchaus praktische Bedeutung, z. B. für die Zusammenveranlagung von Ehegatten und Splitting-Tarif (vgl. Schwarz, IWB F 3 Deutschland Gr. 6, S. 393 f.).

Die Finanzverwaltung betrachtet diese Personen als beschränkt steuerpflichtig i. S. d. § 1 Abs. 4 EStG; § 2 VStG (vgl. EStH 1993 H 6 [Wiener Übereinkommen], Nr. 2). Dies findet Zustimmung u. a. bei Korn/Debatin (Doppelbesteuerung, Systematik II 172) und Schmidt/Heinicke (EStG, § 1 Anm. 6c und § 3 ABC. Diplomatenbezüge).

Die Gegenmeinung besteht auf der konsequenten Unterscheidung zwischen Subjekt und Objekt der Besteuerung. WÜD/WÜK lassen die persönliche Steuerpflicht unberührt. Wenn die Personen im Inland einen Wohnsitz oder ihren gewöhnlichen Aufenthalt i. S. d. §§ 8, 9 AO haben, sind sie hier auch unbeschränkt steuerpflichtig nach § 1 Abs. 1 EStG, § 1 Abs. 1 VStG. Die Steuerbefreiung betrifft nur das Besteuerungsobjekt und besteht in einer Kombination von Territorialprinzip und partieller sachlicher Steuerbefreiung. Die unbeschränkte Steuerpflicht erstreckt sich nur auf die inländischen Einkünfte/das Inlandsvermögen und die Vergütungen für die diplomatische oder konsularische Tätigkeit bleiben steuerfrei (Tipke/Kruse, AO § 2, Tz. 5; Schaumburg, Internationales Steuerrecht, S. 64; Bergkemper, in: Hermann/Heuer/Raupach, § 3 Nr. 29 EStG Anm. 3 ff.; Gürsching/Stenger, BewG und VStG, § 2 VStG Anm. 22; Rössler/Troll, BewG und VStG, § 2 VStG Anm. 11; Viskorf, in: Moench u. a., BewG und VStG, § 2 Rdnr. 5).

Letztere Auffassung verdient den Vorzug. WÜD/WÜK stellen lediglich Regeln für die sachliche Steuerpflicht auf. Die begünstigten Personen dürfen nur in einem der beschränkten Steuerpflicht ähnlichen Umfang zu einer Steuer vom Einkommen und vom Vermögen herangezogen werden (so § 1 Abs. 2 Satz 2 EStG). Zur persönlichen Steuerpflicht äußern sich WÜD/WÜK nicht. Soweit sie voraussetzen, daß die begünstigten Personen im Inland nicht »ständig ansässig« sind, geschieht dies ausschließlich zur Eingrenzung der Fiskalimmunität selbst und beinhaltet keine Fiktion des Wohnsitzes oder gewöhnlichen Aufenthalts im Entsendestaat (anders als z. B. Art. X NATO-Truppenstatut).

3. Ansässigkeitsfiktion nach Abkommensrecht

Das OECD-MA empfiehlt in Art. 4 Abs. 1 Satz 2 sowie in Ziff. 3 des Kommentars zu Art. 27, in die DBA ausdrücklich eine Regelung aufzunehmen, daß das diplomatische und konsularische Personal als im Entsendestaat ansässig gilt (vgl. Vogel, DBA, Art. 4 Rz. 31, Art. 27 Rz. 22; Rz. 28 bringt eine Übersicht über die deutschen DBA).

Zum DBA-Niederlande, das keine entsprechende Bestimmung enthielt und enthält, haben sich die Finanzverwaltungen der beiden Staaten 1957 darauf verständigt, daß das jeweilige diplomatische und konsularische Personal für Abkommenszwecke als im Entsendestaat ansässig gilt und nach nationalem Recht des anderen Staates beschränkt steuerpflichtig ist (Erl. FinMin. NW v. 17.7.1957, Korn/Debatin, DBA-Niederlande II/B/1, S. 21a; die Verständigungsregelung wird dort als Auslegungshilfe auch für andere DBA gepriesen).

Das BFH-Urteil vom 1.2.1989 (BStBl. II 1990, 4) hat mit der Praxis der Abkommensrevision durch Verständigungsvereinbarung Schluß gemacht. Ein bißchen Wehmut kann schon aufkommen über jene glückliche Zeiten, als die Finanzverwaltungen noch so frei die Auslegung der DBA unter sich ausmachen konnten.

4. Besteuerung bei »ständiger Ansässigkeit«

Personen, die im Inland »ständig ansässig« sind, steht die Fiskalimmunität nicht zu. Damit ist die Frage, ob die Vergütungen für die diplomatische oder konsularische Tätigkeit hier auch besteuert werden können, noch nicht abschließend beantwortet. Auf DBA-Ebene muß noch geprüft werden, ob die Vergütungen nach den Bestimmungen für Vergütungen im öffentlichen Dienst sachlich steuerbefreit sind. Die Art. 19 OECD-MA entsprechenden Vorschriften der einzelnen DBA sind so buntscheckig wie kaum eine andere Abkommensregelung. Als grobe Orientierung kann gelten, daß das Besteuerungsrecht für Vergütungen an Staatsangehörige des Entsendestaates beim Entsendestaat, an deutsche Staatsangehörige bei Deutschland liegt; bei Staatsangehörigen von Drittstaaten ist eine Vorhersage nicht möglich.

Werner Jütte, Steueroberamtsrat, Berlin

3. **Zinsabschlag auf inländische Kapitalerträge ausländischer diplomatischer und konsularischer Vertretungen und ihrer Mitglieder**
(Vfg. OFD München vom 26.02.1993, S 2400 – 48/17 St 41)

Das Auswärtige Amt teilte den fremden Missionen im Einvernehmen mit dem Bundesminister der Finanzen folgendes mit:

1. Amtliche Konten der ausländischen diplomatischen Missionen und konsularischen Vertretungen unterliegen nicht dem Zinsabschlag, soweit sie für unmittelbare Belange der Tätigkeit der Missionen oder Vertretungen genutzt werden. Dies ergibt sich aus den Wiener Übereinkommen über diplomatische und konsularische Beziehungen.

2. Die beiden Wiener Übereinkommen enthalten jedoch keine Rechtsgrundlage für die Befreiung der Mitglieder diplomatischer Missionen und konsularischer Vertretungen vom Zinsabschlag auf private inländische Kapitalerträge. Nach Artikel 34 Abs. 1 Buchst. d WÜD und Artikel 49 Abs. 1 Buchst. d WÜK sind solche Einkünfte vom Steuerprivileg ausgenommen. Insoweit findet hier ausschließlich deutsches Steuerrecht wie folgt Anwendung:

2.1 Die nicht ständig in Deutschland ansässigen nichtdeutschen Mitglieder der fremden diplomatischen Missionen und konsularischen Vertretungen und ihre mit ihnen im gemeinsamen Haushalt lebenden, gleichfalls in Deutschland nicht ständig ansässigen nichtdeutschen Familienangehörigen und privaten Hausangestellten sind – nach § 1 Abs. 4 und § 49 Abs. 1 Nr. 5 in Verbindung mit § 20 Abs. 1 Nr. 7 des deutschen EStG – hinsichtlich ihrer privaten inländischen Einkünfte aus inländischem Kapitalvermögen in der Bundesrepublik Deutschland nicht einkommensteuerpflichtig.

Folglich wird ein Zinsabschlag in diesen Fällen nicht erhoben, sofern der privilegierte Status des Kontoninhabers der jeweiligen Bank oder Sparkasse im Einzelfall bekannt ist.

Das Auswärtige Amt empfiehlt den in Frage kommenden Bediensteten der diplomatischen Missionen und konsularischen Vertretungen, ihre jeweiligen Bankinstitute oder Sparkassen auf die Rechtslage hinzuweisen und – falls noch nicht geschehen – den privilegierten Status durch Vorlage der vom Protokoll des Auswärtigen Amts bzw. den Staats-/Senatskanzleien der Länder ausgestellten Ausweise nachzuweisen. Entsprechend wäre bei der Neueröffnung von privaten Sparkonten zu verfahren.

2.2 Ortskräfte sind unabhängig von ihrer Nationalität aufgrund ihres Wohnsitzes oder gewöhnlichen Aufenthalts in der Bundesrepublik Deutschland unbeschränkt steuerpflichtig. Nach § 3 Nr. 29 EStG sind lediglich das Gehalt und die sonstigen Bezüge der Ortskräfte unter den dort genannten Voraussetzungen steuerfrei. Eine generelle Befreiung vom Zinsabschlag ist nicht möglich. Durch Vorlage von Freistellungsaufträgen kann jedoch eine Vorbelastung der Zinseinkünfte bis in Höhe von 6100/12200 DM für Einzelpersonen/Ehegatten vermieden werden.

VIII. Umsatzsteuer im Rahmen der Fondsverwaltung

1. Umsatzsteuergesetz 1980; hier: Steuerbefreiung des Geld- und Kapitalverkehrs (§ 4 Nr. 8 UStG 1980)
(BMF-Schreiben vom 12.05.1980, IV A 3 – S 7160 – 11/80)

Unter Bezugnahme auf das Ergebnis der Erörterungen mit den obersten Finanzbehörden der Länder gilt zur Steuerbefreiung des Geld- und Kapitalverkehrs (§ 4 Nr. 8 Buchstaben a bis i UStG) folgendes:

Kreditvermittlung

(1) Die Steuerfreiheit für die Gewährung und die Verwaltung von Krediten wurde wegen des engen wirtschaftlichen Zusammenhangs auf die Vermittlung von Krediten und auf die Verwaltung von Kreditsicherheiten ausgedehnt (Buchstabe a).

Gesetzliche Zahlungsmittel

(2) Von der Steuerfreiheit für die Umsätze von gesetzlichen Zahlungsmitteln (kursgültige Münzen und Banknoten) und für die Vermittlung dieser Umsätze wurden solche Zahlungsmittel ausgenommen, die wegen ihres Metallgehaltes oder ihres Sammlerwertes umgesetzt werden (Buchstabe b). Hierdurch sollen Geldsorten, die als Waren gehandelt werden, auch umsatzsteuerrechtlich als Waren behandelt werden.

(3) Es kann davon ausgegangen werden, daß Goldmünzen in fremder Währung im Erhebungsgebiet nicht als gesetzliche Zahlungsmittel, sondern nur wegen ihres Metallgehaltes oder ihres Sammlerwertes umgesetzt werden. Die Umsätze von Goldmünzen sind deshalb nicht von der Umsatzsteuer befreit. Der BMF-Erlaß vom 28. Juni 1955 – IV A 2 – S 4139 – 11/55 – (USt-Kartei § 4 S 4139 Karte 55) wird mit Wirkung vom 1. Januar 1980 aufgehoben.

(4) Bei anderen Münzen und bei Banknoten ist davon auszugehen, daß sie wegen ihres Metallgehaltes oder ihres Sammlerwertes umgesetzt werden, wenn sie mit einem höheren Wert als ihrem Nennwert umgesetzt werden. Die Umsätze dieser Münzen und Banknoten sind nicht von der Umsatzsteuer befreit. Bei der Ermittlung des Nennwertes kann die Regelung in Absatz 3 Nr. 3 des BMF-Schreibens vom 28. Dezember 1979 – IV A 1 – S 7229 – 9/79 – (BStBl 1980 S. 39) angewendet werden.

(5) Das Sortengeschäft (Geldwechselgeschäft) bleibt von den Regelungen der Absätze 2 bis 4 unberührt. dies gilt auch dann, wenn die fremde Währung auf Wunsch des Käufers in kleiner Stückelung (kleine Scheine oder Münzen) ausgezahlt wird und hierfür ein vom gültigen Wechselkurs abweichender Kurs berechnet wird oder Verwaltungszuschläge erhoben werden.

Optionsgeschäfte mit Wertpapieren

(6) Die Steuerfreiheit für die Umsätze von Wertpapieren wurde wegen des engen wirtschaftlichen Zusammenhangs auf Optionsgeschäfte mit Wertpapieren ausgedehnt (Buchstabe e). Gegenstand des Optionsgeschäfts mit Wertpapieren (Terminhandel) ist das Recht, eine bestimmte Anzahl von Wertpapieren innerhalb einer bestimmten Frist jederzeit zu einem festen Preis fordern (Kaufoption) oder liefern (Verkaufsoption) zu können. Die Steuerbefreiung umfaßt sowohl den Abschluß von Optionsgeschäften als auch die Übertragung von Optionsrechten. Nicht unter die Steuerbefreiung fällt dagegen eine während der Optionsfrist gegen besonderes Entgelt ausgeübte Kursbeobachtung. Im Verwaltungswege war die Steuerbefreiung der Optionsgeschäfte bereits zugelassen worden. Die BMF-Schreiben vom 10. März und 20. November 1970 – IV A 3 – S 7160 – 4/70 und 28/70 – werden mit Wirkung vom 1. Januar 1980 aufgehoben.

Verwaltung von Sondervermögen

(7) Die Steuerbefreiung für die Verwaltung von Sondervermögen nach dem Gesetz über Kapitalanlagegesellschaften – KAGG – wurde neu eingeführt (Buchstabe h). Nach § 1 Abs. 1 dieses Gesetzes in der Neufassung vom 14. Januar 1970 (BGBl. 1970 I S. 127, BStBl 1970 I S. 187) ist der Geschäftsbereich von Kapitalanlagegesellschaften darauf gerichtet, das bei ihnen eingelegte Geld im eigenen Namen für gemeinschaftliche Rechnung der Einleger in Wertpapieren oder in Grundstücken sowie Erbbaurechten anzulegen. Das eingelegte Geld und die damit erworbenen Vermögensgegenstände bilden ein Sondervermögen (Wertpapier-Sondervermögen bzw. Grundstücks-Sondervermögen). Für die Verwaltung dieser Sondervermögen erhalten die Kapitalanlagegesellschaften nach Maßgabe der Vertragsbedingungen eine Vergütung (§ 15 Abs. 3 Buchst. e und § 26 KAGG). Die Verwaltung dieser Sondervermögen wurde nunmehr von der Umsatzsteuer befreit. Das BdF-Schreiben vom 24. August 1970 – IV A 3 – S 7160 – 19/70 – (BStBl 1970 I S. 979, USt-Kartei § 4 S 7160 Karte 3) wird mit Wirkung vom 1. Januar 1980 aufgehoben.

Vermittlungsleistungen

(8) Die Steuerbefreiung für die Umsätze von Geldforderungen (Buchstabe c), für die Umsätze von Anteilen an Gesellschaften und anderen Vereinigungen (Buchstabe f) sowie für die Übernahme von Verbindlichkeiten, von Bürgschaften und ähnlichen Sicherheiten (Buchstabe g) wurde wegen des engen wirtschaftlichen Zusammenhangs auf die Vermittlung dieser Umsätze ausgedehnt.

Depotgeschäft

(9) Die Einfügung des Wortes »Depotgeschäft« in Buchstabe e dient der Klarstellung. Hierdurch wird zum Ausdruck gebracht, daß die Vermögensverwaltung in bezug auf Wertpapiere nicht von der Umsatzsteuer befreit ist.

Amtliche Wertzeichen

(10) Ebenfalls der Klarstellung dient die Ergänzung um die Worte »zum aufgedruckten Wert« in Buchstabe i. Hierdurch wird zum Ausdruck gebracht, daß die Steuerbefreiung für die im Erhebungsgebiet gültigen amtlichen Wertzeichen nur in Betracht kommt, wenn die Wertzeichen zum aufgedruckten Wert geliefert werden. Zum aufgedruckten Wert gehören auch aufgedruckte Sonderzuschläge (z. B. Zuschlag bei Wohlfahrtsmarken). Werden die Wertzeichen mit Aufschlägen zum aufgedruckten Wert gehandelt, so ist der Umsatz wie bisher insgesamt steuerpflichtig. Die bisher bestehende Möglichkeit, auf die Steuerbefreiung der Umsätze von amtlichen Wertzeichen zu verzichten, ist entfallen.

Das Schreiben wird in die USt-Kartei aufgenommen.

2. Steuerbefreiung für die Verwaltung von Sondervermögen nach dem Gesetz über Kapitalanlagegesellschaften (§ 4 Nr. 8 UStG)
    (Erlass FinMin Bayern vom 05.12.1983, 36 – S 7160 – 18/5 – 67 171)

Zu der Frage, ob von der Befreiungsvorschrift des § 4 Nr. 8 Buchst. h UStG nur die entsprechenden Umsätze der Kapitalanlagegesellschaften selbst oder aber auch die vergleichbaren Umsätze anderer Unternehmer (z. B. Depotbanken) erfaßt werden, nimmt die Finanzverwaltung wie folgt Stellung:

Es ist davon auszugehen, daß die Verwaltung des Sondervermögens nur der Kapitalanlagegesellschaft und nicht der Depotbank obliegt, §§ 10, 26 KAGG. Die laufende Überwachung des Grundstücksbestandes durch die Depotbank (§ 31 Abs. 1 KAGG) ist nicht als Verwaltung des

Sondervermögens i. S. des § 10 KAGG anzusehen. Diese Tätigkeit ist daher auch nicht nach § 4 Nr. 8 Buchst. h UStG von der USt befreit.

3. Umsatzsteuer bei Kapitalanlagegesellschaften
(Erlass FinMin Nordrhein-Westfalen vom 06.03.1981, S 7200 – 31 – V C 4)

a) Bemessungsgrundlage für die Verwaltung von Immobilienfonds bis 31. Dezember 1979
b) Steuerbefreiung nach § 4 Nr. 8h UStG 1980

Im Einvernehmen mit dem Bundesminister der Finanzen und den obersten Finanzbehörden der anderen Länder bitte ich, folgende Auffassung zu vertreten:

a) Immobilienfonds
Zwischen der Kapitalanlagegesellschaft und den Anteilinhabern findet nach geltender Verwaltungsauffassung hinsichtlich der Verwaltungstätigkeit ein Leistungsaustausch statt. Entgelte für diese Tätigkeit sind die Verwaltungsvergütung und der Aufwendungsersatz (§ 10 Abs. 3, § 12 Abs. 7 KAGG).

Zahlungen, für die Aufwendungsersatz im Sinne des KAGG in Betracht kommt, werden teils von der KAG geleistet und dem jeweiligen Sondervermögen belastet, teils aber auch unmittelbar aus dem jeweiligen Sondervermögen beglichen. Soweit bei Zahlungen unmittelbar aus dem jeweiligen Sondervermögen eine Erstattung an die KAG nicht in Betracht kommt, entfällt die Annahme eines Entgelts im Sinne des Umsatzsteuerrechts für die Verwaltungstätigkeit.

b) Steuerbefreiung nach § 4 Nr. 8h UStG 1980
Das Entgelt für Leistungen im Sinne der neuen Befreiungsvorschrift umfaßt nicht nur die eigentliche Verwaltungsvergütung der KAG, sondern auch den Aufwendungs- und Auslagenersatz, der der KAG als Ersatz für verauslagte Beträge aus dem Sondervermögen erstattet wird.

B. Steuerliche Fragen einzelner Anlageinstrumente

1. **Einkommensteuerrechtliche Behandlung von Options- und Finanztermin-geschäften an der Deutschen Terminbörse (DTB) und von anderen als Optionsscheine bezeichneten Finanzinstrumenten im Bereich der privaten Vermögensverwaltung**
(BMF-Schreiben vom 10.11.1994, IV B 3 – S 2256 – 34/94)

Unter Bezugnahme auf das Ergebnis der Erörterungen mit den obersten Finanzbehörden der Länder nehme ich zur einkommensteuerrechtlichen Behandlung von Options- und Finanztermingeschäften an der Deutschen Terminbörse (DTB) und von anderen als Optionsscheine bezeichneten Finanzinstrumenten im Bereich der privaten Vermögensverwaltung (zur Abgrenzung vom gewerblichen Wertpapierhandel vgl. BFH-Urteil vom 31. Juli 1990 – BStBl 1991 II S. 66) wie folgt Stellung:

I. Begriffsbestimmungen

1 Optionsgeschäfte

Beim Optionsgeschäft erwirbt der Käufer der Option (Optionsnehmer) vom Verkäufer der Option (Optionsgeber oder sog. Stillhalter) gegen Bezahlung einer Optionsprämie das Recht, eine bestimmte Anzahl zum Optionshandel zugelassener Basiswerte (z. B. Aktien) am Ende der Laufzeit oder jederzeit innerhalb der Laufzeit der Option (so möglich bei DTB-Optionen) zum vereinbarten Basispreis entweder vom Verkäufer der Option zu kaufen (Kaufoption oder »call«) oder an ihn zu verkaufen (Verkaufsoption oder »put«). Diesem Recht des Optionskäufers steht die entsprechende Verpflichtung des Verkäufers der Option gegenüber, die Basiswerte zu liefern oder abzunehmen, wenn der Optionskäufer sein Optionsrecht ausübt. Ist die effektive Abnahme oder Lieferung des Basiswertes aufgrund der Natur der Sache (z. B. bei Indices) oder aufgrund von Handelsbedingungen (z.B. bei DTB-Optionen auf Namensaktien) ausgeschlossen, besteht die Verpflichtung des Optionsgebers bei Ausübung der Option durch den Optionskäufer in der Zahlung der Differenz zwischen vereinbartem Basispreis und Tageskurs des Basiswerts (Barausgleich oder »Cash-Settlement«).

Die Option erlischt

– mit Ablauf der Optionsfrist durch Verfall,
– durch Ausübung der Option oder
– an der DTB auch durch sog. Glattstellung.

Bei Glattstellung tätigt der Anleger ein Gegengeschäft, d. h. z. B. der Inhaber einer Kaufoption oder Verkaufsoption verkauft eine Option der gleichen Serie, aus der er zuvor gekauft hat. Kennzeichnet er das Geschäft als Glattstellungs- oder Closinggeschäft, bringt er damit Rechte und Pflichten aus beiden Geschäften zum Erlöschen. Umgekehrt kann sich auch der Optionsverkäufer (Stillhalter) vor Ablauf der Optionsfrist durch Kauf einer Option der gleichen Serie aus seiner Verpflichtung lösen. An der DTB ist es einem Anleger nicht möglich, die erworbene Option auf einen Dritten zu übertragen.

Anleger können vier Grundpositionen mit Optionskontrakten eingehen:

– Kauf einer Kaufoption (»long call«)
– Kauf einer Verkaufsoption (»long put«)
– Verkauf einer Kaufoption (»short call«)
– Verkauf einer Verkaufsoption (»short put«).

300

Darüber hinaus ist an der DTB auch der standardisierte Abschluß von sog. Kombinationsgeschäften, d. h. die Kombination von jeweils zwei Grundgeschäften in einem Abschluß möglich.

Zu unterscheiden sind:

– »Spreads«:
Gleichzeitiger Kauf und Verkauf von Optionen der gleichen Serie, aber mit unterschiedlichem Basispreis und/oder Verfalldatum

– »Straddles«:
Gleichzeitiger Kauf einer Kauf- und einer Verkaufsoption mit gleichem Basiswert, Basispreis und Verfalldatum

– »Strangles«:
Gleichzeitiger Kauf einer Kauf- und einer Verkaufsoption mit gleichem Basiswert und Verfalldatum, aber unterschiedlichem Basispreis.

2 Finanztermingeschäfte (Financial Futures)

Financial Futures stellen im Gegensatz zu Optionen für Käufer und Verkäufer die feste Verpflichtung dar, nach Ablauf einer Frist einen bestimmten Basiswert (z. B. Anleihen) zu standardisierten Bedingungen und zum vereinbarten Preis zu erwerben bzw. zu liefern. Bei physisch nicht lieferbaren Basiswerten (z. B. Aktienindex) wandelt sich die Verpflichtung auf die Lieferung oder Abnahme in einen Barausgleich in Höhe der Differenz zwischen Kaufpreis des Kontrakts und dem Wert des Basisobjekts am letzten Handelstag.

II. Einkommensteuerrechtliche Behandlung von Optionsgeschäften an der DTB im Bereich der privaten Vermögensverwaltung

1 Kauf einer Kaufoption auf Aktien

1.1 Kauf einer Kaufoption

Die gezahlten Optionsprämien sind Anschaffungskosten für das in der Person des Käufers entstandene Wirtschaftsgut »Optionsrecht«. Beim Erwerb der Kaufoption anfallende Bankspesen, Provisionen und andere Transaktionskosten sind Anschaffungsnebenkosten.

1.2 Ausübung einer Kaufoption

Übt der Käufer die Kaufoption aus und veräußert er die erworbenen Aktien innerhalb eines Zeitraums von sechs Monaten nach Anschaffung der Aktien, liegt ein steuerpflichtiges Spekulationsgeschäft vor (§ 23 Abs. 1 Satz 1 Nr. 1 Buchstabe b EStG). Zu den Anschaffungskosten der Aktien gehören auch die gezahlte Optionsprämie und die bei Erwerb der Option angefallenen Nebenkosten.

1.3 Verfall einer Kaufoption

Läßt der Inhaber der Kaufoption diese verfallen, kann die gezahlte Optionsprämie steuerlich keine Berücksichtigung finden.

1.4 Glattstellung einer Kaufoption durch ein Gegengeschäft

Verkauft der Inhaber einer Kaufoption eine Kaufoption der gleichen Serie mit Closing-Vermerk (glattstellender Abschluß eines Stillhaltergeschäfts, vgl. Rz. 2), stellt dieser Vorgang ein Veräußerungsgeschäft dar. Die Differenz zwischen der gezahlten und der aus dem glattstellenden Abschluß des Stillhaltergeschäfts erzielten Optionsprämie ist unter den weiteren Voraussetzungen des § 23 EStG als Spekulationsgewinn oder -verlust anzusehen.

301

Beispiel:

Privatkunde K erwirbt Anfang Juli über seine Bank DTB-Kaufoptionen über 500 Aktien der X-AG zum Basispreis von 340 DM, weil er für die nächsten Monate mit einem Kursanstieg der Aktie rechnet (Kurs der X-AG-Aktie Anfang Juli 320 DM). Verfallmonat der Kaufoptionen ist der September. K entrichtet eine Optionsprämie von 500 × 20 DM = 10000 DM zuzüglich 210 DM Spesen. Anfang August ist der Kurs der X-AG-Aktie auf 380 DM gestiegen. Das Recht, die X-AG-Aktien zu einem Basispreis von 340 DM zu kaufen, ist jetzt 55 DM wert (innerer Wert der Option: 40 DM; Zeitwert der Option: 15 DM). K beschließt daher, seine Position durch ein Gegengeschäft glattzustellen, d. h. er verkauft über seine Bank DTB-Kaufoptionen über 500 Aktien der X-AG zum Basispreis von 340 DM (Verfallmonat September) mit Closing-Vermerk. K vereinnahmt hierfür eine Optionsprämie von 500 × 55 DM = 27500 DM abzüglich 395 DM Spesen. K hat einen steuerpflichtigen Spekulationsgewinn in Höhe von 16895 DM erzielt.

2 Kauf einer Verkaufsoption auf Aktien

2.1 Kauf einer Verkaufsoption

Die Zahlung einer Optionsprämie für den Erwerb einer Verkaufsoption stellt einen steuerlich unbeachtlichen Vorgang auf der Vermögensebene dar.

2.2 Ausübung einer Verkaufsoption

Hat der Optionsinhaber die durch Ausübung der Option verkauften Aktien innerhalb eines Zeitraums von sechs Monaten vor Optionsausübung angeschafft, liegt ein Spekulationsgeschäft i. S. des § 23 Abs. 1 Satz 1 Nr. 1 Buchstabe b EStG vor. Die gezahlte Optionsprämie sowie angefallene Nebenkosten für den Optionserwerb dürfen bei der Ermittlung des Spekulationsgewinns nach § 23 Abs. 4 Satz 1 EStG als Werbungskosten (Veräußerungskosten) abgezogen werden.

2.3 Verfall einer Verkaufsoption

Läßt der Inhaber der Verkaufsoption diese verfallen, dürfen die gezahlte Optionsprämie sowie die für den Erwerb der nichtausgeübten Option aufgewandten Nebenkosten nicht als Werbungskosten i. S. des § 23 Abs. 4 Satz 1 EStG abgezogen werden.

2.4 Glattstellung einer Verkaufsoption durch ein Gegengeschäft

Verkauft der Inhaber einer Verkaufsoption eine Verkaufsoption der gleichen Serie mit Closing-Vermerk, ist die Differenz zwischen der gezahlten und der aus dem glattstellenden Abschluß des Stillhaltergeschäfts erzielten Optionsprämie unter den weiteren Voraussetzungen des § 23 EStG als Spekulationsgewinn oder -verlust anzusehen.

3 Verkauf einer Kaufoption auf Aktien

3.1 Verkauf

Der Verkäufer der Kaufoption (sog. Stillhalter in Wertpapieren) erhält die Optionsprämie als Vergütung für seine Bindung und die Risiken, die er durch die Einräumung des Optionsrechts während der Optionsfrist eingeht. Die Optionsprämie stellt demnach ein Entgelt für eine sonstige Leistung i. S. des § 22 Nr. 3 EStG dar (vgl. BFH-Urteil vom 28. November 1990 – BStBl 1991 II S. 300).

3.2 Ausübung der Kaufoption durch den Käufer

Übt der Inhaber der Kaufoption diese aus und veräußert ihm der Stillhalter Aktien, die er selbst erst noch erwerben muß oder innerhalb von sechs Monaten vor Optionsausübung erworben hat, liegt beim Stillhalter ein Spekulationsgeschäft i. S. des § 23 Abs. 1 Satz 1 Nr. 1 Buchstabe b EStG vor. Die vereinnahmte Optionsprämie, die nach § 22 Nr. 3 EStG zu versteuern ist, bleibt bei der Ermittlung des Spekulationsgewinns außer Ansatz. Ebenso kann der Stillhalter Verluste aus dem Ausführungsgeschäft nicht als Werbungskosten bei seinen Einkünften aus § 22 Nr. 3 EStG abziehen (BFH-Urteil vom 28. November 1990. a. a. O.).

3.3 Glattstellung der Kaufoption durch ein Gegengeschäft

Kauft der Verkäufer einer Kaufoption eine Kaufoption der gleichen Serie unter Closing-Vermerk (Glattstellung der Stillhalterposition), handelt es sich bei der gezahlten Optionsprämie wirtschaftlich betrachtet um Aufwendungen zur Befreiung von den zuvor eingegangenen Stillhalterbindung und damit um Aufwendungen zur Sicherung der vereinnahmten Optionsprämie. Die für den glattstellenden Kauf einer Kaufoption vom Stillhalter gezahlte Optionsprämie einschließlich der Nebenkosten dürfen daher als Werbungskosten bei seinen Einkünften aus § 22 Nr. 3 EStG abgezogen werden.

Beispiel:

K verkauft Anfang Juli über seine Bank DTB-Kaufoptionen über 500 Aktien der Y-AG zum Basispreis von 300 DM (Kurs der Y-Aktie zum Verkaufszeitpunkt 300 DM; Verfallmonat der Optionen September), weil er mit einem stagnierenden Kurs rechnet. Er erzielt eine Optionsprämie von 500 × 15 DM = 7500 DM abzüglich 200 DM Spesen. Bis Anfang August hat sich der Kurs der Aktie nicht bewegt, K erwartet jedoch nunmehr einen Kursanstieg. Er beschließt, sich aus seiner Stillhalterposition zu lösen und kauft DTB-Kaufoptionen über 500 Aktien der Y-AG zum Basispreis von 300 DM (Verfallmonat September) mit Closing-Vermerk. Er zahlt hierfür eine Optionsprämie in Höhe von 500 × 10 DM zuzüglich 150 DM Spesen. K erzielt steuerpflichtige Einkünfte im Sinne des § 22 Nr. 3 EStG in Höhe von 2150 DM.

4   Verkauf einer Verkaufsoption auf Aktien

Für den Verkäufer einer Verkaufsoption (sog. Stillhalter in Geld) gelten die Ausführungen zu Rzn. 13 bis 15 entsprechend.

5   Optionen auf Namensaktien und den Deutschen Aktienindex (DAX)

5.1 Kauf von Kauf- oder Verkaufsoptionen

Da eine Option auf Namensaktien oder den DAX dem Inhaber bei Ausübung der Option lediglich einen Anspruch auf Barausgleich gewährt, kommt ein steuerpflichtiges Spekulationsgeschäft nicht in Betracht (vgl. BFH-Urteile vom 8. Dezember 1981 – BStBl 1982 II S. 618 und 25. August 1987 – BStBl 1988 II S. 248).

Bei Glattstellung solcher Optionsgeschäfte durch ein Gegengeschäft gelten die Ausführungen zu Rzn. 8 und 12 entsprechend.

5.2 Verkauf von Kauf- oder Verkaufsoptionen

Es gelten die Ausführungen zu Rzn. 13, 15 und 16 entsprechend.

6   Sog. Kombinationsgeschäfte

Da jedes sog. Kombinationsgeschäft (vgl. Rz. 3) aus zwei rechtlich selbständigen Grundgeschäften besteht, gelten für ihre einkommensteuerliche Behandlung die Regelungen für die Grundgeschäfte entsprechend.

III. Einkommensteuerrechtliche Behandlung von Finanztermingeschäften (Financial Futures) im Bereich der privaten Vermögensverwaltung

1   Bund-Futures

Bei den Bund-Futures der DTB kauft oder verkauft der Anleger eine idealtypische Bundesanleihe mit sechs Prozent Nominalverzinsung und einer Restlaufzeit von 8.5 bis 10 Jahren (langfristig) oder 3.5 bis 5 Jahren (mittelfristig, sog. Bobl-Future) per Termin. Im Regelfall ist es Ziel des Käufers oder Verkäufers eines Future-Kontraktes, durch ein glattstellendes Geschäft einen Differenzgewinn aus Eröffnungs- und Gegengeschäft zu erzielen. In diesen Fällen kommt daher regelmäßig ein steuerpflichtiges Spekulationsgeschäft nicht in Betracht. Kommt es entgegen der ursprünglichen Differenzerzielungsabsicht ausnahmsweise zu einer Lieferung von Bundesanleihen, kann für den Verkäufer eines Future-Kontraktes ein Spekulationsgeschäft nach § 23 Abs. 1 Satz 1 Nr. 2 EStG, für den Käufer im Fall der Veräußerung der erworbenen Bundesanleihen innerhalb von sechs Monaten ein Spekulationsgeschäft nach § 23 Abs. 1 Satz 1 Nr. 1 Buchstabe b EStG vorliegen.

2 DAX-Futures

Da bei DAX-Futures das Basisprojekt nicht lieferbar ist (vgl. Rz. 4), sind Gewinne oder Verluste aus der Glattstellung oder aus dem zu erbringenden Barausgleich steuerlich unbeachtlich.

IV. Einkommensteuerliche Behandlung anderer als Optionsscheine bezeichneter Finanzinstrumente im Bereich der privaten Vermögensverwaltung

1 Capped warrants (gekappte »Optionsscheine«)

Bei den capped warrants handelt es sich um eine Kombination einer Kaufoption und einer Verkaufsoption zumeist auf Indices (z. B. DAX). Gegen Zahlung einer Optionsprämie erwirbt der Käufer der capped warrants das Recht, am Verfalltag durch Ausübung der Option vom Emittenten eine Zahlung zu verlangen. Ein Recht auf Abnahme oder Lieferung von Wertpapieren besteht bei den capped warrants nicht. Kauf- und Verkaufsoption lauten auf unterschiedlich hohe Basispreise und sind mit Preisbegrenzungen (sog. caps) ausgestattet, die jeweils mit dem Basispreis der anderen Option übereinstimmen. Durch diese Kombination beider Optionen sichert sich der Käufer, der bis zur Ausübung am Verfalltag sowohl Kauf- als auch Verkaufsoption innehat, einen im voraus bestimmbaren Ertrag, der nach § 20 Abs. 1 Nr. 7 EStG steuerpflichtig ist. Verkauft er beide »Optionsscheine« zusammen, erzielt er Kapitalertrag nach § 20 Abs. 2 EStG. Dies gilt unabhängig davon, ob der Anleger Kauf- und Verkaufsoption von dem Emittenten gemeinsam oder getrennt erworben hat. Erwirbt der Anleger dagegen nur die Kaufoption oder nur die Verkaufsoption und erhält er durch Ausübung der Option am Verfalltag einen Barausgleich, ist diese Ausgleichszahlung nicht steuerbar (vgl. BFH-Urteile vom 8. Dezember 1981 – BStBl 1982 II S. 618 und 25. August 1987 – BStBl 1988 II S. 248). Werden Kauf- und Verkaufsoption innerhalb von sechs Monaten nach Anschaffung getrennt veräußert, liegt hinsichtlich des Optionsrechts ein Spekulationsgeschäft nach § 23 Abs. 1 Satz 1 Nr. 1 Buchstabe b EStG vor.

2 Range warrants (»Bandbreiten-Optionsscheine«)

Bei range warrants handelt es sich um ein Paket von »Optionsscheinen«, die meist auf Indices (z. B. den Kurs einer bestimmten Aktie) lauten. Befindet sich der betreffende Wert am Fälligkeitstag (»Ausübungstag«) innerhalb der vereinbarten Bandbreite eines der »Optionsscheine«, hat dessen Inhaber das Recht, von dem Emittenten neben der Rückzahlung des überlassenen Kapitalvermögens die Zahlung eines zusätzlichen Betrags (»Ausübungsbetrag«) zu verlangen; aus den übrigen »Optionsscheinen« erhält der Anleger lediglich das überlassene Kapitalvermögen zurück. Da in jedem Fall die Rückzahlung des Kapitalvermögens zugesagt wird, handelt es sich bei dem »Ausübungsbetrag« um Einkünfte aus Kapitalvermögen (§ 20 Abs. 1 Nr. 7 EStG).

Der Veräußerer des gesamten Pakets oder einzelner »Bandbreiten-Optionsscheine« erzielt Kapitalertrag nach § 20 Abs. 2 Satz 1 Nr. 4 EStG. Entsprechendes gilt für den Fall der Einlösung eines getrennten »Bandbreiten-Optionsscheins« (§ 20 Abs. 2 Satz 1 Nr. 4 Satz 4 EStG).

V. Erstmalige Anwendung

Die vorstehenden Regelungen sind in allen noch offenen Fällen anzuwenden.

2. **Einkommensteuerliche Behandlung von Options- und Finanztermingeschäften an der Deutscher Terminbörse (DTB) und von anderen als Optionsscheine bezeichneten Finanzinstrumenten im Bereich der privaten Vermögensverwaltung**
(OFD Frankfurt a. M., Rdvfg. vom 28. 03. 2000, S 2256A – 2 – St 1127)

Zur einkommensteuerlichen Behandlung von Options- und Finanztermingeschäften an der Deutschen Terminbörse (DTB) und von anderen als Optionsscheirke bezeichneten Finanzinstrumenten im Bereich der privaten Vermögensverwaltung (zur Abgrenzung vom gewerblichen Wertpapierhandel vgl. BFH v 31. 7. 1990, BStBl 11 1991, 66, MR 1991, 77) wird wie folgt Stellung genommen: . . . (Text entspricht dem BMF-Schrb. v. 10. 1 1. 1994, BStBl 11994, 816, DStR 1994, 1774) .

Zusatz der OFD:

Ab dem Veranlagungszeitraum 1999 ist die Besteuerung von Termingeschäften durch die Neufassung des § 23 EStG durch das Steuerentlastungsgesetz 1999/2000/2002 gesetzlich geregelt. Nunmehr sind alle Termingeschäfte, durch die der Steuerpflichtige einen Differenzausgleich oder einen durch den Wert einer veränderlichen Bezugsgröße bestimmten Geldbetrag oder Vorteil erlangt, als privates Veräußerungsgeschäft zu versteuern, sofern der Zeitraum zwischen Erwerb und Beendigung des Rechts auf einen Differenzausgleich, Geldbetrag oder Vorteil nicht mehr als ein Jahr beträgt (§ 23 Abs. 1 Satz 1 Nr. 4 EStG). Dabei ist zu beachten, dass gemäß § 23 Abs. 1 Satz 1 Nr. 4 Satz 2 EStG auch Zertifikate, die Aktien vertreten, und Optionsscheine als Termingeschäfte i. S. des § 23 Satz 1 Nr. 4 EStG gelten.

Diese Neuregelung ist allerdings nur für diejenigen Termingeschäfte anzuwenden, bei denen der Erwerb des Rechts auf einen Differenzausgleich, Geldbetrag oder Vorteil nach dem 31.12:1998 erfolgte (§ 52 Abs. 39 Satz 2 EStG). Erfolgte der Erwerb des Rechts auf einen Differenzausgleich, Geldbetrag oder Vorteil vor dem 1. 1. 1999, so kann die Neufassung des § 23 Abs. 1 Satz 1 Nr. 4 EStG nicht angewandt werden und es ist nach den Grundsätzen des vorstehenden BMF-Schreibens zu verfahren.

3. **Einkommensteuerliche Behandlung von Optionsanleihen im Betriebsvermögen**
(FinMin Bayern vom 24.07.2000, 31- S 2136 --1/24 – 31851)

Die obersten Finanzbehörden des Bundes und der Länder sind übereingekommen, in den vorliegenden Einzelfällen, in denen Optionsanleihen im Betriebsvermögen steuerlich zu beurteilen sind, nach folgenden Grundsätzen zu verfahren:

1. Bilanzierender Zeichner

a) Wird eine marktüblich verzinsliche Optionsanleihe erworben, ist die Schuldverschreibung beim bilanzierenden Zeichner mit ihrem Nennwert und daneben das Optionsrecht mit dem offen geleisteten Aufgeld zu aktivieren.

Praxis-Beispiel

Beispiel:

Es wird eine marktüblich verzinsliche Optionsanleihe (100) zum einheitlichen Preis von 125,76 DM ausgegeben.

Der Geschäftsvorfall ist beim bilanzierenden Zeichner wie folgt zu buchen:

1. *1. Schuldverschreibung*
   Schuldverschreibung 100 an Bank 100

2. *2. Optionsrecht*
   Optionsrecht 25,76 an Bank 25,76

---

b) Wird eine »niedrig« verzinsliche Optionsanleihe erworben, ist die Schuldverschreibung beim bilanzierenden Zeichner ebenfalls mit dem Nennwert zu aktivieren. Allerdings ist in Höhe des Unterschiedsbetrags zwischen dem Nennwert und dem Emissionskurs der Schuldverschreibung entsprechend der Behandlung von Anleihen mit Disagio ein passiver Rechnungsabgrenzungsposten zu bilden. Während der Laufzeit der Schuldverschreibung ist der Rechnungsabgrenzungsposten zum jeweiligen Bilanzstichtag unter Berücksichtigung des anteiligen Zinseszinses für das abgelaufene Jahr gewinnerhöhend aufzulösen (vgl. BMF-Schreiben vom 15.3.1987, BStBI 1987 I S. 394). Zur Berechnung des Auflösungsbetrags wird auf das BMF-Schreiben vom 24.1.1985 (BStBil 1985 I S. 77) verwiesen. Die Schuldverschreibung darf zu den auf die Ausgabe folgenden Stichtagen allein wegen der niedrigeren Normalverzinsung nicht mit dem niedrigeren Börsenkurswert angesetzt werden.

Neben der Schuldverschreibung ist das Optionsrecht mit dem Unterschiedsbetrag zwischen dem Nennwert und dem Emissionskurs der Schuldverschreibung als der kapitalisierte Unterschiedsbetrag zwischen dem marktüblichen Zins im Ausgabezeitpunkt und dem vereinbarten niedrigeren Nominalzins (verdecktes Aufgeld) zu aktivieren.

Praxis-Beispiel

Beispiel:

Es wird eine »niedrig« verzinsliche Optionsanleihe zum einheitlichen Preis von 100 DM begeben. Der rechnerische Emissionskurs der Schuldverschreibung beträgt 74,24 DM.

Der Geschäftsvorfall ist beim bilanzierenden Zeichner wie folgt zu buchen:

1. *1. Schuldverschreibung*
   Schuldverschreibung 100 an Bank 74,24 und RAP 25,76

2. *2. Optionsrecht*
   Optionsrecht 25,76 an Bank 25,76

---

c) Wird eine Optionsanleihe erworben, die sowohl »niedrig« verzinslich ist als auch mit einem offenen Aufgeld ausgestattet ist, gelten die vorstehenden Grundsätze entsprechend. In diesem Fall ist das Optionsrecht mit der Summe aus dem offen und verdeckt geleisteten Aufgeld zu aktivieren.

Praxis-Beispiel

Beispiel:

Es wird eine »niedrig« verzinsliche Optionsanleihe zum einheitlichen Preis von 111,06 DM ausgegeben. Der rechnerische Emissionskurs der Schuldverschreibung beträgt 85,30 DM.

Der Geschäftsvorfall ist beim bilanzierenden Zeichner wie folgt zu buchen:

1. 1. Schuldverschreibung
Schuldverschreibung 100 an Bank 85,30 und RAP 14,70

2. 2. Optionsrecht
Optionsrecht 25,76 (14,70 verdeckt und 11,06 offen) an Bank

---

d) Bei Ausübung des Optionsrechts ist der aktivierte Betrag auf die Anschaffungskosten der erworbenen Beteiligung umzubuchen. Wird das Optionsrecht hingegen bis zum Ablauf der Optionsfrist nicht ausgeübt, entfällt es mit der Folge, dass der aktivierte Betrag als außerordentlicher Aufwand auszubuchen ist.

2. Emittierende Kapitalgesellschaft

a) Wird eine marktüblich verzinsliche Optionsanleihe ausgegeben, ist die Schuldverschreibung bei der emittierenden Kapitalgesellschaft mit dem Rückzahlungsbetrag (Nennwert) zu passivieren.

Daneben ist das offen erhaltene Aufgeld für das Optionsrecht nach § 272 Abs. 2 Nr. 2 HGB in der Handelsbilanz in die Kapitalrücklage einzustellen. Steuerrechtlich liegt bei Ausgabe der Optionsanleihe keine Einlage vor, weil das Entgelt für das Optionsrecht von einem Nichtgesellschafter gezahlt wird und die mögliche spätere Gesellschafterstellung noch von der Ausübung des Optionsrechts abhängt. Eine Einlage ist deshalb steuerrechtlich erst anzunehmen, wenn das Optionsrecht ausgeübt worden ist.

Um dem Schwebezustand bis zu einer etwaigen Ausübung des Optionsrechts oder dem Ablauf der Optionsfrist ohne Ausübung des Optionsrechts Rechnung zu tragen, kann ein Passivposten unter der Bezeichnung »Anzahlung« gebildet werden. In der Gliederung des verwendbaren Eigenkapitals ist die »Anzahlung« bis zur Ausübung des Optionsrechts nicht zu erfassen (Fremdkapital). Bei Ausübung des Optionsrechts wird die »Anzahlung« auch steuerrechtlich Eigenkapital. Das aus der »Anzahlung« entstandene Eigenkapital ist dem Teilbetrag i.S. des § 30 Abs. 2 Nr. 4 KStG (EK 04) zuzuordnen. Wird das Optionsrecht bis zum Ablauf der Optionsfrist nicht ausgeübt, ist die Anzahlung als Betriebseinnahme zu erfassen, die über das entsprechend höhere Einkommen zu einem Zugang bei den mit Körperschaftsteuer belasteten Teilbeträgen des verwendbaren Eigenkapitals führt.

Praxis-Beispiel

Beispiel:

Der Geschäftsvorfall ist bei der emittierenden Kapitalgesellschaft wie folgt zu buchen:

1. 1. Schuldverschreibung
Bank 100 an Schuldverschreibung 100

2. 2. Optionsrecht
Bank 25,76 an Anzahlung 25,76

---

b) Wird eine »niedrig« verzinsliche Optionsanleihe ausgegeben, ist die Schuldverschreibung bei der emittierenden Kapitalgesellschaft ebenfalls mit dem Rückzahlungsbetrag (Nennwert) zu passivieren. Allerdings ist in Höhe des Unterschiedsbetrags zwischen, dem Rückzahlungsbetrag (Nennwert) und dem Emissionskurs der Schuldverschreibung ein aktiver Rechnungsabgrenzungsposten zu bilden und während der Laufzeit der Schuldverschreibung entsprechend der Zinseszinsberechnung für die abgelaufene Laufzeit gewinnmindernd aufzulösen.

Daneben ist das ausgegebene Optionsrecht mit dem Unterschiedsbetrag zwischen dem Rückzahlungsbetrag (Nennwert) und dem Emissionskurs der Schuldverschreibung (verdecktes Aufgeld) in der Steuerbilanz als Anzahlung zu behandeln.

Praxis-Beispiel

Beispiel:

Der Geschäftsvorfall ist bei der emittierenden Kapitalgesellschaft wie folgt zu buchen:

1. *1. Schuldverschreibung*
   Bank 74,24 und RAP 25,76 an Schuldverschreibung 100

2. *2. Optionsrecht*
   Bank 25,76 an Anzahlung 25,76

---

c) Wird eine Optionsanleihe ausgegeben, die sowohl »niedrg« verzinslich ist als auch mit einem offenen Aufgeld ausgestattet ist, gelten die vorstehenden Grundsätze entsprechend. In diesem Fall ist das ausgegebene Optionsrecht mit der Summe aus dem offenen und verdeckt erhaltenen Aufgeld in der Steuerbilanz als Anzahlung zu behandeln.

Praxis-Beispiel

Beispiel:

Der Geschäftsvorfall ist bei der emittierenden Kapitalgesellschaft wie folgt zu buchen:

1. 1. Schuldverschreibung
   Bank 85,30 und RAP 14,70 an Schuldverschreibung 100

2. 2. Optionsrecht
   Bank 25,76 an Anzahlung 25,76 (14,70 verdeckt und 11,06 offen)

Ich bitte, die Finanzämter zu unterrichten.

4. Einkommensteuerrechtliche Behandlung von Bonifikationen, die bei der Emission von festverzinslichen Wertpapieren an private Erwerber weitergegeben werden
(Vfg. OFD Nürnberg vom 29.08.1991, S. 2252 – 116/St 21)

Bei einer Vermögensverwaltungs-GbR, die Großanlegerin von festverzinslichen Wertpapieren ist, wurde anläßlich einer Konzernprüfung folgendes festgestellt:

Die Anlagegesellschaft hat von verschiedenen Vertriebsbanken Kommunalobligationen, Inhaberschuldverschreibungen und Industrieobligationen kurz vor oder nach dem Emissionsdatum erworben, um sie im Privatvermögen zu halten. Es handelt sich um Papiere, die mit einem nicht marktgerechten niedrigen Normalzins ausgestattet sind und deshalb von den Emissionsbanken am Markt nur untergebracht werden können, wenn sie mit einem Abschlag auf den Nominalwert veräußert werden. Die Emissionsbanken gewähren den Vertriebsbanken neben dem Disagio, das innerhalb der Emissions-Staffel laut BMF-Schreiben v. 24.11.1986 (DStR 1987, 96) liegt, noch einen als Bonifikation bezeichneten zusätzlichen Abschlag. Die Vertriebsbanken veräußern die Papiere zum marktgerechten Tageskurs an private Anleger, wobei sie den größten Teil ihrer Bonifikation an den Zweiterwerber weiterleiten.

Hierzu folgendes Beispiel:

Genehmigung der Emission 22.7.1985
Emissionsbetrag 80 Mio. DM
Laufzeit 5 Jahre
Zins 4,5%
Disagio lt. Genehmigungsantrag 3%
Bonifikation an Vertriebsbanken 4,3%
Verkauf an den Steuerpflichtigen zum Tageskurs 19.8.1985 zu 93,25%

Über den niedrigeren Tageskurs wird das in der Bonifikation des Emittenten versteckte Disagio an den privaten Anleger weitergegeben. Die von den Vertriebsbanken erteilte Kaufbestätigung weist nur die Ausgabekonditionen und den Tageskurs der Emission aus. Die darin enthaltene Bonifikation wird nicht besonders ausgewiesen. Der private Anleger versteuert nur den Nominalzins, da das Disagio die Disagio-Staffel laut BMF-Schreiben v. 24.11.1986 nicht übersteigt.

Im Einvernehmen mit den obersten Finanzbehörden des Bundes und der Länder vertrete ich hierzu folgende Auffassung:

Nach § 20 Abs. 2 Nr. 1 EStG gehören zu den Einkünften aus Kapitalvermögen auch besondere Entgelte oder Vorteile, die neben den in § 20 Abs. 1 EStG bezeichneten Einnahmen oder an deren Stelle gewährt werden. Dabei kommt es weder auf die Bezeichnung der Beträge noch darauf an, ob sie in offener oder in verschleierter Form gewährt werden (BFH BStBl. II 1988, 252). Deshalb sind auch von den Vertriebsbanken bei der Ausgabe festverzinslicher Wertpapiere eingeräumte Abschläge (Disagio, Bonifikationen) als Einnahmen aus Kapitalvermögen zu erfassen. Die sog. Bonifikationen sind als zusätzliches Emissions-Disagio anzusehen und daher mit in die Disagio-Staffel einzubeziehen. Emissions-Disagio und die weitergegebenen Bonifikationen stellen den Unterschiedsbetrag dar, der bei Überschreiten der Grenzen der Disagio-Staffel im vollen Umfang zu den Einnahmen aus Kapitalvermögen gehört.

Als Zeitpunkt der Versteuerung ist die Einlösung bzw. Rückgabe der Wertpapiere maßgebend, da der private Anleger nunmehr wirtschaftlich über die gewährten Vorteile verfügen kann. Im Fall der Veräußerung vor Fälligkeit ist der Unterschiedsbetrag entsprechend der Regelung im BMF-Schreiben v. 24.11.1986 (a. a. O.) nach der anteiligen Besitzdauer vom Veräußerer zu versteuern. Die steuerliche Erfassung des Unterschiedsbetrages (Emissions-Disagio und weitergegebene Bonifikation) bereitet in der Praxis Schwierigkeiten, da der private Anleger, der das Papier als Zweiterwerber zum Tageskurs von der Vertriebsbank erwirbt, diesen Betrag nicht kennt. Der Unterschiedsbetrag zwischen dem niedrigen Tageskurs und dem Einlösungskurs kann der Besteuerung nicht zugrundegelegt werden, da sich im Tageskurs die an den Zweiterwerber weitergeleitete Bonifikation mit den zwischenzeitlich eingetretenen Zinsschwankungen mischt. Die steuerlich relevanten Daten sollten daher bei der Unterbringung der Neuemission am Markt besonders ausgewiesen und veröffentlicht werden. Nur so kann auch ein Zweiterwerber die von ihm zu versteuernden Einkünfte erklären.

5. Steuerliche Behandlung verschiedener Formen von Kapitalanlagen (BMF-Schreiben vom 30.04.1993, IV B 4 – S 2252 – 480/93)

Im Zusammenhang mit dem ab 1. Januar 1993 eingeführten Zinsabschlag werden vermehrt neue Kapitalanlagemodelle angeboten. Zu der Frage, ob und in welchem Umfang aus diesen Kapitalanlagen Einkünfte aus Kapitalvermögen im Sinne des § 20 Abs. 1 Nr. 7 und Abs. 2 EStG erzielt werden, nehme ich aufgrund der Erörterung mit den obersten Finanzbehörden der Länder wie folgt Stellung:

Zu den Einkünften aus Kapitalvermögen gehören Zinsen, Entgelte und Vorteile, die unabhängig von ihrer Bezeichnung und der zivilrechtlichen Gestaltung bei wirtschaftlicher Betrachtung für die Überlassung von Kapitalvermögen zur Nutzung erzielt werden.

Dies bedeutet im einzelnen:

1. Bei der Kapitalüberlassung zur Nutzung ist für das Vorliegen von Kapitalertrag entscheidend, daß bei Ausgabe des Papiers von vornherein eine Rendite versprochen wird, die bei Einlösung mit Sicherheit erzielt werden kann (Emissionrendite). Diese schlägt sich im Kurs des Papiers und damit bei Zwischenveräußerungen im Kaufpreis nieder. Lediglich marktzinsbedingte Kursschwankungen während der Laufzeit sind der Vermögenssphäre zuzuordnen, so daß bei Zwischenveräußerung bzw. -erwerb nur die besitzzeitanteilige Emissionrendite als Kapitalertrag anzusehen ist.

2. Bei Kapitalforderungen mit feststehenden, unterschiedlich hohen Kapitalerträgen (z. B. Kombizins-Anleihen, Gleitzins-Anleihen, Festzins-Anleihen mit getrennt handelbaren Zinsscheinen) sind die Zinsen bei Zufluß zu versteuern (§ 20 Abs. 1 Nr. 7 EStG). Wird das Wertpapier über die gesamte Laufzeit gehalten, ergeben sich keine Besonderheiten.

   Ist die Besitzzeit dagegen kürzer als die Laufzeit des Wertpapiers, wäre die Summe der insgesamt in der Besitzzeit zufließenden Zinsen je nach Ausgestaltung des Modells höher oder niedriger als die nach der Emissionsrendite errechneten besitzzeitanteiligen Zinsen. Diese Differenz muß bei Veräußerung und Einlösung des Wertpapiers durch entsprechende Hinzurechnungen oder Abzüge ausgeglichen werden. Infolge dessen sind im Zeitpunkt der Veräußerung/Einlösung die in dem betreffenden Veranlagungszeitraum zugeflossenen Zinsen um die Differenz zwischen der Summe aller in der Besitzzeit zugeflossenen Zinsen und den nach der Emissionsrendite errechneten besitzzeitanteiligen Zinsen zu erhöhen oder zu kürzen (§ 20 Abs. 2 Nr. 3 und 4 EStG).

3. Ist bei als Optionsgeschäften bezeichneten Modellen (z. B. Capped warrants, range warrants) ähnlich wie bei einem festverzinslichen Wertpapier die Rückzahlung des eingesetzten Kapitals garantiert und mit der Zahlung eines festbezifferten zusätzlichen Betrages zu rechnen, dann ist dieser Betrag wirtschaftlich betrachtet der Zins für das überlassene Kapital und folglich Kapitalertrag. Bei Zwischenveräußerung während der Laufzeit wird dieser Betrag besitzzeitanteilig auf die jeweiligen Inhaber aufgeteilt (§ 20 Abs. 2 Nr. 4 EStG).

4. Wird nur die Rückzahlung des eingesetzten Kapitals garantiert (z. B. Grois, Giros und Saros), sind zusätzlich geleistete Beträge ebenfalls Kapitalertrag.

   Bei einer Veräußerung des Papiers ist der Unterschiedsbetrag zwischen Kaufpreis und Verkaufspreis Kapitalertrag. Dies gilt bei Veräußerung durch einen Ersterwerber nur hinsichtlich positiver Kapitalerträge.

   Diese Regelung gilt auch für Papiere, bei denen neben der Rückzahlung des eingesetzten Kapitals nur ein Mindestertrag garantiert wird (z. B. Mega-Zertifikate).

5. Der Erwerb eines Papiers ohne Zinsscheine oder von Zinsscheinen ohne Papier zu einem abgezinsten Preis steht wirtschaftlich betrachtet dem Erwerb einer abgezinsten Forderung (Zero-Bond) gleich. Infolgedessen erzielt der erste Erwerber eines solchen Papiers oder Zinsscheins bei der Einlösung Ertrag nach § 20 Abs. 1 Nr. 7 EStG, jeder weitere Erwerber

bei Einlösung besitzzeitanteiligen Kapitalertrag nach § 20 Abs. 1 Nr. 7 EStG. Die Veräußerung führt bei allen diesen Personen zu besitzzeitanteiligem Kapitalertrag nach § 20 Abs. 2 Nr. 4 EStG.

Dies gilt auch für Wertpapiere, bei denen der Ertrag – anders als bei Zinsscheinen – von vornherein nicht gesondert verbrieft ist (wie z. B. bei den Optionsmodellen).

6. Ermittlung des einkommensteuerpflichtigen Kapitalertrags aus Zero Coupon Bonds, die zu einem Privatvermögen gehören (BMF-Schreiben vom 24.01.1985, IV B 4 – S 2252 – 4/85)

Auf Grund des Ergebnisses der Erörterung mit den obersten Finanzbehörden der Länder bitte ich, den einkommensteuerpflichtigen Kapitalertrag aus Zero Coupon Bonds, die zu einem Privatvermögen gehören, nach folgenden Regeln zu ermitteln:

1. Rechtsgrundlage

Der einkommensteuerpflichtige Kapitalertrag aus Zero Coupon Bonds, die zu einem Privatvermögen gehören, wird nach folgenden Grundsätzen zur Einkommensteuer herangezogen:

a) Zero Coupon Bonds sind ihrer Natur nach festverzinsliche Wertpapiere, bei denen die Zinsen nicht wie gewöhnlich zu bestimmten Terminen in festen Beträgen an den Inhaber geleistet werden, sondern in dem Unterschiedsbetrag zwischen Emissionspreis und Einlösungspreis (Diskont) liegen. Dieser Kapitalertrag fließt dem Inhaber bei der Einlösung am Ende der Laufzeit zu; er ist nach § 20 Abs. 1 Nr. 8 EStG zu versteuern.

b) Veräußert ein Steuerpflichtiger ein Zero Coupon Bond während der Laufzeit, ist der Zinsertrag bei ihm mit dem Betrag der Einkommensteuer zu unterwerfen, der rechnerisch auf die Zeit entfällt, in der er das Wertpapier innehatte. Erzielt der Veräußerer einen Preis von geringerer Höhe, als es dem Emissionspreis zuzüglich der rechnerisch bis zum Veräußerungszeitpunkt ermittelten Zinsen entspricht, sind gleichwohl die rechnerisch ermittelten Zinsen der Besteuerung zugrunde zu legen, während der Verlust dem auf der einkommensteuerrechtlich unbeachtlichen Vermögensebene befindlichen Kapitalstamm zugerechnet wird. Dasselbe gilt für den Teil eines Veräußerungserlöses, der den Emissionspreis zuzüglich der rechnerisch bis zum Veräußerungszeitpunkt ermittelten Zinsen übersteigt.

Beim Erwerber sind die Zinsen dementsprechend ab dem Erwerbszeitpunkt rechnerisch zu ermitteln und der Einkommensteuer zugrunde zu legen, wenn er entweder das Zero Coupon Bond vor dem Ende der Laufzeit weiterveräußert oder das Wertpapier am Ende der Laufzeit einlöst.

2. Berechnung des Kapitalertrags

Bei der Berechnung des Kapitalertrags ist von den rechnerisch ermittelten Anschaffungs- und Veräußerungskursen der Zero Coupon Bonds auszugehen. Sie sind mit einem aus der Emissionsrendite abgeleiteten und vom Emissionsdatum ausgehenden Aufzinsungsfaktor auf den Übertragungszeitpunkt (Tag der Anschaffung und Tag der Veräußerung) aufzuzinsen. Dazu dient folgende Gleichung:

Rechnerischer Anschaffungs-/Veräußerungskurs = Emissionskurs × Aufzinsungsfaktor F

Der Aufzinsungsfaktor F wird nach folgender Formel näherungsweise ermittelt:

$$F = q^n \times \left(\frac{R \times T}{360 \times 100} + 1 \right)$$

311

Dabei ist

q^n = Aufzinsungsfaktor für volle n Jahre: $(1 + \dfrac{R}{100})^n$

R = Emissionsrendite

T = Jahresbruchteile in Tagen (Monate und Tage)

Der Unterschiedsbetrag zwischen dem Anschaffungskurs und dem Veräußerungskurs (oder Einlösungskurs am Ende der Laufzeit) stellt den steuerpflichtigen Ertrag dar. Die Umrechnung dieses in ausländischer Währung ermittelten Ertrags in Deutsche Mark erfolgt zum amtlichen Mittelkurs der ausländischen Währung am Tage des Verkaufs oder der Einlösung des Wertpapiers.

Beim Fehlen von Angaben über die Emissionsrendite R oder in Fällen der Nachprüfung von R kann die Emissionsrendite aus der Formel

$$(1 + \frac{R}{100})^n = \frac{K_n}{K_o}$$

errechnet werden.

Hierbei gilt:

K_o = Emissionswert des Wertpapiers

K^n = Rücknahmewert des Wertpapiers nach Beendigung der Gesamtlaufzeit

n = Gesamtlaufzeit des Wertpapiers.

3. Beispiel

Emissionsdatum:	1.2.1982
Emissionskurs:	19,94 v. H.
Emissionsrendite	14,3 v. H.

	Kauf/Verkauf
Ersterwerber	10.2.1982/4.1.1983
1. Nacherwerber	4.1.1983/10.8.1987
2. Nacherwerber	10.8.1987/11.2.1994 (Einlösung)

Zur Ermittlung des jeweils einkommensteuerpflichtigen Ertrags werden folgende Teilschritte erforderlich:

a) Ermittlung der Laufzeiten von Emissionsdatum bis zum Kauf oder Verkauf

	bis Kauf Jahre	Monate	Tage	bis Verkauf Jahre	Monate	Tage
Ersterwerber	0	0	9	0	11	3
1. Nacherwerber	0	11	3	5	6	9
2. Nacherwerber	5	6	9	Einlösung zu 100 v. H.		

b) Aufzinsungsfaktor q^n für volle Jahre zur Ermittlung des Aufzinsungsfaktors F und Jahresbruchteile in Tagen (T)

	bis Kauf q^n	T	bis Verkauf q^n	T
Ersterwerber	–	9	–	333
1. Nacherwerber	–	333	$1,143^5$	189
2. Nacherwerber	$1,143^5$	189	Einlösung zu 100 v. H.	

c) Ermittlung des Aufzinsungsfaktors F (vgl. Formel in Nr. 2)

Kauf

Ersterwerber $\quad\dfrac{14,3 \times 9}{360 \times 100} + 1 \qquad \dfrac{14,3 \times 333}{360 \times 100} + 1$

$= 1{,}003575 \qquad\qquad = 1{,}132275$

1. Nacherwerber $\qquad 1{,}132275 \qquad 1{,}143^5 \times (\dfrac{14{,}3 \times 189}{360 \times 100} + 1)$

$= 2{,}097345$

2. Nacherwerber $\qquad 2{,}097345 \qquad$ Einlösung zu 100 v.H.

d) Ermittlung der rechnerischen Anschaffungs- und Veräußerungskurse durch Aufzinsung des Emissionskurses (hier: 19,94 v. H.) mit dem Aufzinsungsfaktor F sowie des einkommensteuerpflichtigen Ertrags (angenommene Währungskurse bezogen auf einen Einlösungsbetrag von nominell 100000 US-$).

	Kauf		Verkauf		
	Steuer- kurs v. H.	Währung nominell	Steuer- kurs v. H.	Währung nominell	Kurs US-$
Ersterwerber	20,1	20100	22,57	22570	2,38
1. Nacherwerber	22,6	22600	41,82	41820	2,25
2. Nacherwerber	41,9	41900	100	100000	2,40

Währungsertrag in US-$/steuerpflichtiger Ertrag in DM

Ersterwerber	2470 US-$	5878 DM
1. Nacherwerber	19220 US-$	43245 DM
2. Nacherwerber	58100 US-$	139440 DM

Dabei ist zu berücksichtigen, daß durch die Rückbeziehung der Laufzeit jeweils auf den ersten Tag des Begebungsmonats (Laufzeitstreckung) für Zwecke der Renditeermittlung sowie durch Abrundung der Emissionsrendite auf eine Stelle hinter dem Komma im Ergebnis erreicht wird, daß sich etwaige Unterschiede bei der Ermittlung des einkommensteuerpflichtigen Ertrages für verschiedene Inhaber eines Zero Coupon Bond nicht auswirken und mögliche Unterschiede bei der rechnerischen Ermittlung des Kapitalertrags durch Rundungsdifferenzen nicht zu Lasten des Steuerpflichtigen wirken. Dies bedingt, daß der rechnerische Kaufkurs eines Nacherwerbers zur Vermeidung von Nachteilen auf eine Stelle hinter dem Komma aufgerundet werden muß, um die Abrundungswirkung aus der Laufzeitstreckung und aus der Abrundung der Emissionsrendite auszugleichen.

4. Verzeichnis der Zero Coupon Bonds

Nachstehendes Verzeichnis der Zero Coupon Bonds, das von den Verbänden des Kreditgewerbes zusammengestellt wurde, enthält nur diejenigen Papiere, die aus dem Euro-Bereich stammen und nach den Feststellungen der Kreditinstitute in inländischen Depots verzeichnet sind. Bei nicht in dem Verzeichnis aufgeführten Zero Coupon Bonds wird dem Steuerpflichtigen empfohlen, im Einzelfall die notwendigen Daten (Emissionsdatum, -kurs und -rendite) bei dem Kreditinstitut zu erfragen, bei dem er die Zero Coupon Bonds erworben hat.

5. Dieses Schreiben tritt an die Stelle des BMF-Schreibens vom 14. Januar 1983 – IV B 4 – S 2252 – 2/83.

7. **Einkommensteuerrechtliche Behandlung von**
   a) **Emissionsdisagio, Emissionsdiskont und umlaufbedingtem Unterschiedsbetrag zwischen Marktpreis und höherem Nennwert bei festverzinslichen Wertpapieren,**
   b) **unverzinslichen Schatzanweisungen, die zu einem Privatvermögen gehören**
   (BMF-Schreiben vom 24.11.1986, IV B 4 – S 2252 – 180/86)

Unter Bezug auf die Erörterungen mit den obersten Finanzbehörden der Länder vertrete ich zur einkommensteuerrechtlichen Behandlung von Emissionsdisagio, Emissionsdiskont und umlaufbedingtem Unterschiedsbetrag zwischen Marktpreis und höherem Nennwert bei festverzinslichen Wertpapieren, die zu einem Privatvermögen gehören, sowie zu unverzinslichen Schatzanweisungen, die zu einem Privatvermögen gehören, folgende Auffassung:

1. Ein bei der Emission eines festverzinslichen Wertpapiers gewährtes Disagio stellt einen Abschlag vom Nennwert dar, mit dem der Emittent vornehmlich auf eine Erhöhung des Kapitalmarktzinses in der Zeit zwischen dem Antrag auf Genehmigung der Emission und der Ausgabe der Emission auf dem Kapitalmarkt reagiert (sog. Feineinstellung des Zinses).

   Davon zu unterscheiden ist der Emissionsdiskont. Dieser Abschlag vom Nennwert beinhaltet wirtschaftlich ganz oder teilweise (wenn daneben ein deutlich unter dem Kapitalmarktzins für Wertpapiere gleicher Laufzeit liegender laufender Zins gewährt wird) den Ertrag des Wertpapiers, wenn dieses am Ende seiner Laufzeit zum Nennwert eingelöst wird (sog. Abzinsungspapier).

   Vom Emissionsdisagio und vom Emissionsdiskont ist der umlaufbedingte Unterschiedsbetrag zwischen Marktpreis und höherem Nennwert eines festverzinslichen Wertpapiers zu unterscheiden, der sich dadurch ergeben kann, daß der Kapitalmarktzins während der Laufzeit eines Wertpapiers steigt; in diesen Fällen sinkt der Kurs aller festverzinslichen Wertpapiere mit einer Verzinsung unter dem Kapitalmarktzins unter den Nennwert ab.

2. Für die einkommensteuerrechtliche Behandlung der genannten Abschläge und Unterschiedsbeträge bei den Einkünften aus Kapitalvermögen gilt bei festverzinslichen Wertpapieren, die zu einem Privatvermögen gehören, folgendes:

   a) Auf Grund seiner Funktion als Feineinstellung des Zinses stellt ein Emissionsdisagio grundsätzlich einen der Einkommensteuer zu unterwerfenden Kapitalertrag dar. Ebenso stellt ein Emissionsdiskont, da er wirtschaftlich ganz oder teilweise den Ertrag des Wertpapiers beinhaltet, grundsätzlich einen der Einkommensteuer zu unterwerfenden Kapitalertrag dar. Aus Vereinfachungsgründen wird ein Emissionsdisagio oder ein Emissionsdiskont jedoch steuerlich nicht erfaßt, wenn diese folgende Vomhundertsätze des Nennwerts in Abhängigkeit von der Laufzeit nicht übersteigen:

Laufzeit	Disagio in v. H.
bis unter 2 Jahre	1
2 Jahre bis unter 4 Jahre	2
4 Jahre bis unter 6 Jahre	3
6 Jahre bis unter 8 Jahre	4
8 Jahre bis unter 10 Jahre	5
ab 10 Jahre	6

   Dies gilt auch für außerhalb des Anwendungsbereichs der §§ 795, 808a BGB begebene Wertpapiere, nicht jedoch für Schuldscheindarlehen und Darlehen nach § 17 Abs. 2 BerlinFG. Bei Daueremissionen ist für die Ermittlung des Emissionsdisagios von dem im Genehmigungsantrag bezeichneten Emissionskurs auszugehen; ist im Genehmigungsantrag ein Emissionskurs nicht bezeichnet oder handelt es sich um nicht genehmigungspflichtige Schuldverschreibungen, ist der erste Verkaufskurs maßgebend.

Werden die oben genannten Vomhundertsätze überschritten, ist zur Berechnung des Kapitalertrags das BMF-Schreiben vom 24. Januar 1985 – IV B 4 – S 2252 – 4/85 (BStBl I S. 77) während der gesamten Laufzeit der Emission anzuwenden. Das gilt auch, wenn nach den Emissionsbedingungen ein Agio zum Nennwert, das bei der Rückzahlung des Kapitals gewährt wird, allein oder zusammen mit einem Emissionsdisagio die oben in Abhängigkeit von der Laufzeit genannten Vomhundertsätze überschreitet.

Wird bei der Emission von festverzinslichen Wertpapieren dem Erwerber ein Abschlag vom Emissionskurs deshalb eingeräumt, weil er eine größere Menge von Wertpapieren erwirbt, handelt es sich insoweit stets um einen steuerpflichtigen besonderen Vorteil im Sinne des § 20 Abs. 2 Nr. 1 EStG.

b) Demgegenüber stellt der umlaufbedingte Unterschiedsbetrag zwischen Marktpreis und höherem Nennwert wirtschaftlich eine Abwertung des Kapitalstamms dar, der in der Regel durch eine seit dem Zeitpunkt der Emission eines festverzinslichen Wertpapiers eingetretene Steigerung des Kapitalmarktzinses bedingt ist. Der Unterschiedsbetrag gehört deshalb im Falle der Veräußerung oder bei Einlösung des Wertpapiers nicht zum Kapitalertrag, sondern zur einkommensteuerrechtlich unbeachtlichen Vermögensebene; dasselbe gilt für den Fall, daß der Marktpreis eines festverzinslichen Wertpapiers umlaufbedingt den Nennwert infolge einer seit dem Zeitpunkt der Emission eingetretenen Senkung des Kapitalmarktzinses übersteigt.

3. Werden unverzinsliche Schatzanweisungen vor Einlösung durch die Bundesbank an einen Dritten veräußert, gehört der Diskont, der rechnerisch auf die Zeit entfällt, während der der Veräußerer die Titel gehalten hat, bei diesem zu den Einkünften aus Kapitalvermögen im Sinne des § 20 Abs. 1 Nr. 7 EStG. Veräußerungserlöse, die den rechnerisch auf die Zeit der Innehabung entfallenden Betrag über- oder unterschreiten, bleiben als der Vermögensebene zugehörige Beträge außer Ansatz.

Für die Berechnung des steuerpflichtigen Kapitalertrags ist das BMF-Schreiben vom 24. Januar 1985 – IV B 4 – S 2252 – 4/85 – (BStBl I S. 77) anzuwenden. Das BMF-Schreiben vom 29. Juni 1973 – IV B 4 – S 2252 – 76/73 – und die entsprechenden Erlasse der obersten Finanzbehörden der Länder sind damit überholt.

8. Zinsabschlag von Kapitalerträgen aus unverzinslichen Schatzanweisungen des Bundes einschließlich Bundesbank-Liquiditäts-U-Schätzen (BMF-Schreiben vom 12.10.1994, IV B 4 – S 2400 – 130/94)

Seit dem 1. Januar 1994 bemißt sich der Zinsabschlag von Kapitalerträgen aus unverzinslichen Schatzanweisungen des Bundes einschließlich Bundesbank-Liquiditäts-U-Schätzen grundsätzlich nach dem Unterschied zwischen dem Entgelt für den Erwerb und den Einnahmen aus der Veräußerung oder Einlösung der Wertpapiere und Kapitalforderungen (§ 43 a Abs. 2 Satz 2 EStG). In bestimmten Fällen bemißt sich der Steuerabzug nach 30 vom Hundert der Einnahmen aus der Veräußerung oder Einlösung der Wertpapiere und Kapitalforderungen (§ 43 a Abs. 2 Sätze 3 und 4 EStG).

Die Vereinfachungsregelung für die Erhebung des Zinsabschlags von Kapitalerträgen aus unverzinslichen Schatzanweisungen des Bundes in TZ. 3.2 des BMF-Schreibens vom 26. Oktober 1992 (BStBl. I S. 693, 694), unter die auch Bundesbank-Liquiditäts-U-Schätze fallen, ist daher seit 1. Januar 1994 überholt und wird hiermit aufgehoben. Für den Zinsabschlag von Kapitalerträgen aus Finanzierungsschätzen des Bundes bleibt sie bestehen, weil sich der Steuerabzug bei diesen Schuldbuchforderungen wie bisher nach den vollen Kapitalerträgen ohne jeden Abzug bemißt (§ 43 a Abs. 2 Satz 6 i. V. m. Satz 1 EStG).

9. **Einkommensteuerrechtliche Behandlung der Einnahmen aus fest-verzinslichen Anleihen und Schuldverschreibungen mit Vorschaltkupons** *(BMF-Schreiben vom 29.05.1995, IV B 4 – S 2252 – 162/95)*

Es ist gefragt worden, wie Kapitalerträge aus Anleihen, bei denen von mehreren Kupons einer – im Ausnahmefall auch zwei – mit einem kürzeren oder längeren Zinszahlungszeitraum als die übrigen verbrieft ist und Zinsen insoweit nur zeitanteilig gezahlt werden, einkommensteuerrechtlich zu behandeln sind. Hierzu vertrete ich im Einvernehmen mit den obersten Finanzbehörden der Länder folgende Auffassung:

Auf Erträge aus Schuldverschreibungen, Schuldbuchforderungen und sonstigen Kapitalforderungen mit Zinsscheinen oder Zinsforderungen, bei denen Zinsen in regelmäßigen Abständen gezahlt werden, ein Zinszahlungszeitraum von den übrigen abweicht, die Nominalverzinsung während der gesamten Laufzeit mit der Emissionsrendite übereinstimmt und die Stückzinsen besonders abgerechnet werden, ist § 20 Abs. 2 Nr. 4 Buchstabe d EStG – Besteuerung des Unterschieds zwischen dem Entgelt für den Erwerb und den Einnahmen aus der Veräußerung, Abtretung oder Einlösung der Wertpapiere und Kapitalforderungen als Kapitalertrag – nicht anzuwenden. Vielmehr ist die Besteuerung der Erträge in diesen Fällen nach § 20 Abs. 2 Nr. 3 EStG vorzunehmen; dabei ist der Unterschiedsbetrag zwischen der Emissionsrendite und der Nominalverzinsung aufgrund eines Disagios innerhalb der sogenannten Disagiostaffel nach den Grundsätzen des BMF-Schreibens vom 24. November 1986 (BStBl I S. 539) einkommensteuerlich nicht zu erfassen.

10. **Ermittlung des einkommensteuerpflichtigen Kapitalertrags aus Zero Coupon Bonds (Nullkuponanleihen), die zu einem Privatvermögen gehören** *(BMF-Schreiben vom 01.03.1991, IV B 4 – S 2252 – 12/91)*

Im Nachgang zu dem Bezugsschreiben wird nachfolgend die bisherige Anlage als neue Anlage 1 mit aktualisiertem Inhalt veröffentlicht. Ergänzend wird aufgrund der Erörterung mit den obersten Finanzbehörden der Länder wegen der Erträge aus sog. stripped bonds auf folgendes hingewiesen:

Bei sog. stripped bonds handelt es sich um Zero Coupon Bonds, denen bestimmte US-amerikanische oder kanadische Staatsanleihen zugrunde liegen. Sie entstehen durch Trennung von Stammrecht und Zinsscheinen dieser Staatsanleihen und verbriefen entweder den Anspruch auf Zahlung des Nominalwerts der jeweiligen Staatsanleihe bei deren Fälligkeit oder den Anspruch auf Zahlung der Zinsen entsprechend der Fälligkeit der Zinsscheine der jeweiligen Anleihe.

Wie bei anderen Daueremissionen kann bei diesen aus der Trennung von Stammrecht und Zinsscheinen entstandenen Zero Coupon Bonds der Fall eintreten, daß sich die Plazierung der einzelnen Emissionen über einen längeren Zeitraum erstreckt, wobei der Emissionskurs (unter Umständen täglich) entsprechend der Entwicklung des Kapitalmarktzinses angepaßt wird. Von den für die Ermittlung der Kapitalerträge maßgeblichen Daten liegen in diesen Fällen der Rückzahlungszeitpunkt und der Rückzahlungsbetrag fest. Festzulegen ist jedoch in diesen Fällen der maßgebliche Emissionskurs und -zeitpunkt.

Bei der Berechnung der Emissionsrendite ist jeweils für Wertpapiere mit derselben Wertpapier-Kennnummer einheitlich der erste Ausgabekurs und das erste Plazierungsdatum entsprechend den Emissionsunterlagen (z. B. Verkaufsprospekten) zugrunde zu legen. Läßt sich die Emissionsrendite der ersten Ausgabe eines stripped bond nicht feststellen, sind die monatlichen Durchschnittsrenditen für US-amerikanische oder kanadische Bundesanleihen zugrunde zu legen. Die entsprechenden Angaben sind in den neuen Anlagen 2 und 3 enthalten.

11. Zinsen aus abgezinsten Schuldverschreibungen mit gestreckter Rückzahlung und aus sog. Tilgungsanleihen mit aufgeschobener, endfälliger Zinszahlung
(OFD Münster, Vfg. vom 14.12.1989 – S 2204 – 9 – St 11 – 31)

a) Abgezinste Schuldverschreibung mit gestreckter Rückzahlung

Es wurde die Frage gestellt, wann Zinsen aus einer abgezinsten Schuldverschreibung mit gestreckter Rückzahlung zu versteuern sind. Bei dieser Anlageform erwirbt der Anleger eine Inhaberschuldverschreibung über einen bestimmten Nominalbetrag, die Rückzahlung durch die Bank erfolgt in Teilbeträgen über mehrere Kalenderjahre. Die Schuldverschreibung ist während der Laufzeit weder durch den Anleger noch durch die Bank kündbar.

Beispiel:
Ein Anleger erwirbt im Kalenderjahr 01 eine Inhaberschuldverschreibung über einen Nominalbetrag von 10000 DM und mit einer Laufzeit von 15 Jahren. Bei einem Zinssatz von 6,25 v. H. zahlt er am Beginn der Laufzeit (01) den abgezinsten Nominalbetrag von 5454 DM bei der Bank ein. Die Bank verpflichtet sich, jährlich am 31.12. 11 bis 31. 12. 15 jeweils 2390 DM an ihn auszuzahlen.

Hierzu wurde die Auffassung vertreten, daß die angewachsenen Zinsen erst mit den Rückzahlungsbeträgen (am Ende der Laufzeit) i. S. des § 11 Abs. 1 EStG zufließen. Der in den einzelnen Rückzahlungsbeträgen enthaltene Zinsanteil ist in der Weise zu ermitteln, daß dem einzelnen Rückzahlungsbetrag sein auf den Beginn der Laufzeit ermittelter Barwert gegenübergestellt wird.

In dem o. g. Beispiel ergibt sich danach folgende Berechnung:

Zeitpunkt	Rückzahlung Betrag	Barwert am 01.01.01	Differenz (= Zinsanteil)
31.12.01 bis			
31.12.10	0	0	0
31.12.11	2390	1227	1163
31.12.12	2390	1154	1236
31.12.13	2390	1086	1304
31.12.14	2390	1023	1367
31.12.15	2390	964	1426

b) Tilgungsanleihe mit aufgeschobener, endfälliger Zinszahlung

Das Modell einer sog. Tilgungsanleihe mit aufgeschobener, endfälliger Zinszahlung sieht vor, daß das Anleihekapital (Einzahlung des Anlegers) in gleichbleibenden Raten getilgt wird, während die aufgelaufenen Zinsen erst mit der letzten Tilgungsrate ausgezahlt werden sollen.

Beispiel:
Ein Anleger erwirbt eine Inhaberschuldverschreibung über einen Nominalbetrag von 10000 DM und mit einer Laufzeit von 15 Jahren, der Zinssatz beträgt für die gesamte Laufzeit 7 v.H. Er zahlt zu Beginn der Laufzeit 10000 DM ein, die Bank verpflichtet sich, jährlich 667 DM zurückzuzahlen. Die während der Laufzeit auflaufenden Zinsen (unter Berücksichtigung von Zinseszinsen) von 10834,25 DM werden mit der letzten Rate ausgezahlt.

Zu dieser Anlageform wurde die Auffassung vertreten, daß die laufend gezahlten Beträge (im Beispiel 667 DM) einkommensteuerrechtlich nicht als Tilgung, sondern als Zinsen anzusehen und im Zeitpunkt des Zuflusses zu versteuern sind. Der verbleibende Spitzenbetrag, der erst am Ende der Laufzeit mit dem Anleihebetrag ausgezahlt wird (im Beispiel 10834,25 DM abzgl. 10000 DM = 834,25 DM), hat der Anleger in diesem Zeitpunkt zu versteuern.

12. Besteuerung von Kapitalerträgen – Anlageinstrumente mit Optionsgeschäftselementen
(BMF Schreiben vom 14.01.1998, IV B 4 – S 2252 – 2/98)

Nach § 20 Abs. 1 Nr. 7 EStG sind Einnahmen aus Kapitalvermögen anzunehmen, wenn die Rückzahlung des Kapitalvermögens oder ein Entgelt für die Überlassung des Kapitalvermögens zugesagt oder gewährt worden ist, auch wenn die Höhe des Entgelts von einem ungewissen Ereignis abhängt. Die Rückzahlung des überlassenen Kapitals muß daher für das Vorliegen von steuerpflichtigem Kapitalertrag nach § 20 Abs. 1 Nr. 7 EStG nicht zugesagt worden sein.

Mit dem Tatbestandsmerkmal »oder gewährt worden ist« sollen die Fälle erfaßt werden, in denen ohne eine ausdrückliche oder stillschweigende Vereinbarung die Rückzahlung des überlassenen Kapitals oder die Leistung eines Entgelts aufgrund der Ausgestaltung der Kapitalanlage sicher ist. Kapitalertrag i. S. des § 20 Abs. 1 Nr. 7 EStG wird demnach nicht erzielt, wenn weder die Rückzahlung des Kapitalvermögens noch ein Entgelt für die Überlassung des Kapitalvermögens sicher sind.

Abhängig von ihrer Ausgestaltung können sog. Partizipationsscheine die Zusage eines Entgelts enthalten (z. B. bei sog. DAX-Branchenindex Partizipationsscheinen durch die Einbeziehung von Erträgnissen aus den Werten, die dem Partizipationsschein zugrunde liegen). In diesem Fall sind die Erträge nach § 20 Abs. 1 Nr. 7 EStG zu besteuern, auch wenn die Höhe des Entgelts von einem ungewissen Ereignis abhängt.

13. Besteuerung von Kapitalerträgen; Anlageinstrumente mit Optionsgeschäftselementen – Index-Partizipationsscheine
(BMF-Schreiben vom 21.07.1998, IV B 4 – S – 2252 –116/98)

Auf eine Anfrage der Verbände des Kreditgewerbes zur steuerlichen Behandlung von Index-Partizipationsscheinen nahm der BMF mit Schreiben vom 21. 7. 1998 wie folgt Stellung:

Nach § 20 Abs. 1 Nr. 7 EStG gehören Erträge aus sonstigen Kapitalforderungen jeder Art zu den Einkünften aus Kapitalvermögen, wenn die Rückzahlung des Kapitalvermögens oder ein Entgelt für die Überlassung des Kapitalvermögens zugesagt oder gewährt worden ist, auch wenn die Höhe des Entgelts von einem ungewissen Ereignis abhängt. Mit dem Tatbestandsmerkmal »oder gewährt oder worden ist« sollen die Fälle erfaßt werden, in denen ohne eine ausdrückliche oder stillschweigende Vereinbarung die Rückzahlung des überlassenen Kapitals oder die Leistung eines Entgelts aufgrund der Ausgestaltung der Kapitalanlage sicher ist.

Kapitalertrag i. S. d. § 20 Abs. 1 Nr. 7 EStG wird demnach nicht erzielt, wenn weder die Rückzahlung des Kapitalvermögens noch ein Entgelt für die Überlassung des Kapitalvermögens zugesagt oder in obigem Sinne gewährt wird. Ist bei einer Kapitalanlage die gesamte Rückzahlung ausschließlich von der ungewissen Entwicklung eines Index abhängig, erzielt der Anleger auch bei positiver Entwicklung des Index keinen steuerpflichtigen Kapitalertrag i. S. des § 20 Abs. 1 Nr. 7 EStG. Dies gilt auch, wenn bei der Berechnung des Index Korrekturfaktoren berücksichtigt werden, wie das z. B. bei den von ihnen beschriebenen DAX-Partizipationsscheinen der Fall ist.

Angesichts zahlreicher Kapitalanlageformen, deren tatsächlicher wirtschaftlicher Gehalt nicht mit der Bezeichnung der Anlage übereinstimmt, wird darauf hingewiesen, daß es für die steuerrechtliche Einordnung nicht auf die Bezeichnung und die zivilrechtliche Ausgestaltung einer Kapitalanlage ankommt (§ 20 Abs. 1 Nr. 7 Satz 2 EStG). Entscheidend ist der wirtschaftliche Gehalt einer Finanzanlage im Einzelfall.

C. Erlasse und Verfügungen zu Erträgen aus Investmentfondsanteilen

1. Erträge aus Anteilen an Investmentfonds, die im Privatvermögen gehalten werden
(OFD Kiel, Vfg. vom 29.04.1999, – S 2252 A – St 111)

1. Allgemeines

1.1. Erträge aus Anteilen an inländischen Investmentfonds

Die steuerrechtliche Behandlung von Erträgen aus Anteilen an Investmentfonds inländischer Kapitalanlagegesellschaften regelt das Gesetz über Kapitalanlagegesellschaften (KAGG) (auszugsweise abgedruckt in Anhang 19 I des ESt-Handbuchs 1998). Das KAGG vom 14. Januar 1970 (BGBl I S. 127, BStBl I S. 187) in der Fassung der Bekanntmachung vom 9. September 1998 (BGBl I S. 2726, BStBl I S. 1230) wurde umfassend geändert und erweitert durch das Gesetz zur Fortentwicklung des Finanzplatzes Deutschland (Drittes Finanzmarktförderungsgesetz – 3. FMFG – vom 24. März 1998, BStBl I S. 369) sowie Artikel 11 des Steuerentlastungsgesetzes 1999/2000/2002 vom 24. März 1999 (BGBl I S. 402, BStBl I S. 304, 394).

Die Änderungen durch das Steuerentlastungsgesetz 1999/2000/2002 werden nachfolgend farblich abgesetzt bzw. kursiv dargestellt.

Die Vorschriften des KAGG sind nur auf Kapitalanlagegesellschaften anwendbar, die ihren satzungsmäßigen Sitz und die Hauptverwaltung im Inland haben (§ 1 Abs. 3 Satz 2 KAGG).

Definition der Kapitalanlagegesellschaft:

---

§ 1 Abs. 1 KAGG:

Kapitalanlagegesellschaften sind Kreditinstitute, deren Geschäftsbereich darauf gerichtet ist, bei ihnen eingelegtes Geld im eigenen Namen für gemeinschaftliche Rechnung der Einleger (Anteilinhaber) nach dem Grundsatz der Risikomischung in den nach diesem Gesetz zugelassenen Vermögensgegenständen gesondert vom eigenen Vermögen in Form von Geldmarkt-, Wertpapier-, Beteiligungs-, Investmentfondsanteil-, Grundstücks-, Gemischten Wertpapier- und Grundstücks- oder Altersvorsorge-Sondervermögen anzulegen und über die sich hieraus ergebenden Rechte der Anteilinhaber Urkunden (Anteilscheine) auszustellen.

Neben den bereits bisher gesetzlich zugelassenen Geldmarkt-, Wertpapier-, Beteiligungs-, und Grundstücks-Sondervermögen eröffnet das Gesetz i.d.F. des 3. FMFG nunmehr auch die Möglichkeit der Investmentfondsanteil-, Gemischte Wertpapier- und Grundstücks- oder Altersvorsorge-Sondervermögen.

Geldmarkt-Sondervermögen [1)]

Geldmarktfonds

§§ 7a bis 7d KAGG

Definition der Sondervermögen:

Die Kapitalanlagegesellschaft legt das bei ihr eingelegte Geld in Geldmarktinstrumenten und Bankguthaben sowie in Anteilen an inländischen und vertriebsberechtigten ausländischen Geldmarktfonds an.

Geldmarktinstrumente sind verzinsliche Wertpapiere und Schuldscheindarlehen, die im Zeitpunkt des Erwerbs für das Sondervermögen eine restliche Laufzeit von höchstens 12 Monaten haben oder deren Verzinsung nach den Ausgabebedingungen während ihrer gesamten Laufzeit regelmäßig, mindestens aber einmal in 12 Monaten marktgerecht angepaßt wird.

Das in das Geldmarkt-Sondervermögen eingelegte Geld darf von der Kapitalanlagegesellschaft in **Bankguthaben** angelegt werden, die keine längere Laufzeit als 12 Monate haben.

Wertpapier-Sondervermögen Aktienfonds, Rentenfonds, gemischte Fonds §§ 8 bis 25 KAGG	Wertpapier-Sondervermögen dürfen – innerhalb bestimmter Grenzen und unter im einzelnen festgelegten Voraussetzungen – aus Wertpapieren, Bezugsrechten, Schuldscheindarlehen, Bankguthaben und Einlagenzertifikaten, unverzinslichen Schatzanweisungen und Schatzwechseln, Anteilen an inländischen und vertriebsberechtigten ausländischen Wertpapier- und Geldmarktfonds sowie derivativen Finanzinstrumenten (z. B. Wertpapieroptionsrechte, Finanzterminkontrakte auf Wertpapiere, Swaps) bestehen.
Beteiligungs-Sondervermögen [1] §§ 25a bis 25j KAGG	Die Kapitalanlagegesellschaft darf für ein Beteiligungs-Sondervermögen – innerhalb bestimmter Grenzen und unter im einzelnen festgelegten Voraussetzungen – Wertpapiere und Schuldscheindarlehen, Anteile an inländischen und vertriebsberechtigten ausländischen Wertpapier- und Geldmarktfonds sowie stille Beteiligungen an Unternehmen mit Sitz und Geschäftsleitung im Geltungsbereich dieses Gesetzes erwerben.
Investmentfondsanteil-Sondervermögen [1] *Dachfonds* §§ 25k bis 25m KAGG	Die Kapitalanlagegesellschaft darf das bei ihr eingelegte Geld – innerhalb bestimmter Grenzen und unter im einzelnen festgelegten Voraussetzungen – in Anteile von Sondervermögen (grundsätzliche Ausnahme: Investmentfondsanteil-Sondervermögen) einer oder mehrerer Kapitalanlagegesellschaften oder in ausländischen Investmentanteilen anlegen.
Grundstücks-Sondervermögen [1] *offene Immobilienfonds* §§ 26 bis 37 KAGG	Die Kapitalanlagegesellschaft darf für ein Grundstücks-Sondervermögen – innerhalb bestimmter Grenzen und unter im einzelnen festgelegten Voraussetzungen – bebaute und unbebaute Grundstücke, Wohnungseigentumsrechte, Teileigentumsrechte, Erbbaurechte, Anteile an Grundstücksgesellschaften, Anteile an inländischen und vertriebsberechtigten ausländischen Wertpapier- und Geldmarktfonds, Bankguthaben und Wertpapiere erwerben.

Gemische Wertpapier- und Grundstücks-Sondervermögen [1)]

§§ 37a bis 37g KAGG

Für ein gemischtes Wertpapier- und Grundstücks-Sondervermögen darf die Kapitalanlagegesellschaft – innerhalb bestimmter Grenzen und unter im einzelnen festgelegten Voraussetzungen – Wertpapiere und Schuldscheindarlehen sowie sämtliche Grundstücksanlagen (incl. Beteiligungen an Grundstücksgesellschaften) erwerben, die auch für Grundstücks-Sondervermögen zulässig sind. Anstelle von Grundstücksanlagen können Anteile an Grundstücks-Sondervermögen erworben werden.

Altersvorsorge-Sondervermögen [1)]

AS-Fonds

§§ 37h bis 37m KAGG

Für Altersvorsorge-Sondervermögen darf die Kapitalanlagegesellschaft – innerhalb bestimmter Grenzen und unter im einzelnen festgelegten Voraussetzungen – Wertpapiere und Schuldscheindarlehen, sämtliche Grundstücksanlagen, die auch bei Gemischten Wertpapier- und Grundstücks-Sondervermögen zugelassen sind, Beteiligungen an Grundstücksgesellschaften sowie stille Beteiligungen erwerben.

Die Erträge des Altersvorsorge-Sondervermögens dürfen nicht ausgeschüttet, sondern müssen thesauriert werden. Die Kapitalanlagegesellschaft ist dazu verpflichtet, dem Kapitalanleger in den Vertragsbedingungen den Abschluß eines Sparplans anzubieten, der eine Laufzeit von mindestens 18 Jahren aufweist, oder dessen Laufzeit mindestens bis zur Vollendung des 60. Lebensjahres des Kapitalanlegers reicht. Die Kapitalanlagegesellschaft hat spätestens nach drei Viertel der Laufzeit des Sparplans dem Kapitalanleger das Recht einzuräumen, seine Anteilscheine kostenlos in Anteile eines anderen von der Kapitalanlagegesellschaft verwalteten Sondervermögens einzutauschen.

1) Die Vorschriften für Wertpapier-Sondervermögen gelten – sofern keine Sonderregelungen bestehen – entsprechend.

Die steuerrechtlichen Vorschriften des KAGG finden sich im Neunten Abschnitt des Gesetzes und gliedern sich wie folgt:

Geldmarkt-Sondervermögen (§§ 37n und 37o KAGG)

Wertpapier-Sondervermögen (§§ 38 bis 43 KAGG)

Beteiligungs-Sondervermögen (§§ 43a und 43b KAGG)

Investmentfondsanteil-Sondervermögen (§§ 43c und 43d KAGG)

Grundstücks-Sondervermögen (§§ 44 bis 50 KAGG)

Gemischte Wertpapier- und Grundstücks-Sondervermögen (§§ 5O a und 50 b KAGG)

Altersvorsorge-Sondervermögen (§§ 50c und 50d KAGG).

1.2. Erträge aus Anteilen an ausländischen Investmentfonds

Für Erträge aus ausländischen Investmentanteilen sind die §§ 17 ff. des Gesetzes über den Vertrieb ausländischer Investmentanteile und über die Besteuerung der Erträge aus ausländischen Investmentanteilen (Auslandinvestment-Gesetz – AuslInvestmG -, auszugsweise abgedruckt in Anhang 19 II ESt-Handbuch 1998, in der Fassung der Bekanntmachung vom 9. September 1998 abgedruckt im BGBl I S. 2820, BStBl I S. 1209, zuletzt geändert durch Artikel 12 des Steuerentlastungsgesetzes 1999/2000/2002 vom 24. März 1999, BGBl I S. 402, BStBl I S. 304, 395) maßgebend. Die Änderungen durch das Steuerentlastungsgesetz werden nachfolgend farblich abgesetzt bzw. kursiv dargestellt.

Die Vorschriften des KAGG sind insoweit nicht anwendbar, außer wenn im AuslInvestmG hierauf verwiesen wird.

2. Grundprinzip der Fondsbesteuerung

Die Behandlung der Erträge aus in- und ausländischen Investmentanteilen folgt dem Grundsatz der steuerrechtlichen Transparenz. Danach hat der Anteilscheininhaber die Erträge aus Investmentanteilen grundsätzlich so zu versteuern, als ob er sie unmittelbar bezogen hätte. Durch die Zwischenschaltung des Investmentfonds soll keine höhere steuerrechtliche Belastung, im Prinzip aber auch keine niedrigere Belastung eintreten. Der Transparenzgedanke gilt jedoch nicht uneingeschränkt, sondern nur insoweit, als er vom Gesetzgeber im KAGG bzw. im AuslInvestmG kodifiziert ist. Der BFH hat ausdrücklich bestätigt, daß es nicht zulässig ist, die gesetzlichen Regelungen im Auslegungsweg im Sinne einer völligen Durchsetzung des Transparenzprinzips über den Wortlaut des Gesetzes hinaus zu ergänzen (vgl. BFH, Urt. v. 7.4.1992 – VIII R 79/88, BStBl II 1992, 786 = FR 1992, 728).

Geschäfte, die lediglich auf die Differenz zwischen den Börsen- oder Marktpreisen zum Basispreis eines Basiswerts zu bestimmten Stichtagen gerichtet sind, unterlagen nach der Rechtsprechung nicht der Spekulationsbesteuerung, da sie nicht die Lieferung von Wirtschaftsgütern zum Gegenstand haben – entweder weil bei lieferbaren Gegenständen nur auf die Differenz zwischen Börsen- oder Marktpreis zum Basispreis zu verschiedenen Zeitpunkten abgestellt wird (z. B. bei Waren-, Wertpapier- und Devisentermingeschäften) oder weil die Basiswerte von ihrer Natur her nicht lieferbar sind (z. B. Aktienindex, ECU, Euro).

Diese Behandlung erschien dem Gesetzgeber nicht sachgerecht, da es sich bei diesen Geschäften um eine typische Spekulation handelt, die vom Normbereich und Gesetzeszweck des § 23 EStG abgedeckt wird.

Die Besteuerung dieser Geschäfte wird nunmehr durch § 23 Abs. 1 Satz 1 Nr. 4 EStG i.d.F. des Steuerentlastungsgesetzes 1999/2000/2002 geregelt.

Futures. Darüber hinaus gehören auch Indexzertifcate und Optionsscheine zu den Termingeschäften i.S.d. § 23 Abs. 1 Satz 1 Nr. 4 EStG. Der Besteuerung unterliegen nunmehr allgemein Geschäfte, die ein Recht auf Zahlung eines Geldbetrages oder auf einen sonstigen Vorteil (z. B. Lieferung von Wertpapieren) einräumen, der sich nach anderen Bezugsgrößen (z. B.: Wertentwicklung von Wertpapieren, Indices, Futures, Zinssätzen) bestimmt.

Um eine Gleichstellung zwischen dem Direktanleger und dem Fondsanleger herbeizuführen, wurde der Kreis der steuerpflichtigen Erträge aus Anteilscheinen an Investmentfonds durch das Steuerentlastungsgesetz 1999/2000/2002 um Gewinne aus privaten Veräußerungsgeschäften im Sinne des § 23 Abs. 1 Satz 1 Nr. 4, Abs. 2 und 3 EStG erweitert.

Gewinne aus privaten Veräußerungsgeschäften bleiben nunmehr gemäß § 23 Abs. 3 Satz 5 EStG nur noch steuerfrei, wenn der von dem Sondervermögen im Kalenderjahr erzielte Gesamtgewinn weniger als 1 000 Deutsche Mark beträgt.

Verluste dürfen nur entsprechend § 23 Abs. 3 Sätze 6 und 7 EStG abgezogen werden.

Des weiteren gehörten bislang innerhalb der Zweijahresfrist des § 23 EStG erzielte Gewinne von Grundstücks-Sondervermögen i.S.d. KAGG aus der Veräußerung von Grundstücken und grundstücksgleichen Rechten nicht zu den steuerpflichtigen thesaurierten Erträgen. Sie waren daher nur dann steuerpflichtig, wenn sie ausgeschüttet wurden oder wenn ein Anleger, der die Anteile im Betriebsvermögen hielt, die Anteilscheine veräußerte. Künftig gehören diese Veräußerungsgewinne ebenfalls uneingeschränkt zu den steuerpflichtigen Erträgen. Sie sind dann – wie bei einem Direktanleger – zeitnah zu versteuern.

Die Frist für Veräußerungsgewinne bei Grundstücken (§ 23 Abs. 1 Satz 1 Nr. 1 EStG i.d.F. des Steuerentlastungsgesetzes 1999/2000/2002) ist auf zehn Jahre verlängert worden.

3. Besteuerung der Erträge aus Anteilen an inländischen Investmentfonds

3.1. Steuerpflichtige Erträge

> Die Grundsätze für die steuerrechtliche Behandlung von Wertpapier-Sondervermögen sind auch auf die steuerrechtliche Behandlung der Erträge aus den übrigen Fondstypen anzuwenden, soweit diese Anlagegegenstände nicht Sonderregelungen erfordern.

Hinsichtlich der steuerpflichtigen Erträge müssen folgende Differenzierungen vorgenommen werden:

Ausschüttungen auf Anteilscheine

Gemäß § 39 Abs. 1 Satz 1 KAGG gehören die Ausschüttungen auf Anteilscheine an einem Sondervermögen zu den Einkünften im Sinne des § 20 Abs. 1 Nr. 1 EStG, wenn sie nicht Betriebseinnahmen des Steuerpflichtigen sind.

Ausgeschüttete Gewinne aus privaten Veräußerungsgeschäften im Sinne des § 23 Abs. 1 Satz 1 Nr. 4, Abs. 2 und 3 EStG gehören, sofern die Gewinne aus privaten Veräußerungsgeschäften stammen, die nach dem 31. März 1999 getätigt werden, ebenfalls zu den steuerpflichtigen Erträgen (§ 43 Abs. 12 KAGG).

Zu versteuern hat der Anteilscheininhaber nach § 20 Abs. 1 Nr. 3 EStG auch den mit den ausgeschütteten Erträgen verbundenen KSt-Anrechnungsbetrag i.S.d. § 39a Abs. 1 KAGG.

Thesaurierung

Die von einem Sondervermögen nicht zur Kostendeckung oder Ausschüttung verwendeten Einnahmen im Sinne des § 20 EStG gehören gleichfalls zu den Einkünften aus Kapitalvermögen im Sinne des § 20 Abs. 1 Nr. I EStG, wenn sie nicht Betriebseinnahmen des Steuerpflichtigen sind (§ 39 Abs. 1 Satz 1 KAGG).

Thesaurierte Gewinne aus privaten Veräußerungsgeschäften im Sinne des § 23 Abs. 1 Satz 1 Nr. 4, Abs. 2 und 3 EStG gehören, sofern die Gewinne aus privaten Veräußerungsgeschäften stammen, die nach dem 31. März 1999 getätigt werden, ebenfalls zu den steuerpflichtigen Erträgen (§ 43 Abs. 12 KAGG).

Die Kapitalerträge gelten mit Ablauf des Geschäftsjahres als zugeflossen, in dem sie vereinnahmt worden sind (§ 39 Abs. 1 Satz 2 KAGG).

Zu versteuern hat der Anteilscheininhaber nach § 20 Abs. 1 Nr. 3 EStG auch den mit den thesaurierten Erträgen verbundenen KSt-Anrechnungsbetrag i.S.d. § 39a Abs. 2 KAGG.

Zwischengewinn

Seit dem 1. Januar 1994 (§ 43 Abs. 9 Satz 2 ff. KAGG) gehört auch der Zwischengewinn zu den steuerpflichtigen Kapitalerträgen i.S.d. § 20 Abs. 1 Nr. 1 EStG (§ 39 Abs. 1a Satz 1 KAGG). Als

Zwischengewinn werden Fondserträge bezeichnet, die vom Zeitpunkt der letzten Ausschüttung an bzw. seit Beginn des laufenden Geschäftsjahres bis zur Veräußerung oder Rückgabe der Investmentanteile angesammelt worden sind und die dem Anteilscheininhaber mit dem Veräußerungs- oder Rücknahmepreis ausgezahlt werden.

Mit der Einführung der Zwischengewinnbesteuerung beseitigte der Gesetzgeber die bisherige Besserstellung der mittelbaren Anleger gegenüber den Direktanlegern. Der mittelbare Kapitalanleger konnte nach der alten Rechtslage bei einer Anschaffung und Veräußerung von Anteilen außerhalb der Spekulationsfrist des § 23 Abs. 1 Nr. 1b EStG und vor Ablauf des Geschäftsjahres Zinserträge des Fonds steuerfrei realisieren, die bei einem Direktanleger der Besteuerung unterlagen.

Der Zwischengewinn gilt als in den Einnahmen aus der Rückgabe oder Veräußerung von Anteilscheinen an einem Sondervermögen oder aus der Abtretung der in den Anteilscheinen verbrieften Ansprüchen enthalten (§ 39 Abs. 1a Satz 3 KAGG).

Die Kapitalanlagegesellschaft hat den Zwischengewinn börsentäglich zu ermitteln und zusammen mit dem Rücknahmepreis zu veröffentlichen (§ 41 Abs. 4 KAGG).

Bisher waren nur angesammelte Zinserträge i.S.d. § 20 Abs. 1 Nr. 7 und Abs. 2 (mit Ausnahme der Nr. 2 Buchst. a) EStG sowie angewachsene Ansprüche des Fonds auf derartige Erträge – nicht aber Erträge des Fonds nach § 20 Abs. 1 Nr. 1 bis 6 und 8 EStG – als Zwischengewinn steuerpflichtig (§ 39 Abs. 1a Satz 2 a. F., § 39 Abs. 1 a Satz 2 Nr. 1. KAGG ii.d.F. des 3. FMFG). Die Erträge eines Sondervermögens aus der Beteiligung an anderen Investment-Sondervermögen wurden bislang aus Vereinfachungsgründen nicht zum Zwischengewinn gerechnet, weil diese Beteiligungen gemäß § 8b Abs. 1 Satz 2 KAGG höchstens 5 % des Werts des Sondervermögens betragen dürfen. Mit der Zulassung der Investmentfondsanteil-Sondervermögen war die Steuerfreistellung jedoch nicht mehr gerechtfertigt. Nach der Erweiterung des § 39 Abs. l a Satz 2 KAGG durch das 3. FMFG sind nunmehr daneben folgende Bestandteile des Rückgabe- bzw. Veräußerungspreises steuerpflichtig:

– Zwischengewinne des Sondervermögens (§ 39 Abs. l a Satz 2 Nr. 2 KAGG)

  Hierbei handelt es sich um Zwischengewinne aus der Veräußerung oder Rückgabe von Anteilen an inländischen und ausländischen Sondervermögen bzw. aus der Abtretung der Ansprüche aus solchen Anteilen.

– Einnahmen des Sondervermögens aus Anteilscheinen an inländischen Sondervermögen, soweit darin Erträge i.S.d. § 38b Abs. 1 Nr. 1 bis 3 KAGG enthalten sind (§ 39 Abs. 1a Satz 2 Nr. 3 KAGG).

  Hierbei handelt es sich um an das Sondervermögen ausgeschüttete oder für seine Rechnung thesaurierte Einnahmen, die dem Zinsabschlag unterliegen.

– Einnahmen des Sondervermögens aus ausländischen Investmentanteilen außer Veräußerungsgewinne im Sinne des § 17 Abs. 2 Nr. 1 des Auslandinvestment-Gesetzes (§ 39 Abs. 1a Satz 2 Nr. 4 KAGG).

– zum Zeitpunkt der Rückgabe oder Veräußerung des Anteilscheins oder der Abtretung der Ansprüche aus dem Anteilschein veröffentlichte Zwischengewinne von inländischen und ausländischen Investmentvermögen, an denen das Sondervermögen Anteile hält (§ 39 Abs. 1a Satz 2 Nr. 5 KAGG).

Die neuen Regelungen sind erstmals auf Zwischengewinne anzuwenden, die dem Anteilscheininhaber ab dem 1. April 1998 zufließen (§ 43 Abs. 1 I KAGG).

Im Rückgabe- oder Veräußerungspreis für einen Anteilschein realisiert der Anleger u. a. Gewinne des Sondervermögens, die im Fall der Ausschüttung oder Thesaurierung steuerpflichtig sind. Um Steuerumgehungen im Zusammenhang mit der durch das Steuerentlastungsgesetz

1999/2000/2002 eingeführten Besteuerung der Gewinne aus privaten Veräußerungsgeschäften im Sinne des § 23 Abs. 1 Satz 1 Nr. 4, Abs. 2 und 3 EStG zu vermeiden (vgl. »Ausschüttungen auf Anteilscheine« und »Thesaurierung«), wird der Zwischengewinn nunmehr um entsprechende Gewinne erweitert, die noch nicht ausgeschüttet oder thesauriert worden sind (§ 39 Abs. 1 a Satz 2 Nr. 1, 3 und 4 KAGG i.d.F. des Steuerentlastungsgesetzes 1999/2000/2002).

Die Neuregelung ist erstmals auf Zwischengewinne anzuwenden, in denen Gewinne aus privaten Veräußerungsgeschäften im Sinne des § 23 Abs. 1 Satz 1 Nr. 4, Abs. 2 und 3 EStG enthalten sind, sofern die privaten Veräußerungsgeschäfte nach dem 31. März 1999 getätigt werden (§ 43 Abs. 12 KAGG).

Der Zwischengewinn wird mit Veräußerung oder Rückgabe der Anteilscheine realisiert (§ 39 Abs. 1a Satz 3 KAGG). Bezahlter Zwischengewinn stellt im Jahr der Zahlung eine negative Einnahme aus Kapitalvermögen dar.

Erfolgt die Veräußerung bzw. Rückgabe der Investmentanteile innerhalb der Spekulationsfrist, ist außerdem der über den Zwischengewinn hinausgehende Spekulationsgewinn nach §§ 22 Nr. 2, 23 EStG zu besteuern (§ 23 Abs. 2 Satz 3 EStG, § 23 Abs. 2 Satz 1 EStG i.d.F. des Steuerentlastungsgesetzes 1999/2000/2002).

Ertragsausgleichsbeträge

Erwirbt ein Steuerpflichtiger im Laufe eines Geschäftsjahres Investmentanteile, muß er die bis zum Erwerbszeitpunkt angefallenen anteiligen Fondserträge (Ausgleichsbeträge) im Ausgabepreis des Investmentanteils mitbezahlen. Dies gewährleistet für bereits früher eingetretene Anteilscheininhaber, daß ihr Anteil an den Fondserträgen durch später beigetretene Anteilscheininhaber nicht gemindert wird.

Die Ausgleichsbeträge können nicht – wie Stückzinsen – von den steuerpflichtigen Erträgen als negative Einnahmen aus Kapitalvermögen abgesetzt werden. Lediglich der in den Ausgleichsbeträgen enthaltene Zwischengewinn kann steuermindernd abgezogen werden.

Die Ausgleichsbeträge werden in der Regel nicht gesondert in Rechnung gestellt.

Gibt ein Steuerpflichtiger im Laufe eines Geschäftsjahres Investmentanteile zurück, so werden ihm die bis zu diesem Zeitpunkt angefallenen anteiligen Fondserträge im Rücknahmepreis vergütet.

Sind in den Ausschüttungen Ausgleichsbeträge enthalten, so handelt es sich um Kapitalerträge, die der Besteuerung zu unterwerfen sind. Entsprechendes gilt für Ausgleichsbeträge, die dem Anteilscheininhaber als thesaurierte Erträge zugerechnet werden (§ 39 Abs. 1 KAGG).

Ausgleichsbeträge. die auf steuerfreie Erträge entfallen, unterliegen nicht der Besteuerung (§ 40 Abs. 5 KAGG).

3.2. Steuerfreie Erträge

Ausschüttungen auf Anteilscheine sind beim Anteilscheininhaber insoweit steuerfrei, als darin enthalten sind:

– Gewinne aus der Veräußerung von Wertpapieren und Bezugsrechten (§ 40 Abs. 1 Satz 1 KAGG). Dies gilt selbst dann, wenn die Wertpapiere innerhalb der Spekulationsfrist veräußert worden sind.

– Gewinne aus privaten Veräußerungsgeschäften im Sinne des § 23 Abs. 1 Satz 1 Nr. 4, Abs. 2 und 3 EStG unterliegen, sofern die Gewinne aus privaten Veräußerungsgeschäften stammen, die nach dem 31. März 1999 getätigt werden, der Besteuerung (§ 43 Abs. 12 KAGG).

– Gewinne aus der Veräußerung von Bezugsrechten auf Freianteile, die keine Kapitalerträge i.S.d. § 20 EStG sind (§ 40 Abs. 1 Satz 2 KAGG).

– aus einem ausländischen Staat stammende Einkünfte, die von der inländischen Beteuerung aufgrund eines Doppelbesteuerungsabkommens freigestellt sind (§ 40 Abs. 3 Satz 1 KAGG). Der Progressionsvorbehalt ist gegebenenfalls zu beachten (§ 40 Abs. 3 Satz 2 KAGG, § 32b Abs. 1 Nr. 3 EStG).

– ausgeschüttete Gewinne aus Grundstücksveräußerungen und grundstücksgleichen Rechten im Sinne des § 27 KAGG, soweit sie nicht aus einem Spekulationsgeschäft/Veräußerungsgeschäft gemäß § 23 EStG stammen (§ 46 Abs. 1 KAGG).

Ausgleichsbeträge und Zwischengewinne, die auf steuerfreie Erträge entfallen, unterliegen ebenfalls nicht der Besteuerung.

3.3. Zufluß der Erträge

Ausgeschüttete Erträge gelten als im Zeitpunkt der Zahlung oder Gutschrift als zugeflossen (§ 11 EStG).

Bei Rückgabe oder Verkauf von Fondsanteilen gilt gleichfalls der Zeitpunkt der Zahlung oder Gutschrift als steuerlicher Zuflußzeitpunkt.

Thesaurierte Erträge gelten mit Ablauf des Geschäftsjahres, in dem sie vereinnahmt worden sind, als zugeflossen (§ 39 Abs. 1 Satz 2 KAGG).

3.4. Werbungskosten

Der Anteilscheininhaber kann die Werbungskosten, die ihm persönlich erwachsen sind, von den Erträgen aus den Anteilscheinen abziehen (siehe auch Karte 4.0). Die Kosten des Investmentfonds, die bei der Ermittlung der thesaurierten Erträge zu berücksichtigen sind, können von den Ausschüttungen nicht mehr abgezogen werden. Hierzu gehören insbesondere die allgemeinen Verwaltungskosten des Fonds.

3.5. Anrechenbare Steuern

a) Körperschaftsteuer

Soweit in den ausgeschütteten bzw. thesaurierten Erträgen Dividendenanteile enthalten sind, die nach § 38 Abs. 2 KAGG zur Vergütung von Körperschaftsteuer an die Depotbank berechtigen, ist am Geschäftsjahresende (Thesaurierungsfonds) bzw. bei Vornahme der Ausschüttung (Ausschüttungsfonds) die KSt-Ausschüttungsbelastung nach § 27 KStG herzustellen (§ 38a Abs. 1 Satz 1 KAGG).

Die auf den Anteilscheininhaber entfallende Körperschaftsteuer unterliegt bei diesem gemäß § 20 Abs. 1 Nr. 3 EStG der Besteuerung und kann gemäß § 39a KAGG i.V.m. § 36 Abs. 2 Nr. 3 EStG auf die Einkommensteuerschuld angerechnet bzw. gemäß § 39a KAGG i.V.m. § 36b EStG vergütet werden.

Die Anrechnung/Vergütung der Körperschaftsteuer erfordert im Falle eines ausschüttenden Fonds eine Steuerbescheinigung i.S.d. § 45 KStG (§ 39a Abs. 1 Satz 3 KAGG).

Falls ein Freistellungsauftrag bzw. eine Nichtveranlagungsbescheinigung vorliegt, wird die einbehaltene Körperschaftsteuer mittels des Sammelantragsverfahrens vergütet (§ 36c EStG, R 2131 Abs. 4 Satz 1 EStR 1998).

Sofern es sich um einen thesaurierenden Fonds handelt, ist eine Bescheinigung gemäß § 39a Abs. 2 Sätze 3-5 KAGG erforderlich. Zusätzlich ist ein Abdruck der Bekanntmachung im Sinne des § 42 KAGG beizufügen (§ 39a Abs. 2 Satz 6 KAGG).

Bei Rückgabe oder Verkauf der Investmentanteile fällt aufgrund der eindeutigen gesetzlichen Regelung keine Körperschaftsteuer an.

b) Kapitalertragsteuer (Zinsabschlag) und Solidaritätszuschlag

Werden Zinseinnahmen des Investmentfonds zur Ausschüttung verwendet, so unterliegen diese grundsätzlich einem Kapitalertragsteuerabzug (§ 38b Abs. 1 KAGG) und einem Solidaritätszuschlag (§ 3 Abs. 1 Nr. 5 SolZG). Für den Teil der nicht zur Ausschüttung oder Kostendeckung verwendeten Einnahmen gilt entsprechendes (§ 38b Abs. 2 KAGG).

Ebenfalls einem Kapitalertragsteuerabzug unterliegen durch Anteilscheinrückgabe bzw. Verkauf realisierte Zwischengewinne (§ 38b Abs. 4 KAGG).

Die Regelung des § 38b KAGG ist abschließend. Andere als die dort genannten Erträge unterliegen nicht dem Kapitalertragsteuerabzug (§ 38b Abs. 1 Nr. 4 KAGG wurde durch das Steuerentlastungsgesetz 1999/2000/2002 gelindert und umfaßt nunmehr Gewinne aus privaten Veräußerungsgeschäften im Sinne des § 23 Abs. 1 Satz 1 Nr. 4, Abs. 2 und 3 EStG). Dies gilt insbesondere für in den Ausschüttungen enthaltene Dividenden inländischer und ausländischer Aktien (§ 39 Abs. 2 KAGG).

Da die bisherige Regelung des § 39 Abs. 2 KAGG nach Auffassung des Gesetzgebers dem Grundsatz des Transparenzprinzips und somit der Gleichbehandlung zwischen mittelbarem Anleger und Direktanleger widersprach und darüber hinaus überdies ohne sachliche Rechtfertigung nichtanrechnungsberechtigte Anleger (z. B. Ausländer, Pensionskassen, Berufsverbände etc.) begünstigt hatte, ist nunmehr für in den Kapitalerträgen enthaltene Dividenden inländischer Aktien, die dem Anleger nach dem 31. März 1999 zufließen oder als zugeflossen gelten (§ 43 Abs. 12 KAGG) unter den Voraussetzungen des § 39 Abs. 2 KAGG i.d.F. des Steuerentlastungsgesetzes 1999/2000/2002 ein Kapitalertragsteuerabzug i.H.v. 25 % vorzunehmen.

Der Kapitalertragsteuerabzug wird von der Depotbank des Investmentfonds bzw. der Kapitalanlagegesellschaft im Rahmen des von ihr selbst verwalteten Investmentdepots durchgeführt (§ 38b Abs. 1 Satz 2 KAGG i.V.m. § 44 Abs. 1 EStG).

Falls die Erträge vollständig thesauriert werden, ist der Kapitalertragsteuerabzug von der Kapitalanlagegesellschaft selbst zu Lasten des Fondsvermögens einzubehalten und abzufahren (§ 38b Abs. 3 KAGG).

Legt der Anteilscheininhaber eines ausschüttenden Fonds eine Steuerbescheinigung der auszahlenden Stelle bzw. der Kapitalanlagegesellschaft vor (§ 38b Abs. 1 Satz 3 KAGG, § 45a EStG), so kann die einbehaltene und abgeführte Kapitalertragsteuer im Rahmen der Veranlagung nach § 36 Abs. 2 Nr. 2 EStG angerechnet werden.

Sofern ein Freistellungsauftrag oder eine Nichtveranlagungsbescheinigung vorliegt, wird vom Kapitalertragsteuerabzug Abstand genommen (§ 38b Abs. 1 Satz 2 KAGG i.V.m. § 44a EStG).

Im Falle eines thesaurierenden Fonds ist eine Anrechnung einbehaltener und abgeführter Kapitalertragsteuer möglich. Eine Steuerbescheinigung gemäß § 45a EStG ist nicht vorgesehen (§ 38b Abs. 3 Satz 2 KAGG). Erforderlich ist jedoch, daß der Anteilscheininhaber glaubhaft macht, daß ihm die Einnahmen zuzurechnen sind. Die Glaubhaftmachung kann durch einen Abdruck der Bekanntmachung gemäß § 42 KAGG erfolgen (§ 39b Abs. 3 Satz 1 i.V.m. § 39a Abs. 3 und 39 a Abs. 2 Satz 6 KAGG).

Eine Abstandnahme vom Kapitalertragsteuerabzug ist im Falle eines thesaurierenden Fonds nicht möglich, da § 38b Abs. 3 Satz 2 KAGG die Anwendung des § 44a EStG ausschließt. Die einbehaltene Kapitalertragsteuer kann jedoch auf Antrag und unter den Voraussetzungen des § 44b Abs. 1 Satz 1 EStG und in dem dort bestimmten Umfang von der Kapitalanlagegesellschaft erstattet werden (§ 39b Abs. 1 Satz 1 KAGG).

c) Ausländische Quellensteuern

Bei unbeschränkt steuerpflichtigen Anteilscheininhabern kann die ausländische Quellensteuer, die beim Zufluß der ausländischer Erträge (Dividenden und Zinsen ausländischer

Wertpapiere) an den Fonds einbehalten und gemäß den jeweiligen Doppelbesteuerungsabkommen (DBA) in den ausländischen Staaten verbleibt, dem Fonds also nicht erstattet wird, anteilig auf die deutsche Steuer nach § 34c Abs. 1 EStG angerechnet werden (§ 40 Abs. 4 KAGG, zum Anrechnungsverfahren vgl. ESt-Kartei § 34c Karte 1.4 mit Hinweis auf DBA, Karte 2.2). Voraussetzung ist, daß die ausländische Steuer der deutschen Einkommensteuer entspricht (vgl. Anlage 8 zu R 212a EStH 1998). Des weiteren muß die ausländische Steuer festgesetzt und gezahlt sein und darf keinem Ermäßigungsanspruch mehr unterliegen.

Die ausländische Steuer ist bis zur Höhe der Einkommensteuer anzurechnen, die auf die in den ausgeschütteten oder thesaurierten Erträgen enthaltenen ausländischen Einkünfte – erhöht um die anteilige ausländische Steuer – entfällt. Dieser Teil ist nach § 40 Abs. 4 Satz 2, KAGG in der Weise zu ermitteln, daß die sich bei der Veranlagung des zu versteuernden Einkommens – einschließlich der ausländischen Einkünfte – nach den §§ 32 a, 32 b, 32 c, 34 und 34b EStG ergebende deutsche Einkommensteuer im Verhältnis dieser ausländischen Einkünfte zur Summe der Einkünfte aufgeteilt wird.

Der Höchstbetrag der anrechenbaren ausländischen Steuer bestimmt sich dabei nicht nach der sog. Per-Country-Methode des § 34c EStG (§ 68a Satz 2 EStDV), sondern ist gemäß § 40 Abs. 4 Satz 3 KAGG für die Ausschüttungen aus jedem einzelnen Sondervermögen zusammengefaßt für alle ausländischen Staaten zu berechnen.

Beispiel:

Einkünfte aus Gewerbebetrieb	100 000 DM
Einkünfte aus Kapitalvermögen	20 000 DM
(Investmenterträge, darin enthalten 6 500 DM ausländische Einkünfte)	
Summe der Einkünfte/Gesamtbetrag der Einkünfte	120 000 DM
Sonderausgaben	2 000 DM
Einkommen/zu versteuerndes Einkommen	118 000 DM
ESt nach der Splittingtabelle 1998	28 136 DM
anteilige Steuer (aufgerundet):	1 525 DM

(28 136 × 6 500): 120 000

Die ausländische Steuer kann bis zu diesem Betrag angerechnet werden.

Nach einigen DBA ist aus wirtschafts- und sozialpolitischen Gründen eine Anrechnung fiktiver ausländischer Quellensteuern auf Dividenden bzw. Zinsen bis zu einem bestimmten Höchstbetrag zulässig. Das heißt, selbst wenn im Ausland keine oder eine geringere Quellensteuer einbehalten wird, erfolgt bei der Einkommensteuerveranlagung im Rahmen des § 34c EStG eine Anrechnung ausländischer Steuern. Die fiktive Quellensteuer wird somit steuerlich in gleicher Weise behandelt wie Sachverhalte, bei denen tatsächlich Quellensteuer im Ausland erhoben wird.

Sind beim Anteilscheininhaber neben ausländischen Steuern, die mit Erträgen aus einem Fonds im Zusammenhang stehen, auch ausländische Steuern anzurechnen, die auf andere ausländische Einkünfte (keine Fondserträge) entfallen, so sind die auf Erträge aus einem einzelnen Fonds entfaltenden ausländischen Steuern für die Höchstbetragsberechnung als Einheit zu behandeln. Jeweils eine weitere Höchstbetragsberechnung ist für die ausländischen Erträge, die keine Fondserträge sind, getrennt nach den jeweiligen Staaten vorzunehmen.

Statt der Anrechnung kann der Anteilscheininhaber den Abzug der ausländischen Steuer als Betriebsausgaben/Werbungskosten bei der Ermittlung der Einkünfte beantragen (§ 40 Abs. 4 Satz 5 KAGG, § 34c Abs. 2 und 3 EStG).

Bei fiktiven Quellensteuern ist das Abzugsverfahren ab dem Veranlagungszeitraum 1996 nicht mehr möglich, wenn das den Einkünften zugrundeliegende Rechtsgeschäft (z. B. die Anschaffung von Wertpapieren) vor dem 11. November 1993 abgeschlossen worden ist (§ 34c Abs. 6 Satz 2 2. Halbsatz, § 52 Abs. 49 EStG i.d.F. des Steuerentlastungsgesetzes 1999/2000/2002).

Die Anwendung der Freistellungsmethode hat aufgrund der Ausgestaltung der meisten DBA derzeit keine praktische Bedeutung (vgl. § 40 Abs. 3 KAGG).

Die steuerpflichtigen Bruttoerträge aus sämtlichen inländischen Investmentfonds sind in Zeile 6 der Anlage KSO zu erklären und zu den Kennziffern 30/31 zu erfassen. Die darin enthaltenen, aus ausländischen Quellen stammenden Einnahmen sind nur in der Anlage AUS – Zeile 11 Kennziffer 59 -, nicht aber zusätzlich als »ausländische Kapitalerträge« in Zeile 21 der Anlage KSO einzutragen. Die auf diese Erträge entfallenden Werbungskosten sind in Zeile 12 der Anlage AUS zu Kennziffer 88 einzutragen. In diese Kennziffer ist auch die ausländische Steuer einzutragen, wenn diese gemäß § 34c Abs. 2 EStG abgezogen werden soll.

Soll eine Anrechnung der ausländischen Steuer gemäß § 34c Abs. 1 EStG erfolgen, ist die anzurechnende ausländische Steuer in der Zeile 19 der Anlage AUS zu Kennziffer 87 einzutragen.

3.6. Veröffentlichung von Besteuerungsgrundlagen

Die Kapitalanlagegesellschaft ist verpflichtet, die für die Besteuerung notwendigen Angaben allen Anteilscheininhabern bekanntzumachen (§ 41 KAGG). Außerdem hat sie börsentäglich den Zwischengewinn zu ermitteln und zusammen mit dem Rücknahmepreis (in einer Börsen-Zeitung) zu veröffentlichen (§ 41 Abs. 4 KAGG).

Eine Zusammenstellung der ausgeschütteten und thesaurierten Erträge wird jährlich von der OFD Frankfurt am Main herausgegeben und im Bundessteuerblatt Teil I veröffentlicht. Es handelt sich hierbei um eine ungeprüfte Wiedergabe der von den Fondsgesellschalten veröffentlichten Angaben, die der Besteuerung zugrundezulegen sind. Bei Streitigkeiten hat der Steuerpflichtige nachzuweisen, daß diese von der Gesellschaft veröffentlichten Angaben unzutreffend sind.

Die Erträge enthalten regelmäßig Beträge, die zur Anrechnung/Vergütung von Körperschaftsteuer berechtigen. Die Werte sind in den Zusammenstellungen ausgewiesen. Für die Anrechnung (§ 36 Abs. 2 Nr. 3 EStG) reicht allerdings die Bezugnahme auf diese Aufstellung nicht aus. Der Steuerpflichtige hat vielmehr – entsprechend der unter 3.5.a niedergelegten Grundsätze – das Steuerguthaben anhand von (Steuer)bescheinigungen nachzuweisen. Die Anrechnung des Zinsabschlags setzt gleichermaßen die Vorlage einer (Steuer)bescheinigung voraus (vgl. 3.5.b).

Die Fundstellen der von der OFD Frankfurt am Main herausgegeben Aufstellungen ergeben sich aus Karte 2.1.1.

4. Besteuerung der Erträge aus ausländischen Investmentanteilen

4.1 Gruppierung ausländischer Investmentanteile

Bei der steuerrechtlichen Behandlung der Anteilscheininhaber werden drei Gruppen von Anteilscheinen unterschieden:

a) »Registrierte« oder »weiße« Fonds

Die ausländischen Investmentanteile dürfen im Inland öffentlich vertrieben werden (§ 17 Abs. 3 Nr. 1a AuslInvestmG) oder sind an einer deutschen Börse zum amtlichen Handel oder geregelten Markt zugelassen und die ausländische Investmentgesellschaft hat einen Vertreter mit Sitz oder Wohnsitz im Inland bestellt, der sie gegenüber den Finanzbehörden und vor den Gerichten der Finanzgerichtsbarkeit vertreten kann (§ 17 Abs. 3 Nr. 1 b AuslInvestmG).

Weitere Voraussetzung für beide Alternativen ist, daß die ausländische Investmentgesellschaft dem Anteilscheininhaber bestimmte Besteuerungsgrundlagen bekanntgibt und den Zwischengewinn und die Summe der nach dem 31. Dezember 1993 dem Anteilscheininhaber als zugeflossen geltenden, noch nicht dem Steuerabzug unterworfenen Erträge börsentäglich ermittelt und mit dem Rücknahmepreis veröffentlicht (§ 17 Abs. 3 Nr. 2 und 3 AuslInvestmG).

b) »Nicht registrierte« / »graue« Fonds

Die Voraussetzungen des Buchstaben a sind nicht erfüllt, aber die ausländische Investmentgesellschaft hat einen Vertreter mit Sitz oder Wohnsitz im Inland bestellt, der sie gegenüber den Finanzbehörden und vor den Gerichten der Finanzgerichtsbarkeit vertreten kann und bestimmte Besteuerungsgrundlagen werden nachgewiesen (§ 18 Abs. 2 AuslInvestmG).

c) »Nicht registrierte« / »schwarze« Fonds

Weder die Voraussetzungen des Buchstaben a noch die Voraussetzungen des Buchstaben b sind erfüllt (§ 18 Abs. 3 AuslInvestmG).

zu a):

Unter den Voraussetzungen des § 17 Abs. 3 AuslInvestmG folgt die Besteuerung der Erträge aus ausländischen Investmentanteilen den Grundsätzen der Besteuerung inländischer Investmenterträge (siehe oben unter 3.1 bis 3.4).

Die Ausschüttungen, die thesaurierten Erträge, die Ausgleichsbeträge und die Zwischengewinne gehören zu den steuerpflichtigen Einkünften aus Kapitalvermögen i.S.d. § 20 Abs. 1 Nr. 1 EStG (§ 17 Abs. 1 Satz 1 und Abs. 2a AuslInvestmG).

Bei Ausschüttungen ausländischer Fonds ist zu prüfen, inwieweit in den Ausschüttungsbeträgen vorgetragene Fondserträge enthalten sind, die dem Anleger schon als thesaurierte Erträge steuerlich zugerechnet worden sind. Solche Beträge können unversteuert vereinnahmt werden, um die Doppelbesteuerung von zunächst thesaurierten und später ausgeschütteten Erträgen zu vermeiden. Die Veröffentlichungen des Bundesamtes für Finanzen – vgl. Tz. 4.3. – berücksichtigen in der Regel diese Komponenten.

In Einzelfällen kann die wirtschaftliche Situation des Investmentfonds zu sogenannten »negativen ausschüttungsgleichen Erträgen« führen. Die negativen Erträge können mit positiven Ergebnissen aus anderen Kapitaleinkünften oder aus anderen Einkunftsarten ausgeglichen werden.

In Fremdwährung geleistete Ausschüttungen ausländischer Fonds sind in DM umzurechnen. Hierfür ist der im Bundesanzeiger für den Tag der Zahlung veröffentlichte amtlich festgesetzte Devisenkurs maßgebend.

In den Ausschüttungen enthaltene Veräußerungsgewinne aus der Veräußerung von Wertpapieren (realisierte Kursgewinne) und Erlöse aus der Veräußerung von Bezugsrechten sind steuerfrei (§ 17 Abs. 2 Nr. 1 AuslInvestmG).

Außerdem sind steuerfrei in den Ausschüttungen enthaltene Gewinne aus der Veräußerung von Grundstücken und grundstücksgleichen Rechten außerhalb des Spekulationstatbestandes/Veräußerungstatbestandes des § 23 EStG (§ 17 Abs. 2 Nr. 2 AuslInvestmG).

Dies gilt jedoch nicht für Kapitalerträge, in denen Gewinne aus privaten Veräußerungsgeschäften, im Sinne des § 23 Abs. 1 Satz 1 Nr. 4, Abs. 2 und 3 EStG enthalten sind, sofern die Gewinne aus privaten Veräußerungsgeschäften stammen, die nach dem 31. März 1999 getätigt werden (§ 19a Abs. 6 AuslInvestmG). Sofern es sich um private Veräußerungsgeschäfte im Sinne des § 23 Abs. 1 Satz 1 Nr. 1 und 3, Abs. 2 und 3: EStG handelt, greift aufgrund der gesetzlichen Formulierung in § 19a Abs. 6 AuslInvestmG die auf 10 Jahre verlängerte Frist des § 23 EStG erst für Gewinne, die aus privaten Veräußerungsgeschäften stammen, die nach dem 31. März 1999 getätigt werden.

zu b):

Hat die Gesellschaft die Formerfordernisse des § 18 Abs. 2 AuslInvestmG erfüllt, gehören Ausschüttungen, thesaurierte Erträge, Ausgleichsbeträge und Zwischengewinne ebenfalls zu den steuerpflichtigen Einkünften aus Kapitalvermögen i.S.d. § 20 Abs. 1 Nr. l EStG (§ 18 Abs. 1 Satz 1 AuslInvestmG). Der wesentliche Nachteil gegenüber den zum öffentlichen Vertrieb oder Börsenhandel zugelassenen Fonds besteht darin, daß ausgeschüttete und thesaurierte Veräußerungsgewinne nicht steuerfrei belassen werden. Es sind aber auch realisierte Veräußerungsverluste zu berücksichtigen, d. h. mit realisierten Veräußerungsgewinnen des gleichen Geschäftsjahres zu verrechnen. Bloße Wertsteigerungen im Fondsvermögen, d. h. nichtrealisierte Kursgewinne, bleiben unberücksichtigt.

zu c):

Bei ausländischen Fonds, die weder das Recht zum inländischen öffentlichen Vertrieb besitzen noch börsenzugelassen sind noch einen inländischen Vertreter bestellt bzw. den nach § 18 Abs. 2 AuslInvestmG erforderlichen Nachweis erbracht haben, werden die zu versteuernden Erträge im Wege einer gesetzlich vorgesehenen Schätzung pauschal ermittelt.

Der Anteilscheininhaber hat die Ausschüttungen in voller Höhe – ohne Anerkennung eines steuerfreien Teils – zu versteuern. Nach § 18 Abs. 3 Satz 1 AuslInvestmG unterliegen der Besteuerung beim Anteilscheininhaber neben den Ausschüttungen auf ausländische Investmentanteile auch 90 % des Mehrbetrags, der sich aus der Differenz zwischen dem ersten und dem letzten im Kalenderjahr festgesetzten Rücknahmepreis ergibt. Unabhängig von einem Wertzuwachs im Fonds sind jedoch mindestens 10 % des letzten Rücknahmepreises zu versteuern. Danach kann sich auch ein steuerpflichtiger Ertrag ergeben, wenn der Anteilswert mangels Erträge und infolge Kursverfalls sinkt. Wurde – wie in der Regel – kein Rücknahmepreis festgesetzt, ist der letzte Börsen- oder Marktpreis maßgebend (§ 18 Abs. 3 Satz 2 AuslInvestmG).

1. Beispiel:

Rücknahmepreis zum 31.12.00/01.01.01:	451,15 DM
Rücknahmepreis zum 31.12.01:	566,39 DM
Mehrwert je Anteil:	115,24 DM
Ausschüttung 01:	0,00 DM
steuerpflichtige Einkünfte (90 % des Mehrwerts):	103,72 DM

2. Beispiel:

Rücknahmepreis zum 31.12.00/01.01.01:	451,15 DM
Rücknahmepreis zum 31.12.01:	506,39 DM
Mehrwert je Anteil:	55,24 DM
Ausschüttung 01:	0,00 DM
steuerpflichtige Einkünfte (90 % von 55,24 DM = 49,72 DM, mindestens aber 10 % des Rücknahmepreises zum 31.12.01):	50,64 DM

3. Beispiel:

Rücknahmepreis zum 31.12.00/01.01.01:	189,29 DM
Rücknahmepreis zum 31.12.01:	182,64 DM
Minderwert je Anteil:	- 6,65 DM
Ausschüttung 01:	0,00 DM
steuerpflichtige Einkünfte (10 % des Rücknahmepreises zum 31. 12.01):	18,26 DM

Der fiktive Besteuerungsbetrag gilt mit Ablauf des Kalenderjahres als zugeflossen (§ 18 Abs. 3 Satz 3 AuslInvestmG). Er ist von dem Anleger auch dann zu versteuern, wenn dieser die Anteilscheine nicht während des gesamten Kalenderjahres gehalten hat.

Im Fall der Veräußerung oder Rückgabe der betreffenden Anteilscheine sind – unabhängig von der Besitzdauer – 20 % des vereinnahmten Entgelts für die Veräußerung bzw. Rückgabe (ohne Abzug der Anschaffungskosten) als fiktiver Zwischengewinn steuerpflichtig (§ 18 Abs. 3 Satz 4 AuslInvestmG).

4.2. Anrechenbare Steuern

Die Regelungen über die Anrechnung von Steuern gelten sowohl bei der Besteuerung nach § 17 AuslInvestmG als auch bei der Besteuerung nach § 18 AuslInvestmG.

a) Körperschaftsteuer

Ausländische Investmentfonds können ihren deutschen Anteilscheininhabern keinen Anspruch auf Anrechnung der KSt verschaffen, zumal ihnen die bei der Ausschüttung inländischer Dividenden einbehaltene KSt nicht vergütet wird.

b) Kapitalertragsteuer (Zinsabschlag) und Solidaritätszuschlag

Ausgeschüttete Erträge im Sinne der §§ 17 und 18 AuslInvestmG unterliegen grundsätzlich einem Kapitalertragsteuerabzug (§ 18a Abs. 1 Nr. 1 und 2 AuslInvestmG) und einem Solidaritätszuschlag (§ 3 Abs. 1 Nr. 5 SolZG), wenn die Anteilscheine in einem Inlandsdepot (§ 18a Abs. 2 AuslInvestmG) verwahrt werden.

Ebenfalls dem Kapitalertragsteuerabzug unterliegen Kapitalerträge, in denen Gewinne aus privaten Veräußerungsgeschäften im Sinne des § 23 Abs. 1 Satz 1 Nr. 4, Abs. 2 und 3 EStG enthalten sind, sofern die Gewinne aus privaten Veräußerungsgeschäften stammen, die nach dem 31. März 1999 getätigt werden (§ 19a Abs. 6 AuslIvestmG).

Wie bei Inlandsfonds ist der Kapitalertragsteuerabzug auch auf Zwischengewinne (auch auf fiktive Zwischengewinne i.S.d. § 18 Abs. 3 Satz 4 AuslInvestmG) zu erheben (§ 18a Abs. 1 Nr. 3 Satz 1 AuslInvestmG).

Bei thesaurierenden Auslandsfonds kann der deutsche Fiskus die ausländische Investmentgesellschaft nicht zur Abführung des Kapitalertragsteuerabzugs auf die thesaurierten und gemäß § 18a Abs. 1a AuslInvestmG dem Gegenstand nach kapitalertragsteuerpflichtigen Erträge verpflichten. Werden Anteile an Auslandsfonds im Inland verwahrt, ist deshalb bei der Veräußerung oder Rückgabe der Anteilscheine der Kapitalertragsteuerabzug nicht nur auf die im laufenden Geschäftsjahr aufgelaufenen Zwischengewinne, sondern auch auf die zum jeweiligen vorhergehenden Geschäftsjahresende (seit 1994) als zugeflossen geltenden (thesaurierten) Erträgen einzubehalten (§ 18a Abs. 1 Nr. 3 Satz 1 AuslInvestmG). Sind die Anteile ununterbrochen in einem Depot verwahrt worden, unterliegen lediglich die entsprechenden Erträge dieses Zeitraums dem Steuerabzug (§ 18a Abs. 1 Nr. 3 Satz 2 AuslInvestmG).

Weist der Anleger nach, daß er die thesaurierten Erträge bereits versteuert hat, wird die einbehaltene Kapitalertragsteuer (einschließlich Solidaritätszuschlag) im Rahmen der ESt-Veranlagung für das Verkaufs- bzw. Rückgabejahr angerechnet oder erstattet.

Voraussetzung für die Anrechnung der Kapitalertragsteuer ist die Vorlage einer Steuerbescheinigung (§ 18a Abs. 2 AuslInvestmG i.V.m. § 45a EStG). Sofern ein Freistellungsauftrag oder eine Nichtveranlagungsbescheinigung vorliegt, wird vom Kapitalertragsteuerabzug Abstand genommen (§ 18a Abs. 2 AuslInvestmG i.V.m. § 44a EStG).

c) Ausländische Quellensteuer

Ausländische Abzugsteuer (Quellensteuer), die bei Ausschüttungen im Sinne der §§ 17 und 18 AuslInvestmG im Sitzstaat des ausländischen Anlagefonds zu Lasten des Anteilscheininhabers von dem Ausschüttungsbetrag einbehalten wird, ist nach § 34c Abs. 1 EStG, ggf. i.V.m. einem DBA, auf die deutsche ESt anzurechnen (§ 19 Abs. 1 Satz 1 AuslInvestmG; siehe auch oben zu 3.5.c). Die Anrechnung erfolgt nur bis zur Höhe der Einkommensteuer, die auf die ausländischen Einkünfte entfällt (§ 19 Abs. 1 Satz 1 AuslInvestmG). Der anrechenbare Höchstbetrag ist nach dem Verhältnis der ausländischen Einkünfte zu der Summe der Einkünfte zu ermitteln (§ 19 Abs. 1 Satz 2 AuslInvestmG). Dabei ist der Höchstbetrag der anrechenbaren ausländischen Steuer wiederum für die Ausschüttungen aus jedem einzelnen Sondervermögen zusammengefaßt zu berechnen (wie oben unter 3.5.c).

Gelegentlich sieht die Gesetzgebung ausländischer Staaten vor, daß die Abzugsteuer um Steuern ermäßigt wird, die beim Zufluß von Erträgen an den ausländischen Fonds angefallen sind. Dabei kann es sich z. B. um Kapitalertragsteuern handeln, die der Sitzstaat des Fonds oder ein anderer ausländischer Staat erhoben hat. Wird die auf Ausschüttungen erhobene Abzugsteuer in dieser Weise ermäßigt, so ist bei der Anrechnung nach § 19 Abs. 1 AuslInvestmG in den Fällen des § 17 Abs. 1 und 3 AuslInvestmG die ausländische Abzugsteuer zugrunde zu legen, die sich vor Abzug der beim Zufluß erhobenen Steuer ergibt (§ 19 Abs. 3 AuslInvestmG).

Der Inhaber der Anteilscheine hat die Höhe der ausländischen Einkünfte sowie der ausländischen Steuer nachzuweisen (z. B. durch Steuerbescheid, Quittung über die Zahlung, § 19 Abs. 4 Satz 1 AuslInvestmG).

Statt der Anrechnung ist auch der Abzug der ausländischen Steuer nach § 34c Abs. 2 EStG möglich (§ 19 Abs. 1 Satz 4 AuslInvestmG).

Die steuerpflichtigen Bruttoerträge aus ausländischen Investmentfonds sind in der Einkommensteuererklärung des Anlegers im Formular KSO (Zeile 21 zu den Kennziffern 32 und 33) und im Formular AUS (Zeile 7) einzutragen. Stammen die Erträge aus einem ausländischen Investmentfonds mit Beteiligungen in mehreren ausländischen Staaten und ist eine Aufteilung auf die einzelnen Staaten nicht möglich, so sind die Summen der Einnahmen und der ausländischen Steuern in einer Spalte einzutragen. Der Investmentfonds wird in den Zeilen 2 und 3 bezeichnet.

4.3. Veröffentlichung von Besteuerungsgrundlagen

Die Ermittlung und Nachprüfung der Erträge aus Anteilen an ausländischen Investmentfonds obliegt nach § 5 Abs. 1 Nr. 4 FVG dem Bundesamt für Finanzen (BfF). Diese Erträge sowie die zum Jahresende maßgeblichen Rücknahmepreise oder Kurse wurden für Zeiträume bis 1992 vom BfF in Form einer verbindlichen Verwaltungsanweisung im Bundessteuerblatt I veröffentlicht.

Dieses Verfahren ist geändert worden, nachdem das BfF wegen der stark gestiegenen Zahl der registrierten ausländischen Fonds zu einer Überprüfung sämtlicher Werte nicht mehr in der Lage war.

Für Veröffentlichungen der ab dem Jahr 1993 zugeflossenen Erträge aus ausländischen Investmentfonds gibt das BfF nunmehr lediglich die von den ausländischen Fondsgesellschaften ermittelten steuerlichen Werte bekannt.

Es handelt sich um eine ungeprüfte Wiedergabe der Werte, die keine Verwaltungsanweisung darstellt und deshalb für die Veranlagung nicht verbindlich ist.

Um anders als in den letzten Jahren eine veranlagungszeitnähere Veröffentlichung zu gewährleisten, wird das BfF die Veröffentlichung im Bundessteuerblatt künftig auf die Weitergabe der Informationen zu den häufig nachgefragten ausländischen Standardfonds (ca. 2 500; darunter insbesondere die von den deutschen Kreditinstituten vertriebenen ausländischen Fonds) beschränken und die ungeprüften Werte der übrigen ausländischen Fonds bei einem berechtigten Interesse auf Einzelanfrage (siehe unten) mitteilen.

Die Finanzämter können die veröffentlichten Angaben im Regelfall übernehmen. Sie haben jedoch bei Zweifeln im Einzelfall (z. B. bei Abweichung der Angaben in der Steuerbescheinigung von den veröffentlichten Werten) die Möglichkeit. formlose Anfragen unmittelbar an das BfF (Referat St I 2, in 53221 Bonn) zu richten, um eine Überprüfung der Erträge und eine Ermittlung der Kurse/Rücknahmepreise zu veranlassen und verbindliche Werte zu erhalten.

Hierbei ist unbedingt der exakte Name des Investmentfonds und die Wertpapierkennnummer anzugeben.

Die Fundstellen zu den Veröffentlichungen der in den einzelnen Kalenderjahren zugeflossenen Erträge aus ausländischen Investmentanteilen ergeben sich aus Karte 2.1.2.

2. Erträge eines inländischen Sondervermögens aus Anteilen an inländischen und ausländischen Investmentvermögen
(BMF, Schr. vom 09.02.1999, IV C 1 – S 1980 – 13/99)

Nach Abstimmung mit den obersten Finanzbehörden der Länder nehme ich zur steuerlichen Behandlung der Erträge eines inländischen Sondervermögens aus Anteilen an inländischen und ausländischen Investmentvermögen (»Zielfonds«) wie folgt Stellung:

1. Rechtliche Einordnung der Einnahmen eines Sondervermögens aus Anteilen an inländischen oder ausländischen Investmentvermögen

Nach § 39 Abs. 1 Satz 1 des Gesetzes über Kapitalanlagegesellschaften (KAGG) und § 17 Abs. 1 Satz 1 sowie § 18 Abs. 1 Satz 1 Auslandinvestment-Gesetz (AuslinvestmG) gehören die ausgeschütteten und die thesaurierten Einnahmen aus Anteilen an Investmentfonds zu den Einkünften aus Kapitalvermögen i.S. des § 20 Abs. 1 Nr. 1 EStG, wenn sie nicht Betriebseinnahmen des Steuerpflichtigen sind. Dies gilt auch für Zwischengewinne (§ 39 Abs. 1 a Satz 1 KAGG, § 17 Abs. 2 Satz 1 AuslinvestmG). Die Erträge sind Betriebseinnahmen, wenn die Investmentanteile zu einem Betriebsvermögen gehören.

Mangels abweichender Sonderregelungen gilt dies auch für Sondervermögen, in denen Anteile an inländischen oder ausländischen Zielfonds gehalten werden. Sondervermögen gelten nach § 38 Abs. 1 KAGG als Zweckvermögen i.S. des § 1 Abs. 1 Nr. 5 KStG. Sie erzielen nicht per se gewerbliche Einkünfte, sondern können nach § 8 Abs. 1 KStG Einkünfte aus allen Einkunftsarten des § 2 EStG erzielen. Grundsätzlich ist davon auszugehen, daß die Einnahmen eines inländischen Sondervermögens aus Anteilen an inländischen und ausländischen Zielfonds zu Einkünften aus Kapitalvermögen gem. § 20 Abs. 1 Nr. 1 EStG führen.

2. Kapitalertragsteuerabzug nach § 38 b KAGG von den Einnahmen aus den Zielfonds, die das Sondervermögen an seine Anteilscheininhaber weiterleitet

Ein Teil der Einnahmen eines Sondervermögens oder eines ausländischen Investmentvermögens unterliegt bei Weiterleitung an die Anteilscheininhaber dem Steuerabzug (§ 38 b KAGG, ggf. ergänzt um die Regelungen der §§ 43 a und 44 Satz 2 bis 4 KAGG; § 18 a AuslinvestmG). Dies gilt grundsätzlich auch, wenn der Anteilscheininhaber ein Sondervermögen ist. Wegen dessen Steuerfreiheit (§ 38 Abs. 1 KAGG) wird allerdings die einbehaltene und abgeführte Kapitalertragsteuer auf Antrag an die Depotbank des Sondervermögens erstattet, soweit nicht bereits nach § 44 a EStG vom Steuerabzug Abstand genommen wird (§ 38 Abs. 3 KAGG).

Schüttet ein Sondervermögen Erträge aus Anteilen an inländischen und ausländischen Zielfonds an seine Anteilscheininhaber aus oder thesauriert es diese Erträge für Rechnung seiner Anteilscheininhaber, unterliegen folgende Ertragsbestandteile dem Steuerabzug:

a) Erträge aus inländischen ausschüttenden Zielfonds

– Erträge, bei denen – wenn sie vom Zielfonds an das Sondervermögen weitergeleitet werden – nach § 38 Abs. 3 KAGG i.V.m. § 44 a EStG vom Steuerabzug Abstand zu nehmen ist (z.B. Zinsen aus Einlagen und Wertpapieren) sowie der hierauf entfallende Teil des Ausgabepreises für ausgegebene Anteilscheine (§ 38 b Abs. 1 Nr. 1 KAGG);

– Erträge i.S. des § 43 Abs. 1 Satz 1 Nr. 2 EStG, bei denen die Kapitalertragsteuer nach § 38 Abs. 3 KAGG an die Depotbank des Sondervermögens erstattet wird (Zinsen aus Wandelanleihen und aus bestimmten Gewinnobligationen und Genußrechten) sowie der hierauf entfallende Teil des Ausgabepreises für ausgegebene Anteilscheine (§ 38 b Abs. 1 Nr. 2 KAGG);

– ausländische Erträge i.S. des § 43 Abs. 1 Nr. 7 und 8 sowie Satz 2 EStG, z.B. Zinsen aus Wertpapieren, die im Ausland zufließen, und aus Einlagen bei Kreditinstituten im Ausland (§ 38 b Abs. 1 Nr. 3 KAGG);

– nach § 43 a KAGG die Einnahmen aus einer stillen Beteiligung;

– nach §§ 44, 45 KAGG die Erträge aus der Vermietung und Verpachtung der in § 27 KAGG bezeichneten Gegenstände, die Einnahmen aus der Beteiligung an einer Grundstücks-Gesellschaft sowie ausgeschüttete Spekulationsgewinne i.S. des § 23 Abs. 1 Nr. 1 Buchstabe a EStG aus der Veräußerung von Gegenständen i.S. des § 27 KAGG.

b) Erträge aus inländischen rein thesaurierenden Zielfonds

Rein thesaurierende Zielfonds können nach § 38 b Abs. 3 Satz 2 KAGG nicht gemäß § 44 a EStG vom Steuerabzug Abstand nehmen. § 38 b Abs. 1 Satz 1 Nr. 1. KAGG ist aber entsprechend anzuwenden. Daher unterliegen dieselben Erträge wie bei ausschüttenden Zielfonds dem Steuerabzug,

c) Erträge aus ausschüttenden ausländischen Zielfonds

Erträge aus Anteilen an ausländischen Investmentvermögen unterliegen nach § 18 a Abs 1 Nr. 1 und 2 AusfnvestmG dem Steuerabzug, wenn sie über eine inländische Zahlstelle ausgeschüttet werden. Ist ein inländisches Sondervermögen. Inhaber von Anteilen an einem ausländischen Investmentvermögen, kann wegen der Steuerfreiheit des Sondervermögens nach § 38 Abs. 3 KAGG i.V.m. § 44 a EStG vom Steuerabzug Abstand genommen werden. Damit sind für den Fall der Weiterleitung dieser Erträge an die Anteilscheininhaber des Sondervermögens die Voraussetzungen des § 38 b Abs. 1 Nr. 1 KAGG erfüllt. Daher ist nach § 38 b Abs. 1 Nr. 1 KAGG von denselben Erträgen Kapitalertragsteuer einzubehalten, die bei einem Direktanleger in ein ausländisches ausschüttendes Investmentvermögen nach § 18 a AuslinvestmG dem Steuerabzug unterliegen.

d) Erträge aus ausländischen rein thesaurierenden Zielfonds

Nach § 38 b Abs. 1 Nr. 3 KAGG ist von den ausländischen Erträgen i.S. des § 43 Abs. 1 Nr. 7 und 8 sowie Satz 2 EStG, die der ausländische Zielfonds für seine Rechnung thesauriert, ein Steuerabzug vorzunehmen, wenn sie vom inländischen Sondervermögen an seine Anteilscheininhaber weitergeleitet werden.

e) Rückgabe der Anteile an inländischen oder ausländischen Zielfonds

Veräußert das Sondervermögen Anteile an inländischen oder ausländischen Zielfonds, ist nach § 38 b Abs. 4 KAGG vom Zwischengewinn Kapitalertragsteuer einzubehalten, bei Anteilen an ausländischen Zielfonds zuzüglich der »Summe der thesaurierten Erträge« (vgl. § 18 a Abs. 1 Nr. 3 AuslinvestmG).

3. Ausschüttungsbelastung nach § 38 a KAGG mit Körperschaftsteuer

Gehören zu einem Sondervermögen Anteile an einem inländischen Zielfonds, so wird auf Antrag die Körperschaftsteuer auf Ausschüttungen des Zielfonds i.S. des § 39 a Abs. 1 KAGG vergütet. § 38 Abs. 2 KAGG gilt insoweit entsprechend, vgl. § 43 c KAGG. Schüttet das Sondervermögen die Erträge aus Anteilen an inländischen Zielfonds an seine Anteilscheininhaber aus, so hat es für den Teil der Ausschüttungen, der den Anteilscheininhaber nach § 39 a Abs. 1 KAGG zur Anrechnung bzw. Vergütung der Körperschaftsteuer berechtigt, die Ausschüttungsbelastung nach § 38 a Abs. 1 KAGG herzustellen. Dies gilt gemäß § 38 a Abs. 2 KAGG auch für thesaurierte oder zur Kostendeckung verwendete Einnahmen.

Die vorstehenden Grundsätze gelten nicht für Ausschüttungen eines ausländischen Zielfonds an das Sondervermögen. Diese Ausschüttungen berechtigen nicht zur Vergütung von Körperschaftsteuer nach § 38 Abs. 2 KAGG. Schüttet das Sondervermögen diese Erträge an seine Anteilscheininhaber aus, so hat es hierfür keine Ausschüttungsbelastung herzustellen.

Ergänzend weise ich darauf hin, daß der Entwurf eines Steuerentlastungsgesetzes 1999/2000/2002[1] in den Artikeln 13 und 14 Änderungen des KAGG und des AuslinvestmG vorsieht, die auch den von Ihnen angesprochenen Fragenkomplex betreffen.

---

1 Anm. der Red.: vgl. nunmehr Artikel 11 und 12 des Steuerentlastungsgesetzes 1999/2000/2002 v. 24. 3. 1999, BGBl. I 1999, 402.

Stichwortverzeichnis